岳陽樓記

董甚昌書

董其昌　書

高高山頂立　深深海底行
gaogaosky.com

庙堂之忧

范仲淹与庆历新政及北宋政局

鲍坚 著

天地出版社 | TIANDI PRESS

图书在版编目（CIP）数据

庙堂之忧：范仲淹与庆历新政及北宋政局/鲍坚著. —
成都：天地出版社，2020.8（2022年1月重印）
ISBN 978-7-5455-5516-5

Ⅰ.①庙… Ⅱ.①鲍… Ⅲ.①范仲淹（989-1052）—传记 Ⅳ.①K827=441

中国版本图书馆CIP数据核字（2020）第027288号

MIAOTANG ZHI YOU: FANZHONGYAN YU QINGLIXINZHENG JI BEISONG ZHENGJU

庙堂之忧：范仲淹与庆历新政及北宋政局

出品人	杨　政
著　者	鲍　坚
责任编辑	杨永龙　曹志杰
装帧设计	高高国际
责任印制	王学锋

出版发行	天地出版社 （成都市槐树街2号　邮政编码：610014） （北京市方庄芳群园3区3号　邮政编码：100078）
网　　址	http://www.tiandiph.com
电子邮箱	tianditg@163.com
经　　销	新华文轩出版传媒股份有限公司

印　　刷	北京盛通印刷股份有限公司
版　　次	2020年8月第1版
印　　次	2022年1月第5次印刷
成品尺寸	710mm×1000mm　1/16
印　　张	26
彩　　插	32页
字　　数	330千
定　　价	78.00元
书　　号	ISBN 978-7-5455-5516-5

版权所有◆违者必究

咨询电话：（028）87734639（总编室）
购书热线：（010）67693207（营销中心）

如有印装错误，请与本社联系调换。

看那艘历史的轻舟

（再版序）

时隔多年，在修订中重读此书，依然让我心起波澜。

回想起来，此书的创作动念于十年前，而出版则是在三年后的2012年。如果我们能够让眼光超越现实，而从未来对现在做一个历史的观察，那么应当会认可这样一个判断：2012年必将是中国历史上十分重要的一年——因为中国共产党第十八次全国代表大会的召开和它给国家政治、经济、社会各方面带来了全新的进步。正是基于这样的认识，重读此书的心境与之前是截然不同的。各是什么样的心境？不言而喻。如果要说，那会是另一本书。

意大利历史学家克罗齐有一句名言："一切真历史都是当代史。"如果那些已经远离当代的历史仍然展现出它对现实的影响，那么它就跨越了时间的长河而回到现实，成为当代史的一个细胞、元素，甚至是重复的片段。所谓国事如家事，历史也是现实。我们听说过的那些帝王将相或英才俊杰，在如今就是有能力影响国家和社会发展的人士；书本里记载的乱世炼狱或是盛世太平，即使今天的我们未必都经历过，难道不值得我们去探究它们的社会原因和历史规律而加以规避或借鉴吗？东晋的王羲之也有一句名言："后之视今，亦犹今之视昔。"现实就是历史。两位哲人的话，其言殊异，其旨归一。如果我们能够选择身处的时代，我们一定要生存于这样的当代，而不要成为那样的往昔。

我不是历史的专家，我只是历史的读者。我写这本书的出发点，与克罗齐和王羲之无关。我只是认为，读历史是一定要与现实呼应甚至是共鸣的，否则这历史就白读了。至于呼应、共鸣的深浅如何或是畸正与否，那是另一个问题；如果要落在纸上、写在书中，就让读者去体味和评判吧。

这本书的书名，修订前的第一版是《清风有骨》，其实我更爱这个名字，虽然我也知道它有些孤冷，让人不太容易接近。承此书再版的策划人高欣先生建议，改为现名。书的名字如同人的相貌，如果能让读者因为书名而更愿意接近此书，同时又不至于改变它的品质，我是乐于接受的。更何况，现在这个名字也能够准确地表达此书的一个观点——范仲淹和他的时代的确深深地影响了国家的命运，无论是那时的当代史还是未来史。

有些历史，自成为历史之后就被湮没于尘埃之下，不知踪迹，其自身甚至也几近于成为历史的尘埃，它们在克罗齐看来不是"真正的历史"。而范仲淹和他的时代，应当是我们国家和民族永远的、清晰的"真历史"。

目 录 | contents

第一章　山深自有道 1

第二章　君子何所忧 91

第三章　谁将补天裂 171

第四章　云帆难济海 269

第五章　所不朽者万世心 347

第一章

山深自有道

任何一个时代，追逐名利的人必然是多数，这是人的本性，只要不侵害他人、不危害国家，都可以理解。但是如果能够面对高官厚禄而不为所动的人连一个都没有，或者社会的时尚是耻于清贫甚至嘲笑孤高，那么这个时代必然是极端功利的时代。

第一章 山深自有道

1

山水能够洗去人们心中的烦忧。

这是北宋仁宗景祐元年（1034）的六月。自去年十二月被贬出京城、今年四月到睦州任知州以来，范仲淹第一次有了超然物外、心旷神怡的感觉。

小船于清晨的卯时从睦州的治所建德县出发，在新安江上顺流而下。去往桐庐县的五十多里水路，只用了一个多时辰。

大约刚出建德界时，轻蒙的细雨倏然而降，一路与小船伴行，待到桐庐的江岸映入眼帘时，却又飘然而去。三三两两的竹篷渔船在开阔的江面随波摇动，几只鹭鸶缩着长颈静静地看着其他同伴争抢嘴里的鱼，并向主人报功。渔夫们大多在收取昨天夜里布下的渔网，网中那些将将露出水面的大鱼小鱼在跳跃中向辛勤的渔夫们展现晨曦里醉人的鳞光。唐朝诗人张志和曾这样描述："西塞山前白鹭飞，桃花流水鳜鱼肥。青箬笠，绿蓑衣，斜风细雨不须归。"诗源自生活，那些捕捉到生活点滴、感悟自生活喜忧并将它们用优美而有韵律的文字记录下来的人，就是我们所说的诗人。

新安江自歙州黄山山脉发源，一路东流，在浙西进入睦州的桐庐界内，更名富春江，东行至萧山闻家堰，再更名钱塘江，直至入海。千里之江，最美富春。范仲淹伫立船头，全身心沉浸在这青山绿水之中。

庙堂之忧

遥望前方，淡雾满江。两岸青山丘陵起伏，无百尺高崖之险，有花锦碧玉之秀。江鸥掠过在水面上悠闲觅食的野鸭，直插入云；江雾在半山腰依山形曲绕，随风徘徊。近江翠竹外，远山青松里，斫斫的伐木声刚刚停歇，樵夫的喊山声紧接而起。

这种仙境般的山水，当有不凡之人徜徉其间。若非飘然似仙、沁人心脾之佳丽，则必为博古通今、冷眼红尘的隐者。屈原的《九歌》唱道："若有人兮山之阿，被薜荔兮带女罗。既含睇兮又宜笑，子慕予兮善窈窕。"不知他咏颂的是窈窕佳人，还是高洁之士？

此行是范仲淹到睦州之后的第一次出行，但意不在追慕什么佳人，而是要寻访一位已经作古千年的高士之遗风。这位高士名叫严光，字子陵，东汉初年人。

严光是东汉开国之主光武帝刘秀的同窗好友。西汉灭亡后、东汉建立前的王莽天凤年间，年少时即有博学之名的严光游学到了京城长安，与当时在长安求学的刘秀相识、相知。刘秀读书，重在通达大义，不拘字句小节，而严光则皓首穷经，务求甚解，且博览群书，学识渊博，因此深得刘秀的敬重。后来二人分别，严光继续他的游学之路，而刘秀则起兵推翻王莽的新朝，登基称帝，恢复汉室，建立了东汉政权。

东汉建立之初，天下满目疮痍，百废待举。刘秀思贤若渴，想起了严光，于是派人寻访，最终找到了隐居的他。但是几次派人携带重礼请严光出山，都被严光拒绝。

刘秀的使臣第三次见到严光时，带来了光武帝的亲笔信。这封流传后世的《与严子陵书》字句不多，却情真意切："虽然自古以来，有大作为的君主，必有召请不到的贤臣，可是朕怎么敢以子陵为臣子呢？只是大业刚定，百废待举，我治国之艰难如同在春天徒步行走于黄河的薄冰之上。当年绮里先生都不轻看高祖皇帝，难道子陵就轻看朕吗？"

信中所提"绮里不少高皇"之事，是一个略带传奇色彩的故事。

秦朝末年，绮里先生与东园公、甪里先生、夏黄公四位著名学者都是秦朝的博士官。汉朝建立后，他们不愿出仕，多次谢绝汉高祖刘邦的聘请，长期隐居在商山，人称"商山四皓"。高祖刘邦见太子刘盈天生懦弱，而次子赵王如意聪明过人，就有废刘盈而立如意的念头。一天，高祖到太子宫中饮宴，见太子背后站着四位白发苍苍的老人，一问方知是屡聘不出的商山四皓。如此高人不愿出仕，却俯首甘为太子的宾客，这让刘邦心中惊异不已，认为太子羽翼已成，于是打消了废黜刘盈的念头。光武帝刘秀将严光比作绮里季，既是称赞严光才华如绮里季，也表达了他对严光的敬重如同高祖对绮里先生之意，更委婉地希望严光不要让自己如同高祖一般因贤士久召不来而深怀遗憾。

严光推辞不过，于是来到京城洛阳。刘秀当即把他接进宫中，谈古论今，晚上则留严光在宫中，同榻而卧，一如旧时之谊。

次日，主管天文的太史令奏报：臣昨夜观察天象，见有客星侵犯帝座星。

宇宙天象中客星侵犯帝座星的星象，对应在人世间，就是皇帝遭遇外来危险的征兆。光武帝闻说大笑道："是昨夜朕邀子陵同榻而眠，子陵夜半熟睡时将一腿横在朕的胸口，仅此而已。"

不久，光武帝任命严光为谏议大夫，但严光无意于官场，坚辞不就，最终离开京城回到南方，隐居于富春江畔，耕读垂钓，终老林泉。

如今范仲淹脚下的这片坐落于桐庐县旁富春江北岸的小土平台，就

庙堂之忧

是当年严光先生的垂钓之处。大约一亩地见方的高台，半是葭苇，更有无名的野花星罗棋布。如果不说，几乎没有人会将这个钓台同千年之前一位著名皇帝与一位著名隐士的那一段交往联系起来，更不必说能够引发面对江山忆古人的感怀了。

古往今来，有才华的人，做大官、留显名的居多，自甘清贫、不求名利的是少数。即便是严子陵的事迹，人们传颂的是光武帝的礼贤下士，羡慕的是严光的无上荣光，慨叹的是自己的怀才不遇。而他的事迹所反映的独立的人格、高尚的道德，却渐渐被淡忘。

任何一个时代，追逐名利的人必然是多数，这是人的本性，只要不侵害他人、不危害国家，都可以理解。但是如果能够面对高官厚禄而不为所动的人连一个都没有，或者社会的时尚是耻于清贫甚至嘲笑孤高，那么这个时代必然是极端功利的时代。极端功利的结果，是不知廉耻。不知廉耻的结果，是社会的又一次动荡、民生的又一次摧残，甚至是政权的又一次更迭。

范仲淹静静地站在钓台上，望着江流无声地向东而去。

他一生敬佩严光。子陵先生面对功名，没有一丝心动，飘然而去。那种心静如水的境界，那种我自孤独的潇洒，没有几个人能做到。上古的隐士许由听到帝尧想禅位给他的话，飞奔到河边濯洗耳朵，以示不为功名所污，但这只是传说而已。严光是现实中的许由。

但是，他又不能效仿严光。如果人人都怀才而隐，那么谁来报效国家、安济苍生呢？

严光的精神，在于淡泊名利而不是如浮云自欢。以出世之心，做入世之事。孟子说过：读书做人，应当穷则独善其身，达则兼济天下。什么是达？为官从政，身在高位，就是达。这个时候，应当尽自己之所能，为国为民做些好事。什么是穷？宦海沉浮之中，难免遭遇争权夺利之人、争名夺誉之事，一旦遭受谤讪挫折，贬官削职或赋闲无事，即为穷。这个时候，尽量做到不悲不戚、豁达无怨。寄情山水之际，还能关注国家的兴盛、感悟人生的道理；饮酒垂钓之余，还能读一些圣贤诗书、教几个懵懂少年。

当然，这些都是难以达到的境界。如果人人都能做到，现实中就不会有那么多以升官发财为人生主要目标、以夤缘钻营为主要手段而混迹官场的人了。

范仲淹自己又能不能做到呢？

2

自大中祥符七年（1014）进士及第至今二十年，范仲淹在仕途上已经经历了两起两落。

第一次起落，是天圣七年（1029）的事。

就在天圣六年（1028），担任南京（今河南商丘）留守的朝廷重臣晏殊向朝廷推荐范仲淹担任秘阁校理，使范仲淹跻身馆职之列。

秘阁校理品级不高，主要职责是朝廷文书和史籍的校对，但却是人人羡慕的职务。秘阁和史馆、昭文馆、集贤院，是皇帝重要的文秘和编史机构，是朝廷培养人才的重要之地。秘阁的校理官和其他三馆院的直馆、直院、修撰、检讨等官统称馆职。一旦担任馆职，即被天下士人视为有德行、有名望的"清流"。他们是朝廷未来的栋梁。

南京留守晏殊是南京应天府的长官。晏殊是著名才子，七岁就能写出优美的文章。十四岁那年，知州将他作为神童推荐给朝廷。当年十一月，恰逢皇帝考试全国进士。进士是已经通过尚书省礼部考试的人，他们还需要接受殿试即皇帝的亲自考试，殿试及格者被授予进士及第或进士出身的身份，这才算最终登科，步入天下士人心目中为官从政的正道。当时，真宗皇帝让晏殊同一千多名全国各地的进士一起参加殿试，十四岁的他气定神闲，援笔立就，震惊朝廷。其中有一道试题下达之后，晏殊禀告："此题晏殊以前曾经做过，还请陛下另行出题。"真宗皇帝十分喜爱他的才华和诚实，当即赐予他同进士出身，即相当于进士出身之意。因他年纪尚小，又让他在秘阁继续读书。少年即得天子知遇，使晏殊后来在仕途上一帆风顺。晏殊的才华充分体现在他的诗词上。他是宋词婉约派的领袖人物之一，有许多脍炙人口的佳作。千古传诵的名句"无可奈何花落去，似曾相识燕归来"即出于他的手笔。

晏殊是一年前的天圣五年（1027）就来到南京的。来南京之前，他在朝中担任枢密副使。枢密副使是朝廷掌管全国军事的最高机构枢密院的副职，是皇帝的宰辅之一。

宋朝的宰辅大臣主要由政府和枢府（通称两府）的大臣组成。政府处理政事，主要成员是中书门下平章事的宰相和参知政事。中书、门下，是指负责拟定决策的中书省和负责审核决策的门下省；平章之意是处理。在中书、门下两省处理国家大事，这就是宰相。参知政事则相当于副宰相。枢府指的是枢密院，是掌管军事的最高机构，首长是枢密使或知枢密院事，副职是枢密副使、同知枢密院事、签书枢密院事等。政府和枢府相互之间两不过问，政府大臣的品级略高于枢府。两府大臣又通称宰执，即宰相和执政之意。

天圣五年的三月，垂帘听政的刘太后任命张耆为枢密使。身为枢密副使的晏殊对刘太后的任命表示反对。晏殊反对的原因并非他本人觊觎枢密使的位子，而是他认为张耆能力平庸。这让刘太后很不高兴，因为张耆是刘太后的心腹，当年刘太后落难时在张耆家幽居了十来年。刘太后随即找了个小错将晏殊罢免，让他到南京担任留守。

南京是大宋的福地。太祖赵匡胤立国之前，担任归德军节度使。归德军的治所所在地是宋州，大宋的国号即来源于此。宋州在东京开封的东南二百余里，古称睢阳，是远古商朝的发祥地。宋太祖建立大宋后，因宋州是大宋应天顺时的吉祥之地，故将其改名为应天府。府是与州同级但地位高于州的行政机构。真宗大中祥符七年，又将应天府升为南京，和西京洛阳一起作为首都东京开封的陪都。

南京有个应天书院，是五代后晋时睢阳的一个读书人杨悫所创办。五代是中国历史上十分黑暗的时代，其黑暗之处不仅在于政治腐败，更在于知识的无用和当权者对百姓生命的无视。如果仅从政治制度的先进性、对知识的尊重和对民生的关怀来衡量，那么宋朝无疑是中国历史上最清明的时代。值得庆幸的是，再黑暗的年代，那时中国的知识分子都不忘将先人心血凝聚而成的传统文化传承下去。

杨悫办学之初，没有几个生员，倒是邻家有个少年天天在学堂外听他讲课。学生们背诵课文时，邻家少年也自言自语，听起来比一般学生还精熟。杨悫觉得惊异，询问后得知他姓戚名同文，于是收他为弟子，不久还将小妹嫁与他。戚同文从学于杨悫之后，更加勤奋，学得了满腹

庙堂之忧

经纶。杨悫劝他去依附那些坐镇一方的诸侯，谋个幕僚之类的一官半职，以免辜负了一腔学问，戚同文却答道："长者不仕，同文也不仕。"长者指的是杨悫，戚同文愿意终身陪伴老师。后来，杨悫去世，戚同文继承杨悫遗志，尽心教授，竟将应天书院发展成为宋朝的四大书院之一，许多人不远千里来书院求学。他培养的学生，在宋初进士登第的达五六十人。应天书院由杨悫创办，却是由戚同文发扬光大的。戚同文为人纯朴，崇尚信义，乐善好施。平时在乡里赈济贫困，自己却不积财富，他常说："人生以行义为贵，要财富有何用处！"远近之人无不推崇他，与他往来的也都是一时之名士。

到了真宗大中祥符四年（1011），时年二十二岁的范仲淹来到应天书院求学，这时书院是戚同文之孙戚舜宾主持。在这里，范仲淹用心苦读，夜半和衣眠，晨起伴鸡舞，几年之间不仅精通了儒家经典，更把握了戚同文所倡导的学以致用的精髓，将学问同安邦治国紧密结合，开创了宋朝思想界的"高平学派"，开启了繁荣昌盛的宋朝思想界各学派的诞生和发展。当然这是后人对应天书院和范仲淹高平学派的总结和评价了。

大中祥符八年（1015），二十六岁的范仲淹作为应天书院的生员赴试，最终进士及第。

当天圣五年晏殊被贬到南京担任留守之时，范仲淹正因母亲去世而从知县的职任上离职，在家守丧。晏殊到任后，重新修缮了应天书院，广聘名师到书院执教。他久闻范仲淹之名，于是延请他到书院教书。

十几年后，被后人称作"宋初三先生"的三位宋学大师对范仲淹以弟子自居，他们是胡瑗、孙复、石介；几百年后，人们将范仲淹视为宋学的开山者。这一切都缘于范仲淹在应天书院一年多的执教生涯，以及他平生诲人不倦的精神、平易近人的品格、爱才如玉的长者之风。据史书所言，范仲淹"泛通六经，尤长于易"。《诗》《书》《礼》《乐》《易》《春秋》是儒家六大经典，范仲淹都精通，其中尤其精通《周易》。因此，四方学者辐辏而至，从学于范仲淹。学子中有家境贫寒的，范仲淹就用自己的收入资助他们。

在应天书院执教一年后的天圣六年，朝廷的馆职出现空缺，于是晏殊向朝廷推荐了范仲淹。根据官员举荐制度，晏殊属于少数有资格举荐馆职人选的高级官员。

宋朝的举荐制度是阳光之下的人才进身之道，虽然阳光之下也会有卖放私情、徇私舞弊的事。官员的提升，如果有清望官以上的资深官员担保举荐，可以降低对被举荐人的考核要求，甚至越级提拔。同样阳光的是，任何一个官员都可以用事实和证据对另一名官员的提拔提出反对意见。在宋朝的大多数时期，举荐制度并不是一个给人以结党营私机会的官场游戏。被举荐之人如果犯罪，他的举主，亦即当初举荐他的官员，要承担相应的责任，被降职或加以其他形式的处罚。真宗大中祥符九年（1016），京城开封府的户曹参军吕楷在审理一起百姓纠纷时受贿放私，被削去官职，发配衡州。时任益州知州的皇帝近臣、枢密直学士、右谏议大夫王曙在担任开封知府时举荐过吕楷，因此受到降职处分。在大宋，因举荐不当而被处分的人不在少数。

晏殊的举荐，使范仲淹从一名普通的州县官员，一跃而成为名流、清望官。范仲淹因此终生以门生自居，将晏殊视为老师。其实，晏殊比他还小两岁。

但是，范仲淹在朝中待了不到一年，就被贬出朝廷。因为他同晏殊

庙堂之忧

一样，也得罪了刘太后。

太后刘娥的一生颇有传奇色彩，以至于后来的民间艺人对她的经历津津乐道，流传至今。

刘娥本是将门之后，祖父是五代时期后晋、后汉两朝的高级将领，父亲则在大宋建立后的太祖朝担任过中级军官。刘娥生于成都，出生不久，父亲奉命出征，战死沙场，留下孤女寡母无以为生，只好回到刘母的娘家寄居。为了谋生，刘娥自小学了一手击鼗的手艺。及笄成年后，刘娥嫁给了成都的银匠龚美。不久，夫妻二人从成都来到京城开封，龚美给人打造银器，刘娥则在街头击鼗卖艺。或许是为了便于谋生，他们对外以表兄妹自称，而不是夫妻。

鼗是一种小鼓，鼓的两旁系着一对灵活的小耳槌，摇动时，两耳双面击鼓作响，民间俗称"拨浪鼓"。击鼗是大众化的娱乐表演，有些俗趣，但没有什么特别让人倾心之处。如果有，那必定是因为表演者而非这门手艺。刘娥虽自幼贫穷，但天生丽质、聪明可人，表演时绘声绘色、眉目有情。因此，虽然从业低贱，刘娥却颇受听客喜爱，并逐渐在京城的艺人圈中美名传扬。

至于龚美，因为打造银器的手艺颇为精熟，并且为人和善，在顾客们中间也有些人缘。其中一位顾客，是襄王府的卫士武官、指挥使张耆，他就是多年后担任枢密使却被晏殊反对的那位官员。

襄王就是日后的真宗皇帝，此时他尚未婚配。襄王常听说蜀女貌美，因此让府中亲随物色一名蜀女作为侍姬。在亲随们熟知的为数不多的蜀女中，谁人最美？当然是刘娥。于是，刘娥成为襄王的侍姬。当然，襄王选中刘娥，刘娥成为襄王侍姬，是两厢情愿甚至是三厢情愿，因为还得龚美愿意忍痛割断情愫，让刘娥进入王府。从此，刘娥忠心地做了襄王的女人，襄王对她也是十分宠爱。刘娥虽然富贵了，但不忘龚美的情义，于是龚美改姓刘，刘娥认他为兄长。

刘娥进入襄王府的最初几年，处境其实并不好。襄王的乳母秦国夫人为人严厉，她认为刘娥出身低贱，于是向太宗告状。太宗也认为襄王此举有失身份，责令他将刘娥逐出王府。襄王不得已，表面上将刘娥赶出王府，暗地里却让刘娥寄居在张耆家。选择张耆家作为避难之所，一是因为张耆是襄王亲信，为人忠诚可靠，平时襄王与刘娥偷偷相会也不用担心泄密，二则也因为张耆与龚美是好朋友。但这可苦了张耆。为了避嫌，他不敢回家居住。这一避就是十几年，直到太宗驾崩，襄王变成了真宗皇帝。

真宗一登基，就将刘娥接进宫中，先封她为美人，不久晋封修仪，再晋封德妃。

在这之前的十几年间，襄王娶了两任王妃。第一任王妃在婚后六年去世，第二任王妃郭氏在真宗即位后被册立为皇后，但是不久也撒手人寰。因此，真宗得以专心宠爱刘德妃，并想立她为皇后。

但是朝中群臣反对立刘德妃为皇后，理由有两个：出身低贱、没有子嗣。出身低贱不算是太大的问题。宋朝的人并不太讲究家庭出身、门当户对，为人正派、品德高尚是赢得尊重的最重要因素。要说出身，太宗、真宗两朝的宰相张齐贤未发达时还曾与盗贼称兄道弟呢。因此，没有子嗣是刘德妃当上太后的主要障碍。此前，真宗的后妃们为他诞下五个儿子，但都夭折了，所以真宗至今没有子嗣。谁要能够为皇帝生下一

庙堂之忧

个儿子,那是为国家解决了重大问题,自然就有资格当皇后了。

于是突然有一天,刘德妃生了一个儿子,真宗为他取名赵受益。虽然朝中有些重臣心有疑惑,但终究挡不住真宗立后的决心。大中祥符五年(1012)的十二月,年过四十、历尽艰辛的刘德妃终于苦尽甘来,成为大宋王朝的皇后。

天禧二年(1018),皇子受益被封为升王,立为太子,改名赵祯。天禧四年(1020),真宗病倒,难以处理朝政,上呈给他的政务实际上都由刘皇后代他处置。不久真宗病情加剧,他自知不久于人世,于是下诏:由皇太子赵祯在资善堂听政,皇后从旁辅助。

这样又拖了两年。乾兴元年(1022)二月,真宗终于病逝,遗诏让十二岁的皇太子赵祯即位,皇后刘氏为皇太后,淑妃杨氏为皇太妃,军国重事"权取"皇太后处分。"权取",暂时听取之意。国家大事,暂时由皇太后处理,但暂时到什么时候,遗诏没有指示。

刘太后是个十分聪慧的女人。她在张耆家幽居的十几年间博览群书,增长了不少见识。真宗即位后,常将她带在身边辅助处理一些朝政,也使她有所历练。真宗去世时,新即位的仁宗皇帝年少,这给刘太后提供了一个展现才能的大好机会。自此,刘太后与仁宗在承明殿共同听政。承明殿御座前挂着一片珠帘,刘太后与皇帝共同坐在帘后,皇帝在左,刘太后在右,所有大事都由刘太后最终决定。

许多人一旦掌权,不可避免地会暴露出两个弱点:一是为亲人、为亲信谋私利,二是迷恋权力。刘太后也是如此。

刘太后出身贫贱,除了兄长刘美,家中没有什么依靠。因此,她总想培植几个亲信,尤其是有学问、有出息的亲信。

第一章　山深自有道

她首先想到的是攀亲。

第一次攀亲，是真宗皇帝亲自出面。一天，京城开封知府刘综奏事完毕，真宗没让他走，与他东拉西扯好一阵后道："卿是后宫的亲属，朕已决定给你升职，你应该知道了吧？"卿是皇帝对臣下的爱称。西周、春秋时，天子、诸侯所属高级长官称卿，或许这是后来皇帝以此作为对臣下爱称的由来吧。

刘综一听，变色道："臣是河中府人，出身孤寒，从来没有什么亲属在后宫！"真宗听了颇为尴尬。

第二次是刘太后自己出面攀亲。她这次看上的还是一位开封知府，名叫刘烨。刘烨与他的父亲刘温叟都是很有名声的官员。一天，刘太后单独召见刘烨，对他说道："听说卿家一族兴旺十几代，我想借卿的家谱看看，也许我们是同宗呢！"

刘烨听了，连称"不敢"。可是刘太后兴趣盎然，一直问个不停。

看这架势难以化解，刘烨忽然跌倒在地，半晌起不来，躺在地上说自己风眩发作。刘太后无奈，让人扶他回家。

这两个读书人可知是相当迂腐的。不过，有一个读书人很聪明，很早就与刘太后攀上了亲，而且还是他自己主动攀的。这人就是钱惟演。

钱惟演是五代十国时期吴越国末代国王钱俶的儿子。宋太宗太平兴国三年（978），割据东南一带、建都于杭州的吴越王钱俶迫于太宗的压力，向大宋纳土称臣，结束了吴越国七十二年的历史。钱俶携子离开杭州，来到京城开封寓居。钱俶在吴越国是个爱民之君。他到开封后，家乡的百姓为祈求上苍保佑他们善良的君主，在杭州的宝石山上建了一座宝塔，后人称其为保俶塔。但宝塔没能保佑钱俶，他同战败亡国的南唐

庙堂之忧

后主李煜一样,死于太宗皇帝赏赐的巨毒牵机药。

出身高贵,并且年轻时就才华横溢,使钱惟演在真宗朝受到重用。后来他在仁宗朝更是官居枢密使,名列宰执重臣。

钱惟演成为刘太后亲戚的方式很简单。当年太后刘娥未发迹时,刘美替钱家打造银器。银器没打造完,真宗皇帝看上了刘娥。于是,钱惟演立即转变身份,将女儿嫁给了刘美,成为太后之兄的岳父,并将刘美没打造完的银器都送给了刘美作为新婚之礼。

钱惟演是刘太后唯一一个有身份的亲戚。他的出身使得刘太后能够对他顺水推舟地加以关照。但刘太后想要关照其他的亲戚、亲信,就需要施加点压力了。

比如,刘太后想提拔刘美的女婿为侍从官,但屡屡为宰相王曾所阻挠。好在王曾不可能天天都盯着此事。一天,王曾生病在家,于是刘太后抓住这个机会,立即让执政大臣任命刘家爱婿为龙图阁待制。

还有一次,在荆南任驻泊都监的王蒙正横行霸道,知府打算将他绳之以法。虽然驻泊都监是当地驻军的最高督察武官,而知府是帅臣,以文臣为帅制约武将是祖宗家法,天经地义,但王蒙正是刘太后的姻亲——他的女儿嫁给了刘美的儿子。因此没过几天,知府就被调离荆南。

至于刘太后其他一些袒护亲信之事,如将侄儿的门人奴仆都封官,身边的宦官到地方横行不法也无人敢言等,时有发生,不一而足。

但是,太祖曾经立下皇亲国戚不得干政的规矩,使得刘太后的偏爱也罢,袒护也罢,都不至于达到祸国殃民的地步。

倒是刘太后的恋权,不利于国家政治的健康发展。

仁宗即位后，改元天圣。天圣五年的元旦，刘太后在会庆殿接受百官朝贺。会庆殿是皇帝接受朝贺、赐宴群臣的地方，一同朝贺的还有契丹专门派来向仁宗祝贺新年的正旦使。契丹也就是大辽国，自真宗景德元年（1004）的澶渊之盟后，大宋和契丹结为兄弟，因此每逢重大节庆和事件，两国都派出使者致贺、致意。两国之间的使者往来络绎不绝，往往一个使者未完成使命，另一个使者又带着新使命到来。

会庆殿上，当着群臣和契丹使者的面，仁宗皇帝向刘太后跪拜贺年。皇帝与群臣一起向刘太后跪拜，似乎有些不妥，但事前、事后没有人提出异议。

天圣七年的冬至，群臣向刘太后祝寿。

冬至是一年中的主要节日之一，皇帝每隔三年要在这天到南郊的圜丘行祭天之礼，祭天之后遍赏群臣，有资格的官员还能在这天向皇帝请求推恩，也就是请皇帝给自己的子弟、亲戚甚至门生赏官或者提职。每一年，皇帝还会在冬至这天在会庆殿赐宴皇家宗室成员，并大赦天下。普通百姓不见得能够得到皇帝的什么恩典，但冬至时节也是家家团圆，一片喜气。

负责礼仪规矩的太常寺提出了向刘太后祝寿的礼仪方案。根据这一方案，冬至这天，由皇帝亲自率领百官在会庆殿向刘太后贺寿，依旧行跪拜之礼。

礼仪制度曾经是几千年来中国最重要的国家制度之一。在那个时代，礼仪是一种情感的表达，是一种生活方式，也是一种行为规范，还是一种道德约束。即使是社会底层的普通百姓，也会将最基本的礼仪融入到生活之中，表达他们的喜怒哀乐。而那些自认为有道德修养的士大夫，

庙堂之忧

则可能会为了维护礼仪所蕴含的高尚内涵而舍弃自己的生命。春秋时期的卫庄公元年（前480），卫国发生了当政大臣谋杀国君的事件。孔子的爱徒子路当时在卫国为官，他在赶去救援国君时遭遇叛军。战斗中，子路系帽子的缨带被割断，冠帽欲落。子路放下长戟，厉声道："君子死，而冠不免！"系好了帽缨，自己却就义了。

祝寿方案一公布，朝堂之上人人摇头，但没有人敢说话，除了一个人。这个人就是范仲淹。

范仲淹于天圣六年底来到京城任秘阁校理，至今将近一年。

范仲淹认为："天子有事亲之道，无为臣之礼。有南面称尊之位，无北面称臣之仪。皇帝率百官向太后跪拜，是增强了母后的势力而降低了天子的威信，不可为后代所效法。"

范仲淹的奏疏呈上之后，人人都为他捏把汗。刘太后没有吭声，倒是把晏殊吓坏了。

晏殊是天圣六年八月回到京城的，比范仲淹早四个月。当初晏殊因反对张耆担任枢密使而被刘太后贬到南京，仁宗嘴上不敢说，心里是不太赞成的。恰好御史中丞去世，仁宗提出让晏殊回来接任，刘太后同意了。御史中丞是负责监察百官的机构御史台的长官。

晏殊从门下省的朝报上得知范仲淹上书的事。门下省每天将朝廷的重要政事活动加以汇编，发京城百司及全国各地官府参阅，又称邸报。当然，有些地方官不满足于朝报所通报的那些消息，自己还派些人专门常驻京城，在中书省、门下省、尚书省甚至内廷中打探些内幕消息，并立马回报。

晏殊当即把范仲淹召到自己的官署。"听说你上了一封奏章，议论冬至日贺寿礼仪,可有此事?"

范仲淹连忙答道:"确实如此。"

晏殊脸色一变:"你岂是忧国之人!人人都说你是非忠非直,沽名钓誉!你是我举荐的,你如此恣意妄为,岂不是要连累我吗?"

范仲淹刚想解释,晏殊一挥手:"不必强词!我不敢当面与你争论!"

范仲淹想了想,拱手拜退。

回到家里,范仲淹奋笔疾书,给晏殊写了一封信:"我受您知遇,唯恐对国家的忠诚不如金石之坚,对皇帝的直言不如良药之益。如今您因我上书而心生悔意,我如果不做解释,既让天下人士讥笑您没有知人之明,也让我无颜立足于您的门生之列。"

为什么上书太后?"我虽然天生愚昧,但我相信圣人之书,师法古人德行,对上应当忠诚于君,对下应当忠诚于民。古往今来,多少明君都是广开言路,多少贤臣都是冒死进谏。如果不是这样,这些明君还是明君吗?这些贤臣还是贤臣吗?"

为什么主张皇帝不应当与臣僚一起为太后上寿?"皇帝南面称尊,为天下万民之主,怎么能行臣子之礼呢?皇帝跪拜太后是家人之礼而非国家之礼。皇帝向太后行家人之礼,可以率领亲王、皇族在内廷进行;在前殿接受百官祝贺的国家之礼,应当请太后和皇帝共同接受。如果皇帝与群臣百官同列,那么谁是君、谁是臣?"

此举是非忠非直吗?"维护皇帝之尊,难道不是忠吗?不怕降罪而言,难道不是直吗?如果这些都是不忠不直,今后还有什么是忠直呢?"

范仲淹最后写道:"您如果认为我还有可教之处,希望您不要后悔当初的举荐,继续加以教导,我报德之心无穷无已。如果您认为我奸邪狡

庙堂之忧

诈,不可教导,也请您在朝臣中公开宣扬,使我无法再蛊惑朝廷,也不致连累于您!"

晏殊读罢,惭愧不已,当即回信向范仲淹道歉。

但是,冬天贺寿的方案没有改变,皇帝仍然率领群臣向刘太后行跪拜之礼。

冬至过后,新年到来。天圣八年(1030),刘太后已经六十二岁,而仁宗则已经二十岁了。二十岁的仁宗仍然在刘太后的阴影下当着皇帝。

范仲淹又给刘太后上了一道奏章。"太后拥扶皇帝处理国政已有多年。如今皇帝风华正茂,睿哲明发,太后为什么不放下大权还政于皇帝,安享长寿之福?"

一个臣子让掌握大权的太后放下权力,要在其他朝代,那是大逆不道之举,轻则丢官,重则丧命。但是,刘太后对范仲淹的奏章还是不予理睬。

其实,刘太后也不好理睬。请她让位,自然让她心里不舒畅。她要是心里不舒畅,必然要有所发作。一年后的天圣九年(1031),刘太后之兄刘美的独子病亡,刘太后伤心不已。为表达思念,她将刘子的内亲外戚甚至门人童仆七十多人都录用为官或升官加爵。几名御史官员上奏章反对,刘太后极为生气,让宰执们处置。宰执们提出将几位御史贬出京城到地方任知州,刘太后嫌处置太轻,最后都贬为地方的监税小官。

但是范仲淹上书所议论的事情让刘太后有点为难,主要是因为范仲淹言之有理。让皇帝与臣子为伍向太后跪拜,于礼确实不符,历朝历代也没有先例。如今皇帝已经长大成人,也颇有智慧,她也没有理由反驳范仲淹之言。况且，要处置范仲淹，按程序需要由宰执大臣提出处理意见。如果是太后和皇帝提出的处理意见，也要经过他们的认可。但是她深知，朝中百官包括宰执大臣在内，心里头基本上赞成范仲淹所言，只是不敢说而已。不论是她本人还是皇帝，虽然不时有些内降旨意，也就是不通过两府大臣们的研究和认可而直接下达的旨意，但这些旨意用于对一些亲信的格外施恩可以，如果用于处罚官员，这可是要违背太祖以来的祖宗之法，刘太后没有这个胆量。

既然如此，对范仲淹的两次上书，刘太后采取的最合适的应对办法就是不予置理。

刘太后可以不予置理，但范仲淹却不行。他请求自贬。那时把这种行为称作"自请补外"，自己请求到京城以外的地方任职，这是含蓄的说法。不采纳我的意见，说明是我错了而不是朝廷错了，因此请朝廷给予处罚。自请补外或许是一种悔过，或者是一种委婉的抗议。在宋朝，绝大多数的请求补外都是对朝政不满的一种表达。

于是，在朝廷担任了一年的馆职之后，范仲淹离开京城，到河中府担任通判。通判是知府、知州的副手，同时也是知府、知州的监察者，主要监察对象既包括知府、知州，也包括本州其他各级官员。

范仲淹离京那天，许多朝中同僚都来送行。他们送给范仲淹一句话："范公此行极光！"范公这一去，十分荣光啊！

应当说，对范仲淹的安排还是比较优待的。虽然是补外，但没有撤销他的馆职，他是带着秘阁校理的馆职去上任的。这个安排，不排除仁宗在其中发挥作用的可能，因为仁宗认定范仲淹是个忠臣。只要有机会，仁宗一定会起用他的。

是的，三年后，也就是明道二年（1033）四月，仁宗将范仲淹召回京城，任命他为右司谏。

但是，范仲淹这次在朝中只待了半年，又被贬出京城。这回贬黜他的是认定他为忠臣的仁宗皇帝。

3

明道二年，是仁宗皇帝的多事之秋。皇室出了三件大事：刘太后去世，仁宗发现自己的身世以及仁宗废黜皇后。

这一年的二月，皇帝躬耕籍田，即亲自到籍田从事耕种。籍田是由天子耕种的农田，当然平时是征用农夫代为耕种，皇帝躬耕只是偶尔为之，以示天子以农为本之意。皇帝躬耕是件大事，按照规矩，皇帝要先到宗庙告谢先祖，然后再行躬耕。现在是刘太后主政，因此今年由刘太后去恭谢宗庙，仁宗只负责躬耕。

礼仪的问题又出现了。在与宰执们商量恭谢宗庙的礼仪时，刘太后要穿着皇帝的服装去宗庙告谢。晏殊此时已经升任参知政事，是副宰相。他认为刘太后应当穿皇后服，这让刘太后很不高兴。其他的宰辅大臣都是嚅嗫不敢明言。这时，另一位参知政事薛奎大声说道："如果太后穿着帝服去见祖宗，是以皇帝的身份还是以帝后的身份？"话一挑明，刘太后无话可说，于是决定让礼官决定。礼官们提出的方案基本上迎合了刘太后的心思，即将帝服去掉几个佩饰，使用接近于皇帝的规格。

二月初，司天监报告说含誉星出现在东南方，光芒二尺。古人认为，

第一章　山深自有道

含誉星是瑞星，它的出现是吉祥之兆。但朝中也有人悄悄地议论说那天出现的不是含誉星，而是彗星。彗星是灾星。

二月初八，刘太后乘坐只有皇帝才能乘坐的玉辂车，率领太妃杨氏、皇后郭氏到太庙隆重地举行恭谢先祖的仪式。

十一日，仁宗在东郊躬耕。先是祭祀先农帝，然后行籍田礼，最后皇帝亲自下田。按照规矩，皇帝躬耕"三推而止"。宋朝的礼仪制度严格遵循远古周朝之制。根据《礼记》，躬耕之礼，"天子三推，三公五推，卿诸侯九推"。三推，就是在一亩见方的耕地里，扶着耒耜往返推三次。但仁宗说道："朕既然躬耕，就不要以古礼为限了，希望能够耕完一亩。"不过在宰臣的劝说下，仁宗耕十二步而止。一步相当于五尺。

大礼结束没多久，刘太后就病倒了。这一病，一直没有好转的迹象。仁宗十分揪心，诏令各地寻找良医，飞马送到京师为刘太后治病。

三月二十五日，为祈求刘太后康复，仁宗大赦天下。自刘太后主政以来被贬死于他乡的官员都恢复原职，仍健在的官员则被允许从边远之地迁回内地。贬死的名臣有寇准、曹利用等，他们都是冤死的。健在受益的是丁谓，这个该死不死的人。

这些努力没能挽回刘太后的生命。三月二十九日，刘太后去世。留下遗诰，遵太妃杨氏为太后，皇帝亲政，但军国大事需与杨太后商量后再做决定。

第二天，仁宗升殿，与宰辅大臣商量刘太后的后事。见到辅臣们，仁宗泪如雨下，泣不成声。仁宗生性仁慈，刘太后虽然对他十分严厉，但母子之情却是十分深厚。

刘太后去世前，口不能言，眼望着仁宗，不断地用手扯着身上的衣

庙堂之忧

服。仁宗百思不得其解。参知政事薛奎道："太后之意在于服饰。太后身着帝服，如何去见先帝呢？"仁宗恍然大悟，命改以太后的服饰安葬刘太后。

刘太后一去世，朝政主要靠仁宗自己处理了。刘太后遗诰中有"军国大事与太后内中裁处"之句，国家大事仍要仁宗与杨太后商量后决定。此遗诰遭到群臣的反对。就在刘太后去世的第二天，宣布刘太后遗诰后，百官要到内东门祝贺新太后。御史中丞蔡齐当时就喝住御史台诸官员道："如今皇帝已经成年，今天刚刚亲政，怎么能又让太后当政？"第三天，仁宗宣布删去遗诰中"军国大事与太后内中裁处"之句。

仁宗的伤心尚未平复，他突然得知了一件让他无比震惊的事。

有人告诉仁宗，他的生母不是刘太后。

自己的生母，竟然不是养育自己二十几年的太后！那是谁？

是天圣十年（1032）二月去世的李宸妃！

仁宗的震惊和悲伤达到了极点。自己身为皇帝，竟然二十多年不知道自己的生母是谁。给了他生命的母亲，虽然身居内宫，与自己相距咫尺，可是这二十多年来连自己儿子一面都不能见到，更不用说亲他、抚他，享受他的至孝。母亲这二十多年对儿子的思念，必定是刻骨铭心的。母亲去世前，是像儿子今天思念她一样伤心欲绝，还是为儿子君临天下感到自豪和安心而因此含笑九泉？

仁宗连日号哭，伤心欲绝，寝食俱废。

告诉仁宗这一真相的人是谁，史书没有记载，可以肯定是为尊者讳，也就是说此人身份极高，史书因此隐讳他的名字。不排除此人是皇室的重要成员。他还告诉仁宗，李宸妃死得不明不白，丧礼之仪不符合她的身份。

仁宗伤心之际，勃然大怒，令人将刘家宅邸团团围住，准备将刘氏一族治罪。

但是，仁宗毕竟是由刘太后抚养成人，他不愿相信刘太后会对自己的生母下毒手。在将刘家治罪之前，他需要查证事实。

仁宗先追尊李宸妃为皇太后。李宸妃生前的名位是顺容。根据大宋的制度，皇帝后宫设后、妃、嫔、御四个等级。第一等级是皇后，设一名；第二等级是妃子，设四级，共四人；第三等级是嫔，设十七级，顺容是其中的第七位；第四等级的御有四级，共四人，包括婕妤、美人、才人、贵人。当然，后、妃、嫔、御并非都要配齐，大宋的皇帝多数没有配齐后宫。宸妃是在去世的当天从顺容直接晋封至妃的。

李宸妃改尊为皇太后之后，就应当用太后之礼重新安葬。如此一来，就要改换梓宫，即改换棺木。

仁宗派了一个武官李用和前去察看。李用和就是李宸妃之弟，仁宗刚刚知道他就是自己的舅舅。李用和看毕回禀："皇太后安葬时有水银保护，容貌安详。安葬的礼仪是皇妃之仪，符合当时的身份。"

仁宗的一颗心放了下来。他既感且愧，叹道："人言不可轻信啊！"他立即到刘太后的神主牌位前焚香泣告："大娘娘从此清白了！"仁宗平时称刘太后为大娘娘，而协助刘太后抚养仁宗的杨太后被仁宗尊称为小娘娘。

其实，围绕李宸妃的去世和安葬，另有一些故事，或许仁宗并不知道。这些故事需要从头说起。

庙堂之忧

当初刘太后被真宗皇帝接入宫当了德妃后，没过几年，真宗的郭皇后去世。真宗很想就立刘德妃为后，但为大臣们所阻，理由是刘德妃出身低贱，且没有诞生皇子。这让真宗十分懊恼。他一气之下，让皇后之位空置了几年。

然而，机会来了。

刘德妃的侍女李氏得到了真宗的宠幸，不久即有身孕。刘德妃与真宗商量，对外声称是刘德妃怀孕。十个月过去，李氏产下了一个皇子。真宗和刘德妃大喜过望，当即对外宣布刘德妃生子的消息。李氏产子后，依旧回去默默地当侍女，真宗后来封她为顺容。皇子则由与刘德妃亲如姐妹的淑妃杨氏帮助刘德妃抚养。杨淑妃就是刘太后去世后遗诏立为太后的杨太妃。

就这样，刘德妃名正言顺地当上了皇后，几年后成为掌握国家大权的太后。不过她也并不是心狠手辣之人。李宸妃入宫当侍女前，父母双亡，只有一个弟弟李用和，姐弟俩相依为命。李氏入宫时，李用和年方七岁。入宫之后，姐弟俩便断了联系。李用和贫困之下，在京城靠卖纸钱为业。李宸妃生了皇子之后，刘太后得知她有一兄弟，就让刘美想方设法找到了李用和，并给他封了一个武职。李宸妃去世后，刘太后又特地将李用和升迁为礼宾副使。礼宾副使是一个中级武官。

李宸妃去世的第二天，在上朝的时候，宰相吕夷简觑空问了刘太后一句："听说昨夜后宫有人去世？"

刘太后沉下脸来问道："宰相也想管后宫的事吗？"说完，立即带着仁宗退朝。

过了一会儿，刘太后独自一人上殿，对吕夷简说道："宰相为什么要离间我母子？"

吕夷简反问："难道太后不为刘氏的今后着想吗？"太后默然。

李宸妃安葬时，按规矩妃子的梓宫应当出西华门，但刘太后的旨意是让梓宫走小侧门。侧门太小，需要临时挖掉一段宫墙以扩大宫门。吕夷简又出来了。他求见刘太后，但是刘太后不见他，只派了个内侍出来问宰相有何公干。

吕夷简告诉内侍："妃子安葬，应当出西华门，鏊墙而出不合礼仪。"

刘太后听了，让内侍责问吕夷简："宰相为何要管这种事？"

吕夷简答道："臣身为宰相，凡是朝廷大事，都要据理力争。太后不接受臣的意见，臣就不回去。"

如此来回三次，吕夷简生气了，向内侍正色道："宸妃诞下了皇帝，如果她的丧礼不符合规矩，他日必定有人要为此承担责任，到时不要说吕夷简今天未做提醒！"

内侍听罢，胆战心惊地回禀刘太后。最终，梓宫按规矩自西华门而出。

刘太后与仁宗母子的这一段关系，后来被民间艺人加以充分的艺术加工，演绎成为流传几百年的"狸猫换太子"的故事。在这个故事中，刘太后成了一个恶毒的女人。她和宫女李氏同时怀孕、同时产子。刘氏为了争当皇后，让人用剥了皮的狸猫偷偷换走李氏生下的皇子，以此污蔑李氏生下了妖孽，使李氏被打入冷宫，而自己终于被立为皇后。但是天怒人怨，刘氏所生之子不久夭折，而李氏所生皇子在经过磨难后被立为太子，并登上皇位。在清官包拯的帮助下，皇帝得知真相，与双目失明的生母相认，而已经成为皇太后的刘氏则畏罪自缢而死。

庙堂之忧

故事很有感染力，让刘太后在民间背了几百年的黑锅，这黑锅恐怕还要继续背下去。事实上，从历史的角度看，刘太后是颇有功绩的。她主政期间，号令严明、恩威并施，社会稳定、边境安宁。涉及百姓的主要的社会制度如税赋、劳役等没有变化，官员们一如既往同时也是按部就班地履行职责，同契丹国的关系以及与西夏的西平王赵德明、南方交趾的南平王李德政等藩属国国王的关系也比较稳定。尤为重要的是，她下决心贬黜了曾经宠信的奸臣丁谓，任用了一批品行端正的大臣，保证了政权的平稳。虽然将皇子据为己有、至死不说明真相有悖情理、有损人伦，但她对李宸妃还是善待的，并没有迫害李宸妃及其亲属，这在那种社会里已属极为难得。至于对家人、亲信偏一点心、多给点恩泽，甚至包庇点过错，相对那个时代的帝王后妃们而言，刘太后不算太过分，至少她没有滥杀大臣——除了将盛气凌人的枢密使曹利用迫害而死。几千年的封建专制制度下，不要说手握如此大权，就是当个小官小吏的人，为自己谋点私利的肯定是多于道德高尚、品质清廉的。

就在后宫风雨尚未平静的时候，仁宗发布了亲政后第一个重要的任免决定。宰相吕夷简、枢密使张耆、参知政事陈尧佐、晏殊和赵稹以及枢密副使夏竦、范雍全部被罢免。

其他几位宰辅被免还可以说在预料之中。皇帝亲政，必定要有一些新气象。但是吕夷简也被免职，实在是出人意料。

吕夷简是首相。在原有的宰执大臣中，仁宗最信任他。仁宗甚至与吕夷简商定，张耆、夏竦等人都是刘太后所亲信任用的，要全部罢去。但是就在商定此事后的当晚，仁宗在与皇后闲聊时，无意中提到了这一决定。皇后多嘴，对仁宗说道："吕夷简不也是太后的人吗？只不过多机巧、善应变而已。"第二天，吕夷简带领朝臣们听旨。在罢免的宰执名单中，吕夷简突然听到了自己的名字。他大惊失色，不知何故。直到赴地方任职多日后，他暗中结交多年的阎文应才帮他打听到是皇后捣的乱。

仁宗今年遭遇的第三次后宫风暴已经在酝酿之中了。

范仲淹在这样一个时期回到了京城。仁宗任命他为右司谏。右司谏是谏官，可以就任何事情向皇帝进谏、规劝。范仲淹一上任，就连连上言。

他先上了一道奏章，反对册命杨太妃为太后。他说："一位太后刚去世，又立一位太后，难道皇帝一天也离不开太后吗？"仁宗部分采纳了他的意见，杨氏太后的身份不变，但取消了册命仪式。

第二道奏章是建议不要对已故的刘太后说三道四。刘太后在世时，有些人什么也不敢说；刘太后一去世，他们就一概否定刘太后主政时期的所作所为。范仲淹对仁宗说道："太后受先帝遗命，保佑陛下十几年，应当掩小过而全大德。"仁宗深以为然，诏令百官不得妄加评论。

六月中旬，江淮一带遭受水灾。范仲淹上书建议朝廷派遣官员安抚、赈灾，但几天过去不见批复。于是范仲淹在一次早朝时问仁宗："陛下如果半天不吃饭会当如何？如今东南几路灾民都在盼望朝廷赈济，怎么能置之不理？"仁宗连忙让中书省拟旨，直接派范仲淹巡行江淮。

赈灾回来，范仲淹向仁宗进呈了一种食物。这种食物是野燕麦，民间称为乌昧草，味极苦涩，难以消化，百姓只有在粮食穷尽的时候不得已才拿它当饭吃，而这次受灾的许多灾民都以此为食。范仲淹建议仁宗将乌昧草分送后妃和皇亲国戚，让他们尝尝，也知道点民间疾苦，收敛

庙堂之忧

些奢侈之心。仁宗也一一接受。

十月，前宰相吕夷简也回来了。自半年前将他罢免后，仁宗任命自己当太子时的两位旧臣张士逊和李迪担任宰相。张士逊任首相，无所建树，还常常阻挠对一些人才的使用，仁宗对他不满，因此想念起能干的吕夷简。于是，仁宗将张士逊罢免，将吕夷简召回。

这时，一个偶然发生的事件，被策划成一个阴谋，在宫廷刮起了又一场风暴，把范仲淹也深深地卷入了其中。

事情的开始只是一个后宫争宠的宫闱小事。

仁宗的皇后姓郭，是八年前的天圣二年（1024）册立的。郭氏的祖父郭崇是太祖朝立过大功的名将，母亲是太宗明德皇后的姐姐，家世显赫，但自真宗朝开始，郭家没有出过什么大官，渐至衰微。

立郭氏为后是垂帘听政的刘太后做主的。她说："皇后出于衰旧之门，可以避免今后外戚干政。"此话有一定道理，但也不能一概而论。仁宗后来的皇后曹氏出身更为显赫，立后之时她的几位叔伯都是当世名将，而她本人却十分贤惠，后族也极谨约自守。

如果让仁宗自己决定的话，他希望立张美人为后而不是郭氏。但他不敢违抗太后之命。因此当刘太后在世时，仁宗基本专情于郭氏，与其他的妃嫔美人极少接触。

今年三月刘太后去世后，仁宗没有了约束。在繁忙的政事之余，他开始与自己喜欢的女人尽情享受着爱的欢乐。而此时他最为宠爱的，是美人尚氏和杨氏。而郭皇后自然因此受到冷落。

以往有太后的喜爱，加上显赫的家世，郭氏在宫中颇为任性，甚至有些跋扈。如今受到冷落，郭皇后心中自然有些怨恨，总想找到一两个机会出出气。一天，皇后打听得皇帝正在尚美人处，于是赶了过去。也怪这尚氏，仗着皇帝的宠爱，有些忘乎所以，对皇后礼仪不周。皇后抓住把柄指责尚氏，而尚氏居然还与皇后争执。皇后极为愤怒，扬起秀掌，扇向美人。美人一偏头，正好赶上仁宗上前劝解，于是皇后的一掌扇到了皇帝的脖子上。女人争锋，都是连抓带挠。皇后这一掌下去，仁宗的脖子当即留下指痕。皇后再强悍，当时也吓得跪在地下，花容失色、语无伦次。仁宗一语不发，转身回宫。

阎文应跟在仁宗后头，瞅准机会说了一句话："陛下何不在明天让执政大臣们看看皇后的指痕？"阎文应就是那位与宰相吕夷简交好、帮吕夷简打听到半年前被免职幕后原因的宦官，时任入内内侍省副都知。入内内侍省负责皇帝最私密的生活，阎文应是副总管。

仁宗对皇后的不满已非一日两日。一遇到皇后悍妒发作时，他就心生废后之意。阎文应的话点醒了他。

第二天一早，仁宗召见宰执大臣和近臣。他十分委屈地向他们展示了脖子上的指痕。宰执大臣们没有提出什么意见，绝大多数人把这种事看作简单的后宫争宠的家事。谁家没有夫妻争吵的时候呢？

见无反应，三司使范讽挺身而出，提议皇帝废黜皇后。废后理由不仅是皇后悍妒、无礼犯上，还加上了一条：皇后无子。结婚近九年了，皇后没有为皇帝生下一个孩子。三司使是地位仅次于宰执大臣的重臣，独立于宰执大臣掌管全国的财政收支。范讽还兼任侍从官，他既是重臣也是近臣。

皇帝与皇后的争吵拌嘴是家事，可是皇后的册立和废黜是国家大事。

庙堂之忧

于公而言，废黜皇后往往同皇位争夺、权臣谋逆、外戚干政、宦官谋乱等严重危害国家稳定的问题相牵连，不可轻言此事。于私而言，作为臣子，让皇帝废黜皇后，无论如何都有些心怀不轨的企图或大逆不道的意味。多数时候，这种提议具有相当大的风险。皇帝可能会勃然大怒，责以重罪，百官中任何一个人也都可以弹劾他。

范讽同郭皇后没有恩怨。他提议废后，是想帮宰相吕夷简的忙。

范讽为什么要给吕夷简帮忙？

范讽是个亦正亦邪的人物。他能力极强，在地方任职期间曾济贫扶弱、整治不法，深受百姓好评。可是几年前，他为了到朝廷任职，却夤缘讨好宦官张怀德。张怀德是刘太后的亲信，他曾经帮过几个人的忙，这些人在历史上都是相当著名的，其中有向真宗进谗言陷害大宋功臣寇准的王钦若，有半年前被仁宗免职的原枢密副使夏竦。在张怀德的推荐下，刘太后重用了范讽，让他担任御史台的长官御史中丞。范讽在御史中丞任上，却又表现得公正直言，连连弹劾了刘太后的几个姻亲。刘太后去世后，范讽升任三司使，成为仅次于宰执的重臣，但他自视颇高，一心想进入两府。如果吕夷简能向仁宗推荐他，进入两府就是水到渠成的事。可惜天算不如人算，强中更有强中手。吕夷简利用了范讽的这个弱点为自己办成了几件大事，但后来也因忌讳他而将他排挤出京城，终老他乡。当然这是后话了。

范讽提议废后，让皇宫争宠的家事发展成了国家大事，宰执们无法回避。吕夷简自然而然地附和了这个建议。

但是，仁宗还在犹豫。毕竟废后是国家大事，虽然符合自己的心意，但于理不足，于情也尚有不忍。

第一章 山深自有道

当断不断之时，废后之议在一些朝臣中流传开来。

范仲淹也听说了。他觉得不可思议。这么一点小事，怎么就发展到废黜皇后的地步？范仲淹上书仁宗，劝谏他不可废后："希望陛下立即消除此念，以免天下人心惶惶！"

但是，决策层已经达成了一致意见。

十二月二十三日，废后诏书下达。诏书称："皇后因为没有生育皇子而自愿入道观修行，因此特封其为净妃、玉京冲妙仙师，移居在长宁宫修养。"

这天恰逢大寒节气，诏书的下达似乎要印证这个时节的寒冷风暴。

风暴仅仅是开始。朝中两大监察系统的台谏官员即御史台官和谏官，当日立即纷纷呈上章疏，要求仁宗收回诏书，不要废后。

但是，他们的章疏无法送到仁宗面前。所有的上书渠道，无论是皇宫的阁门还是进奏院、登闻院、理检院、通进银台司等，全部拒收台谏官的章疏。宰相吕夷简已经提前下令各部门不得接受台谏官员们的奏疏。

台谏官员上书无门，在本朝史无前例。这种情况，历史上只有在皇帝昏庸无能或荒淫无道的朝代才可能出现。于是，台谏官员们决定集体进宫进谏。谏官以范仲淹为首，台官以御史台的长官御史中丞孔道辅为首，孔道辅是孔子的嫡传后代。

他们来到垂拱殿门外，跪伏在地上，请求皇帝接见。守门侍卫见状急忙关闭殿门。孔道辅怒不可遏，起身上前，抓住门上铜环尽力叩门，高声喊道："皇后被废，是国家大事，陛下为何不听台谏一言？"叩门的咣咣之声响震威严的皇宫，门外卫士无不张皇失色。

门内，急促的脚步声由远而近。大门打开，一个内侍站立门前高声

庙堂之忧

宣谕仁宗口诏："皇后当废。至于理由，卿等可到中书省，请宰相向卿等详论。"

在中书省宰相的政事堂内，宰执们早已接到皇帝旨意。远远见到台谏官们到来，首相吕夷简和次相李迪已经迎在门前。台谏官与宰执大臣展开了激辩。

孔道辅大声质问："帝、后对于我们人臣犹如父母。父母不和，应当劝解，怎么能顺从父亲废黜母亲？"

李迪生性宽厚，他答道："皇后无子，为社稷着想，应当让位。"

台谏官们一片哗然："帝、后正年轻，今日无子，等于今后也无子吗？"

李迪张口结舌，不知如何应对。

吕夷简在一旁徐徐说道："废后之事，古已有之，诸公不必如此纷争。"

范仲淹接过来说道："相公所言古已有之，想必不是指那些昏君废后之事。古往今来，可称为明君且又曾废后的，也只有汉光武帝了。"相公是那时对宰相的尊称。

"正如司谏所言。"吕夷简答道，他正是此意。

"光武帝神文圣武，开创盛世，确实是有道明君。然而光武帝废黜皇后却非明君之德，而是昏君之举。相公岂能将古时明君曾经做出的昏庸之举，拿来让皇帝效仿？"范仲淹的这一番道理出乎吕夷简意料，他也无言以对。

台谏官们又开始群情激昂。其中一位冲吕夷简喊道："相公劝皇帝废后，可是借机发泄私愤？"

吕夷简满面羞惭，冲台谏官们拱拱手："诸公，废后本是皇帝之意。诸公所论有理，请明天一早上朝陈述吧。"

听了此言，台谏官们一哄而散。

其实吕夷简使的是缓兵之计。台谏官们刚刚离去，吕夷简随即进宫面见皇帝。仁宗一听吕夷简说明天上朝时台谏官们还要纠缠此事，就有些惶恐不安。但是，吕夷简自有办法。

次日一早，半月还挂在天空一角的时候，范仲淹、孔道辅已经来到待漏院等待上朝。时间还早，待漏院里还没有多少官员。一个内侍突然出现，宣读诏书：孔道辅出知泰州，范仲淹出知睦州，其余参与进谏的台谏官各罚铜二十斤。

范仲淹和孔道辅只得各自返家。还未到家门，就看到有官人在门外等候。他们奉宰相之令，立即押解范仲淹和孔道辅离京上任。二人一日不离京，皇帝和宰相一日不安心。其实从解决麻烦的角度看，吕夷简为仁宗出的这个主意是最正确的。

或许是出于内疚，或许是于心不忍，范仲淹和孔道辅虽然被贬出京城，但他们的朝廷职务并没有撤销。范仲淹是带着右司谏的身份赴任的。

范仲淹和孔道辅走了，台谏官们还在继续抗争。

侍御史杨偕请求与范仲淹、孔道辅一起贬黜。这显然是向皇帝挑衅，但仁宗不予置理。

殿中侍御史段少连接连递进两个奏疏："陛下因皇后的一点小过错就将她废黜，那么臣僚之妻如果也有小过错，是否就可以把她贬降为妾呢？如果仅仅因为后宫争宠就废黜皇后，史书将如何评价陛下？子孙将如何议论此事？"仁宗依然不予置理。

庙堂之忧

仁宗的忍耐终于换来了风烟的消散。所有的既成事实都无法挽回，仁宗取得了最后的胜利。其实胜利者并不只是他一个。

范仲淹和孔道辅被贬出京时，杨偕、郭劝、蒋堂、段少连等台谏官员闻讯赶来送行。他们送给两次遭贬的范仲淹一句话："范公此行尤光！"意思是，范公这一去，更为荣光啊！

4

严子陵钓台是个启人心智的地方。

苍翠的杉松，清泠的飞瀑，接天的雾海，雨润的青山，宁静间不时响起数声鸟鸣，幽深处喜闻几声人语，让世人有幡然而醒的感觉。仰观宇宙，俯察万物，前瞻古人，后望来者，谁是这个世界真正的主宰？只有寂静万年的山林水雾在默看云卷云舒。

"子陵先生淡泊名利，似乎也只有如此清雅灵秀之地能与先生的潇洒相配了。"章岷在一旁说道。

章岷是睦州司户参军，负责民政事务。范仲淹虽然到睦州不足两个月，但章岷的文才、干练和直言不讳的坦诚让他十分欣赏。

范仲淹深表赞同。"所谓人杰地灵，人因地而杰，地因人而灵。我等心无先生之高雅，身有官场之羁绊，难以像先生那样山水寄情、渔耕传家。如果将来老迈之时能够在此颐养天年，与一二知己围炉消酒、诗书伴雨，则此生足矣！"

章岷笑道："范公也有如此清心。"

范仲淹也是呵呵一笑："此心早已有之。大中祥符初，仲淹游学陕西，到了鄠县，与才子王镐和周、屈两位道长相识。我四人常常同游于长安的鄠、杜一带，啸傲于山林之间。谈古今，论贤哲，倚高松，听长笛。闲观周道士书篆，或与屈道士论《易》。一天晚上，我等四人聚会于圭峰山下的王家别墅，开樽畅饮、谈笑正酣之时，远处忽然传来一缕笛声，荡涤神志。走出户外，只见明月之下，万籁俱寂；山姿秀整，云意闲暇；紫翠万叠，横绝天表。清扬悠远的笛声依山而走，上拂霄汉，下满林壑，如清风自发，似长烟自生。我四人回身相望，只见天地人物浑然一体，洒然于苍穹之中。那时的心境，仲淹至今难忘。"

章岷听得呆了，许久才道："如此意境，真令章岷向往！不知吹笛者何人？"

"一介既老且贫之书生。每当月华高照之夜，他都要操长笛吹上数曲，四十余年，从不间断。"

"穷困不减其乐，真高人也！"章岷由衷赞叹。

沉默片刻，章岷环顾杂草丛生的高台，叹道："子陵先生当年渔樵耕读，当有些土屋茅棚，如今踪迹皆无，令人叹息！"

范仲淹点了点头："先贤事迹自有文章流传千古，但是如果有一点遗迹残留，也胜过文章百篇。我意在此建一祠堂，宣扬先生之德，以供世人瞻仰。"

章岷连声赞同："甚好！甚好！"

范仲淹接着说道："建祠诸事，还请伯镇仁兄承担。"伯镇是章岷的字。

"那是自然，范公放心。"

庙堂之忧

一缕炊烟自江对岸升起，吸引了二人的目光，打断了他们的谈话。在轻朦的林雾之中，青色的炊烟袅袅，闲散中透着孤傲。章岷笑道："富春的灵秀能点化万物啊，连此间的炊烟似乎也有些仙气。"

范仲淹凝视片刻，说道："此处炊烟确实有些与众不同。你我同过对岸去寻访一番，如何？"

章岷自然愿意。

一个槿篱环绕的农家院子，坐落在参天大树之间。主人是一位鹤发老者，却不像是普通农夫，应当说肯定不是农夫。农夫之家不会有书童陪伴，更不会有满屋的翰墨之香。

书房的墙上有一幅画。画中一江横流，峰峦叠翠，云山烟树，沙汀村舍，江山浩渺，意境深远，一看就知这幅《云山村舍图》的作者不是凡人。

果然，题款落的是林逋。

林逋是真宗和仁宗朝著名的隐士。自宋初至此时，有名的隐士高人不下数十人，但最著名的只有三个：一个是华山老祖陈抟，一个是陕西终南山的种放，还有一个就是杭州的林逋。

林逋满腹学问，精通经史百家，却恬淡自傲，甘于清贫。他在杭州西湖的小孤山结庐而居二十余年，多次拒绝朝廷的征召，布衣一生。林逋终身未娶，自称以梅为妻，以鹤为子。平时，他驾一小舟遍游西湖诸寺庙，与高僧诗友相往还。如有客人来访，守门童子便放飞白鹤，他见鹤即棹舟归来。林逋名动天下，缙绅士子无不希望与他交往。尊贵之人是想借重他的名声，寒窗之士是想得到他的教诲。

范仲淹与林逋是忘年之交。范仲淹之于林逋是后进晚生，因此他在

第一章　山深自有道

游学期间以及初入仕宦时多次拜谒造访，而林逋与他也多有诗词相寄赠。

六年前的天圣六年，林逋病逝。仁宗皇帝听到他去逝的消息，叹息不已，下诏赐谥林逋"和靖先生"。赐封谥号，是皇帝对去世的国家大臣和重要人士的礼遇。

隐士是隐居之人，但只有那些有真正学识而又甘于清贫在野的隐居之人才能称为隐士。没有学识而隐居的，只能称为农夫；有学识但又不甘于在野而一时隐居的，是沽名钓誉。隐士以其淡泊之心，能够洁身自好，不随波逐流；隐士又以其置身事外的心态，冷静而敏锐地看待世事，因此往往能够在动荡中看到希望，在繁华下发现隐忧。古时的隐士多隐于山野，独处独乐，如东汉的严子陵。而宋朝的隐士则多隐于市间，与世俗往来不绝，但又能够保持自己独立的人格。真正的隐士是哲人，是智者。但是，换个角度看，胸有大志却寄情山水，满腹才华又只愿与沙鸥伴游，这既是隐士之高，也是隐士之悲。但是对于读书人而言，隐士的身上闪耀着道德与智慧的光芒，他们十分愿意也十分期盼能够接近它，更希望能够分享它。因此，寻访隐士成为文人精神追求的一种现象和方式。虽然历史没有留下多少关于此类故事的生动细节，但是这并不妨碍我们做一些符合其内涵的遐想。

能在这深山密林间看到林逋的画，范仲淹感到十分亲切，但同时也认定这家的主人必定不同一般。

画上，在林逋的题款旁，另有一首题词："何处闲云一片，飞落林间戏雁。梦里有江山，在此间。我有如脂圭玉，不敢弃之褴褛。谁与置扁舟，伴鸥游。"

这首词的词牌是《昭君怨》，落款题的是：崔畅题君复先生《云山村

庙堂之忧

舍图》。君复是林逋的字。

如果范仲淹身处的这个农家小院的主人就是此画的主人，那么他应当就是题词中自称的崔畅了。

范仲淹知道和靖先生林逋曾有一位名为崔畅的好友，林逋对他十分推崇，曾有《赠崔少微》一诗赞他道："贤才负圣朝，终日掩衡茅。尚静师高道，甘贫绝俗交。"少微是崔畅的字。

也就是说，此间的主人，就是和靖先生的好友崔少微了。

不经意间寻访的人竟然是崔少微先生，范仲淹喜出望外。

几截圆木作凳，一杯白水清心，崔少微与范仲淹在院中畅谈起来，章岷在一旁恭听。

"和靖先生曾有诗赞希文是'马卿才大常能赋，梅福官卑数上书'。希文虽然因谏两次遭贬，却让天下士人敬佩啊！"

希文是范仲淹的字。七年前林和靖赠范仲淹的诗中，以西汉才子司马相如比喻范仲淹之才，以西汉名士梅福比喻范仲淹官卑不忘忧国之志。

"先生谬奖了。仲淹出身孤贫，迂腐多昧，只知以古人为师，以古道为本，对君尽忠，于己立诚。因此常常不识时务，冒犯天威，屡遭谴责。然而心中坦然，故此无所悔改。"

崔少微点了点头："圣朝有谏声，有谏声才是圣朝。"

范仲淹道："诚如所言。没有哪个朝代是因为谏声不断而灭亡。细究起来，朝代的灭亡反倒是因为没有了谏声。人人附和，日日赞歌，是会断送国家前程的。"

崔少微十分赞同："有人说犯颜直谏不是太平盛世所应当有的，殊不知正是因为人臣有直谏之心，君主有包容之量，方能造就太平盛世。希文之举，是我大宋之福。"

范仲淹忙道："仲淹所为，都是为人臣子所应当做的。如果说大宋有福，我朝自太祖以来，历经太宗、真宗二庙直至当今皇帝，无不宽仁大度。仲淹此次与诸位台谏同僚犯阙进谏，宫外喧哗、廷上纷争，皇帝却未加重责，如此胸怀，才是我大宋之福！"

范仲淹此言发自肺腑。

向君主进谏，历来是高风险的事。自古以来，因向皇帝进谏，甚至只是因为批评、弹劾权臣而被杀的人数不胜数。

夏朝的末代君主夏桀，荒淫无道，筑酒池肉林供自己享受。大臣关龙逄向夏桀进谏说："君王应当讲究仁义、爱民节财，如此才能确保国家长治久安。如果挥霍财物、杀人无度，会让上天降下灾祸。"夏桀大怒，将关龙逄囚而杀之，让关龙逄也因此成为中国历史上第一个因进谏被杀的谏臣，也让自己成为夏朝最后一位君主。

商朝末年，商纣王暴虐荒淫。纣王的叔父比干向纣王强谏三日，挥之不去。纣王盛怒之下，将六十三岁的比干剖胸摘心。比干死后，正直的大臣纷纷逃离，众叛亲离的纣王最终在天下诸侯的围攻下自焚而死，商朝灭亡。

崔少微和范仲淹所赞颂的大宋之福，不是浅薄的歌功颂德。他们不是浅薄之人，他们有充足的理由，台谏制度就是一个例证。

宋朝的台谏制度给予台谏官员们以极大的自由和安全空间，对朝廷的所有政事进行监察和进谏。给予进谏的机会本身并不太珍贵，珍贵的

庙堂之忧

是当权者承认并基本上能够尊重"言者无罪"这一原则。

因此，宋朝的台谏官员们是幸运的。宋朝三百一十九年，没有一个台谏官员因上书言事被杀。台谏官员们即便因直言进谏让皇帝一时不快而受到降职、贬谪的处罚，但绝大多数不久即恢复原职，甚至超升，史书说是"稍加贬谪，旋即超升"。稍加贬谪是皇帝给自己一个下台的台阶，或者是对确有过错的言事者一个合理的处罚，而旋即超升则是皇帝对自己的悔过、对直臣的奖赏和对台谏制度的尊重。

一个有着三百多年历史的朝代，历经十八代皇帝，这些皇帝智愚不一，却没有杀过一个台谏官员，这是一个奇迹，也是一种胸怀。今人凡论宋朝，必称其积贫积弱，殊不知宋朝在强敌环伺之下，其寿命比唐朝还长三十年，它所倚赖的正是这种胸怀。

宋朝的皇帝不擅杀官员。不擅杀官员，不是说一个官员都不杀。他们杀过少数兵败辱国的武将，但要杀文臣，皇帝们是慎之又慎。有这么一个故事证明文臣难杀。

神宗时，宋朝与西夏开战失利。神宗一怒之下，未与宰执大臣商量，即内批旨意下令处斩一名误事的转运使。第二天，宰相奏事，神宗问："昨日内批处斩一转运使，此事办了吗？"宰相说："尚未办理，正想向陛下奏知此事。"神宗不悦道："此事还有什么让人犹豫的吗？"宰相道："祖宗以来，从未杀过士人，臣不希望陛下破例。"神宗听罢，无话可说，沉吟半晌道："那就刺面后发配边远地区吧。"宰相却道："那不如杀了他。"神宗糊涂了："却是为何？"宰相说："士可杀，不可辱！"神宗大怒道："朕身为皇帝，难道一件快意事也做不得？"宰相也抗声回道："如此快意事，还是不做为好！"最终，神宗还是没杀成这个官员。

整个宋朝，只有两个人被杀可以看作是宋朝的耻辱。这被杀的两个人，一个是已经身为宰执大臣的枢密副使、名将岳飞，另一个是太学生陈东。岳飞之死，千古奇冤。直至今日，无论是街头闾巷之鄙夫还是公卿门第之贵人，没有不为此事叹息的。但是，岳飞毕竟是一个武将，而太学生陈东则是读书人。太学生不是官员，只是在太学中学习的士子。陈东在士林中威望极高，他反对南宋高宗的投降政策，带领一批士人甚至平民在皇宫外伏阙上书，要求起用主战派领袖李纲，惩处投降派，因此被皇帝杀了。

杀岳飞和陈东的皇帝，都是自私自利、偏安一隅的南宋高宗赵构。高宗杀他们的根本原因，都是他们立志恢复被金国占领的北方故土，想迎回被金国俘虏的宋徽宗和宋钦宗——他们是高宗的父亲和兄长。高宗是在他们被俘之后当上皇帝的。因此，如果徽宗和钦宗回来，高宗还能够继续当皇帝吗？高宗宁愿让自己的父兄老死异域，也不能让他们回来与自己争权。过于迷恋权位，往往会让人丧失理智。

但是瑕不掩瑜，昏庸的宋高宗不能障蔽大宋的清明。大宋三百多年，其胸怀是博大的。

当然，仅靠皇帝自觉的胸怀是不够的，这种胸怀需要制度的保证。

宋朝有太多超越时代之处，其中之一，就是它确实有一条让历代宋朝皇帝不敢逾越的制度，这就是"誓不杀士大夫及上书言事者"，不杀读书人，不杀上书议论国事者。

"誓不杀士大夫及上书言事者"起初只是一个传言，因为当世之人谁也没有见过这个规矩的出处。后来，北方的金国入侵大宋，杀进京城开

庙堂之忧

封大肆掳掠，所有皇家禁地都如同荒野之地不再有任何秘密，于是有好事者在皇家的太庙中见到了一块高八尺余、宽约四尺的石碑，上书三行誓词：其一，柴氏子孙有罪不得加刑，纵犯谋逆，止于狱中赐自尽，不得市曹行戮，亦不得连坐支属；其二，不得杀士大夫及上书言事者；其三，子孙有渝此誓者，天必殛之。

第一句话，是优待后周世宗柴荣的后代。如果他们犯有重罪，可免于重刑和羞辱，这或许是民间关于柴氏后代有铁券丹书免死牌之类传说的由来。第二句话，授予了读书人议政的自由。第三句话，是对不遵守前两条规矩的后世皇帝们的诅咒。

这块石碑的建立者是宋朝的开国之君——太祖赵匡胤。太庙是皇家的家庙，里面供奉着皇家的先祖们。崇拜先祖，是中国人神圣的礼仪；太庙，是每一位皇帝心中的圣殿。将这块石碑立于太庙，表明了它及它上面所镌刻文字有至高无上的地位。宋朝历代皇帝在登基之初，都要到太庙阅读并牢记这块石碑上所立的规矩，包括"誓不杀士大夫及上书言事者"，它们都是"祖宗之法"。

因为这个"祖宗之法"，宋朝的皇帝们在相当程度上有了自我约束的内因和外因，使得他们同其他朝代相比少了许多荒唐之举。

自我约束首先是从太祖做起的。讲两个与太祖有关的著名的事例。

某一天，太祖理政之余想散散心，于是在后花园拿着弹弓打麻雀，这时一个官员求见。

内侍告诉官员：皇帝在弹雀散心。

官员告诉内侍：有要事禀告。

太祖听说有要事，急忙回到殿中，却发现官员请示的只是一般小事。

太祖满脸不快，问道："此等小事能说是要事吗？"

官员答道："总比弹雀重要。"

太祖大怒。他本是行伍出身，豪气未减，操起桌上拂尘，用拂尘的玉柄打去，打掉了官员的两颗牙。

官员默默地俯下身子，拾起落牙揣进怀里。

太祖见状，愈加愤怒，骂道："你藏着落牙，难道想去哪儿告我吗？"

官员答道："臣无处告陛下，但自有史官记下此事。"

太祖一听，吓了一跳，连忙起身，堆起笑脸对官员好言哄劝，并赠给金帛作为补偿。

另一次，太祖下朝后闷闷不乐。身边的宦官问道："官家为何不乐？""官家"是那时对皇帝的称呼之一。

太祖叹了一口气，道："皇帝不好当啊。我今天一时高兴下了一道旨意，现在回想起来，颇有不当之处，所以心中后悔不已。"

有史以来，华夏大地朝代无数，只有宋朝的皇帝们给自己立了"誓不杀士大夫及上书言事者"的规矩并始终不渝地遵守着，这是一个标志，标志着宋朝的政治清明超越此前任何一个时代。

仅凭这一点，就应当把宋太祖赵匡胤列于中华民族伟大人物之林。

5

赵匡胤完全有资格被视为中华民族的伟大人物。

赵匡胤建立的宋朝，延续了三百一十九年。大凡能够传承几百年的

庙堂之忧

朝代，都是因为建国者吸取了前代覆亡的教训，革除弊端，广开言路，为子孙后代打下了一个坚实的基础。而那些倏忽而逝的短命朝代，都是因为建国者因循守旧、漠视民生、不听诤言，最终导致灭亡。当然，也有些朝代是开国君主英明，但因为继承者昏庸至极而自取灭亡，如隋朝。

宋朝之前的五代十国，经历了五十多年的战乱。自唐哀帝天祐四年（907）唐朝覆亡到宋太祖建隆元年（960）大宋建立，短短五十多年间，中国历经了后梁、后唐、后晋、后汉、后周五个短命的王朝，这就是五代。五代都自称是中原正朔。什么是中原正朔？是承自尧、舜、禹，历经夏、商、周，直至秦皇、汉武、唐宗的真命天子，是中国传统道德文化的正宗继承者。与五代同时，在中国的南北方先后并立着十个小王国。这些小王国为求自安，多数承认北方五代是中原正朔。简言之，五代君主们自称是皇帝，而十国中的多数也承认他们是皇帝并自贬为国主。五代十国期间，先后出现十几个政权、五十余个皇帝、国主。无论是这些朝代还是这些君主，用曹操的诗形容，都是"譬如朝露，去日苦多"，没有长命的。

五代十国的君主们基本上是军阀出身。唐朝后期，各地藩镇坐大，军阀林立。这些地方藩镇的首领亦即节度使，手握重兵，总理本地的军、民、财大权，相互之间攻城略地，而朝廷根本无力加以约束。不仅如此，朝廷往往为了财政收入，不得不对他们低声下气。到了唐朝末年，朝廷的权威更是几近于无，于是这些军阀便公开自立为王。自立为王之后，他们又继续以一种他们最擅长的方式立国、治国、亡国，那就是战争。短短的五十多年，仅大型的战争就达二十余次。战争的方式就是杀戮，既杀戮对方的士兵，也杀戮平民百姓。战争需要财赋的支撑，财赋来自何处？仍然是出自百姓。因此，那时的百姓，生不如死。

在那个动乱的年代，上有暴君，下有酷吏，人们崇尚的是强权，以为强权之下必有政权，而事实证明这完全是无知的理解。在以中原正朔自居的五个朝代中，存在时间最长的后梁是十七年，最短的后汉只有四年。

就在这个时候，本可以成为另一个军阀的赵匡胤登上了历史舞台。

赵匡胤建立的大宋，继承了中原五代中第五个朝代后周的政治遗产。后周的创立者郭威本身就是一个军阀，只不过他是一个有人情味的军阀，成为皇帝后又相当亲民、开明。

郭威的后周江山，是从后汉手中夺过来的。此前，郭威任后汉的枢密使，是后汉的建立者刘知远的亲信大将。后汉高祖刘知远在位不到一年即病亡，其子刘承祐继位，是为隐帝。隐帝多疑，几个顾命大臣又相互猜忌，于是隐帝杀了父亲的几个旧将。当他密令亲信杀害领兵在外的郭威时，事情泄露，于是郭威起兵攻入开封，自立为帝，建立后周。

郭威在位三年去世，谥为太祖。他没有子嗣，继位者是他的内侄和养子柴荣，即后周世宗。世宗雄姿英发、年轻有为，为政、领军均有远见卓识，有一统江山、开创盛世的气魄和能力。世宗登基后曾经感叹说："我若能在位三十年，定用十年一统江山，十年休养生息，十年致天下太平。"可惜英雄无奈，这位被视为五代时期最有作为的明君在位仅五年即因病去世，年仅三十八岁。

虽然早逝，但世宗的雄才大略有人继承，这个继承者就是赵匡胤。

赵匡胤的生性注定他就是一个英雄。

民间曾经有一个流传很广的故事，叫作"千里送京娘"。故事中的赵

庙堂之忧

匡胤还未腾达时，年少气盛、行侠仗义，他在山西偶遇一位被人欺负的姑娘京娘，拔刀相助，并不远千里送京娘回家。

还有一个故事，它并不完全是民间传说。太祖登基后，有一次大宴群臣，席间翰林学士王著乘醉喧哗。王著在后周世宗时就担任学士。太祖见了，让人扶他出去，可是王著借着酒兴赖着不走，倚着屏风掩袂痛哭。第二天，有人奏称："王著昨夜痛哭，是思念世宗，应当治罪。"太祖道："王著酒徒而已，从前在世宗幕府时我就知道。何况他一介书生，为世宗哭那么一两回，又能怎么样？"还是不予置理。

还是在赵匡胤登基后，吴越国王钱俶来到开封朝见他。太祖宴请钱俶，并请了宫内歌伎伴舞。钱俶思念江南，又恐太祖将自己扣住不放甚至趁机灭了吴越国，就在席间和着琵琶声吟唱了一首词："金凤欲飞遭掣搦，情脉脉，行即玉楼云雨隔。"太祖虽是行武出身，却明白钱俶之意。他起身抚着钱俶的背道："朕誓不杀钱王！"随后不久送钱俶回国。临行前，钱俶表示愿意纳土为臣，太祖送钱俶一句话："尽我一世，尽汝一世。"他并不隐讳吞并吴越之意，而且他随时都可以拿下吴越，但他要做个既快意又仗义的英雄，因此他告诉钱俶：在他们二人在世时不会打吴越国的主意。

这么一个英雄，为世宗所知遇，本来是世宗的幸运。世宗在世时，赵匡胤对世宗的忠诚也是毋庸置疑的。世宗的早逝，打乱了历史的进程，给了赵匡胤书写新历史的机会。

世宗去世一年后，发生了陈桥兵变，赵匡胤在手下将士的拥戴下，接过了八岁的后周恭帝被迫让出的皇位，建立了大宋。陈桥兵变，可以看作是一个阴谋，对于后周是一个不幸，但是，对于历史而言却是一个巨大的进步，对于百姓更是一个幸运。

陈桥兵变的过程，体现了赵匡胤的与众不同，确切地说是他与五代十国的开国君主们的不同。

后周显德七年（960）正月初四，在京城开封城北二十多里的小驿站陈桥，将士们簇拥着赵匡胤，强行让他穿上皇帝才能穿的黄袍，使他被迫当了皇帝，至少看起来是被迫的。这就是"黄袍加身"典故的由来。

既然像是被迫当皇帝，赵匡胤在接受拥戴之前提了几个条件："第一，少帝及太后都曾是我的主人，不可凌辱；第二，朝中公卿大臣都是我的比肩同事，不得施暴；第三，朝廷府库和官民之家，不可掠夺。如果你们能遵守此约，都有奖赏。如果违令，就将违者灭族。"

将士们心甘情愿接受了这些条件。

每一次的朝代更替，无不是在血雨腥风中进行的。汉、唐建立的历史自不必说，就说眼前的五代，朱温建立后梁的过程中，杀了唐昭宗和唐哀帝两个皇帝；后唐李存勖灭后梁时，是经过无数次血战，最后逼死了后梁末帝；后晋的石敬瑭引契丹入室，逼后唐闵帝自杀。后晋少帝决定摆脱对契丹的依附，被契丹所灭，但契丹又无力长期占据中原，于是后汉刘知远趁机称帝建国，算是没有什么杀戮。接着是后周太祖郭威起兵反汉，杀了隐帝，又刺杀了准备登基的刘赟。

五代的每一个开国君主第一次进入开封时，从来都是纵容将士在城内抢掠数日，以此作为对手下的奖赏，号为"夯市"，即便是亲民如后周太祖郭威者亦是如此。

但赵匡胤没有效仿他们，所以他没有让"五代"变为"六代"，而是以和平繁盛的大宋终结了动乱的五代。

庙堂之忧

赵匡胤的伟大创举还有很多。

盛世唐朝最终灭亡，是亡于拥兵自重的藩镇，藩镇的主宰者是节度使。这些藩镇掌握当地的政权、兵权、财权，他们的军队只听命于节度使而不是朝廷。

大宋建立后的一天，太祖同宰相赵普聊天。

太祖问道："自唐末以来，几十年间帝王更替不断，战争不息、生灵涂炭，是何缘故？为国家长久之计考虑，我想息天下之兵，有什么办法？"

赵普答道："五代问题的根源是地方的藩镇强大，君弱臣强。解决藩镇强大问题也不难，削夺其权，制其财赋，收其精兵，如此天下自然安定。"

太祖即时醒悟，道："我明白了，你不必张扬。"

太祖首先解决藩镇兵权过重问题。他采取了两个步骤。

第一步，就是史上著名的"杯酒释兵权"。

太祖宴请了几位手握重兵的大将。他们是石守信、高怀德、王审琦等太祖最亲信的旧将，这些人不仅在太祖登基的陈桥兵变中发挥了重要作用，还领兵平定了大宋立国时后周旧臣的几次叛乱，功勋卓著。手握重兵，不仅是因为他们的职务高、领兵多，更重要的是他们的兵基本上只听他们的，就如太祖登基前他们只听太祖的。

酒酣之时，太祖屏退左右，叹口气道："若非你们之力，我也当不了这皇帝。但你们不知道当皇帝太艰难，还不如当个节度使。我现在是朝夕不敢安眠啊！"

石守信等忙问何故，太祖道："道理其实很简单。这个位子谁不想坐？"

这几个人一听此言，心中惶恐，离坐顿首道："陛下为何这么说？如今天命已定，谁还敢有异心？"

太祖道："不见得。你们虽然没有异心，但如果你们麾下之人贪图富贵，就像当初你们以黄袍强加于我一样，也强逼你们黄袍加身，你们虽然也不想接受，可是不接受行吗？"

石守信等人大惊失色，泪如雨下道："臣等愚昧，没想到这些，请陛下哀怜，指条生路！"

太祖趁势说道："人生如白驹过隙，你们不如卸去兵权，出守大藩，多买田产，多生儿女，日日饮酒相欢以终天年。我再和你们结为姻亲，这样君臣之间两无猜疑，上下相安，岂不是好事？"

石守信等人拜谢而退，次日即上表称病，请求罢去兵权。太祖如约将他们一一妥加安顿，与他们结为姻亲，既保护了功臣，又消除了藩镇割据的隐患。

历朝历代的开国皇帝中，没有滥杀功臣的只有两个，一个是东汉光武帝刘秀，一个就是宋太祖赵匡胤。若看长远的影响，赵匡胤更值得称道。

杯酒释兵权只是一个开始。赵匡胤解决军队问题的第二步是让文人掌兵。

文人掌兵，体现在两个方面。第一，文人执掌最高兵权。整个宋朝三百多年间，在朝廷的最高军事机构枢密院担任枢密使、副使的，绝大多数时候是文人。第二，文人为帅。各地驻军的最高领导人是知府、知州、知军、知监，担任这些职务的基本上是文人，武人基本上只可为将。

庙堂之忧

战争时期，领兵的主帅也多有文人，武将负责冲锋陷阵。

今人看待宋史，总认为武将受制于文臣是不重军事，而不重军事又是大宋积贫积弱的重要原因。殊不知，军事的强弱，与文臣掌兵还是武臣掌兵并没有直接的关系。自古以来的军事家如孙武、孙膑、曹操、诸葛亮，有几个是行伍出身、亲自上阵的？

解决了军队的威胁之后，赵匡胤着手解决藩镇权力过大问题。他实行了中央派出制度。各地原来握有重权的节度使不再管理民政。所有的州、县以及与其级别相当的地方政府机构的主要官员，都由中央直接派出管理民政。开始时，中央还客气些，这些官员在州任长官的，称为权知州事，即暂时主持一州的事务。后来节度使完全被架空后，这些官员干脆就称为知州事，不再暂时了。在宋朝以前，州的长官或称太守，或称州牧。自宋以后，称为知州。同样，州下属的县，长官称为知县，而宋之前称为县令、县宰。这不是名称的简单不同，而是标志着中央集权的加强。须知，至少在漫长的历史时期，中央集权意味着政治的进步和民生的保障。

至此，赵匡胤收回藩镇的最后一个权力——财权，成为水到渠成的事。他在中央设置了财政机构三司衙门。三司，指的是盐铁、户、度支三部。盐铁部和户部负责征收天下之税，度支部负责财政支出。三司事宜由其长官三司使主管，三司使的职权独立于中书门下的相权和枢密院的兵权之外。在地方，则在州之上设置路级机构，任命各路的转运使负责本路各州财税的转运。

赵匡胤在宋朝初年实施的一系列改革，意义巨大。自宋朝开始往后一直到中华民国建立的一千多年间，几乎没有发生军阀拥兵自重、要挟中央、分裂国家的情况。当然，今人所知的现代民国初年是个例外。历史上文明倒退之事还是时有存在的。

赵匡胤的这些创举，早已化作历史的烟尘，不知飘散在何处，不为今人所知。但是，如果今人还愿意怀着崇敬之心以古人为师的话，一定能够发现古人的胸怀在某些方面远胜于今人。我们可以看看宋朝的另一个光明之处。

宋朝的官场腐败是中国所有朝代中最轻微的。中国历史上腐败无所不在，大宋也不可能是一块净土，但宋朝始终没有让腐败成为蛀烂官场和败坏社会风气的威胁。无论是官方史书还是民间传说，控诉宋朝腐败、贪官遍地的记载和言论远较其他朝代为少。为什么？

因为宋朝有一套由赵匡胤建立，历经太宗、真宗、仁宗几朝完善的监察制度。

这套监察制度有什么高明之处，能让官场腐败几无生存空间？

因为监察无所不在。宋朝有完善的专职监察系统。

谏官负责向皇帝进谏，御史台负责监察包括宰执大臣在内的朝中百官，这是中央一级的专职监察系统。实际上，台谏官既可以向皇帝进谏，也可以监察百官，并无明确的限制。御史台官员由皇帝直接挑选，或从近臣推荐的人选中挑选任命，宰相无权任命，甚至没有推荐的权力。当然，后来也出现过宰相推荐御史台官员的情况，事实证明这种破坏制度的做法会造成恶果。

地方有专职的监察官员。各路转运使不仅负责本路的财赋转运，还负责对本路各州、县官员的监察，因此各地转运司又称作监司。

庙堂之忧

各府、州、军、监的主官负责本府州军监的监察，而主官本人则接受副手的监察。如知州的副手是通判，通判别称"监州"，监督主官是他的首要职责。本州的公文，即使知州签署了，但如果没有通判的副署是无效的。

无论是朝中还是地方，上下级之间都可以监察。转运使监察州县官的同时，也受朝中台谏官和地方州县官的监察，州县官也是如此。

为什么一千年前的官员们敢于对上、对下实行监察？

是因为有合理的监察制度，加上已经延续几千年的道德觉悟造就的独立人格。

什么是合理的监察制度？是监察者和被监察者之间相互不受制约。宋朝的路、州、县官，以及他们的幕僚官员，不存在上级任命下级的权力。所有这些官员都由中央任命。这一制度的合理性并不在于中央把持一切，而在于对这些官员的任命权掌握在他们之外的第三方手上，而非简单的上级任命下级。

如果将宋朝的官员们看作一个整体，将他们同历朝历代的官员相比较，可以说他们的独立人格前无古人、后无来者。类似唐朝第一谏臣魏徵那样为追求真理、正义、道德、忠诚而对皇帝犯颜直谏，在宋朝比比皆是。

宋太祖赵匡胤曾经想任命大将符彦卿掌握兵权，宰相赵普不同意。赵普认为符彦卿权位已重，不宜再委以兵权，免生后患。符彦卿是后周世宗和宋太祖的亲信大将，他有两位女儿，一位是周世宗的皇后，一位是后来成为大宋第二任皇帝的宋太宗赵光义的皇后。太祖说服不了赵普，即命令枢密院草拟任命公文。公文还未下达，被赵普拦住。他怀揣公文，求见太祖。太祖问道:"你为何苦疑彦卿?我对彦卿至厚,他怎么可能做对不起我之事?"赵普反问道:"世宗对陛下也是至厚,陛下何以做了对不起世宗的事?"

范仲淹因废后谏诤风波被贬时,一位低级官员——将作监丞富弼,上疏痛斥仁宗:"陛下纵容私愤藐视公理,是取笑四方;因色欲之心废黜皇后却不告宗庙,是不敬父母!范仲淹是陛下亲自任命担任司谏的,陛下还多次宣谕范仲淹要直言不讳。可是范仲淹今天按照陛下的要求对陛下的过错加以规谏,陛下却降责于他,这不是对他的欺骗和陷害吗?"

无论是赵普还是富弼,都没有受到皇帝的任何责罚。这种现象,在宋朝不是新奇事,在其他朝代却几乎可以成为奇迹。

当然,独立人格是需要培养的。它需要君主的宽宏大量,也需要士大夫们的觉醒。

在宋朝,君主已经表现出足够的宽宏大量了。这时候更为需要的,是士大夫们的自我觉醒。他们是否愿意追求独立的人格、树立自觉的责任意识,还是追求或满足于高官厚禄,为此不惜趋炎附势、倾轧他人,甚至残害忠良?

在中国的历史上,这是一个永恒的话题。不仅过去,今天和将来都是如此。统治阶层是否宽宏大量,作为知识分子的士大夫、官员阶层具有哪种追求,都将深刻影响一个时代的整个社会风气,并体现于最高的统治阶层到最底层的平民中。

庙堂之忧

6

　　有句老话，叫作"历史总是惊人的相似"。什么历史与什么历史相似？与过去相似还是与现在相似？与别人相似还是与自己相似？也许只有这句老话的创造者自己知道。

　　直到仁宗景祐年间，五代时期士大夫们因循苟且、无视气节之风，还继续飘荡在建国已七十多年的大宋朝上空。

　　唐末以来，强权横行。绝大多数当权者只知道枪杆能打出政权，却不知道知识才能保住政权。他们不尊重知识，不尊重传统，不尊重民生。强权压弯了社会的脊梁。整个五代十国时期，士风沉沦，士人的道德沦丧成为整个社会的普遍现象。面对社会的严重被破坏、百姓的极度苦难，几乎找不出一个振臂高呼、痛斥现状的士人，更不要说敢于同现实对抗了。

　　社会政治的黑暗，让士人形成了病态的社会心理。他们要么隐居以避祸，要么混世以度日。举目世间，没有一丝气节。什么真理、正义，忠君、报国，与他们全不相干。多年后欧阳修重修五代史时曾做过统计，他说五代时期有气节的人物是"全节之士三，死事之人十有五，皆武夫战卒"，却没有一个"全节死义"、为君主而死的士大夫。有那么一个读书人叫冯道，历经四个朝代，都是担任宰相。当契丹消灭后晋时，身为后晋宰相的冯道竟然谄媚奉承契丹国主："此时的百姓，就是佛祖出世也救不得，只有大皇帝您救得！"后人叹道："世间一点羞耻心，至冯道灭尽！"

什么是气节？气节就是敢于为了真理、正义、道德、忠诚挺身而出，无所畏惧。人若是到了无所畏惧的境界，就能够义无反顾地去做他认为应该做的事情。

在崔少微看来，五代遗风，至今未灭。"我大宋自太祖立朝，与士大夫共天下，这是旷古未有的开明之事。然而放眼望去，士大夫间有德有能者又有几人？"

范仲淹并不完全赞同崔少微之见。"我朝自太祖开创基业后，以文为贵，尊崇士人，士风为之一变。天下士子都知道'修身以道、修道以仁'的圣人教诲，人思进取，名臣辈出，因此不可谓无人。"

"诚如希文所言，人人皆修身以道、修道以仁，然而修成了仁德却只知明哲保身，不知竭忠尽瘁，如此仁德又有何用！老夫举一事例，当见如今士风依旧。"

"愿闻其详！"

崔少微没有开门见山，而是反问了一句："以希文所见，自太祖以来至今四朝的宰执大臣中，哪位大臣功勋最为卓著？"

"自然是寇莱公！"寇莱公即真宗朝的宰相寇准。他于真宗天禧四年在宰相任上被真宗皇帝封爵莱国公。"寇莱公于国家危难之时，左右真宗皇帝亲征，是为大忠。挽狂澜于既倒，使万民免遭水火，是为厚德。其功业勋绩，无人可及！"

"希文独具卓识。"崔少微道，"莱公功勋卓著，却两次无端遭谗言被贬，却是为何？莱公被贬之时，可有人挺身而出为莱公仗义执言？"

范仲淹默然无语。他无法回答。

崔少微说的是一个人，也是一段历史。这个人和这段历史让人心潮

庙堂之忧

澎湃，也让人扼腕叹息。

三十年前，在建国四十四年后宋朝第三个皇帝真宗秉政的第七年即景德元年，大宋遭遇了前所未有的危机，一个可能亡国的危机。是寇准在关键时刻挽救了国家。

危机缘于一片战略要地。宋朝失去了这片战略要地，使得它自立国之日起就处于被动防御的状态。这种被动一直持续到钦宗靖康二年（1127），最终导致了北宋的灭亡。南宋是靠着长江天险才保住了半壁江山，将大宋再延续了一百五十多年。

这片战略要地就是燕云十六州，但它们不是大宋失去的。早在大宋建立前二十二年的后晋天福三年（938），中原就失去了这片要地。当时的后唐河东节度使石敬瑭起兵反唐，向契丹人建立的大辽国求助。辽国出兵帮助石敬瑭灭了后唐，辽太宗册封石敬瑭为大晋皇帝，石敬瑭尊比自己小十岁的辽太宗为父，并将燕云十六州割让给契丹。

燕云十六州是长城以南十六个州的统称。这十六个州是：幽州、顺州、儒州、檀州、蓟州、涿州、瀛州、莫州、新州、妫州、武州、蔚州、应州、寰州、朔州、云州。燕云十六州之所以在历史上被人们看重，是因为它地理位置的重要性。

自古以来，中原王朝与北方游牧民族是一对欢喜冤家，它们共同谱写了中华文明史中的重要篇章。在同中原的抗衡中，北方游牧民族几经变迁。秦汉时有匈奴，两晋时是"五胡"，即匈奴、鲜卑、羯、氐、羌，唐朝有突厥、回鹘、契丹等族。唐末至五代十国，突厥的沙陀部是这段历史的一个主角。沙陀人李存勖、石敬瑭和刘知远分别建立了五代时期的后唐、后晋和后汉三个朝代。

几千年来，中原总爱将北方游牧民族称为狄、戎、虏等，把它们看作野蛮的部族。其实，许多北方民族曾经也是中原一族，只不过在中原民族的纷争中落败而北徙，以寻找更宽松的生存环境；中原的许多王朝也是由北方游牧民族或它们的后代建立的。中华文明的产生，不是中原文化对其他民族文化的抑制和沙汰，而是相互之间的交融和互补。

但是，文化、经济等方面互补互利的同时，中原始终面临着北方游牧民族的侵扰和威胁，因为二者的生存方式不同。中原以农耕为主，守土保家是他们的本能需求；北方民族以游牧为主，逐水草而居，水草丰茂之地就是他们的家园，因而争抢资源似乎是天经地义的事。于是，中原农耕式的安居乐业不断地面临着游牧民族的威胁。也正因为如此，在几千年的互动中，中原始终是防御者，北方民族始终是进攻者。

中原王朝与北方民族的攻守争战中，最重要的一个军力因素是骑兵。北方民族的生存方式，造就了强大无比的骑兵，并将这一优势保持了两三千年。防住骑兵，基本上就挡住了北方的威胁；防不住骑兵，中原王朝即便拥有几十万军队，也极有可能灭亡于只有区区数万铁骑的北方民族之手，这几乎是中华民族发展过程中的一个必然现象。至于非骑兵作战，中原民族完全可以充当北方民族的老师。

防范北方骑兵威胁的最大屏障是什么？是伟大的长城。只要北方骑兵越不过长城，中原大地就安然无恙。

可惜，石敬瑭将长城以南的燕云十六州出卖了。契丹得到了燕云十六州，自然也就拥有了修筑于它们之间的那一段长城，契丹南下可以不费吹灰之力。不仅如此，燕云十六州的广大腹地，成为契丹军队尤其

庙堂之忧

是骑兵给养的重要来源。有了这些条件，北方民族南下横扫中原多数时候就是水到渠成之事了。

失去燕云十六州，让后晋之后的中原王朝如鲠在喉。宋朝立国前的后周显德六年（959），后周世宗柴荣决心收复燕云十六州，并亲自率领大军北伐。在攻占瀛州、莫州、宁州后，后周世宗准备大举进攻幽州。就在此时，后周世宗突患重病，不得已下令退兵。退兵不久，后周世宗即病逝于京城开封。

宋太祖赵匡胤登基后，制定了先南后北、先易后难的原则，先后灭掉南方的荆南、楚、后蜀、南汉、南唐等割据政权，剩下的由陈洪进割据的福建泉、漳二州和钱氏的吴越国也已俯首听命，只待大宋收回。

而北方的割据政权，只剩下一个北汉。太祖并不把北汉放在眼里。他心目中最大的敌手是契丹，他的底线是收复燕云十六州。

收复燕云十六州的战略也体现了太祖的雄才大略。他打算先礼后兵。

所谓的礼，就是向契丹赎回燕云十六州。太祖建立了一个小金库，称为"封桩库"。封桩是储备之意。他将消灭各地割据势力后获得的金帛财产运至京师，全都存放在封桩库里，此后每年的国家财政节余也都存入此库。建立封桩库的目的是什么？太祖的打算是："待此库积满三五十万，就遣使到契丹商量赎回幽蓟之地。如其不可，就用此库金帛招募勇士，攻取幽蓟数州之地！"

但是，太祖也是壮志未酬，他在盛年四十九岁时突然去世。死前的那一夜，只有他的二弟晋王赵光义陪着他，殿外的宦官们听到、看到的是他们高声谈论中的"烛影斧声"。烛光下，赵光义几次趋拜后，太祖用玉斧拄地，大声说道："好做！好做！"赵光义出宫后，皇后凌晨接报：

第一章　山深自有道

皇帝驾崩。皇后当即派宦官接皇长子德昭进宫，可是宦官接来的却是晋王赵光义。最终的结果是赵光义登基，并称"兄终弟及"，让他接位是太祖和他的母亲杜太后生前就钦定的。赵光义就是太宗皇帝。太祖之死和太宗继位成为千古之谜。

太祖去世，使得后周世宗以来中原与契丹抗衡的能力也随之消失。

太祖乾德二年（964）和开宝二年（969），宋军两次与契丹军正面交锋，都是宋军大胜。太祖用兵谨慎，在没有把握的情况下，并没有因几次局部战争的胜利而轻率地与契丹开战。

而太宗登基后，两次亲征契丹，结果是两战两败。

太宗太平兴国四年（979），太宗亲自带兵北伐五代十国最后一个地方政权北汉。在宋朝重兵围困下，北汉国主刘继元开城投降，太宗消灭北汉的同时还得到了北汉的勇将杨业。这时，太宗自信心极度膨胀，挟胜利之师北攻契丹。

一开始，战事十分顺利。宋军一路高歌猛进，打到契丹国的南京幽州。太宗驻跸城南，亲自指挥，准备一举攻下幽州城。

两军在幽州城外的高梁河展开决战。在同时展开的几个战场上，胜负的天平随风摇摆，但最终倾向了契丹。宋军全线败退，将士们四散逃亡，连自己的君主都无心保护。太宗是靠着一辆驴车只身逃回，军中一度还流传说太宗已经遇难。

将还是太祖留下的将，兵也还是太祖留下的兵，可惜太祖已逝，太宗不是太祖。

雍熙三年（986）春天，宋太宗又一次亲征，分兵三路北伐契丹，史称"雍熙北伐"。此时的大辽处于它的第二个鼎盛时期，辽国史上最杰出

庙堂之忧

的女性萧太后带领辽圣宗耶律隆绪亲征，迎战宋太宗。

战事似乎在重复上一次的对决过程。战争初期，宋军连战皆捷，并攻克了涿州、朔州、应州、云州。但是，太祖时的名将曹彬率领的东路军主力在退出涿州时被击溃，数万宋军或被杀，或渡拒马河时溺死，或被俘。如此耻辱之败，真让太祖在天之灵为之叹息！

西路宋军本来基本上可以全身而退，但由于主帅与监军不采纳副帅杨业扼守要害之地以保护百姓的建议，强令杨业正面与敌军交锋，导致杨业兵败被俘。杨业的一生颇为悲壮。他在北汉时，北汉虽然依附契丹，但双方也时有交战，而杨业在与契丹军队的交战中是常胜将军，契丹人称他为"杨无敌"。宋太宗灭北汉时，杨业拒不投降，最后是北汉国主刘继元亲笔致信杨业劝其放弃抵抗，使他不得已投降宋朝。降宋之后，杨业对大宋又是忠心耿耿，在太宗第一次北伐失败后，他几次与契丹军队作战都取得胜利。可惜一代名将为自己人所误，被俘后在敌营绝食三日而死。

至此，雍熙北伐也以惨败告终。

太宗两败，是战略之败。它让大宋无论是君臣还是平民百姓，都将契丹视作难以战胜的虎狼，整个大宋在心理上已经处于下风。自此以后，大宋在北方一线基本上陷入被动防御的态势。

宋朝君臣的噩梦仅仅是开始。契丹两次大胜，增强了自信心，自此及时调整了先前防御为主的对宋战略，主动南攻。

还是雍熙三年，十一月，萧太后与辽圣宗统率辽军进兵河北，在君子馆全歼宋军数万人。史书记载，"自是河朔戍兵无斗志。"恐辽之心已成重疾。

到了真宗咸平二年（999）秋，辽军再次入侵河北。坐守河北重镇定州的宋军主将傅潜统率八万精兵却不敢出战，致使辽军在瀛州消灭大将康保裔率领的宋军，康保裔战死。

咸平六年（1003）四月，辽朝派骑兵数万在望都再次歼灭一支宋军，并生擒宋军主将。

最后，宋辽双方迎来了又一次生死之战。确切地说，是决定大宋生死而不是大辽生死的战争。这时已是真宗景德元年。

这一年九月，辽国萧太后再次携辽圣宗耶律隆绪亲征。此次南下，明显可以看出辽国之志已不在于边界交锋的胜负得失。

辽国南下，号称目的只是收复瓦桥关。

瓦桥关是宋朝北部的边防要塞三关之一。三关，即瓦桥关、益津关、淤口关。石敬瑭将燕云十六州献给契丹后，三关即为契丹所占。后周世宗显德六年北征时，收复了三关和瀛、莫、宁等州，并在瓦桥关筑雄州城。

但实际上，收复瓦桥关只是一个幌子。

辽军自九月出征，经闰九月、十月到十一月下旬兵临黄河边的澶州城下，辽军在大宋的河北境内辗转纵横了三个月。其间辽军先是进犯河北的威虏军、顺安军及北平寨，均被宋军击退。转而进攻保州，也被宋军小挫。闰九月下旬，辽军转攻定州，因宋军防御严密，又引兵而去。辽军一部再攻黄河以东岢岚军的草城川，被击溃。十月末，辽军主力南下围瀛州城。瀛州是后周世宗北伐时收回的燕云十六州之一。萧太后和辽圣宗亲自督战攻城，十余日未能攻克，辽军反倒死伤不少人，辽军只

庙堂之忧

好无功离去。

到目前为止，辽军基本上一无所获。究其原因，是宋军采取了正确的战略战术，这就是以城防为主，不轻易以主力决胜。此外，宋军的谍者斥候侦察得力，多数时候能够提前侦知辽军动向和意图，使得各地能够提前将兵民撤入城内打防御战，疲劳敌师，耗其给养。

显然，辽军不太计较是否攻陷河北的一城一地。虽然久战无功，辽军却是边打边走，一路南下。十一月下旬，辽军分兵攻击德清军和天雄军。宋军力战，保住了天雄军，但德清军失守。德清位于澶州以北约四十里地，攻克德清，是辽军到目前为止的最大战绩。

攻陷德清当天，辽军主力兵移澶州城下。双方迎来了大对决，但是对决的方式有点让人出乎意料，因为它并不太激烈。

澶州在宋朝京城开封以北约三百里，自西向东穿城而过的黄河将其分为南北二城。此地位于濮水之北，在战国时期就取名濮阳，因此在历史上濮阳之名更盛于澶州。

澶州的历史沧桑是华夏民族延绵发展的一个缩影。黄帝与蚩尤曾大战于此，颛顼和帝喾曾以此为都城，故此地古时又称帝丘。它是夏朝的文化中心，是商朝的陪都，在周朝时期它作为卫国国都的历史长达300多年。秦汉时期，濮阳文化昌盛、人才荟萃、经济发达，并一度是汉朝人口最密集的地区之一。

但是，汉朝灭亡后的魏晋南北朝以来，这一带却是战乱频仍。为什么？道理很简单。魏晋南北朝时期，许多朝代以洛阳为国都。开封以北，天然屏障是黄河，而澶州跨黄河而建城，黄河从城中穿过。大凡这种地方，必定是渡河的最佳地点，何况渡过黄河后往南是一马平川，可以直

第一章　山深自有道

抵开封。

谁也没想到萧太后和辽圣宗会率辽军主力南下深入到澶州边上。宋朝君臣大为震惊，何去何从，分成了两派。

一派主张皇帝南幸避开辽军锋芒。南幸就是光临南方，是粉饰之词，其实就是南逃。这一派势力很大。

另一派主张皇帝北上亲征，这一派人占少数，代表人物是寇准。沧海横流，方显英雄本色。史书关于"澶渊之盟"的记载，几乎是围绕着寇准来写的。

皇帝北上亲征并不是此时的决策。早在九月中旬，就有皇帝亲征之议。

九月十六日，真宗就对辅臣们说道："连日接边关奏报，契丹决意南侵。我军已在河北布下重兵，敌军必定不敢轻视。朕要亲征决胜，卿等商议一下朕何时进发。"

当时，围绕皇帝亲征之事，大臣们也是分成两种意见。一种意见是缓征，一种意见是急征。持缓征意见的主要是首相毕士安和枢密使王继英，他们认为皇帝可以亲征，但何时亲征视战事进展而定。从战与逃的角度看，他们是寇准的支持者。持急征意见的似乎只有一人，不用说此人必定是寇准了，他当时担任次相刚刚一个月。寇准认为，辽国萧太后和圣宗亲自率军入寇，皇帝亲征应当越早越好，以利于鼓舞士气。

辅臣们意见不一，使亲征事无法确定。真宗于是让辅臣们各述己见上报。

就在这时，辅臣中出现了南幸逃跑派。他们是参知政事王钦若和签书枢密院事陈尧叟。参知政事是副宰相，签书枢密院事是枢密使的副手

庙堂之忧

之一。

王钦若是什么样的人？十五年后，仁宗皇帝曾对宰相王曾说道："王钦若久在政府，但细看他的所作所为，真是奸邪啊！"元朝宰相脱脱主编的《宋史》虽然没有将王钦若列入奸臣传，但对王钦若的生平叙述和评价近乎描述一个奸臣。

陈尧叟作为皇帝辅臣，对历史的贡献不大。他最为知名的一点是他的家庭。陈尧叟兄弟三人，他是长兄，两个弟弟是陈尧佐、陈尧咨。陈氏三兄弟及父亲一门四进士，并且同朝为臣，世所罕见，这还不足为奇。陈尧叟、陈尧佐兄弟二人都官至宰执。陈尧叟在真宗朝当到同平章事、枢密使，也就是宰相级的枢密使，陈尧佐在后来的仁宗朝担任宰相。最次的三弟陈尧咨，也曾任士人心目中文坛最高地位的翰林学士。虽然已是国家大臣，但陈尧叟的治国能力似乎不及他的文学之才。

王钦若是江南人，因此他私下向真宗建议南幸金陵。陈尧叟是蜀人，因此他也私下向真宗建议南幸成都。

真宗听了二人之语，心中犹豫，于是召见寇准，征询他对南幸的意见。真宗没有告诉寇准建议来自何人，但是寇准一听就明白这必然是王钦若和陈尧叟的主意。他佯作不知，对真宗说道："不知是谁为陛下出此下策？应当立即将他斩首！"王、陈二人在一旁听了心惊肉跳。寇准继续说道："如今天子神武，将帅和谐，如果皇帝亲征，辽军必然远遁而去。怎么能丢弃祖宗的宗庙和社稷而南逃呢？"

听罢寇准一席话，真宗有所醒悟。但寇准自此得罪了王钦若和陈尧叟。

十一月二十日，真宗起驾北赴澶州，正式亲征。此时，辽军还在准备围攻天雄军和德清军。

真宗起驾前，司天监报告：白日抱珥，黄气充塞。太阳出现了黄色的光晕，这一天象的征兆是不战而退敌兵，有和解的气象。对今人而言，这有点神奇，但这确实是史书所言。

两天后，车驾抵达韦城县。

但又出问题了。

朝廷此前召集在河北前线的三路重兵回防澶州，但兵马迟迟未到。这时群臣中有人悄悄地向真宗重提王钦若南幸金陵的建议。真宗又开始迷糊了。他召寇准进见。寇准来到行营，还未进门，就听见有几位真宗的后宫嫔御问真宗："群臣想让官家去哪儿啊？还不赶紧回京师！"

寇准一进门，真宗就问道："如果南幸会怎么样？"

寇准道："群臣中有的人怯懦无知，与乡野村妇没有什么两样。如今敌寇已经逼近，四方军民人心不安，陛下只可进一尺，不可退一寸！"

见真宗没什么反应，寇准又道："河北前线的将士日夜盼望陛下。陛下一到，士气百倍。如果退回半步，形势将土崩瓦解！到那时，恐怕连金陵都到不了！"

道理已说得再透彻不过了，但真宗仍然没有下定决心。寇准叹了口气，告退出来。

出得门来，只见一位老将军执梃趋前施礼。寇准抬头一看，是殿前都指挥使高琼。七十岁的高琼是历经太祖、太宗两朝的老将，没读过什么书，但凭自己的勇武和忠诚成为三大禁军主将之一的殿前都指挥使。

寇准回礼毕，心中一动。他看到希望了。

寇准对高琼道："太尉受国恩深重，今天能够为此报国吗？"太尉是

庙堂之忧

当时对领兵的高级将领的尊称。

高琼答道："高琼是武人，愿意为国效死！"

寇准于是重新回去晋见真宗，高琼跟随其后，立于庭下。寇准对真宗又说了一番道理，然后说道："陛下不相信臣的话，何不问问高琼？"

高琼在庭下回应，声如洪钟："寇相公所言极是！随驾军士的父母、妻子都在京师，他们绝不肯抛弃自己的亲人而南行。如果真要南行，他们绝大多数都将半路逃亡！希望陛下尽早到达澶州，有臣等效死，破敌不难！"

寇准抱着最后一线希望说道："陛下，机不可失啊！"

或许是明白了，或许是被感染了，真宗再一次下定了决心。

二十四日一早，车驾继续北行。因为天冷，宦官请真宗穿上貂裘帽，真宗拒绝了。"群臣和将士们都在忍受寒苦，朕怎么能独自享受呢？"真宗清醒时，确实圣明。

几乎同时，辽军主力在萧太后和圣宗带领下抵达澶州城北。

宋军早已严阵以待。辽军一到，即兵分三面环绕宋军。随后辽军先锋部队从西北角突进，宋军则以劲弩遏制。这时，宋军的一个低级军官创造了他自己的历史。

这个低级军官名叫张瑰，他负责施放床子弩。床子弩是一种用几张弓同时发力射出的箭，射程可达数千尺。在辽军前锋部队的千军万马之中，张瑰看见了一面与众不同的旗帜，旗帜前一位辽军大将立马督战。张瑰于是向他连发数箭。片刻工夫，只见一支圆形铁球状的箭头从天而降，正好击中了这位辽军大将的额头。辽军顿时一片大乱，数百名军兵拥上前去，冒着箭雨将这位受伤的大将抢了回去。

第一章　山深自有道

当时张瑰并不知道,他射中的是辽军的统军元帅、顺国王萧挞览——正是他在十八年前擒获了宋军大将杨业。这位辽国名将为了在萧太后和圣宗面前展现他的英勇,自充前锋冲在一线征战。他的死,让辽军士气严重受挫。

不光张瑰不知道,连当晚驻跸卫南县的真宗和大臣们当时也都不知道。

二十六日,真宗抵达澶州。到了澶州,就算是到达亲征的目的地了,于是真宗打算在南城建立行宫,但被寇准拦住了。"陛下不过河,会让将士们心怀危机,也无法震慑敌军。如此,亲征没有意义。如今我军从各方赶来救援,陛下还有什么可担心的?"

高琼在一旁也极力劝说:"陛下如果不到北城,百姓如丧考妣!"如丧考妣就是如同父母双亡的意思。高琼是武人,用词不当,却很实在。

签书枢密院事冯拯在一旁呵斥道:"高琼岂可如此无礼!"枢密院是最高军事机构,因此冯拯是高琼的上司。

高琼大怒,对冯拯说道:"你以文章而入两府、任宰执,如今敌军蜂拥而至,你只会斥责高琼无礼。你若有能耐,请赋诗一首退敌吧!"

说罢,高琼一挥手,命令卫士进辇。真宗为一相一将所迫,只好随从坐上辇车。

一条浮桥将澶州南北两城连接起来。到了浮桥边,辇车又停了下来。高琼一急,以手中挝敲向辇夫的背道:"还不快走!已走到这个地步,还有何犹豫!"

真宗听见,忙命辇夫继续前行。

北城终于到了。真宗的御辇登上了北门城楼。

庙堂之忧

从北门城楼上居高临下向前方望去,只见千军万马分成两个阵营对峙着。除了战旗猎猎,对垒的两军静寂无声。

猛然间,宋军阵内欢声雷动!

将士们回身看见了城门楼上的黄龙旗。他们知道,自己为之献身的、心目中至高无上的皇帝就在身后,就在那座城门楼上!"万岁"之声不绝于耳,响彻云霄。而辽军阵内则出现了阵阵骚动。

真宗做了此生最正确的一个选择。

此后,宋辽两军陷入了僵持局面。

宋军并没有主动开展大规模的进攻,因为需要等待河北、河东等地的军队赶到澶州。辽军也没有再主动进攻,因为他们在士气上已经处于下风,一则因为宋真宗亲征鼓舞了对方的士气,二则因为统军元帅萧挞览的阵亡。实际上,萧太后和辽圣宗已经意识到一个更可怕的问题,那就是僵持下去辽军将可能面临一条不归之路。他们深入宋境,后勤给养一旦被切断,全军将溃散。

接下来的几天里,真宗在行营里做着两件事。

一件事是不断地保持自己好不容易鼓起的信心和勇气。

如今大局主要靠寇准主持,但宋军到底能否取胜,真宗心里实在没有把握。他不断地派内侍悄悄去察看寇准在干什么。内侍回报,或是"寇相公酣睡未醒",或是"相公正让厨房做鱼羹呢",或是"相公正与杨亿学士下棋",或是"寇准正与宾客饮酒喧哗"。真宗每次听罢都自我安慰道:"寇准如此心安,必定是胸有成竹,我还有什么忧愁呢?"

另一件事,就是考虑契丹求和的事情。

契丹主动求和了。在真宗抵达澶州之前,契丹就已经遣使主动表达

第一章　山深自有道

和好之意，但却是边打边谈。如今真宗驻跸澶州，宋军整体上已占上风，萧太后和辽圣宗加紧了求和的步伐，几次派遣使节面见真宗，还催促宋朝遣使来见辽主。

十二月初一日，辽军主动撤离澶州。同日，契丹第二个使臣面谒真宗，递上了契丹国主致真宗的书信。书信中提出和好之意，但要求大宋归还辽国关南旧地，也就是当初后周世宗收回的瀛州、莫州、宁州和三关之地。

如何答复？

几乎所有辅臣的意见是：第一，可以同意双方和好；第二，不同意将关南归还契丹；第三，可以每年赠给契丹一定的金帛，以示宋朝和好的诚意。

但是寇准不赞成。为什么？辽军离国日久，军心不稳，而如今我军士气高涨，援兵源源不断地赶来。这是与契丹决战的大好时机，我军必操胜券。

接着，真宗君臣们又获知了萧挞览阵亡的消息。寇准因此更加坚持自己的意见。如果趁此机会消灭契丹的这一支精锐部队，将永远消除大宋的隐患！

可是真宗已经知足了。几十年的战争，好不容易让契丹主动求和，也是机不可失啊。他怕失去与契丹和好的机会，更怕再次兵戎相见带来的风险。

寇准不再坚持，不仅因为真宗有意与契丹和好，还因为群臣中出现了一些传言。

"为何事事都需要寇准过问？陛下不能做主吗？"

庙堂之忧

这种传言让寇准害怕。

寇准本是无所畏惧的人。当年寇准还只是六品的员外郎时，有一次进谏太宗，让太宗很不高兴。太宗拂袖而起打算回宫，寇准扯着太宗的衣襟不让他走，逼得太宗只好回身坐下，接受了寇准的意见。

这一次，寇准沉默了。他确实左右了真宗太多的事。

使臣们继续在双方的君主间穿梭着。契丹基本接受了真宗提出的以金帛换土地的原则，不再坚持要求归还关南之地。

最后，大宋的使臣再一次赴契丹营内谈判，谈判的焦点是每年大宋赠送给契丹的金帛之数。临走前，真宗嘱咐使臣："实在不得已，每年一百万两银子也可以吧。"

有道是"时势造英雄"，宋朝的这个使臣应验了这句话。使臣名叫曹利用，这次随驾亲征前，还只是个殿直，即正九品的没有实职的低级武官。契丹求和之初，大宋没有人敢赴辽军营中谈判，曹利用主动请缨，出色完成了使命。后来，他官至枢密使。

曹利用从行营出来，寇准派人叫住了他。

寇准道："虽然陛下已有旨意说许给契丹的金帛数可以在百万之内，但是你去谈判，许诺的金帛之数不许超过三十万，超过此数你不要来见我，否则我会斩了你的头！"

曹利用汗流浃背，股栗而去。

谈判回来，曹利用片刻不敢耽误，来见真宗。恰逢真宗用饭，曹利用在外面等候。

真宗心急，让内侍出来问谈判结果。曹利用对内侍道："此事机密，只能面奏陛下。"

真宗让内侍再问："说个大概也可。"曹利用还是不说，被逼急了，以三个手指头贴面示意了一下。

内侍将曹利用的比画回奏真宗，真宗失声道："三百万！太多了！"想了想，又道："能了结此事，也就算了吧！"

行营不比京城宫殿，墙薄屋浅，真宗之语曹利用听得一清二楚，但又不敢造次禀奏。用饭完毕，真宗迫不及待地召曹利用进来，要问个究竟。曹利用还多礼，不断自称死罪，道："臣许诺得太多了！"真宗急道："到底多少啊？"曹利用终于回答："三十万。"真宗听罢，真是大喜过望！事后，他将曹利用直接提拔为东上阁门使、忠州刺史。东上阁门使是正六品武官，忠州刺史是从五品虚衔。

宋、辽于景德元年十二月签订的和约，史称"澶渊之盟"。澶渊即澶州，此地古为澶渊郡。

澶渊之盟的基本内容是：宋辽结为兄弟之国，辽圣宗年幼，称宋真宗为兄；以白沟河为国界，双方撤兵；大宋每年向辽提供"助军旅之费"银十万两、绢二十万匹；双方于边境设置榷场，开展互市贸易。

这是双方皆大欢喜的一个结局。但细究起来，心境各不相同。

契丹南侵所期望的目的可作三等分析。第一目标，是在黄河以南取得决定性胜利，并取得领土或相应的回报；第二目标，是收回关南旧地；第三目标，是一无所获，但全身而退。

宋朝对战争后果的预期也可作三等分析。维持战争前的状态是最好的结果；其次，是失去关南；最糟糕的结果是被穿透黄河防线，果真如此，后果将难以预料。

而澶渊之盟对于契丹而言，得到的结果是次于第二目标、优于第三

庙堂之忧

目标，但这已属万幸。萧挞览阵亡和真宗亲征后，胜负的天平已经倾向于宋军。宋军只要守住澶州，再集结重兵半路邀击，击溃辽军的可能性相当大。辽国的这一支倾巢出动的精锐部队一旦被消灭，那它离亡国或许不远了。因此，盟约签订后，契丹提出了一个十分关键的要求，那就是：退兵时，宋朝沿路军队不可半路拦截。宋真宗十分干脆地满足了契丹的要求。

对于宋朝而言，澶渊之盟的确使自己在战略上取得了最佳的预期，失去的只是每年三十万两的钱帛，占宋朝全年财政收入还不到百分之一。这在近十余年对契丹占下风的情况下已是求之不得之美事，因此君臣上下都是心满意足。可惜的是，大宋失去了一个千载难逢的收回燕云十六州的机会。当然，这不是真宗和群臣的有心之过。除了寇准，所有其他人并没有意识到这一点，或者说他们不敢意识到这一点。其实，贤能与否就是见识深浅的问题。

从历史的角度看，澶渊之盟对于宋朝仍然是有利的。澶渊之盟后，宋辽双方没有再发生战争，双方和平共处了一百一十多年，直到宋徽宗宣和二年（1120），糊涂透顶的徽宗帮助野心勃勃的金国灭掉了忠实遵守澶渊盟约、不再借助燕云十六州之利侵犯大宋的兄弟之国大辽，从而也帮助金国灭掉了北宋自己。

真宗自己心里有数。没有寇准，他或许此时还在金陵或成都，为中原大地的沦陷而忧惧。寇准的忠诚与率直、见识与胆魄让他从此肃然起敬。他要表彰寇准。

回到京城不久，首相因病去职，真宗任命寇准接任首相。

每次朝政结束，寇准告退后，真宗都会满怀崇敬地目送他离去。此时，真宗对寇准的信任达到了空前的高度。而寇准也完全有理由受到真宗的信任。当国家处于危难之中，谁若能力挽狂澜，使国家彻底摆脱危机，那么他不是应当受到爱戴的吗？

但是，左右皇帝的意志，即便是为了国家，也要有极大的勇气，要冒极大的风险。这一点，谁都知道。有些人在权衡利弊之后，会选择放弃勇气、避开风险，而有些人则选择了义无反顾地前进。什么是责任意识？国家、社会、家庭、个人有需要时，应当坚持而不坚持、应当放弃而不放弃，这是不负责任的意识。反之，就是有责任意识。如果人人或者大多数人都有责任意识，那么国家必然兴盛。而如果一个国家没有几个人甚至看不到有谁能够勇于担负责任，那么国家只有衰微乃至灭亡这一个结局。

7

寇准随后的遭遇是检验士风的一个标尺。

他的遭遇简而言之，就是因谗言而两次被贬，最终死于离京城几千里之外的贬所。

第一次被贬是因为王钦若的谗言。

在一次下朝后，真宗又是目送寇准离去。王钦若抓住一个机会进行了成功的离间。王钦若在澶渊之盟后被解除参知政事的职务，与著名才子杨亿一起负责编撰后来享誉史学界的史书《册府元龟》。编撰过程中，凡是真宗称赞的部分，王钦若都想方设法让真宗以为是自己编写的；凡

庙堂之忧

是真宗不满之处,他都想方设法让真宗以为是杨亿编写的。通过类似手段,他逐步恢复了真宗对他的信任。真宗为他专门设立了一个职位,即资政殿大学士,使他排名在士林中众望所归的翰林学士之上。

王钦若明知故问道:"陛下如此敬重寇准,是因为他在澶州之战中有安定社稷之功吗?"

真宗觉得他问得奇怪,答道:"是啊!"

王钦若道:"臣不以为然。澶州之战,寇准让陛下冒着危险亲征,这是用陛下做他个人功业的赌注。陛下以万乘之尊被迫与契丹签订澶渊之盟,这是自古以来有道明君都不愿接受的耻辱之盟。寇准哪有什么安定社稷之功呢?"

真宗听罢,如同一盆冷水迎头浇来,所有的成就感烟消云散。从此,真宗郁结着一个巨大的心病,伴随着他略显荒唐的后半生。

半年后,真宗找了个小错,把寇准贬出京城。这一贬就是八年。

靠着真宗朝著名贤相王旦的不断推荐,寇准于大中祥符七年又回到朝中,担任枢密使。但因与朝中主要臣僚们气味不相投,仅仅十个月又被免职。

再过了四年,寇准迎来了人生的最后一次辉煌,随后也遭遇了最后一次悲惨的陷害。

真宗天禧三年(1019)六月,寇准再次进京,取代王钦若担任宰相。他能第三次复出,是王旦又一次鼎力相助的结果。王旦病重,真宗命人将他抬进宫中,问他谁可以接任宰相,王旦不答。真宗点了几个名臣的名字,王旦还是不回答。真宗说道:"以卿之意有谁合适,请尽管说。"王旦答道:"臣愚昧,只知道寇准可任宰相。"真宗不乐,许久说道:"寇准过于刚愎褊狭了。除他之外还有人吗？"王旦道："除了寇准，臣不知道还有谁。"王旦去世一年后，寇准复相。当然，寇准能够再次回来，与他自己的妥协也有关系。他迎合了真宗的期待，向真宗呈上了一封伪造的天书，为真宗歌功颂德。

寇准这次的对头是时任参知政事的丁谓。

丁谓其实是靠寇准的识拔、推荐，才逐步进入大宋的权力中心的。寇准对他的识拔、推荐，起初还不为一些大臣所认可。早年，寇准曾经向名相李沆推荐丁谓，但李沆对丁谓却没有好感："观其为人，不可让他位居人上。"寇准道："丁谓如此人才，岂能让他始终位居人下？"李沆道："他日后悔，当思我言。"李沆显然比寇准有知人之明。

对于寇准的识拔，丁谓一开始也是十分感恩戴德，平时对寇准敬重有加。但是小人毕竟是小人，恩德是无法将正邪融为一体的，他们迟早会有反目成仇的一天。

某一天的中午，宰执们一起堂食，即在中书省的食堂用餐。寇准不小心将汤羹洒在了胡须上。丁谓见了，连忙起身替寇准拂拭。寇准一抬手拦住丁谓道："参政是国家大臣，岂能为长官拂须？"今人将阿谀奉承称为"溜须"，即源于此。当时在座的都是皇帝的重臣，丁谓满面羞惭，从此对寇准怀恨在心。

丁谓一旦恨上了谁，就必欲置之死地才心甘。即便是王钦若这类与丁谓一样奸猾、曾经互相利用之人，一旦得罪了他，他也是毫不手软。

天禧四年，真宗病重，无法处理朝政，国家大事实际上由皇后刘娥处理。寇准在一次单独晋见真宗时建议让太子赵祯监国处理日常朝政，

庙堂之忧

真宗同意了。

太子监国，就是太子当政。太子当政会损害一些人的利益。首先是刘皇后，她不愿意交出手中之权。翰林学士钱惟演本就是刘后之兄刘美的妻父，其利益所在一目了然。不仅如此，他前一阵见丁谓受宠，还与丁谓结成了儿女亲家。曹利用是武人出身，因澶渊之战前出使谈判出色而飞升。曹利用如今已经身为枢密使，但却始终难以赢得寇准的尊重，寇准常常以轻蔑的口吻对他说："你是武人，岂识国家大体？"不尊重他人是寇准的毛病，而对曹利用的不尊重让他为此付足了代价。

寇准密令翰林学士杨亿草拟让太子监国的诏书，并再三提醒杨亿保密。杨亿是保密了，但寇准自己酒后失言，被丁谓得知此事。丁谓立即串通刘皇后以及枢密使曹利用、翰林学士钱惟演等人，在真宗面前极力诋毁寇准，称寇准专权，背着皇帝为自己谋利，要求真宗贬斥寇准。

真宗病重后，常常神志不清，此时他自己也忘了曾经批准太子监国之事。他对皇后等人的诋毁似信似疑，于是做了一个平衡性的决定：免去寇准的宰相职务，但提升了他的官衔，并封爵莱国公。

丁谓等人对这一结果十分不满意，他们必欲除寇准而后快。他们很快就得到了一个很好的机会。

太子赵祯有一个亲信宦官叫周怀政，与寇准的关系很好。他看到寇准被丁谓等人离间，一方面担心危及自己，另一方面他本来就鄙视丁谓等人，于是策划发动一次政变。他的计划是：先杀了丁谓，然后尊真宗为太上皇，让真宗传位给太子赵祯，最后请寇准担任宰相。可是他倚靠的两个参与者背叛了他，在政变前夕向丁谓告密。丁谓连夜与枢密使曹利用计议后，向真宗做了报告。结果，周怀政被处死。

第一章 山深自有道

虽然在周怀政的计划中有让寇准担任宰相的方案,但是寇准自己对这个政变阴谋一无所知。不过,丁谓他们不会因此放过这次陷害寇准的机会。

这时丁谓已经当上了首相,这是对他排斥原首相寇准的回报。当然,钱惟演帮了大忙。真宗原想将参知政事李迪升任首相,但钱惟演极力贬低李迪的为人和能力,推荐丁谓担任首相。钱惟演是翰林学士,虽然不是宰执大臣,但在朝野的影响力有时不亚于宰相,何况他是皇后刘娥最亲信者之一。

钱惟演推荐的宰执大臣还有两个。一个是冯拯,就是澶渊之战前被高琼怒斥的那个学士出身的签书枢密院事。真宗将他提升为宰相。另一个是曹利用,他本是枢密使,真宗再给他加衔同平章事,即加了宰相之衔。最后,钱惟演自己也摘得了一个胜利果实。他在寇准贬出京城不久后被提升为枢密副使,进入宰执班子。

两个宰相,枢密院的两个主要官员,加上一个翰林学士,更重要的是还有一个刘皇后,他们都是寇准的对头,都是为了自己的私利而对寇准有刻骨仇恨的灾星。这种情况下,寇准的命运会怎么样呢?

寇准先是由从一品的太子太傅被降级为正四品的太常卿,到开封北边的相州任知州,不久改贬更远的安州,之后再贬邻近广西的道州任正九品的司马。

两年后,真宗去世。成为太后的刘娥掌权,寇准被再贬至雷州任从九品的司户参军。

雷州在广东最南端,几近天涯,但还不是最坏的结果。当时最坏的是海南,那是生不如死的地方。几十年后大文豪苏轼被贬海南儋州时,

庙堂之忧

是抱着必死之心去的。丁谓在草拟贬谪寇准的命令时，起初是想将寇准的贬谪地定为海南的崖州。在援笔未落时，他忽然有所预感，对冯拯道："崖州之路最是波涛汹涌，你意下如何？"冯拯嚅嚅不敢言。丁谓想了想，将崖州改为雷州。

虽然没将寇准赶到崖州，但丁谓又设了一计，想逼寇准自尽。他请刘太后派一个内侍到道州向寇准宣读贬谪他的圣旨。内侍带了一柄宝剑，将它系于马头边。到道州时，正赶上道州大小官员与寇准这个九品小司马聚宴。大家一见到携带宝剑的内侍，无不相顾失色，以为寇准将被就地斩首。寇准神色自若，对内侍说道："如果朝廷将我赐死，就让我看看敕命再死吧！"内侍不得已宣读贬谪敕命。寇准当即请身边一位从九品官员脱下官服借给他，立即上路赶往新贬之所雷州，一路上谢绝了各地州县官对他的接待，没有给丁谓留下新的把柄。

五个月后，得意忘形的丁谓在安葬真宗的大事上犯了大错，被刘太后下定决心予以铲除。这时草拟圣旨的是冯拯。他给丁谓拟定的贬谪地是崖州。寇准没去，丁谓自己去了。

被贬雷州一年之后，寇准病故，终结了他曾经轰轰烈烈也曾经寂寞孤独的一生。死前不久，他让家人赶紧到洛阳家中取来通天犀带。当年，太宗皇帝得到两条通天犀带，太宗自己留了一条，另一条赐给了他认为是国家栋梁的寇准。家人取来犀带后，寇准虔诚地沐浴，然后穿上朝服，佩上犀带，向北拜了几拜，回身上床，闭上双眼，长逝而去。国家忘记了他，但他没有忘记国家。

寇准生前最后交往的人是丁谓，那是丁谓被贬崖州后路过雷州时。他们没有见面。寇准的门生和仆人听说丁谓路过雷州，想找丁谓算账，

第一章 山深自有道

寇准将他们全部锁在房内。丁谓求见寇准，也被寇准拒绝，但寇准另遣人送了一只羊给丁谓。寇准以澶州之战时的那般大气，了结了他与丁谓的恩怨。

寇准死前，最惦念他的是先他而去的真宗。真宗大病之后时而清醒时而糊涂。清醒时，他会问："为什么许久不见寇准？他上哪儿去了？"糊涂时，会说："寇准在道州当司马，官小了点。"丁谓、冯拯、钱惟演等人听了会赶忙说："自从赶走了寇准，朝中清静了许多。寇准包藏祸心，要在唐朝时早被处死了，是陛下宽仁，对他网开一面。"真宗也会真的如此认为，答道："是啊，我一直在庇护他。"

许多人在得意之时，总是意气风发，甚者颐指气使，更甚者狂妄自大、不可一世。其实，这个世界上的任何一个人，总有被人指点评判的时候，有的是在他还在世时，有的是在他死后。这个时候，能让他永远意气风发的是他曾经给予别人的恩德，而不是他生前拥有的权势。

寇准有一些让人难以忍受的毛病。他太过刚直，不太在意别人的感受；他个人好恶感太强，自己欣赏的人就想方设法加以推荐使用，不合己意者则加以排斥。他甚至多次在真宗面前排挤在关键时刻几次帮助他的名相王旦。但是，同这些毛病相比，寇准对国家的贡献无人可以逾越。建立大宋的是太祖赵匡胤，而打下宋朝近一百二十年边界安宁基础的是寇准。他的这些个人性格中的缺陷，远远不足以抹杀他对国家的贡献、他对国家的忠诚以及他安邦治国的能力。

既然如此，那为什么寇准又会以凄惨的结局结束他曾经辉煌的人生？

表面上看，寇准是毁于王钦若、丁谓、钱惟演等人之手。但归根结

庙堂之忧

底，官场上正气不举、邪气猖獗，士大夫们道德堕落，是杀死寇准的罪魁祸首。

什么是士大夫？士大夫就是"学而优则仕"的士人，就是学问高了就当了官的知识分子。王、丁、钱等人都是那些饱读圣贤书听遍天下义、寒窗读罢苦尽甘来的士人之中的佼佼者。但是这种士人中的精英一旦背弃了他们所应遵循的儒家道德，为攫取个人私利、发泄个人私愤而置国家利益和人间道义于不顾，怀尔虞我诈、相互倾轧之心，无推心置腹、坦诚相待之见时，那么他们对于同类的倾轧和陷害是最彻底、最恶毒的。

寇准的遭遇充分说明两个道理：第一，学问满腹不见得就觉悟了圣贤之义、做人之理；第二，官职再高未必就不会道德堕落、丧心病狂。

可悲的是，寇准几次被贬，士林万马齐喑，几乎没有一个人站出来为他鸣冤叫屈、伸张点正义。如果说还有人替他说一句公道的话，恐怕只有李迪一个人。

李迪是太子赵祯的老师。在寇准罢相后，真宗曾想让李迪担任首相，但为钱惟演谮言所阻。不过真宗还是任命他为次相，与丁谓、冯拯为伍。丁谓掌握大权后，不断排挤李迪，让李迪愤懑不已。

一天凌晨上朝前，双方在待漏院争执起来，李迪一时忿起，用上朝时所持的笏板砸向丁谓，被丁谓躲开。二人争执到真宗面前，李迪破釜沉舟，对真宗道："丁谓奸邪弄权，天下畏惧！"又道："寇准无罪，却被他们陷害！"还说："钱惟演与丁谓是姻亲，互相包庇！"

结果，李迪被当作寇准一党，先贬郓州，再贬衡州。李迪从郓州到衡州时，丁谓故技重演，将对付寇准的那套"马首悬剑"用于李迪身上。李迪是实在人，以为朝廷真要赐死，即引剑自刭，好在儿子李柬之在一旁抢过剑来，李迪才没有冤死。

除了李迪几乎以生命为代价的抗议，似乎再没有什么人出来为寇准伸张正义了。

崔少微叹息什么？大宋建立七十余年了，仍然邪气盛行，士风仍与五代时期没有两样。

但是范仲淹比他乐观。凡事盈满则亏，亏极复盈。"世间的正气终究不会丧亡，必然会在我大宋兴盛。只不过需要些时日，让士大夫辈能够自我觉悟。"范仲淹是这么认为的。

崔少微却不这么看。"如今不缺时日，缺的是领袖群伦之人，为士人垂范，引领士风，开我大宋士林风气之先！"

范仲淹摆了摆手："开创一代风气，不是一人二人之力所能企及的。天下士人与其期待他人振臂高呼，不如自己勇为天下之先。如果人人都有此心，何患风气不振？"

崔少微道："一人二人振聋发聩的功用，有时胜过百年的等待。领袖群伦，不是一般人所能为。有的人有心无力，有的人有力无心。"

"在我辈眼中，范公应当仁不让。范公两次上言，虽然均遭贬黜，却让天下士人振奋！"章岷插言道。

范仲淹心中略感不安。"仲淹所为，都是因为不可不为。凡事如果应当有所作为，仲淹必定义无反顾而为之，然而我并没有特立独行之意，更没有沽名钓誉之心。"

章岷道："范公怀君子之心，也只有君子知之。若遇到不肖小人，不论如何作为，都难逃诋毁。"

庙堂之忧

崔少微道:"希文所虑,亦为长远。君子无私无利,但却容易因此被小人污蔑为沽名钓誉而进行中伤诋毁。"

三人沉默片刻,崔少微继续说道:"话虽如此,然而国运系于士风。士风不振,国运不昌。周公有言:'皇天无亲,唯德是辅。'谁有德,天意就向着谁。孔子说:'大德必得其位。'何谓有德?我大宋与士大夫共天下,有德者,即有德之君与有德之臣。"

崔少微此言让范仲淹感到不寻常。他没有打断少微先生的话。

"为人君者,都愿自己的江山传承千秋万代。然而自古至今,哪个朝代传至千秋万代了?没有一个!"

范仲淹觉得身上有些燥热。崔少微的话,他不敢接,也不能接。可是崔少微所言,难道不是至理吗?谁敢说自己的江山就必定能传承千秋万代?有千秋万代的江山吗?如果有,是什么样的江山?

"哪个朝代都不可能传承千秋万代。自唐尧、虞舜、夏禹开始,历经各代,能够传承千秋万代的,是有德者的大德而非他们的江山。这说明了什么?说明我几千年的华夏之国,道德的传承是永恒的,江山的传承是短暂的。真正的有德者必然深知:几千年的道德传承重于江山的权力传承。只传自己的江山权力不传华夏的道德传统,不是有德者,是自私自利的无德之人,其江山终究是传承不下去的。有千年万年之德,才可能有千年万年之江山!"

听到这里,范仲淹大汗淋漓。

崔少微仍然不紧不慢地说着:"如今的士风,关乎我大宋道德之传承。有德,才有江山;有德,大宋的江山才能稳固。我朝自太祖立下规矩,要与士大夫共天下。天下之兴在于士大夫之兴,天下之失在于士大夫之失。天子失德，未必失天下；士大夫失德，必失天下！因此，士大夫有德，才能当得起我太祖与士大夫共天下的期望！"

崔少微站了起来："希文，遍数当今中国，有如此见识者能有几人？或者说，还需要多久才能出现有如此见识之人？"

相信崔少微还有一句不能明说的话，再或者说：待得人人都有如此见识的时候，这江山还来得及传承下去吗？

范仲淹也站了起来。天上又飘起了细雨，让他燥热之后感觉有些寒冷。但他更感到心情沉重，而且是十分沉重。

8

桐庐之行，是范仲淹到任以来的第一次出游。游历山川，是那个时代名士官员、骚人墨客休闲交游、感怀寄兴的重要方式。

此前的一个多月里，范仲淹没有闲暇出游。他一到任，就接连访见缙绅官宦、秀才书生、农夫商人，了解民情、广采民风。

睦州物产丰富，如果不是旱涝凶年，百姓多数时候衣食无忧。但是两浙民风躁而不刚，不从规矩。强悍之家，自然就是霸主；贫懦之人，自然逆来顺受，这似乎是天经地义。而读书之人，只知书中之文，不知书外之理，读书的意义似乎只有功名利禄。

范仲淹的施政似乎也简单。他自真宗大中祥符八年进士及第以来，至今担任过十六年的州县官员，深知黎民疾苦和百姓好恶，也深知民间奸猾之徒的狡诈和官府弄权之吏的贪渎，一州一县的治理行政对他来说

庙堂之忧

不是难事。因此，对豪强之族，他晓之以情理、戒之以法令；对贫贱之民，存之以仁慈、施之以宽恤。总之，就是抑豪强、扶贫弱。这是国家和谐的至理。至于读书人，他们是国家兴亡的决定因素。如果读书人连礼义廉耻都不顾，那么国家的衰亡也就不远了。七年前，范仲淹曾执掌著名的南京应天书院的教学，从学者中后来名满天下的不在少数。范仲淹谨守师门教训，接见睦州的学子，教诲他们以文章博学、以礼义约束。没有标新立异，更没有猛政暴敛，睦州民风却渐有变化，民风日有更新。

从桐庐回到建德，章岷立即准备修建严子陵祠堂事宜。范仲淹则在处理了一些简单公务之后，静下心来与师友同僚们互致音信问候。

他首先给晏殊回了一封信。

范仲淹从京城刚到睦州，晏殊的信也随之而到，这让他十分感动。晏殊的来信中没有政治，只有诗文。范仲淹回信盛赞睦州风光，还回赠了在睦州与同僚唱酬的诗歌一轴。

范仲淹的第二封信写给滕宗谅。

滕宗谅与范仲淹是同年进士。在诸多同年之中，范仲淹与滕宗谅交谊最深。九年前，范仲淹在泰州为官。泰州地域临海，每遇风灾，海浪卷涌而来，毁坏民田无数。此地原来有拦海堰坝，但年久失修。范仲淹经反复考察，促请朝廷同意重修捍海堰。滕宗谅当时在泰州任军事推官，受命与范仲淹同修大堤。大堤将成之时，狂风大作、雨雪纷飞，滔天的海浪冲垮了一段大堤，筑堤民夫和兵士四处奔逃。滕宗谅站在大堤上，毫无惧色，有条不紊地指挥兵民撤离。天圣七年末，范仲淹因为上书议论太后诞辰礼仪和请太后还政事被贬，不久后滕宗谅也因上书请太后还政遭贬。他们有许多相通之处。

范仲淹也给滕宗谅寄去诗歌一轴,并请他转呈谏院诸位同僚指正。

八月的南方,秋暑肆虐。

范仲淹处理完公事,在官舍阅读朝廷发来的最新邸报。本期邸报有几个重大消息。

第一个消息,是三司使范讽被贬出朝廷,出任兖州知州。范讽刻意结交宰相吕夷简,希望吕夷简向仁宗推荐自己进两府。可是吕夷简忌讳他的刻薄,担心他进入宰执班子后对自己不利,因此始终不吭声。于是范讽开始挖吕夷简的墙脚。他在仁宗面前多次揭参知政事王随的短处。王随尸位素餐、能力平庸是众所皆知的,但他是首相吕夷简的同党,因此吕夷简多次在仁宗面前替王随说话,并称范讽有意排挤王随。范讽一急之下,向仁宗奏道:"有人说臣意图挤走王随而取代他,这是诽谤!陛下可以将我先行贬黜,再让那些奸邪之臣也离开朝廷,如此朝中就干净了!"仁宗将范讽之意转告吕夷简,吕夷简正好顺水推舟,说动仁宗将范讽贬出,而吕夷简、王随之流在朝中则更加安坐如山。

第二个消息,是仁宗诏令将尚、杨两位美人逐出内宫。其中,尚美人为道士,杨美人在皇宫外别宅安置。邸报中没有说明的两位美人被逐原因是:郭后被废后,仁宗皇帝与两位美人更加欢爱。几个月下来,仁宗终因不敌美人之妩媚而病倒。杨太后得知此情,趁仁宗病中无暇顾及之时,命阎文应将二人赶出宫去。仁宗病愈后,不得已下此诏书。

还有一个消息,让范仲淹心中产生了一丝忧虑。本月初,元昊声称大宋的庆州以兵马入侵,他因此亲自率兵一万前来报仇。宋军不明对方底细,守将只派了七百名士兵与元昊对垒于庆州龙马岭,结果宋军被元昊聚歼。为此,朝廷下诏训诫元昊不可生事。

庙堂之忧

天圣九年，元昊之父、西平王赵德明病亡不久，朝廷下诏以元昊袭封西平王。经过赵德明时期的攻占和经营，西夏到元昊袭封时，东尽黄河，西至玉门，南至萧关，北控大漠，方圆数千里，其势力远非一诸侯巨藩可比。元昊以其西平王之尊，亲自率重兵与朝廷计较睚眦小事，其用意令人担忧。

范仲淹没有太多的时间琢磨和担忧。他接到朝廷敕命，让他移守苏州。他没想到这么快就离开睦州，更没想到会到苏州任职。苏州是大州，由睦州改知苏州是待遇上的改善，何况苏州还是他的祖居地。

到苏州赴任，范仲淹选择走水路。水路到苏州，仍然要走富春江。

行到桐庐，范仲淹让船东将船靠岸。

他先到南岸拜访崔少微，但没有见到少微先生。崔少微出游去了，不知何时回归。范仲淹心中怅然若失。

他又让船东将船靠到北岸。

白墙灰瓦的严子陵祠堂坐落在严子陵钓台上，面向大江。章岷主持修建祠堂再次展现了他的干练。祠堂的布局一如范仲淹所期望的那样。祠堂内，子陵先生的塑像矗立于正中，先生披蓑戴笠，神态安逸，像前几案的香炉上香雾缭绕。祠堂后院，住着几户人家。他们是章岷根据范仲淹的指示寻访到的子陵先生的后裔，在此负责奉祠祭祀。正中堂屋，可供游人饮茶休憩。

祠堂外，在正门的左侧立着一块石碑，上面刻着范仲淹亲自撰写并亲笔书碑的《桐庐郡严先生祠堂记》。虽然这篇文章中对严子陵和光武帝品德的褒扬引用了《易》中的卦辞，让今人感觉有些深奥难懂，但它文采斐然，气势豪迈，立意深远。其中尊崇光武帝与严子陵的观点别有见地。

范仲淹认为，光武帝身为万民之主，若论地位，普天之下无人能及，但是严子陵却能够以自己淡泊名利的高风亮节超越他；严子陵的高风亮节普天之下无人可比，但是光武帝却能够以自己对严子陵的折节敬重而超越他。是严子陵成就了光武帝的圣明，是光武帝成就了严子陵的高洁。

独立的人格至高无上。这个观点或许是《桐庐郡严先生祠堂记》这篇短文成为千古名篇的主要原因。

文章是这样写的：

> 先生，汉光武之故人也，相尚以道。及帝握赤符，乘六龙，得圣人之时，臣妾亿兆，天下孰加焉？惟先生以节高之。既而动星象，归江湖，得圣人之清，泥涂轩冕，天下孰加焉？惟光武以礼下之。
>
> 在"蛊"之上九，众方有为，而独"不事王侯，高尚其事"，先生以之。在"屯"之初九，阳德方亨，而能"以贵下贱，大得民也"，光武以之。盖先生之心，出乎日月之上；光武之器，包乎天地之外。微先生不能成光武之大，微光武，岂能遂先生之高哉？而使贪夫廉，懦夫立，是有大功于名教也。
>
> 某来守是邦，始构堂而奠焉，乃复为其后者四家，以奉祠事。又从而歌曰："云山苍苍，江水泱泱。先生之风，山高水长！"

第二章

君子何所忧

如果有道德觉悟而没有能力，往往会在爱国之余误了国家；没有道德觉悟却又能力很强，则会发挥他们以权谋私的特长；既无德又无能之辈，则会让百姓失去对国家的信心。

第二章　君子何所忧

1

天还只是蒙蒙亮，但可以看出又是一个阴天。

仁宗坐在御座上，脸上怒气未消。这是景祐元年的十二月十七日，是上朝理政的日子。自从四个月前大病一场之后，仁宗接受辅臣的建议，每逢单日才上朝处理政事。虽然身体早已康复，但单日视朝的决定没有取消。

几位宰相和参知政事小心翼翼地在下面站立着。他们刚刚商议完对李安世的处理意见。

李安世是泉州同安县的县尉，一个从九品的最低级官员。他上书朝廷，批评仁宗政务荒废，指斥辅臣广市私恩。仁宗政务荒废的事例是宠近女色，甚至让上天都有所怒，使得最近气候反常；辅臣广市私恩指的是宰执们将官员的任命当作个人之恩，使得被任命者对识拔者感恩戴德而不是感激国家。

李安世虽然官职卑微，但他有向皇帝上书的权力。保障他上书权力的是匦函制度。各级官员都可以将自己对朝政和地方政事的意见，按照规定投进京城登闻检院的木制匦匣之中，由检院的官员负责提交给皇帝。不论是古人还是今人都常说"言路闭塞"或"广开言路"。什么是"言路"？"言路"就是能够将自己的意见送达最高决策层的渠道。大宋的言路有许多条，登闻检院只是其中之一。其实不只是官员，平民也有机会，只不过平民不是上书，而是在登闻鼓院击鼓鸣冤，由鼓院梳理情由后

庙堂之忧

上报。

李安世一个小小的地方官员，竟然毫不客气地将皇帝和宰相大加挞伐，妄议朝政，这真是毫无规矩！仁宗和宰臣们达成了一致意见，将李安世流放边远地区。

议完对李安世的处理，首相吕夷简禀告了一件让人高兴的事，使得君臣们脸上有了些喜色。

交趾的南平王李德政派人进贡了。贡品是两只驯象，十分稀奇。但这不足为乐，难得的是南平王连年进贡，在各藩属国中最是虔诚。君臣议定，给南平王的两个使臣封官，一个封太子中允，一个为大理寺丞，并赐给二人三品官员的服饰。

从南平王进贡，宰臣们又说起今年四月高丽国王特意送进士康世民到中原赴殿试一事。虽然当时殿试已过，但仁宗还是赐康世民同进士出身并列入当年的进士榜中，高丽一国均感荣耀。高丽国自唐末以来几乎年年遣使进贡中原，三年一次的进士考试也常有高丽士子参加。太宗时，高丽信州永宁人康戬还就学于国子监并于太平兴国五年（980）进士及第，在中原官至工部郎中、转运使。

自真宗天禧年间开始，因为受到契丹逼迫，高丽已经多年没有派遣使臣谒见进贡了，但高丽一国仍然心系中原。后来的一位高丽王王徽曾写过一首诗道："宿业因缘近契丹，一年朝贡几多般。忽蒙舜日龙轮召，便侍尧天佛会观。灯焰似莲丹阙迥，月华如水碧云寒。移身幸入华胥境，可惜终宵漏滴残。"高丽王常恨不能生于中国，曾于上元节的夜里梦见大宋天子召唤，陪天子观灯于京城开封，醒来后即作此诗以纪念。周武王灭商后，将商朝的贤臣箕子分封于朝鲜之地，建立了箕子朝鲜侯国。因为箕子之故，箕子朝鲜历代都被中原称作君子之国。高丽王的谦谦君子之风，恰与西夏元昊对朝廷的不恭敬形成鲜明对照。

不过，元昊近来似有改善之意。几天前元昊派使臣进献了五十匹马，同时求取佛经一部。遵仁宗圣旨，有关官员已备好佛经，将于近日交予元昊使臣。自天圣九年元昊袭封西平王以来，夏兵屡屡侵扰大宋边界，朝廷几次下诏训诫但未见其有所收敛。此次元昊献物求经，可见其仍然心羡中原。看来，元昊还是能像他的祖、父一样诚心臣事大宋，这真是让人心慰。

君臣们接着又议了几件繁杂的政事。

苏州知州范仲淹奏请将新建的学校列为州学，成为官办学校，宰执们都同意。范仲淹到苏州后又办了几件好事，建立学校是其中之一，据说他还延请了泰州如皋的名儒胡瑗到苏州任教。

仁宗想起了一件事。滁州舒城县自南唐国时期就负担了每年七千三百五十斤的茶赋作为军需所用，当地百姓深受其苦。半年前范仲淹奉旨安抚赈济江淮灾民，回京后奏请朝廷免除此赋。范仲淹随后被贬出京，此事未再提起。仁宗今天想起来，便让中书省拟旨，照范仲淹当初的意见办理。

还有，虔州自今年六月初受灾以来，许多贫民仍然苦于生计。仁宗决定将虔州上供京城的米减少三万斛，让虔州出售后所得款项用于赈济贫民。

最近仁宗有几个特别赏赐，他吩咐不要从三司主管的国库开支，而是从皇帝的内藏库支出。内藏库就是当年太祖准备用来收复燕云十六州的封桩库。仁宗的这几个赏赐是：陕西环庆路参与对西夏军作战的士卒

庙堂之忧

赏钱若干；河北天雄军修复金堤河的士卒和民夫赏钱若干；在京的禁军各衙门赐给柴、炭以供来春御寒。

宰相禀奏说今年各地农田收成很好，但是恐怕明年有蝗虫灾害，因此建议让各路转运司招募农民掘地挖蝗子。仁宗同意此议，并让各地衙门通告百姓：挖出蝗子每升赏钱二十。

京城有些民舍侵占街道，前日开封知府奏请将侵占街道的那一部分民居一律拆除。今天议定，同意开封府的意见。

三司奏报称京东、京西、陕西、河北、河东、淮南六路有许多农户举家出走，目的是逃避官府的徭役，有的是将家产变卖后迁徙到京城，有的甚至是一族之人分散各地。中书省的意见是请六路转运司巡察各州县，查处制止这一现象。

最后，仁宗告诉大家，他谱写的乐章基本完成了。今后每三年的南郊祭天、谒告宗庙，典礼上都演奏他谱写的乐曲。

议事方毕，一名内侍喜气洋洋地上前禀报：下雪了。

走到殿外，飘飘洒洒的雪花落在了仁宗头上，把仁宗心中的阴霾一扫而光。入冬以来一直没有下雪，一些官员认为这是因为朝政不健康，对仁宗总有讽谏。此外，一冬无雪，也不利于来年的农田收成。为此，仁宗曾于半个月前专门前往开宝寺、上清宫、祥源观和会灵观四地祈雪。今天这场雪，真是一场瑞雪啊！

仁宗临时决定赐宴近臣，在中书省摆宴。

宰辅大臣们也很高兴。仁宗近来总是愁眉苦脸，让他们很揪心。

但是仁宗的好心情没有持续几天。

第二章 君子何所忧

破坏仁宗心情的是监察御史里行孙沔。里行，是候补之意。孙沔以直言不讳著称，但他当监察御史的资历不够，所以先任里行。

孙沔上章仁宗为李安世求情。"皇帝专门设置了甄函接受臣民投书，为的是虚心听取谏言，因此应当秉承言者无罪的原则。虽然李安世狂悖妄言、死有余辜，但他忠心一片。陛下是盛世圣主，难道还害怕献忠之言？"

这些话还说得有道理，但另一些话就让仁宗恼火了。"自从孔道辅、范仲淹被贬黜以来，人人只知明哲保身，苟且偷安。李安世之言，至少能让偷安之士心怀愧疚。如果对安世加以严惩，只恐言路更加闭塞，后世的史官对陛下也不会有所好评！"

几天后，孙沔被贬为潭州衡山县知县。贬谪诏书还没有下达，孙沔又上一书。这时他还不知道自己即将被贬。

第二次上书，孙沔已经不是替李安世求情了，他俨然一副李安世第二的面孔。

他先批仁宗不勤政。"陛下如今一个月之中只有半个月的视朝时间。其中还要扣除十天一日的休沐假，再加上喜庆节日，这仅有的半个月时间又要减去三分之一。陛下退朝之后，左右之人不是刀锯亏残的宦官，就是艳冶绮纨的佳丽。如此，岂不要荒废天下的政事？"

接着再批朝政之乱。"邪佞之人退而复兴，忠谏之士黜而未用！"

仁宗感到气愤。他不是昏庸无能的昏君，也不是凶恶残暴的暴君。他对黎民百姓由衷地关切，对内外官员十分宽容，为什么还总是让一些人不满？后宫纵情确实不对，也让他付出了大病一场的代价，但尚美人和杨美人不是已经被逐出宫去了吗？何以对此还纠缠不休呢？

庙堂之忧

宰执中也有人十分气愤。孙沔之辈虽然没有明言,但是他们与三个月前上书被贬的谏官滕宗谅一样,名为劝谏皇帝不可耽于声色,实际上都将矛头指向宰辅大臣。什么"罢公卿大夫之中不才谄佞之人",古时公卿大夫,不就是如今的宰相重臣吗?什么"邪佞之臣退而复兴",吕夷简曾被罢相后又重新起用,这句话不就是说他吗?

孙沔犯了众怒。七天之内,刚刚过完景祐二年(1035)的元旦,他就第二次被贬,到偏远的永州监酒税去了。

仁宗怒气未消,回到后宫与皇后曹氏谈起了孙沔危言耸听之事。谁知皇后却夸赞孙沔,称皇帝就应当有这样的直臣,才能时时心中惕然,使邪佞之人无机可乘。

皇后一席话让仁宗更加郁闷。

新皇后曹氏,是开国功臣、名将曹彬的孙女。名将之后,家教严谨。她熟读经史,学识不浅,却又为人谦谨节俭,谨守妇道。

曹氏被立为皇后纯属偶然。她是郭皇后被废黜后才进宫的,进宫九个多月即被立为皇后。在她之前,尚、杨两位美人极为受宠。尚、杨被杨太后赶出宫后,曹氏也并非皇后的第一人选。有人向仁宗进献了寿州商人陈子城的女儿,仁宗十分喜欢,杨太后更是满意,于是仁宗有立陈氏之心。宰相吕夷简、参知政事宋绶、枢密使王曾、副使蔡齐等得知后,都认为陈氏出身低微,劝谏仁宗勿立陈氏,杨偕、郭劝等台谏官也上书反对,但仁宗不为所动。

一天,仁宗亲自查阅日期,准备册立陈氏。阎文应的养子阎士良在太医院任御药院主管,当时正在皇帝身边服侍。他找个机会明知故问:

"陛下为何亲自查阅日期？"仁宗答："难道你不知道我要册立皇后了吗？"阎士良道："莫非是陈子城之女陈美人？"仁宗开心道："正是！"阎士良壮着胆子道："陛下不知道子城是何人吗？子城者，子城使也。子城使，是大臣家中奴仆的官名，陈子城是花钱买了此官。陛下立大臣奴仆之女为后，岂不让公卿大夫羞愧？"仁宗听罢，目瞪口呆，半晌方道："若非卿言，几乎大错！"立即让人将陈氏送出宫去。就这样，才决定立曹氏为后。

历史往往具有极大的偶然性，而这种偶然却往往又对后来的历史产生了重大影响。十三年后的庆历八年（1048）十月的一天，仁宗夜宿于皇后所居住的坤宁殿，几名宫廷卫士突然作乱，半夜围攻坤宁殿，几乎破门而入。关键时刻，曹皇后展现了将门之后的风采，一边派人召守卫部队救援，一边指挥仅有的几名宦官、宫女抵御叛乱卫士，终于化险为夷。

再往后三十一年的元丰二年（1079），大文豪苏轼遭遇"乌台诗案"。因为反对王安石变法，苏轼被蜕变为政治斗争工具的御史台诬告诽谤皇帝，赞成变法的宰相和司法部门一致要求处死他。神宗皇帝左右为难。他不想杀苏轼，但朝中要求处死苏轼的势力太强大。这时，神宗的祖母，已经病危的太皇太后曹氏对孙子说道："记得仁宗皇帝在苏轼兄弟考取进士的那天十分欢喜地对我说：'今日为子孙录取了两名宰相。'苏轼有才、有德，他再有过错，也不至于诽谤皇帝。我病重如此，皇帝也不必为我大赦天下，只要饶苏轼一死就行了。"苏轼因此免于一死，这颗中国历史上灿烂的文学巨星才得以继续闪耀。

而景祐二年正月的曹氏，还只是年仅十九岁、刚刚被册封不到半年的新皇后。她的见识让人敬佩，但是仁宗此时的心情不好。仁宗是个好脾气的皇帝，他即使不高兴，也极少发作。曹皇后让他不高兴，他也不发作，只是在这时想起了被废黜的皇后郭氏。

郭氏脾气大，也正因为如此，她的敢爱敢恨别有一种让仁宗难忘的情怀。当初仁宗有新欢尚、杨两位美人，加上一些人推波助澜，他一怒之下废了郭氏，可是毕竟多年的夫妻情分，难以割断。

仁宗独自回宫，叹了口气，给郭氏写了一首词《庆金枝》，让身边的内侍给郭氏送去。

万事皆有缘，一件事往往为另一件事埋下了伏笔，谁能想到一首词会成为断送郭氏性命的引子。

2

延义阁在崇政殿之西，它和迎阳门北的迩英阁都是仁宗新辟的专门用于听讲的场所。

皇帝听讲，就是请朝中饱学之臣讲解历史、诵读古代名篇。给皇帝讲读，等于给皇帝授课，是十分荣耀的事情。皇帝对于讲读之臣也往往优礼有加：讲读官可以穿鞋进殿，除了讲读者站立外，其他讲读官由皇帝赐座、赐茶，讲读完毕，皇帝往往还赐给亲自写的飞白墨宝甚至赐宴等。这些待遇，就是宰执们都享受不到。

讲读官中最为人熟知的、最受皇帝礼遇的是孙奭。孙奭是儒学奇才。他自幼在乡中从学，老师病逝后，同学之人转而跟他学习，成了他的学生。他在太宗时给国子监的太学生授课，在真宗朝给各位王子讲学，仁宗即位后就给仁宗讲读。他讲读时，仁宗总是恭恭敬敬地听着。那时仁宗还年幼，有时难免走神，孙奭就停止讲读，低眉垂目，拱默不语，此时仁宗就会赶紧回神，继续恭听。孙奭七十多岁时反复请求致仕（即退休），仁宗恳留了他几个月才放他回乡。今天的两个讲读官中，有一位贾昌朝，就是他的学生。贾昌朝当讲读官也是孙奭致仕时推荐的。孙奭推荐的人，仁宗都相当看重。可惜，虽然孙奭自己学富五车、一身正气，但他推荐的人却证明他不是一个太有眼光的伯乐。

皇帝听讲有季节安排，通常分两季。春季是二月中至端午节，秋季是八月中至冬至日。现在是正月，不是听讲时节，但仁宗新设了延羲阁和迩英阁，心中高兴，因此特意在今天听讲。陪同听讲的一般是侍从近臣，宰执辅臣们一般只在每季的开始和结束时陪同，但今天仁宗让他们也一同听讲。

这天讲读的内容是唐朝的"牛李党争"。

什么是牛李党争？就是以牛僧孺为首的一批官员和以李德裕为首的一批官员之间长达几十年的政治争斗。

牛李党争是唐朝中晚期影响巨大的事件。牛党和李党，这两个不同的政治派别争斗四十多年，影响了中晚唐的政治、经济、文化等各个方面。其他方面且不说，就以这时期的文学为例。白居易有诗长叹："同是天涯沦落人，相逢何必曾相识！"这是千古名篇《琵琶行》中的句子。李商隐有诗悲吟："相见时难别亦难，东风无力百花残。春蚕到死丝方尽，蜡炬成灰泪始干！"这是《无题》中的名句。这些为今人所熟知的千古绝唱，都是作者遭受牛李党争之害后的泣血之作。白居易、李商隐以及他

庙堂之忧

们同时代的几乎所有政治人物的身上，没有不打上牛李党争烙印的。在这个政治旋涡中，有人想逃避，但欲逃无路；有人想参与，结果是伤痕累累。

可叹的是，不论牛党也好，李党也罢，两个阵营中的多数人都是国家的精英，都忠于国家、忠于皇帝，阴险奸诈的只是少数。

牛党领袖牛僧孺和李党领袖李德裕都是唐朝中后期的著名宰相。他们品行端正、能力卓著、好学博闻、文采斐然。如果要说他们的不同之处，或许可以从两个方面来看。第一，出身不同。牛党多数出身庶民，是通过寒窗苦读、靠科举制度进入国家政治舞台的，而李党多数是靠祖辈、父辈享有的荫补之恩，不经过考试直接为官的，如李德裕就是靠父亲的荫补为官，但是荫补也是国家制度，天经地义。第二，政见有所不同。牛党温和、保守，与人为善，主张维持国家现状；李党强硬、进取，主张弱化各地藩镇之权，强化中央的管理能力、维护皇帝的权威。

其实，如果一心为公，出身差异、政见不同又有何妨？任何出身的人，都有贤有愚、有忠有奸。同样道理，任何政见都有利有弊。再好的政见，一旦极端化，都会物极必反。如果再加上意气用事，那结果跟主政之人是好是坏就没有关系了，十有八九会误国的。

牛李双方结怨始于李德裕的父亲李吉甫当权之时。唐宪宗元和三年(808)，二十九岁的牛僧孺与后来成为牛党另一领袖的李宗闵在科举考试时，毫无顾忌地指陈时政，批评弊端，得罪了时任宰相的李吉甫，被轻用到地方当小官，并多年不被提拔。李吉甫死后，牛僧孺等人才得到重用。李吉甫死了，但他的儿子李德裕却在朝中担任要职。父债子还，党争之祸从此开始。可是李吉甫也不是一个奸臣，相反，他对国家也是呕心沥血，是当时朝廷的重要支柱。

党争究竟争的是什么？主要就是两点，但对国家而言却是十分要命的两点。

一点，争的是权。哪一党上台，另一党基本上全部贬光。管他政见如何、品行如何、能力如何，只要不是自己这一党，一概贬到地方，甚至偏远之地。而只要是本党本派之人，不管他品行良莠、能力高低，都毫不犹豫地加以重用。这是一种以政治血缘决定一切的政治手法，目的是扩张自己的政治势力、延续自己的政治生命。这种政治血缘论不论其实施者主观上如何高尚，客观上都是对国家有害的，反映出的是狭隘、自私的心态。

另一点，争的是政。只要一党当权，另一党制定的政策措施不论是对是错全部都改弦更张，推倒再来。如果两党都有人在朝中任职，那么针锋相对之事更是时时发生，即使在皇帝面前也毫不相让，而朝政往往为此被耽误，以至于唐文宗无可奈何地慨叹："去河北贼易，去朝廷朋党难！"当时河北的藩镇割据倾向严重，动乱不已，唐文宗居然认为党争比河北的乱贼还让他烦心！

党争双方为了战胜对方，都需要同盟军。那时最有分量的同盟军有两种人。一种是宦官；一种是藩镇，即各地手握财、政、军重权的节度使。这两种同盟军都是虎狼之辈，与他们结盟等于饮鸩止渴、养虎遗患。唐朝的灭亡，终究是亡于宦官和藩镇之手，而朋党之争对此难辞其咎！

听罢讲读，仁宗叹道："中唐以后，宪、穆、敬、文、武、宣数帝都不算昏庸，所用大臣也都是一时俊杰，可是他们却不能振兴大唐国运。究其根本原因，都是朋党之祸！"

庙堂之忧

宰相李迪附和道:"因此我太祖建立国朝之后,以前代衰亡为鉴,防朋党、戒小人,确实能防患于未然。"

吕夷简另有理解:"太祖高瞻远瞩,防患未然,使我朝至今没有外戚干政之虞、宦官乱政之害、藩镇割据之机等前代种种祸害。但这些祸害都可见于形,只要有心,防之不难。而朋比为党却难以眼见,因此需时时警惕,千万不可掉以轻心。萌芽将生之时,就应当予以剪灭!"

李迪继续阐述自己的观点:"立身端正,心中无私,自可无党。我朝立国至今,若说有过朋党之患,那便是王钦若、丁谓之辈朋比为党,陷害忠良。因此,如果人人怀坦荡之心,自然无朋党之患。"李迪吃过朋党的苦头。当年丁谓、钱惟演将他与寇准打成一党,先后贬谪,还差点把他逼死。

吕夷简不赞同李迪之言:"并非有心结党才是朋党。虽然无心结党,但如果只因意气相投便事事附和,那也是朋党。"

其他辅臣加入了争论。参知政事王随赞同吕夷简之言,枢密副使蔡齐附和李迪之论。

见场面有些纷乱,仁宗打断了他们:"自古至今,朋党都是朝廷之患,必须预防。卿等都是国家重臣,防朋党当从自身防起,绝不可自结朋党!"

讲读就这么结束了。

回到家中,李迪心中有些烦闷。他感觉到有一股以他为目标的逼人之势。

不久前,李迪的儿女姻亲范讽再次被弹劾。范讽上一次被贬,是因为在皇帝面前指责吕夷简和王随是朋党奸臣。本来范讽是帮过吕夷简大忙的。吕夷简因郭皇后之言被解除宰相职务后，范讽在仁宗面前说了他不少好话。吕夷简复职后，二人又合谋废黜郭后。但是吕夷简也忌惮范讽的刻薄，始终没向仁宗推荐他担任宰相，范讽因此大失所望，二人反目成仇。

范讽最近半年连遭三次弹劾，弹劾他的人都是庞籍。

半年前，当时的御史台官员、殿中侍御史庞籍奏称范讽曾经向尚美人之父送礼，请求将范讽送御史台立案调查。但范讽并未被调查，庞籍却因所奏宫中之事不实受到降职处分，到广东当转运使去了。

不久，庞籍又弹劾范讽，称范讽任翰林侍读学士时借用了几千两的银器公物，在兖州买卖田产挣钱。这回核实了，仁宗下诏让范讽归还银器。

就在本月初，庞籍第三次弹劾范讽。这次弹劾的理由是范讽生活放纵、不拘礼法、败乱风俗。仁宗指示认真查处，但查处的结论是庞籍所劾与事实不符。如此，庞籍应当受到严惩，而范讽则可以安然无恙。但是范讽心中有气，不等朝廷做出正式结论就擅自返回兖州，因此反而让人抓了个把柄。如今此案已上报朝廷，只待仁宗与辅臣们商议了。

李迪觉得疑惑。庞籍与范讽以往没有什么嫌隙，为什么死死揪住范讽不放？此外，在这些反反复复的过程中，李迪听说朝中有些风言风语，说他袒护范讽。范讽已经一贬再贬，他能袒护得了吗？

情况很快就明朗了。

迩英阁讲读的第二天，仁宗与辅臣商议处置范讽之事，但没有让李迪参与。李迪在惶惶不安中度过了一天。

第三天，圣旨下。范讽由知兖州贬为武昌行军司马，并撤销他先前

庙堂之忧

保留的龙图阁学士的馆阁职务。龙图阁学士是皇帝近臣，撤销这一职务是极为严厉的处分，表明皇帝已不再信任他。至于庞籍，只是由广东转运使降为知临江军。

第四天，李迪被解除宰相职务，到亳州担任知州。两天后，改知密州，官阶由正三品直降为正四品。李迪解职的命令中严厉斥责他"姻联之内，险诈相朋"，说他与自己的姻亲范讽朋比为党。

李迪始终不明白自己怎么就成为朋党之人了。他离京之时，门生故吏前来相送，有人点醒了他。

"相公与吕相本非一路之人，岂能共事长久？"

李迪起初还不相信。"吕公与我平时没有什么龃龉争执，他怎么会排挤我？何况他还推荐我儿出任邢州知州。"李迪之子李柬之，长期在李迪身边辅助他。去年（1034）六月，吕夷简向仁宗推荐李柬之，将他提升为人人称羡的馆职，并出任邢州知州。

此人道："相公还不醒悟？大郎在相公身边，相公如虎添翼，吕相公因此设计让大郎离去。所谓将欲取之，必先予之是也。"

后来人们的说法是：李迪与吕夷简同为宰相，李迪为人纯直，对仁宗忠心耿耿，而吕夷简老谋深算，虑事更为周到。但奇怪的是，平时议事时李迪总是有一些独到见解，让吕夷简自叹不如。久而久之，吕夷简向李迪身边人打探："复古的门生中有什么高人平时与他商议大事？"复古是李迪的字。对方答说："李相公门下没有太出类拔萃之人，只有公子李公明为人处事深思熟虑，远胜于其父。"李公明即李柬之。于是有一天，吕夷简对李迪说道："令郎公明是高才，应当重用。"李迪谦逊称不敢当。吕夷简说："为国举荐贤才是吕夷简之职，此事复古不必管了。"

不久，李柬之被越级提拔，到外地赴任。李柬之离京还不到半年，李迪就被贬谪出京。

李迪至此恍然大悟：中计了！他两次为相，都被同为宰相的同僚排挤，并且都是朋党的罪名，这应该就是命吧。

两度罢相的李迪走了，两度为相的王曾来了。王曾是从枢密使的位置上接替李迪担任次相的。

王曾是一位资深的政治家。他在仁宗即位的那年开始连续担任了七年的宰相，其中有六年担任首相。王曾与真宗朝的名相王旦有一些相似之处，宽宏大度，威信极高，但他的性格中还比王旦多出了一个刚毅的优点。

真宗去世时，王曾还只是参知政事。真宗去世当天，刘太后向辅臣传达真宗遗嘱，然后根据遗嘱拟定遗诏，遗诏的执笔人就是王曾。遗嘱中有一句话是"军国事兼权取皇太后处分"，"权取"是"暂时听取"之意。这两个字，刘太后自己在传达遗嘱时都不敢略去，而丁谓却要让王曾删除。王曾正色说道："政事要由妇人做主，这已是国运不祥。如果只是暂时的，国运还有转寰的余地。先帝言犹在耳，岂能妄加修改？"当时其他宰执大臣慑于太后之威、丁谓之恶，都不敢吭声，只有王曾"正色独立"，维护了皇权。

因此，王曾担任宰相期间，不论是大权在握的刘太后还是丁谓、钱惟演等权臣，都对他有所忌惮。刘太后常常有一些照顾自己家人、亲信的私恩，往往被王曾否定。太后要想如意，只有寻找王曾不上朝的时候。钱惟演最终官至宰相衔的节度使，却没能真正当成宰相，他为此抱憾终

庙堂之忧

身。有一次他问王曾："每次宰相之位有空缺，我都不在候选之列，这是为什么？"王曾告诉他："钱公之才远胜于我，但始终未被大用，只有一个原因，那就是天下士人害怕钱公而不害怕我。什么时候钱公不让人害怕了，自然就会位登宰相！"

王曾敢于如此言语行事，自有他的依靠。他为人正派，不谋非分的个人私利，别人想抓他什么把柄基本上做不到。常言说"身正不怕影斜"，但真正能做到的人没有几个，王曾是其中之一。他第一次被免去宰相职务不是因为处理政事失误、以权谋私或举荐不当，而是因为天灾。当时王曾兼任另外一个职务，即玉清昭应宫使。玉清昭应宫是真宗耗时七年建成的宏伟道教建筑群，其规模之大或许可与秦始皇当年的阿房宫相比。天圣七年六月的一个夜晚，一个惊雷带来一把大火，将玉清昭应宫焚毁殆尽。王曾是玉清昭应宫的主管，需要为此承担责任，刘太后趁机将他免去宰相职务，让他到河北的天雄军任职。天雄军是大宋和契丹往来的门户要道。王曾到天雄军后，契丹使者经过此地时都要互相提醒："宋朝王相公在此镇守，我等都要小心谨慎！"

王曾为世人钦佩的另一个优点是举荐人才而不存私心。

天圣六年，晏殊从南京留守回京担任御史中丞，向朝廷推荐一名馆职人选。名单报到王曾那里，王曾把它扣住，对晏殊说道："晏公不是知道范仲淹之才吗，为什么还举荐别人呢？我已把名单扣下，请晏公推荐范仲淹吧。"于是范仲淹得以被任命为秘阁校理。

实际上，王曾在此之前与范仲淹并没有私交。他对范仲淹的了解源自范仲淹的一封上书。在此一年前的天圣五年，范仲淹因母亲去世在家守丧。这期间，他根据自己从政十几年来对国家各个方面问题的观察、思考和在各地为政的实践，写出了一篇"万言书"，直接呈给中书省的宰执们。万言书的核心是十条建议，它们都是针对大宋建国六十多年后国家在政治、经济和社会等方面存在的问题而提出的。

一个在家守丧的、离职的、二等县的地位不如知县的县令，官品只有正八品，他能提出什么样的建议？

我们可以简单地从两个角度看待这十条建议。

第一个角度：宋朝最重要的两次改革，即范仲淹的庆历新政和王安石的熙宁变法，都是以这十条建议为基础或重要的参考。这是中国历史上两次著名的改革，不仅对国家的各个方面影响巨大，并且还在相当程度上检验了官场的道德品质。

第二个角度：整个北宋时期，向朝廷系统地提出革除时政之弊的建议者大有人在，但是这些建议没有早于范仲淹的，其主要观点也基本没有超出范仲淹的十条。

正如王钦若、丁谓之辈证明了官大未必道德高尚、未必能为国家做出多大贡献一样，天圣五年的范仲淹证明了另一个道理，那就是：位卑者中必有高德优才之人。他们能否展现才华而使国家和大众受益，取决于二者必居其一的两个决定性因素：或者有一个有道明君，或者有一套好制度。

就是这个万言书给王曾留下了深刻的印象，所以他向晏殊提出了推荐范仲淹的建议。在范仲淹担任馆职这一重要的仕途转折点上，王曾起到了至关重要的作用。

范仲淹在很长时间内并不知道王曾的帮助。不是王曾有意不告诉他，王曾一贯如此。他举荐的人很多，他自己却从不声张，因此一般人自然

庙堂之忧

也不知道。范仲淹担任馆职后，曾有一次当面批评王曾："荐举贤良是宰相之责。相公之贤人人传诵，但却缺少一个荐举贤良的美名。"

王曾听了也不做解释，只是意味深长地说了一句话："夫执政者，恩欲归己，怨使谁当？"掌权之人如果只想着让别人对自己感恩，那么又让谁来承担怨恨呢？范仲淹后来对这句话无比佩服。

王曾的这些优点体现出他在政治上的老练。既要为国担责，又不要让一些人以朋党、市恩之类的罪名对自己加以攻击，不是一件容易的事，但王曾基本上做到了。

比如这一次仁宗让中书省提出一个人选主管吏部的流内铨，王曾建议由新任御史中丞杜衍兼任。

流内铨是吏部主管七品以下低级官员的机构，事务繁杂，但权力很大。它有权决定被考核的官员中哪些人可以升迁、哪些人可任实职、哪些人需要候补等待职位空缺。大宋历经四代皇帝，冗官问题越来越突出。什么是冗官？就是官员太多，没有那么多实际岗位，于是一些官员有官无职，就等着吃闲饭。但是他们也不愿意吃闲饭，因为有官无职就是没有权力，更重要的是俸禄与实任官员差了许多。因此，为了防止自己成为有官无职者，一些被考核的官员求流内铨官员高抬贵手、美言修饰的现象屡见不鲜，而流内铨的一些官员搅乱事务再乱中行事的情况也往往有之。主管这类部门的长官，不仅要有较高的道德品质，还要有极强的业务能力。那些把握大权的人，如果有道德觉悟而没有能力，往往会在爱国之余误了国家；没有道德觉悟却又能力很强，则会发挥他们以权谋私的特长；既无德又无能之辈，则会让百姓失去对国家的信心。

仁宗对王曾的建议很满意。杜衍确实是干练之才，他不论是在地方主管一方之政，或是在京师主管司法刑狱，不但有清明之声，还将政事刑狱治理得井井有条，为百姓赞颂爱戴。杜衍曾任陕西乾州知州，随后转任凤翔知府。为了挽留他，乾州与凤翔府的百姓发生了争执。双方在州界上争抢杜衍，一方说："杜公是我州贤知州！"另一方说："杜公如今是我凤翔知府了！"

"用人当如杜衍。如此人才若是多些才好。"仁宗道。

"用人之道在于指引、激励。是才皆得用，自然人人愿意成才。朝中若是阿谀奉承者得意，忠直干练者孤独，则人人都想着投机夤缘，如此人才自然难得。"王曾回答。

仁宗连连点头。他想了想，问道："范仲淹现在何处？"

王曾回道："现在苏州。范仲淹前年岁末谪守睦州，去年八月由睦州移知苏州，至今离京已经一年有余。"

3

这一年（1035）的四月初，范仲淹回到京城，任天章阁待制。

这是一个出乎一般人意料的决定。如果说让范仲淹回京任职还属正常的话，直接任命他为天章阁待制就不一般了。

天章阁与龙图阁都是存放先帝遗物的处所。龙图阁存放的是太宗的书籍遗物，天章阁供奉的则是真宗皇帝的书籍遗物。龙图阁与天章阁都设立了为数不多的官职，这些官职与秘阁、史馆、昭文馆、集贤院等处的官职通称馆职，担任这些馆职的都是现在或未来的国家栋梁。

庙堂之忧

待制的本意是等候皇帝顾问。作为官职，待制是馆职序列中十分重要的一个级别。在它之下有直馆、直阁，如直昭文馆、直秘阁、直龙图阁，再往下才是范仲淹此前担任的校理官及更低的校勘、检讨官；在待制之上，有直学士、学士，少数馆阁还设立了大学士。

待制的地位有多重要？待制是皇帝的近臣和朝廷的重臣。

首先，待制是皇帝的侍从官，平时跟从皇帝，备皇帝顾问，向皇帝提出意见和建议，因此是皇帝近臣。如果待制同时兼有其他实际职务，无法侍从皇帝，那也仍然具备皇帝侍从官的身份。

其次，大宋有一个重臣群体，他们与皇帝构成了政权的核心。这个群体习惯称为"两制以上官员"，其中就包括范仲淹担任的天章阁待制。因此，升任待制是范仲淹仕途上一个十分重要的转折点。

范仲淹先前是被赶出京城的，虽然当时还保留了秘阁校理的馆职。如今一回来，就越过直馆、直阁一级职务，直接跻身皇帝近臣和朝廷重臣之列，可见上一次的进谏和被贬并没有降低皇帝对他的信任。

范仲淹刚回到京城，来看望的老友新朋接踵而至。

在京的老友不少。

去年一起犯颜进谏的台谏官同僚，多数得到了升迁。郭劝如今是知杂御史，即御史台的副长官；度支副使杨偕是负责财政收支的三司度支部的主官；身任馆职的度支判官段少连是杨偕的副手；孙祖德同范仲淹一样已经升任天章阁待制。

已升任参知政事的蔡齐是范仲淹的同年进士兼好友，刁约是给王子当教师的王府教授，当年一同在南京应天书院任教的王洙如今是在国子监给太学生上课的国子监直讲，叶清臣是户部勾院的长官，而天章阁待制李纮则既是老友也是亲朋，他是范仲淹的妻兄。

御史中丞杜衍年纪比范仲淹大十一岁，因此范仲淹不仅将他视为朋友，还将他当成自己的父辈。杜衍给范仲淹有一种亲切感，这或许与他们身世相近有关。

范仲淹两岁丧父，母亲为生活所迫再嫁山东长山县的朱文翰。范仲淹自幼在县内长白山的寺庙寄宿读书，他的刻苦为后人留下了"断齑划粥"的成语。范仲淹当时的生活极其艰苦，每天只煮一锅稠粥，凉了以后划成四块，早晚各取两块，拌几根腌菜，吃完继续读书。后来，因继父所生朱氏兄弟言语侵犯，他得知了自己的身世，于是外出游学，直至学成出仕。

杜衍则是在未出生时就已丧父。母亲改嫁后，他与两个哥哥由祖父抚养。杜衍从小就表现出强烈的责任感。有一次，祖父脱下帽子让他拿着，突遇山洪暴发，一家人被冲散，杜衍也被冲进河里。姑姑急中生智，递给杜衍一根竹竿想拉他上岸。杜衍一手牵着竹竿一手托着祖父的帽子，上岸之后帽子竟然滴水不沾。祖父去世后，两个哥哥争财，几乎将他用剑砍死，他不得已投奔母亲，又为继父所不容。于是他在洛阳、孟津一带流浪，靠为别人抄书挣点钱糊口，而抄书的过程也是发奋读书的过程。最终他考得进士及第，进入仕途。

与范仲淹关系密切的老友还有很多，至于今日或昔时的同僚、同年等，自然也是往来不绝，不一而足。

近几年来，范仲淹结识了一批新朋友，他们是一批充满朝气的年轻人，其中最引人注目的是不到三十岁的欧阳修和尹洙。

欧阳修和尹洙二人形影不离，如同他们的文章交相辉映一样。

庙堂之忧

在绝大多数官员都有学问的年代，在学问被高度尊重的年代，文章是文化传承的主要形式之一。古人认为，道德文章是读书做官、安家治国之根本。道德如同今人常言的道德品质和理想信念，而文章则是阐述思想、启迪大众、延续传统、引领时尚的重要载体，而中国人所信奉的哲学思想和治国理念，也都是代代相传的文章。

一个时代盛行什么样的文章风格，能够直接、客观地反映出这个时代社会的道德品位、精神面貌和价值取向。这是一个没有时代局限性的真理。

文章不论是什么样的风格，也不论在这个时代文章的风格是多姿多彩，抑或只是一种风格独领风骚，只要它扎根于几千年积淀的传统——当然是其中优秀的而不是糟粕的传统，同时又能引领时代的潮流，那么它必定既能够传达深刻的道理、表达浓厚的情感、洋溢淡雅的闲情，又能够被大众所喜爱和崇尚。这样的文章才不会成为一种让人拒之千里、厌烦不已的枯燥说教或无病呻吟，也不会成为媚俗的时尚或颓废的流行。

相反，如果当世的文风以功利为目的，缺乏自己的主见、缺乏对社会的认识、缺乏对百姓民生的关注，以长篇大论为文才或以十足官腔树权威，却又言之无物、空洞乏味，那么它反映的是这个社会缺乏思想、禁锢个性，独立的人格和脚踏实地的作风不被尊重，缺乏原则、见风使舵之人反而易于安身。

或者，如果浅薄之风盛行，不见传统根基、没有文化功底，甚至词义不通皆可入文、粗鄙恶俗也能传唱，那么它反映了另一个事实，那就是此时已经弱化了对几千年优良文化传统的传承能力，弱化了对外来文化的包容、扬弃或兼收并蓄的能力，弱化了引领社会道德的能力。

第二章 君子何所忧

文风的低劣犹可改进，若是整个文化衰微，那将是国家的不幸。如果说中国还能为世人所尊重，这是因为几千年不断延续、积淀和发扬光大的文化传统。如果这些传统文化消失了，或者即便没有完全消失却也只能成为摆设的花瓶，不再出现在我们的向往中、文章中、生活中、生命中，丧失了传承、吸收、扬弃和发展的能力，那么中国将不会再有昔日的光辉。长此以往，我们几千年的传统核心文化必将面临丧亡的危险，外来文化取而代之则未必不会成为可能。而一旦外来文化甚至是那些没有根基的浅薄的外来文化在我们的信仰中、事业中、日常生活中占据了主流，使我们的整个社会、整个民族形成了对外的文化崇拜和文化离心力，淡漠乃至最终断绝了几千年来延续的对内的凝聚力，那么整个国家或许就到了另外一种危险的境地了。我们的历史表明，朝代灭亡并非文化的灭亡。但是如果几千年的文化传承不下去，那么这种文化的灭亡才是真正意义上的灭亡。

大宋建立以来，以诗文为主体的文坛，最流行的是这样的文风：诗歌要写得雕饰严密、辞藻华丽、声律和谐、对仗工整，能否看得懂不重要，重要的是雍容华贵的感觉，是体现遣词用句的精湛高妙、引经据典的广博深奥，就像唐朝诗人李商隐那样的风格，"沧海月明珠有泪，蓝田日暖玉生烟"。至于文章，同样也要写得浮华侈丽、晦涩难懂。这样的诗文，技巧是第一位的，至于思想性、可读性则不是文人最在意的。若说诗风与文风的关系，应当是互相影响；但是由于诗风的倡导者在当时文坛更具地位与影响力，说诗风对文风的影响更甚也是有道理的。那么谁是这种诗风的倡导者呢？是杨亿、刘筠和钱惟演，他们号称"西昆派"，他们的诗歌作品风格也因此被称作"西昆体"。之所以被称作西昆体，是

庙堂之忧

缘于一部诗集《西昆酬唱集》。它是杨亿、刘筠和钱惟演等人在皇家藏书的秘阁里编写史书《册府元龟》的那一段时光里，一起吟咏酬唱的作品集。据说，昆仑之西有群玉之山，是上古帝王藏书之所，就像宋初的秘阁，于是杨亿将诞生于秘阁的这批作品以西昆命名。

与钱惟演不同的是，杨亿和刘筠都是为人正派、性情耿介之人。杨亿是寇准的知己。寇准当年请真宗让太子监国，就是杨亿起草的诏书。杨亿忠于对寇准的诺言没有将此事泄密，倒是寇准自己酒后泄密而导致功亏一篑。刘筠则在丁谓排挤李迪时旗帜鲜明地表明了立场。当时丁谓命他起草让丁谓自己继续担任宰相的诏书，刘筠拒绝了，丁谓不得已改换晏殊起草，此举让晏殊这个才子在刘筠面前抬不起头来。刘筠见丁谓专权，又愤然道："此地有奸人用事，不可久处！"就请求到外地就任去了。

至于骈体文，它是一种讲究对仗的、以四六句式为主的文体。讲究对仗，要求每两句为一对，这一对句子中的上一句与下一句在词性、词义等方面相近或相反，并且讲究平仄、韵律和谐。四六句式，指的是句子一般都是四个字或六个字。这种文体还十分注重运用华丽的辞藻和引经据典。

骈体文章如果写得好，它的艺术性是十分强烈的，有相当强的美感。"落霞与孤鹜齐飞，秋水共长天一色。渔舟唱晚，响穷彭蠡之滨；雁阵惊寒，声断衡阳之浦。"唐代的王勃在《滕王阁序》中描写的这种意境，难道不是很美的吗？

但是，骈体文过于注重形式，难以充分而自由地表达内容，一般的作品往往缺乏真挚情怀和深沉感慨。写多了、看多了，就会给人以无病呻吟和昏昏欲睡之感，如同今天我们常见的无限乏味的现代八股文，更

第二章　君子何所忧

何况又注入了西昆体的风格。

欧阳修是西昆体的受益者。他在第一次礼部考试失败后，靠着驾驭自如的西昆体在后来的科举考试中最终进士及第。如果欧阳修不放弃西昆体，他一定能够将西昆体发扬光大，不仅因为他有无与伦比的文学天赋，还因为他在文学生涯中的机遇——他和尹洙等人刚入仕就在西昆派的泰斗之一钱惟演手下担任幕僚。

虽然在政治上品质不佳，但钱惟演本人确实是才华横溢、博闻多识。他任翰林学士时，曾经在一次朝会上根据真宗的临时要求撰写文稿，援笔立就，让真宗惊叹。他十分好学，自称坐着时读经史，躺着时读小说，上厕所时读小词，几乎没有手中无书的时候。除此之外他还有一个为人所称道的优点，那就是爱才。

钱惟演在洛阳当西京留守时，幕僚中有几个著名的年轻人，他们是欧阳修、尹洙、梅尧臣等人。洛阳的政事另有河南府主管，钱惟演兼任知府，但河南府的日常事务实际上是交给了范仲淹的同榜进士、河南府通判谢绛。西京留守司多数时候只是一个表明洛阳陪都地位的象征性机构，因此是一个清闲衙门。在这种地方，这些思想活跃、精力充沛的年轻人平时更多的不是忙于公务，而是宴游和文会。

同别的长官对下属的严厉苛责不同，钱惟演对这一群年轻人的行为不仅放任，还推波助澜。有时，欧阳修等人出游多日不归，钱惟演就派人携带美酒佳肴甚至还有歌女找到他们，告诉他们未得尽兴不得归来。平时在家，钱惟演也是经常举办文会，请他们拿出得意之作共同欣赏。

于是有一天，当欧阳修在文会上沉醉于自己文风绮丽的大作时，他听到了尹洙诵读的一篇文章。文章不长，文辞平实，言简意赅。它没有

庙堂之忧

华丽的辞藻和韵律，也不需要翻来覆去地寻经问典才能领会晦涩难懂的文中之意，而是主题鲜明、结构清晰、引据得体、立意深刻，自有一种清新淡雅的优美。

欧阳修受到极大的震撼。与他以往所擅长的文风相比，尹洙的文章犹如朝气蓬勃的旭日，而自己所固守的就像暮气沉沉的老人。这不就是唐朝著名的文章大家韩愈、柳宗元所推崇的古风之文吗？

从此，欧阳修跟着尹洙重新学习写作。时间不长，他对这种文体的领悟和驾驭能力已经不在尹洙之下了。

后人都将欧阳修尊为北宋古文运动的领袖，其实古文运动发源于以欧阳修、尹洙、谢绛、苏舜钦兄弟、梅尧臣等人为核心的这个群体。其中，尹洙传承了宋初以来文学名家王禹偁、柳开、穆修等人的文学风格，然后再把它发扬光大。如果不是英年早逝，他在这场影响后世的文化运动中应当有更崇高的地位。当然，在这个领袖群体中，欧阳修无疑是最出色的。

这群年轻人在西京过着他们与世外红尘有些隔绝的生活，一直到明道二年的九月。那年，因太后去世而失势的钱惟演被降职离开了洛阳，接任西京留守的是名臣王曙。

王曙是莱国公寇准的女婿。他早年受寇准连累，多次被贬官。担任西京留守时，他已年近七十岁。王曙对欧阳修等人日日宴游十分不满，于是想教育他们一番。

一天，当众人都在座时，他厉声说道："寇莱公晚年得祸，诸君知道是什么原因吗？就是因为纵酒过度！"众人听了不敢吭声。

欧阳修站起身来，抗声说道："以卑职所见，莱公晚年得祸，纯粹是

第二章　君子何所忧

因为他老不知退！"

众人听了无不大惊失色，"老不知退"，这不是明指寇准、暗讽王曙吗？可是王曙反倒默默不语。

不久，王曙高升回京，任枢密使。他回京后第一次也是最后一次举荐人才，被举荐的对象竟然是欧阳修和尹洙，并且都是推荐他们担任馆阁校勘。馆阁校勘同当初晏殊推荐范仲淹担任的秘阁校理一样，都是馆职，是人人称羡的清望官。王曙身上体现了古人的一种奇怪的品质，那就是毫无原则的爱才和毫无原则的正直。当然古人也有毫无原则妒才的，不过这不仅限于古人。

范仲淹回到京城时，欧阳修、尹洙也刚进京任职不久。二人似乎非常喜欢来拜访范仲淹这位儒学前辈，并且总爱随身带来他们的文章和诗作请范仲淹指点，然后他们会从文章探讨到道德，从道德探讨到时政。欧阳修喜欢点评时事，他是个疾恶如仇的人。尹洙喜欢谈兵，他是个慷慨仗义之士。

有时，欧阳修、尹洙会带来京外的一些朋友对范仲淹的问候。而范仲淹对其中一些人的了解和交往并不亚于欧阳修、尹洙同他们的关系，有的甚至更深。

比如说比欧阳修大三岁的富弼。范仲淹刚结识富弼时，富弼才十九岁。第一次与富弼交谈，范仲淹就认定他将来会成长为"王佐之才"，即辅佐帝王的人才。可是富弼第一次赴礼部进士科考试时却名落孙山，没能进入最后的殿试，因此他有些灰心丧气。进士科考的是诗赋和死记硬背的经义注释，这不是富弼的特长。后世流传的宋人诗词中确实没见到富弼的精品，可见这确是实情。

庙堂之忧

范仲淹也认为富弼无此特长，但他相信自己的眼光。

天圣七年，朝廷举行制科考试。制科是不拘一格选拔人才的一种方式，不定期举行，主要有茂才异等、直言极谏等六科。得知此情时，范仲淹正在京城担任秘阁校理，而富弼已离京到长安探望父亲。范仲淹当即让人快马加鞭将富弼追回，为他准备了书房、书籍、笔墨纸砚等，一如对待自己的子弟。这一次，富弼一试中第，并在次年皇帝亲自考试的殿试中再次中榜。他中的是茂才异等科，此科考的是安邦定国的理念。在此期间，晏殊托范仲淹为自己的一个女儿做媒。范仲淹道："晏公如果要找一位官人为婿，我不知道有谁更好。但如果晏公只求国士，则非富弼莫属。"于是，晏殊将女儿嫁给了富弼。

大才子石介不仅是欧阳修和尹洙的好朋友，他与范仲淹另有一层亲密关系：他的老师孙复是范仲淹的学生。石介写的文章往往惊世骇俗。比如他说："国家即是百姓，有百姓才有国家，否则这国家就是名存实亡！"不过他目前不在京城。本来他一个月前要到御史台任职的，御史中丞杜衍推荐他担任御史台的主簿，但他赴任前对朝廷的一件政事提出批评，使自己不仅没能进京，反而被贬到江西洪州的镇南军去了。

还有一位才华横溢的苏舜钦也是仰慕范仲淹已久之人。苏舜钦的诗横绝豪迈、飘逸脱俗，有李白之风。他在《大雾》一诗高咏道："思得壮士翻白日，光照万里销我之沉忧！"

范仲淹时常有老迈之感，不光是因为自己已经四十六岁，还因为这个国家的现状。但是与欧阳修等人的交往让范仲淹有了一丝青春再现的感觉。

大宋建国已经七十余年。在太祖、太宗时期，主要精力是剪除藩镇、

范仲淹像

［明］ 仇英《帝王道统万年图册》（局部）
图中着黄衣者为宋仁宗。

［明］ 刘俊《雪夜访普图》(局部)

此图描绘的是宋太祖赵匡胤雪夜访赵普的历史故事，展示了宋代和谐的君臣关系。

太師公相畫像贊

天之蒼蒼其命灼然將興太平必生真哲
堂堂益公起江之東受天間氣出建大功節義凜然歸
東國均運萬世萊交歡寶鄴長樂正位清朝偃兵四時
愒和萬邦咸寧道大不器德全難名高勳巍巍日月並明
皇帝神聖師臣贊襄多歷年所相得益章圖形凌煙褒
贊有光其永相予雍容廟堂風采德威外傳四方真漢
相美豈惟王商南山之高巖巖其石民懷姬公師保之
德千載具瞻與山無極

四方仰止圖像克肖歆食必祝家至戶到
食采溫國著名凌煙元勳巨德英圖真傳

［南宋］佚名《八相图》（局部）
从左至右为周必大、司马光、韩琦。

［北宋］ 范仲淹《边事帖》

道服贊 并序

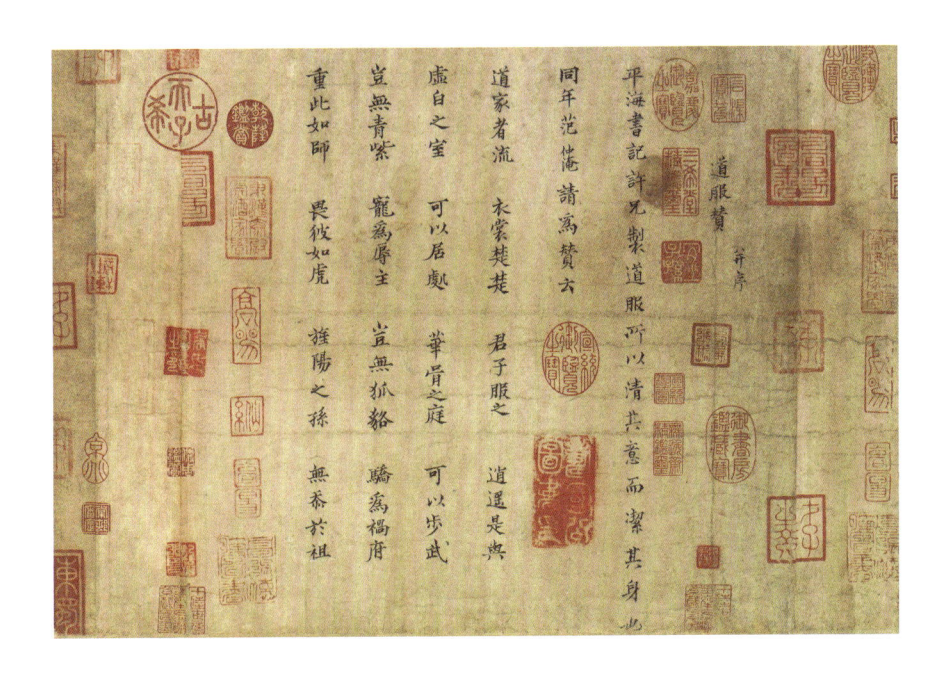

平海書記許兄製道服,所以清其意而潔其身也。同年范仲淹請為贊云:

道家者流,衣裳楚楚。君子服之,逍遙是與。虛白之室,可以居處。華胥之庭,可以步武。豈無青紫,寵為辱主。豈無狐貉,驕為禍府。重此如師,畏彼如虎。維陽之孫,無忝於祖。

[北宋] 范仲淹《道服贊》

［元］ 萨都剌《严陵钓台图》

［明］ 谢时臣《麦舟兼赠》

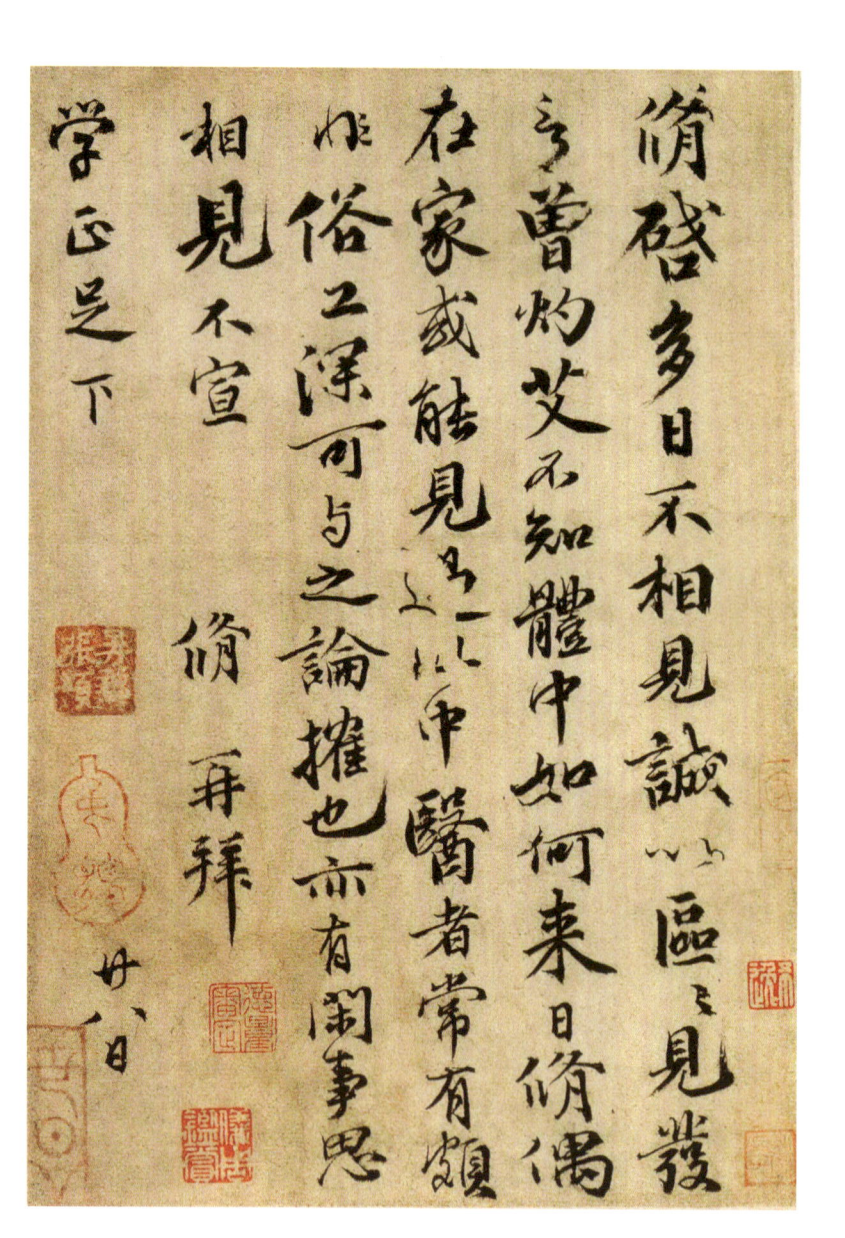

修启多日不相见诚以区区见发曾灼艾不知体中如何来日修偶在家或能见过以小事医者常有鄙俗之论可与之论搉也亦有闲事思相见不宣 修再拜 廿八日

学正足下

[北宋] 欧阳修《灼艾帖》

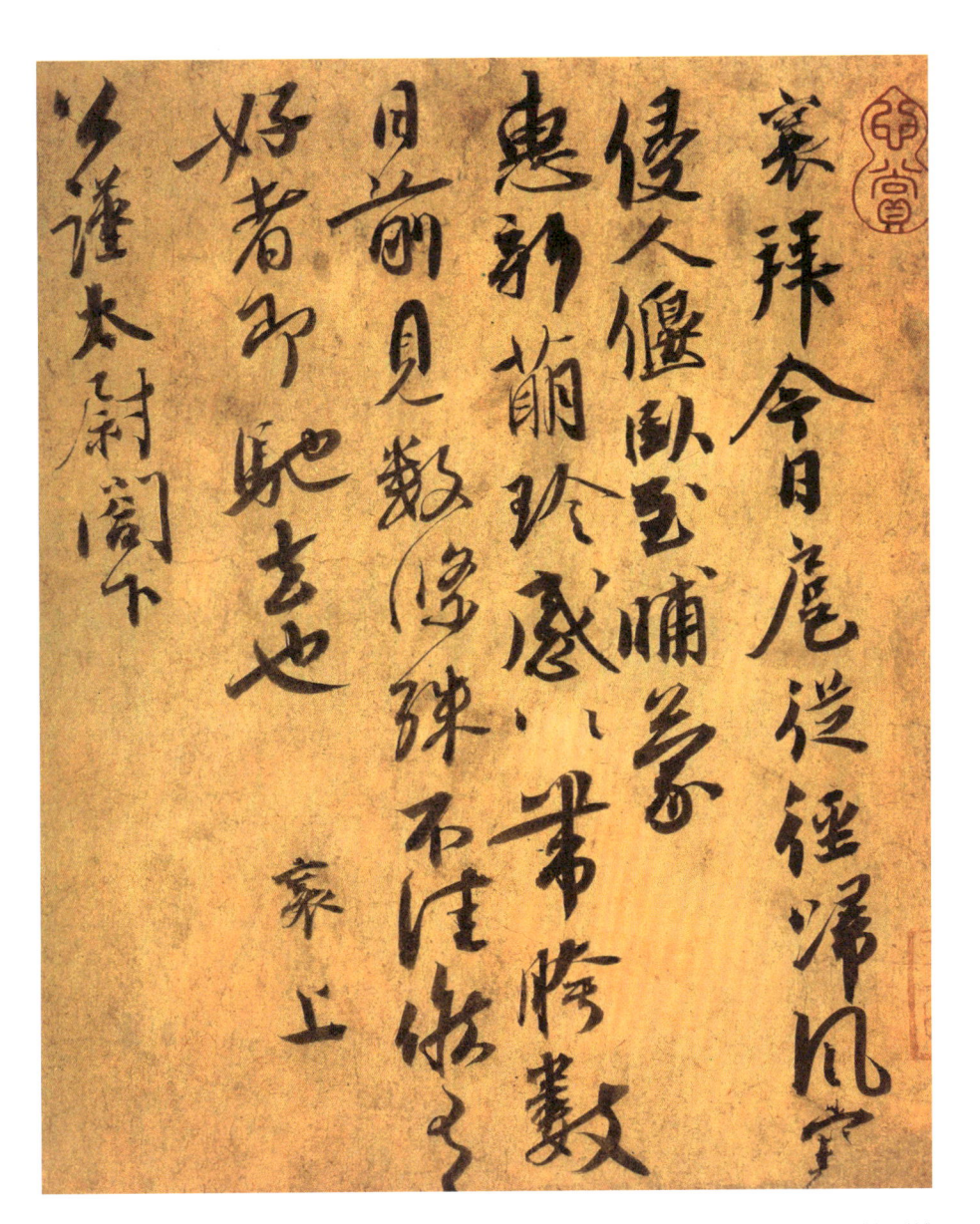

襄拜今日扈從徑歸風寒侵人僵臥玉脯蒙惠新茗珍感、兼悚數日前見數傒辣不佳俟之好者卽馳去也
襄上
謹太尉閣下

[北宋] 蔡襄《扈從帖》

［宋］ 佚名《宋仁宗后坐像》
图中坐者为曹皇后。

[南宋] 赵伯骕《番骑猎归图》（局部）
图中手持弓箭者为契丹人。

欲自出戰中、衛帝脫戎、見帝之執、
隨奔後趙協止死、至江乘為人所殺帝令
敦奉牧毅□讓不受敦以太子
軍呂猗眾公不丙子敦收顗淵殺之帝德
待中謝鯤等駐卓軍卓曰且稷當還沙
卓敦望道尚書令以理
天子敦不從意不昌。魏乂攻長沙日逼城
執護王承等又一將殺虞武昌王虞於道中殺之表
陶侃年舞其人回山東許復還廣州。
甘卓未休家怨五月乙亥襄陽太守周、
應襲卓於樊殺之院肥磑拜
敦以必東灌戰強荷祿自取破己丑王虞卒
郡然矣。帝憂。位。十二月。還
罷位

永昌元年春正月乙卯改元。王敦既與朝將作亂謂
長史謝鯤曰體戊辰陷稱巨輒退沈充
乙亥詔親帥六軍以誅敦兄敦遣使告梁
侯正當討之卓不從使人死矣然得史問計
卓曰鄙華兵討敦於是說甘卓共討敦參
軍李梁說卓曰晉福將軍但代之甕謂梁曰嘗
離於天下未寧之時故得以文服天子非今比也使大
將守且義重討廣州
入書曰吾至從二月後趙王勒立萬圍徐龕
趙王曜自將擊楊難敵破之進疾難敵請稱
潘曜引兵還曜以難敵上大安求見不得安怒
獲之竟欲用之又以寔長史曹馮忌為參軍二人不從安
百殺之曜聞　　　　帥諸宗　軍以周

［元］ 夏永《岳阳楼图》

统一国家。太宗后期和真宗前期，主要是与契丹之争。真宗即位后，任用几位贤能的名臣为相，在澶渊之战前的咸平年间创造了连续六年社会稳定、经济发展、百姓安康的"咸平之治"。澶渊之盟给宋辽双方带来了和平，也给双方带来了社会进一步大发展的良好环境。可是真宗皇帝却为王钦若的谄言所惑，不仅赶走了寇准，更干出了一件延续多年的荒唐事，那就是东封西祀。

王钦若关于澶渊之盟是奇耻大辱的言论让真宗皇帝陷入了严重的精神不安之中，将寇准贬走并不能消除这种不安。他时常问王钦若："今将奈何？"如今该怎么办？王钦若在心理上已经完全将真宗掌握在自己手中，他告诉真宗："陛下出兵收复幽、蓟，就可以洗刷耻辱了。"他明知真宗皇帝害怕再与契丹交战。果然，真宗拒绝了，说不忍心再让生灵涂炭、百姓遭殃。于是，王钦若抛出了他真正的建议："那除非陛下做出大功业，这样才能镇服四海，让远近邻国敬佩。"真宗问什么功业可做。"那就是封禅泰山。"封禅泰山之举自汉武帝开始，那都是建立了丰功伟绩的帝王才做的事。

可是封禅泰山不能没有缘故。怎么办？

功夫不负有心人。大中祥符元年（1008）正月，上天连降三封天书，对真宗皇帝大加赞扬，赞扬他"至孝至道""清净简俭"，并许诺让真宗"世祚延永"，即让大宋天长地久。天书有的是掉在了屋檐上，有的是出现在香案上，反正总是出乎人们意料。

自此，一系列活动大张旗鼓地开展起来。

这一年的十月，真宗率满朝大臣浩浩荡荡地东封泰山，即到泰山封禅。封禅之意是敬谢上天。为什么敬谢上天？因为上天让真宗皇帝建立

庙堂之忧

了丰功伟绩。其实，真宗真正想说的是他已经建立了丰功伟绩并得到了上天的赞扬。

大中祥符三年（1010），真宗西祀汾阴，就是到汾水之阴祭奠后土。后土是谁？是大地之母。真宗说只敬天不敬地是不行的，因此东封之后必须西祀。

大中祥符四年初，崇奉五岳。真宗派高官分五路到泰山、华山、衡山、恒山、嵩山，将这五座山的山神都册封为圣帝。这还不够，年底又给五帝各配了一位夫人，另派人册封。

大中祥符五年、六年，敬奉圣祖。圣祖是谁？据说是赵家的始祖，姓赵名玄朗，曾经转世为轩辕皇帝，如今是九天司命保生天尊。真宗尊这位天尊为圣祖，并建了一个景灵宫奉祀他。几百年后，民间将这位圣祖改尊为主管钱财的神仙，取名叫作赵公明或赵公元帅。

大中祥符七年，真宗又率满朝文武敬谒鹿邑太清宫。太清宫尊奉的是道教始祖老子。

除了这些重大活动，真宗还在一些地方大兴土木，建立宫观。其中最著名的就是，他死后不到十年就让一把大火烧得干干净净的拥有两千六百一十个房间的玉清昭应宫。

这是一个全国动员的活动，前后历经十几年。

这个全国性的活动耗费了多少资源？可从两个数字管窥：东封泰山直接花费八百多万贯，建玉清昭应宫约一亿贯。这些花费还不包括对百官和劳工、兵士的奖赏。与之相对应的是，真宗时期的年财政收入最多时是四千多万贯。

这个活动给国家带来了什么？什么都没有。相反，真宗刚即位时实行的休养生息政策所带来的经济快速发展的成果，都让这一系列荒唐的封祀活动消耗殆尽。封祀犹如费尽力气吹起来的一个巨大气泡，气泡破灭后，一切都化为乌有，留下的只有几近虚脱的吹泡者。

为了让全国官员都感受到封祀的好处，真宗每一次发动封祀活动和亭台楼阁建设的过程中，都大量地赏赐官员。一次性的金钱赏赐还罢，要命的是不断地荫补官员和赏官，造成了大量官员赋闲在家、空吃国家俸禄的冗官现象，给国家财政造成了永久的负担。

国家的负担最终必然要转嫁到百姓身上。永久的负担，意味着永久的转嫁。如何转嫁？不外乎增税、增赋、增役。

增税、增赋好理解，什么是增役？

简而言之，官府需要做的许多琐碎事情，如官府的各种跑腿打杂之事，都需要有人干。谁来干？就是让百姓轮流来干。这就是役。不要小看这种劳役。服役之人，除了要抛家舍业，放下自己的农活，还要自己负责服役期间的生活，没有任何报酬。有一种衙前役，负责官物的押运和供应，如有短缺、丢失要自行赔偿，因此承担此役之人往往为之倾家荡产。

在官府服役还好，如果是送军粮之类的远途之役，甚至有可能让承役者家破人亡。明道元年（1032），范仲淹受朝廷委派到江淮一带安抚赈济受灾百姓，途中遇到几个从湖南潭州向淮南无为军输送军粮的农民。他们一行三十六个人，路途死亡、逃跑的有三十个，剩下的六人不知何时才能留得性命回家。

为了逃避繁重的税赋和劳役，许多农民举家流浪，到外地寻找空闲土地或给别人当佃户，成为客户，即离开原户籍地在外地临时居住的家庭。找到空闲土地的人家，为了逃避新的税赋和劳役，往往又放弃新建的家园继续流浪。这种现象形成了大宋社会的一个奇观，那就是一边是天下太平，一边却流民遍地。景祐元年，大宋有百姓约一千万户、人口约两千六百万人。其中，漂泊在外的客户竟达四百余万户，约占总户数的百分之四十；客户人口六百万，约占总人口的百分之二十三。

同五代十国相比，大宋立国时间之长、幅员之广都远胜于那些倏忽而逝的朝代和邦国。两千多万的人口和仁宗朝迄今每年五六千万两的财政收入，已经让大宋成为大国巨邦。但是，百姓基本上并没有享受到国家繁荣的多少成果。国家富了，少数人富了，而绝大多数人并没有富裕，甚至背负着沉重的生活负担。

国家到底是为谁建立的呢？

4

从西大街往东经过太平兴国寺，再往南经开封府就到了兴国寺桥。这一路过来都是客店、药铺、金银铺、香铺等，行人则以到兴国寺上香为多。从兴国寺桥沿汴河再往东走，是京城的内城最热闹的街道之一。这一带以州桥为中心，州桥以西店铺多数卖的是珠宝、时兴纸画、花果等，以东的店铺则卖的是各地百货、天下风味小吃食、应时果蔬等，客店、酒楼当然也是必不可少的。汴河上来往的都是在京城与各地之间载运客货的船只，因此东街上代客雇觅脚力的牙行也相当多。沿汴河向东南出汴河角子门，这一路数里内是进出京城的主干道。熙熙攘攘的行人中，有身背行囊的四方游子，有万里来朝的域外之客，也有进城贩卖粮草薪刍的郊外百姓和出城游玩的城内居民。

范仲淹骑在马上，后边紧跟着一个贴身小厮。他没有走东南角子门的方向，而是自西向东到了州桥之后右拐上了御街，一路南行。御街是开封的中心街道，南北向。自大内的大庆门往南，经州桥跨过汴河一直出内城的朱雀门，直至外城的南薰门，笔直的大道延绵十余里。当年这条街刚刚修建好时，太祖让人打开大庆门，自己坐在大庆殿上望着笔直的大道，十分畅快地说："此道有如我心，如果有些邪曲，天下百姓人人都看得见！"

此时已近午饭时间，张家酒店已坐满客人，紧挨着张家酒店的包子铺热气腾腾，包子散发出的诱人的肉香和面香，与隔壁曹婆婆肉饼店的煎锅里传出的嗞嗞煎烤声和肉馅的酥香争奇斗味，让路过的饥饿的人们难以迈动步伐。

范仲淹没有停下脚步。他要去的是朱雀门外坐落于外城西南角的清风楼酒店，赴一个文会。

文会是读书人高雅的休闲方式，大家聚在一起，以吃饭饮酒为媒介，但是多数时候真正的乐趣不在于酒食，而在于交流——文学的交流、见闻的交流乃至于思想的交流、政见的交流。文会在读书人的日常生活中极其常见，但也许就因为太常见，文会上闪现的思想和作品并不被参与者们所看重，说完了就过去了。因此，这里关于文会的详细描述，不妨看作是一种情景再现。

已经有几人比范仲淹先到了。倚窗而立的除了欧阳修和苏舜钦，另一位个头不高、喜欢低眉顺眼之人，其貌不扬，范仲淹并不认识。但昨

庙堂之忧

日欧阳修说是送一位友人赴南方公干，那么这位必是那个友人了。

范仲淹猜得不错，他是左侍禁桑怿，刚刚奉枢密院的命令到广南东路和广南西路剿匪。今天大家送别后，明天就要赶往广东、广西两地。

左侍禁是皇帝身边的低级亲从武官，官品只是正九品。大宋建立以来奉行的是以文治武的政策，文臣与武官的关系犹如劳心者与劳力者。孟子说："劳心者治人，劳力者治于人。"朝中文臣与武臣一般交往不多，文臣们尤其不屑与武臣交往。欧阳修自视极高，却愿意与一个低级武官为友，这个武官必定有不凡之处。

欧阳修将这位具有传奇色彩的桑怿向范仲淹作了引见。

桑怿原来是读过书的。他祖籍开封府雍丘县，这是春秋时期杞国的故地，古人曾笑此地之民"杞人忧天"以至于"废寝忘食"。仁宗天圣年间，桑怿作为开封府进士参加礼部的省试但名落孙山，自此便到处游历。他武艺高强，同时又有古道热肠，见到不平事就拔刀相助，但从来不横行不法。他曾在汝州帮助官府破了一个杀人疑案，在郏县帮助一个胆小的县尉捉了一帮盗贼，又独自一人闯到襄城县的一个贼窝，杀了几个贼头，把其余盗贼捆作一团送交官府。京西转运使得知桑怿的事迹和能耐，奏请朝廷任命他为卫南县尉，负责一县治安。五六年来，桑怿在河南一带的几个县转任，哪个县有盗贼，转运使就推荐他上哪个县缉盗，以至于河南的盗贼全跑光了，不愿跑的和没跑成的都进了监狱。

按桑怿的功劳，他早该升任比左侍禁更高的职位了。但他命不好，功劳总被埋没。他在渑池县任职时，抓获一名朝廷通缉的巨盗，但当地驻军的巡检带领士兵要抢他的俘虏，他心一软把巨盗交给了巡检报功去了。两年多前，有几十名恶贼在京西一带流窜作案，各地官府拿不住他

第二章 君子何所忧

们，于是枢密院直接下令让桑怿缉拿。此时的桑怿已经是闻名江湖。他担心盗贼得知他到来的消息后蛰伏起来，就乔装打扮后在贼窟中潜伏三日，侦得底细，最后率兵将他们一网打尽。回到京城后，枢密院办事的小吏向他索要贿赂，许诺让他升任阁门祗候。阁门祗候官品不高，但在武职中却十分荣耀，相当于文臣中欧阳修如今担任的馆阁校勘一类的馆职。可是桑怿却不搭理这个小吏，说："贿赂得官非我所愿，何况我一无所有。我即便有钱，也不给你！"结果，他只是从无品级的殿直升为正九品的侍禁。

桑怿不仅有智勇，还很仁义。有一年，他的家乡遭遇洪水，他将家里的粮食装船准备运走，途中遇到灾民求救，他将粮食全都扔进河里，救了一船灾民。又一年，当地遭受灾荒，他把家里的粮食都拿出来与贫困之人共食，一直到粮食吃光为止，再一起忍饥挨饿。

欧阳修的介绍不禁让范仲淹对这位年轻人刮目相看。这是一个不简单的武官，不简单的是他的智勇双全和一身正气。

当范仲淹还在苏州知州任上时，住在应天府宁陵县的同母异父的朱氏兄弟来信说家中缺粮。范仲淹的母亲去世后葬在宁陵，范仲淹于是请朱氏兄弟到宁陵安家为母亲守陵。他接到来信，连忙在苏州采购了一批粮食装船运去，并让次子范纯仁押船。范纯仁此时年方十一岁。粮船走后没多久，范纯仁提前回来了。范仲淹诧异地问道："来去如此迅速，是出了什么事吗？"范纯仁答道："没有出事。""那为何提前回来？"范纯仁道："船过丹阳，遇见了曼卿丈人。"曼卿就是范仲淹的好友石延年，他是一个有才情但没有官运的人，后人记住他是因为他的文学家地位。石曼卿是范纯仁的长辈，因此范纯仁称他为丈人。范仲淹又问："曼卿为

庙堂之忧

何会在丹阳?""曼卿丈人家中长辈过世,他正扶丧回家,路上遇上水灾,因此被困在丹阳两月有余,花费殆尽。""那为何不将这一船粮食送与曼卿?""已经送与丈人,儿子因此早早回来。"范仲淹听罢点头道:"真是我儿!"范仲淹父子的义举,为后人留下了颂扬仗义资助的"麦舟"典故。

桑怿的仁义之举不亚于范氏父子。他虽然是一个进士不第的武人,但他做人的道理却比许多饱学之士还要深刻,实在令人敬佩!

正谈论间,尹洙也到了。众人于是一一落座。

清风楼酒店是城内有名的上等酒楼,不光酒好、菜好,环境也好。酒店紧临皇家玉津园,此园曾是太祖、太宗狩猎之园。真宗是守成之主,没有带兵征战的专长与嗜好,从他开始皇帝狩猎之风渐淡,玉津园变成了皇帝耕种的籍田,同时也是皇帝在城内游玩的一个场所。站在清风楼的二楼向园内望去,可见园内郁郁青青的稻禾,池中与莲花嬉戏的野鸭,随风摇曳的杨柳,和淡淡烟水中的亭台楼阁。不光外部环境好,酒店本身也十分雅静,那些不管你要与不要都往你手上塞些腌菜、豆干之类的叫卖小贩、不呼自来在桌前卖唱的歌女、向客人献殷勤挣些小费的闲汉等都被挡在门外。因此,这个地方深受士人喜爱。

文人聚宴,除了喝酒就是赋诗作词,何况是送行酒。舞文弄墨对于在座之人都不在话下。即便是桑怿,他常以士人自诩,作些小诗小词亦非难事。

欧阳修提议先让大家分题作一首咏物诗。这是一个急智游戏,需要在很短时间内作出指定题目的诗。欧阳修文思敏捷,自以为傲,每次宴会都要卖弄一番。他有他的道理:"各位今后都是要侍从皇帝的,没有出

第二章　君子何所忧

口成章之才，如何在赏花会上应制赋诗呢？"

赏花钓鱼会是皇帝每年春天都要举办的宫中文化活动。皇帝与群臣一起先赏花、钓鱼，再宴食、看戏。赏花钓鱼会的参与者有限，原来只有侍从官、负责皇帝重要文稿的官员、宰辅重臣以及宗室近亲有资格参与，能够参与此会是一件荣耀之事。有一年，当时还只是集贤校理的名士李宗谔，虽任馆职但还不是侍从官，因此按规矩在赏花会上赋诗一首后就要退出，不能参与后面的宴会。他心中不平，赋诗道："戴了宫花赋了诗，不容重觐赭黄衣。无憀独出金门去，恰似当年下第归。"不能参与赏花会后面的活动，就跟当年考试落榜一样的寂寞。太宗见了此诗哈哈大笑，自此校理以上馆职都可全程参加活动。

不过，赏花钓鱼会也不全都是荣耀。赏完花、钓完鱼后，还要作一首赏花钓鱼诗。诗写得好的有赏，写得差的让人笑话，太过粗鄙的甚至可能受到降职处分。因此，有些信心不足的与会者就提前做好准备，前一天先写好一首诗，到时装模作样地苦思冥想半天后再将诗呈上，以应付皇帝。而为了对付这种情况，皇帝有时也会来个恶作剧，临时指定一个题目，让那些作弊者白费一番苦心。

就在两个多月前，范仲淹作为侍从官第一次参与了赏花钓鱼会。这年的赏花钓鱼会仁宗并没有为难群臣，没有指定诗作的题目。即便如此，这种场合写作出来的诗多是对皇帝歌功颂德的主题，难出精品，范仲淹的作品也是如此："万汇嘉亨日，皇心豫宴辰。华林新灌雨，灵沼正涵春。帝幄纷仙花，天钩掷锦鳞。洋洋颁睿唱，赓颂浃簪绅。"恐怕范仲淹自己对这首诗都不太满意吧。

赋诗之后、宴会之前，君臣还会一起观看俳优表演节目。只见几个

庙堂之忧

俳优作翰林学士打扮，摇头晃脑，嘴里念念有词。突然，其中一人被绊了一跤摔倒在地，起来后摸着脑袋满地乱找东西。边上之人问他找什么，他答道："连日来好不容易作了一首诗，准备在赏花会上献给皇上，可是这一跤把诗给跌丢了！"仁宗和群臣被逗得哄堂大笑。

欧阳修两眼直勾勾地盯着眼前飞来飞去的一只小飞虫，给出了诗题"咏蚊"，因为他发现那只飞虫是一只蚊子。这个怪题让尹洙和苏舜钦十分不满。

酒过一巡，欧阳修清了清嗓子，刚想吟咏，猛地打住，冲着范仲淹堆起笑脸："几乎忘了，范公先请！"

范仲淹也不推辞，笑道："我讨个巧，有旧作一首，恰是《咏蚊》，请诸位指教。"然后起身吟道："饱去樱桃重，饥来柳絮轻。但知离此去，不用问前程。"

几人听了一齐叫好。诗的前两句描写夸张却十分形象，而后两句则诗外有意、耐人寻味。苏舜钦道："此诗既是咏蚊，也是咏人。"尹洙道："咏贪官最贴近。"桑怿另有一番理解："范公此诗用于在下身上也是妙语。"众人听了一阵大笑。桑怿说的有些道理，任侠仗义之人是无法更多地展望自己未来的。

苏舜钦在一旁催促欧阳修，可是欧阳修反倒有些畏缩了。几次催促之下，他也就拖泥带水地吟道："蚤虱蚊虻罪一伦，未知蚊子重堪嗔……"刚吟了两句，一阵吵闹声打断了他。

吵闹之声来自街上。几个人来到窗前想看看是怎么回事。

街上，几个人围着一个卖艺人正在理论。卖艺人操山东口音，另外几人显然是京城中人。看了一会儿，大家都明白了。卖艺人玩的是吞火的杂耍。他手中一根铁棍，一头点上火往嘴里一吞，吐出来还是明晃晃的火。表演赢得围观人的喝彩，也得了不少小钱。那几个本地人见了，不信卖艺人真有吞火的本事，便自家拿出一根火棍子要让卖艺人吞下。卖艺人不干，因此吵闹。

楼上众人看到此处准备回身，忽见吵闹的那群人中有一本地人从卖艺人手中的盘子里抓了几片钱，转身就跑，其余几人仍旧围着卖艺人让他无法脱身。可是这卖艺人也不一般，一把推倒二人，起身就追那夺钱之人。眼见得赶上了，卖艺人一伸手扯住对方身上衣裳，一把扯下一个香囊。抢钱者一见香囊被扯下，立即停步回身，与卖艺人厮打成一团。不远处，他的几个同伙也飞奔过来。这时，围观之人也都围了上来为卖艺人打抱不平，斥责这几个本地人。

桑怿早已按捺不住，要冲下楼去，却被欧阳修拦住道："不必着急，自有官人会来处置。"果然，几名开封府的公人已经一路跑来。

回身落座，几个年轻人心中仍愤懑不平。开封府百姓争斗、恶少横行已经不是一天两天了，更有甚者，一些有权有势之家强占民田，一些为富不仁者高利借贷，让受害者流离失所，也让开封府界争讼不断。据说开封知府王博文每天需要处理的事务有几百件，多为民间争讼。

"开封知府应当用干练之人。只会舞文弄墨、没有施政能力的不应该主政一方！"欧阳修道。

"需由令岳翁或段希逸来治理方可。"尹洙对苏舜钦说道。

苏舜钦的岳父就是御史中丞杜衍。杜衍于三月中主管吏部流内铨。流内铨考核、铨选官员的制度相当繁杂，以往的主管官员往往不知其然更不知其所以然，这给经办的小小胥吏们提供了上下其手的机会。他们

庙堂之忧

往往收受贿赂，然后编造些理由给行贿的官员找个好去处，或者开脱他们失职、犯罪的责任。杜衍到流内铨后先不办事。他让胥吏们将所有规章制度都找来，连续几日闭门不出，把这些规章制度认认真真、详详细细地研究了一遍，使自己对它们了然于胸。然后他再升堂，让各曹官员胥吏逐一禀报被考核官员的情况，由他亲自提出处置意见。这一措施让这些胥吏失去了可乘之机。不到一个月，流内铨被杜衍治理得井井有条。事实再一次证明，能力是治国的先决条件。中书大臣们也看出杜衍好用了，刚让他治理完流内铨，又让他整顿审官院去了。这几个管人的机构最需要被管理了。

尹洙说的段希逸是直集贤院段少连，字希逸，也是范仲淹当年一起伏阁进谏的同事。直集贤院也是馆职清望官，当然这个职务的官品还不足以担任开封知府。段少连上个月到江南任两浙转运副使。到任后，他让各州县官员和胥吏呈上税赋账册，全部予以缄封。一有空，他就随意抽出几件查阅，找出毛病后，再将所有账册退还给有关州县，责令修正后再报。于是，各州县没有再敢欺瞒的。据说如今杭州的百姓有冤屈都不再找杭州知州，而是直接找段少连为他们申冤。

除了这两位公认的干才，几个人想了半天，再也想不出还有谁更适合到开封府这个天下第一难治的地方主政。其实即使想得出来也都是空谈，想了也没用。可是不管有没有用，他们还是想。

5

欧阳修他们几个人或许想不到，范仲淹竟然去当了开封知府。这个任命是这一年十二月的事。但是，上面对他的此项任命并非出于好意。

开封府的政治地位十分重要。其重要性不仅体现在它是京城，支撑着国家中枢机构的正常运转，还在于它有许多其他象征性的重要意义。自太祖以来到真宗时期，潜在的皇位继承人都要担任开封府的最高领导人，如太宗、真宗都曾任职于开封府。不过他们不称作开封知府，而称为开封府尹、判开封府事、开封牧等，这是居高临下担任开封府首长之意。其他官员担任此职，都只称为权知开封府事，即临时负责开封府的事务。

担任开封知府，意味着已经具有了深得皇帝信任的政治资本，仕途也将更加顺畅。自太祖以来担任过开封知府的官员中，有十几位后来都位登两府，进入宰执班子。此外，由于职任重要，日常皇帝早朝理政时，权知开封知府是继政府大臣、枢府大臣、三司使之后，按顺序第四个向皇帝奏事的官员，并且基本上是知府单独一人奏事。

既然开封知府一职如此炙手可热，那为什么说让范仲淹出任这个职务不是好意？要回答这个问题，先要知道此事是谁提议的。

史书说是宰相提议，但没有明言是哪个宰相。此时宰相有两个，一个是吕夷简，另一个是王曾。根据近两个月来发生的事，可以判断出来是哪一位。

十一月上旬，苦命的前皇后郭氏暴病而亡。

庙堂之忧

郭氏之死，责任首先在仁宗。如果仁宗不给她写那首伤感的词，或许她不会死。

从当年的南园绿草、蝴蝶翩飞，到如今的身处冷宫、夜对孤灯，郭氏本来就已经是日日伤悲。读了仁宗的词，郭氏更加抑制不住心中的痛悔、凄怆。她提笔也写了一首充满哀婉伤情的词回赠给仁宗。

仁宗读了郭氏的词，一样的伤心不已。他让内侍接郭氏进宫相会，但是郭氏却拒绝了。她说："皇帝如召我进宫，必须先颁布册命，向百官宣读。"

为后宫颁布册命，那不是册立皇后就是册立妃子。册立皇后是不可能了，因为已经有了曹皇后。至于册立郭氏为妃，此前没有废后改立为妃的先例，即便开此先例也需按程序与大臣商量。因此，此事就暂时搁置了。

但是有人紧张了，他就是阎文应。当年阎文应与宰相吕夷简里应外合让仁宗废了郭皇后，如今阎文应已赢得仁宗的信任。仁宗与郭氏相思往来、旧情将续，自然有人向他报告。郭氏要是回到宫中，对于阎文应和其他某些人来说是极大的威胁。

巧合是点缀在历史之绳上的珍珠，它让历史更生动。一个巧合产生了。郭氏在此时偶染小恙，这是天赐的良机。

阎文应亲自带领太医去给郭氏诊治。这个举动极不寻常，一个被废黜的皇后是没有人会把她当成高贵的人物加以崇敬的。这年（1035）八月把尚美人和杨美人放逐出宫时，两位美人哭哭啼啼不肯走，说要找皇帝求情，阎文应竟扇了她们的耳光，这就是例证，何况阎文应与郭氏之间还有那么一段恩怨往事。

第二章 君子何所忧

几天后，当太医再一次去诊治之后不久，郭氏暴病而死。

郭氏死时，仁宗正在南郊举行郊祀典礼。

郊祀就是祭天，每三年的冬至日举行一次。这是国家最重大的活动之一。郊祀前几天，君臣们都已经分别住在皇宫正殿即大庆殿和朝堂，仁宗要带领重要的皇室成员和大臣分别祭祀供奉圣祖的景灵宫、供奉历代祖先的太庙和供奉刘太后与仁宗亲生母亲的奉慈庙。仁宗对这一年即景祐二年冬至的这次郊祀十分重视，早在半年多前就命大臣反复订正祭祀时所用的乐器，并亲自为几个重要的祭礼撰写了乐章。

南郊祭祀对于仁宗是大事，对于所有其他人而言则更是喜事。南郊祭祀之后的惯例是皇帝封赏。除了赏钱物，更喜人的是荫补。

荫补，就是不通过科举考试就能当官的途径，前提是自己的祖父、父亲或者兄弟是有一定级别的官员，具备了向皇帝请求荫补的机会。高级别的官员还可以让自己的旁亲、门生甚至是家庭医生荫补。当年刘太后的侄儿刘从德死时，连他的仆人都能得到一官半职。求得荫补的时机有好几个：类似于南郊祭祀这样的大礼、皇帝的生日、官员自己致仕时甚至死亡后以及皇帝即位、改年号等突发重大事件的时候。官员级别越高，可以申请荫补的人就越多，极少数官员甚至可以每年申请荫补一次。荫补一般是授予官职，当然多数只是虚职，其作用是既可以光宗耀祖又有俸禄，但荫补实职的也不在少数，甚至还有荫补出身的，即皇帝赐给荫补者进士出身，这可是天大的恩典了。

就在仁宗肃穆地祭天、群臣欢喜地期盼恩赏荫补的时候，郭氏悲惨而寂寞地死去了。仁宗得知死讯时已是几天之后。他悲伤不已，命令以皇后之礼埋葬，算是对郭氏最后的纪念。

庙堂之忧

人人都怀疑郭氏是枉死的，但没有证据。谏官王尧臣为此上章请求深查为郭氏治病的太医。但不知道是什么原因，仁宗没有同意。这时，范仲淹又站出来了。他上章弹劾阎文应，指出阎文应应当对郭氏之死负责，并弹劾他常常矫旨，即声称有皇帝口谕让两府大臣执行，而有些宰执大臣竟然不敢对所谓口谕提出质疑。据说范仲淹这次是抱着必死之心向仁宗进言的，他甚至烧毁了自己以往一些言辞激烈的奏章和谈论军事的文章底稿，将家事嘱咐给长子范纯祐，说："我若不胜，有死而已！"

结果，阎文应及其子阎士良被贬出京城。

紧接着，有人找到范仲淹，转达了宰相的意思："待制是皇帝侍从，不是动口舌的职位。"

范仲淹答道："议论时政本来就是侍从的职责，我只会更加勤勉努力！"

宰相无可奈何，不得已想出一个办法。既然不可能让范仲淹不说话，那就让他没时间说话，而让他去开封府是达到这个目的的一个好办法。

开封府担负着京师的治安管理、审理刑狱案件、救灾恤民、府内各县税赋征收等众多职能，事务之繁杂号称天下至极。每逢节假日，其他官员都可以休息，只有开封知府反而更忙。为什么？一个一百多万人口的天下第一大、天下第一繁华的城市，节假日是歌舞升平的好日子，光是维持治安就够他处理的了。据说案件多得如果不及时处理，监狱都装不下犯人。

牵扯范仲淹的精力还不是主要目的，只要范仲淹在开封知府任上出些差错就可以将他贬谪。在开封知府任上被贬不是没有先例。以尚书工部侍郎知开封府的陈尧咨就因酗酒而被贬到河北天雄军任知军，而后来在哲宗朝任宰相的天文学家苏颂担任开封知府时因断错案件而被贬到外地。更何况,京城里皇亲国戚数不胜数,有些些小委屈都可能上达天听。还有那些宦官,在京城和朝廷的一些部门都是有职务的,一不小心也许就得罪了他们。大宋的宦官们没有汉、唐时期的宦官那样跋扈,但他们在皇帝面前给别人穿小鞋的能耐仍然很强。

这就是让范仲淹出任开封知府的用意。至于这里所说的宰相是谁,自然不言而喻,肯定不会是王曾。

宰相又失算了。范仲淹在开封府是怎么治理的,如今已经无法考证细节。史书只用了一句话概括:"仲淹处之弥月,京师肃然称治。"他到开封府一个月,就将京城治理得井井有条。因此京城有民谣说:"朝廷无忧有范君,京城无事有希文。"可见,民间对于朝廷的情况是了解的,对于范仲淹在京城的作为更是称道的。

范仲淹刚到任一个月就把开封治理好了,说明了他的施政能力。不仅如此,他还能抽出空来,将太宗当年任开封府尹时审理刑狱的案例详详细细地做了整理,上报仁宗。

可是随后不久,有人秉承宰相之意对范仲淹在开封府判处的几个案件提出质疑。如,有一个案件是京城百姓诉一外地卖艺人抢夺财物,前任知府王博文判卖艺人犯强盗罪,范仲淹却改判京城之民寻衅滋事。纠察在京刑狱司的主管官员胥偃指责范仲淹判罚不当。

胥偃的指责没有对范仲淹造成伤害,却对胥偃自己与欧阳修的关系造成了永久的伤害。

胥偃是欧阳修的岳父,官至翰林学士,也是一个有才华、有能力的

庙堂之忧

人。欧阳修还未进士及第时，曾受到胥偃的大力提携。欧阳修中第后，胥偃还将自己的小女儿嫁给了他。因此，欧阳修之于胥偃不仅是女婿，也是门生。但是，亲情、恩情代替不了欧阳修在大是大非面前的正义感。胥偃依附宰相攻击范仲淹的举动让欧阳修十分反感，从此翁婿反目，关系日渐疏远。

时间来到景祐三年（1036）。宰相两次改变范仲淹的努力都没有成功，范仲淹依然故我，按照他自己的信念和方式做他认为应该做的事，说他认为应该说的话。

自从回到京城，范仲淹不断对时政提出看法和建议，到开封府后仍然如此。在他看来，政事有错就应当改正，这是对事不对人。至于有些人是否高兴，不在他考虑范围。可是他可以不考虑人家是否高兴，但人家却要考虑自己高兴不高兴，尤其是当范仲淹批评的一些问题十分敏感也十分尖锐的时候。

比如，范仲淹向仁宗上了一张百官图，图中详细分析了近年来升迁、转任、贬黜的官员情况。根据这张百官图，可以明显看出有些官员的升迁与某些重臣有直接的关系。百官图不知道是不是范仲淹的发明，但很有些意思。

范仲淹又向仁宗指出了一个现象。有些官员的升迁还未得到皇帝的批准，他本人就事先知道宰相会向皇帝推荐对他的任命。对这些官员而言，一旦批准了任命，这当然是宰相的恩德；如果任命被推翻，那是因为皇帝不同意而不是宰相不尽力。王曾不是曾经说过吗？如果掌权之人都想揽恩，那么"恩欲归己，怨使谁当"？如今有人给出答案了：恩归权相，怨使帝当。

范仲淹指出的确实是历朝历代都十分敏感的话题。

治国的问题，归根结底是如何使用人才的问题。

如果国家用人的方针是既重品质又重能力，亦即德才兼备，那么社会的发展总体上必然健康，整个社会的风气必然端正，政府与百姓的关系必然和谐；否则必然是风气不正、社会不和谐的。可以想象，有能力而无人品的人怎么可能会不以权谋私？同样道理，没有能力的人，他品质再好，岂能把一个部门、一个国家治理好？更何况，被认为品质好的人当中，真正有道德的到底有几人？

人才问题，又牵扯到一个获取权力、使用权力的问题。

谁能决定人才的命运，谁就是最有权势的人。一个真正的人才，他能否发挥才能并不是最重要的，最重要的是能够决定他命运的人是不是给了他发挥才能的机会。换句话说，一个人是不是人才并不完全由他的能力决定。如果他一辈子没有机会，他就什么都不是。而一个庸才如果被放在一个位置上，他也可以被冠以人才之名，这种情况很难避免。人们可以这么说：是人才就会脱颖而出。但是在现实中，如果决定人才命运的人本身就是庸才，或者道德品质低下，那么人才脱颖而出的机会有多大？所以，决定人才命运者是权力的制高点，这是最大的利益，谁都想争夺这个权力，谁都不愿意放弃到手的这个权力，除非他真正具备高尚的品德，并且其他人也是如此。

当仁宗将范仲淹的意见转告首相吕夷简时，吕夷简的愤怒可想而知。所有这些指责没有指名，但实际上都指向他。此外，他的长子吕公绰在尚书省吏部南曹任主官，而最近总有些闲言碎语说吕公绰常常事先就获

庙堂之忧

悉一些官员的任命情况并向这些官员透露,让这些官员对吕夷简感恩戴德。

又一天,仁宗将范仲淹的另一个意见与吕夷简做了探讨。这一次范仲淹没有与吕夷简过不去,他谈论的是迁都西京洛阳的问题。

五月初,有人提出迁都西京的建议。范仲淹认为这个建议不可行,但他又认为应当尽快加强洛阳城防和储备。

无论从历史变迁还是军事常识看,开封都不是一个适合做京城的地方,因为它难以防守。开封地处平原,周边没有高山或大川作为天险凭据。只要把开封围住,它就成为一座四面皆危的孤城。大宋当初将开封定为都城,纯粹是延续后周的建制,毕竟新建一个都城需要耗费大量的人力、财力、物力,这在建国之初是难以承受的。

太祖赵匡胤毕竟是极具战略眼光的政治家和军事家,他知道开封作为京城的弱点。国家再强大,京城一失就几近于亡国。因此在他心目中,洛阳才应该是真正的都城。洛阳地处山区与平原交界处,东面是平原,西面是地形复杂的丘陵,南面是自西向东略偏北流过的洛河。如此地形,易守难攻,更何况洛阳作为都城的历史已有千年。建国几年后,太祖想把都城迁到洛阳,有一次甚至留在洛阳不想再回开封了。但当时还是晋王的太宗不同意迁都,多数大臣也不同意。开封是繁华享乐之地,谁愿意杞人忧天而离开它呢?太祖的高瞻远瞩无人体会。

如今有人再议迁都,这是不太现实的事。第一,经过几十年的和平,没有什么人会担心京城的安全。没有人担心,就会成为担心者的阻力。第二,大宋与契丹已经签订了和约,双方是兄弟。如果迁都,这明显是为战争做准备。如此,恐怕还未迁都就面临战争了。真宗时,名将李允则防守与契丹交界的雄州。雄州城墙圮塌已久,但为了不让契丹疑虑,城墙始终不能修复。后来李允则是用计才将城墙修复的。他在城外的东岳庙里摆放了一堆银器祭祀神仙,下属告诉他此地多盗贼,需要多加看守,他不予置理。不久,银器果然被盗,盗贼来自契丹境内。李允则表面上暴跳如雷,一边移文契丹境内的涿州官府,严词抗议并要求其缉拿盗贼,一边却是欢天喜地地以防贼为名重新建起了高墙。修一城之墙尚且如此困难,更不用说迁都了。

范仲淹不赞同迁都,是因为目前不是时候。他同样认为,洛阳是帝王之宅,关河险固。如果边界不宁,是可以从开封退守洛阳的。如今的问题不是迁都不迁都,而是洛阳守备空虚,没有战略储备。一旦退守,必将难以坚持。因此他向仁宗建议:为避免契丹疑忌,请仁宗以去洛阳拜谒祖宗陵墓的名义巡幸洛阳,然后逐渐从陕西和东南向洛阳输送战略物资,做好准备。如此,"太平则居东京通济之地以便天下,急难则居西洛险固之宅以守中原。"要安不忘危,不可去兵。

九十年后的宋钦宗靖康元年(1126),北方大金国兵临开封城下,最终攻破开封,俘虏了大宋皇帝钦宗和他的父亲、太上皇徽宗以及绝大部分皇室成员,使北宋灭亡,整个大宋历史也几乎就此结束。当时大宋的经济实力远远超过大金国。那军事实力呢?大宋军的作战能力良莠不齐,不同战区的军力有很大差别。军力最强的,是经过许多次痛苦失败后得到加强的陕西方面的部队,而河北的军力和其他地区的军力多数时候比较差。如果综合整个国家的军事实力,大宋整体弱于大金,但陕西的军力应当强于大金。当然,没有经过实战检验,这些都是间接的推断。但是北宋灭亡前,正是陕西人称"小种经略相公"的种师道率领的陕西兵

庙堂之忧

成为几乎挽回北宋灭亡局势的中流砥柱。在后来岳飞等名将率兵反攻金国时，成建制的作战部队、主要将领以及单兵的作战能力也不比金国差，甚至还强于金国。

既然如此，那为什么北宋就那么轻易灭亡了？原因有很多，除了北宋唯一的腐败皇帝徽宗二十五年的无能统治导致政治、经济、军事等各方面大大弱化的因素，守不住京城是主要的原因。京城一破，皇帝被俘，皇室主要成员和朝廷主要官员均被一网打尽，在这种群龙无首的情况下，即便外援再强，也可能亡国。如果细细探究，可以发现许多朝代的灭亡都具备这个特点。

因此，范仲淹的建议同样也是具有战略眼光的。

但是，当仁宗对吕夷简说到范仲淹的建议时，吕夷简却说范仲淹迂腐无能、沽名钓誉、有名无实。吕夷简如此评价范仲淹毫无道理。即使有个人成见，岂能无视国家的根本利益，不假思索地否定了范仲淹的建议，还借机加以攻击？

仁宗实在是一个民主的皇帝。他又将吕夷简的话告诉了范仲淹。范仲淹十分愤慨，于是写了四篇文章呈给仁宗。

第一篇文章《帝王好尚论》说，皇帝崇尚什么，天下的百姓百官就崇尚什么，国家就会向荣辱兴亡的不同方向发展。比如说，周文王恭迎姜太公，因此建立了近八百年的周朝，燕昭王筑黄金台后引来了强将贤相，而秦朝尚酷好杀导致灭亡，隋炀帝喜好骄奢淫逸，使天下为大唐所有。范仲淹要告诉仁宗什么？文章似乎另有含意。

第二篇文章《选任贤能论》说，治理好国家的关键是拥有德才兼备的人才。得人才而天下治，失人才而天下乱。如果宠信那些貌似柔顺、实则不忠不直之人，那就会失去天下俊杰之心，终致天下大乱。

第三篇《近名论》则回答所谓沽名钓誉的问题。追求出名不见得是件坏事。圣贤们历来都是用名垂青史来引导士人，因此古往今来激励了无数忠烈之士献身报国。如果人人都不爱惜自己的名誉，趋炎附势、反道败德必然盛行，甚至将杀君弑父当作平常之事。

最后，范仲淹在第四篇文章《推委臣下论》中提醒仁宗：国家政事可以并且也应当让臣僚处理，但是区别邪正、进退左右之权不可随意交给臣下之人，否则必将丧权辱国。

仁宗又将范仲淹的文章交给吕夷简。吕夷简又是大怒，在仁宗面前告范仲淹越职言事、离间君臣。

仁宗在吕夷简和范仲淹之间成了传声筒，不断地将双方的看法转达给对方。有时双方也有机会在仁宗面前直接辩论。有理由相信仁宗不是有意挑动吕夷简和范仲淹之间的争论，他是个心地善良的皇帝。他只是想让双方都解释清楚，澄清对方批评指责的问题。

就在双方论战的过程中，范仲淹又上了一道奏章。这次他的言辞相当激烈："汉成帝信张禹，不疑舅家，故终有王莽之乱。臣恐今日朝廷亦有张禹，坏陛下家法，以大为小，以易为难，以未成为已成，以急务为闲务者，不可不早辨也！"张禹是西汉成帝的老师，官至丞相，是成帝最亲信的人。他晚年时为了让自己的子孙有所依靠，就在汉成帝面前夸赞掌握重权的外戚王氏一族，最终让王氏坐大成势，酿成王莽篡汉、西汉灭亡的苦果。

将吕夷简比喻为张禹的言论显得有些偏激，但这种激烈言论仍属直

庙堂之忧

言不讳的范围。作为一个宽宏大度的皇帝，仁宗应当不会对这种言论太过敏感。当年真宗宠信丁谓且他的封祀活动正处于登峰造极的时候，名臣张咏上书真宗："陛下不应当大造宫观，劳百姓之命、伤天下之财。这些都是贼臣丁谓迷惑陛下的结果。臣请陛下砍下丁谓的头挂在城门上，让他向天下人谢罪，然后再砍下我的头挂在丁谓家门上，让我向丁谓谢罪！"这么激烈的言论，真宗也没怎么生气。

范仲淹不会不知道，他在与吕夷简的论战中注定是要处于下风的。虽然仁宗始终认定他是忠臣，欣赏他的忠直，但仁宗对于吕夷简的信任多过对他的信任。在仁宗看来，吕夷简能力强，作风稳健，见识深远，是他最可倚赖的左膀右臂。有一个事例可以说明吕夷简的见识。有一次仁宗大病初愈后，急于见到宰执大臣，于是让内侍召宰执们进宫。吕夷简得知皇帝召唤，出门后在路上慢吞吞地走着，内侍在一旁反复催促，他就是不着急，而其他宰执大臣早已进宫多时。他到了之后，仁宗满脸不高兴地说："我多日不见卿等，想念你们，让你们来商量一下最近的政事，你怎么如此姗姗来迟？"吕夷简答道："人人都知道陛下患病多日。今天宫中忽然召唤两府大臣，如果我们都匆匆忙忙地赶来，别人肯定会以为宫中出了什么大事。若有人加以利用，可能发生大乱。因此臣有意不急于进宫。"仁宗一听，叹服不已：这才是宰相之才啊！

深得仁宗信任，还不是吕夷简在面对范仲淹批评时的唯一优势。朝中许多官员都与他关系密切。他举荐过很多人，其中大部分确实是出类拔萃的人才，当然不排除有一些阿谀奉承之辈。他举荐人才本身是件好事，但问题是他的做法不妥，有意让被举荐之人都知道他的举荐，使他们对自己感恩戴德，将国家的信任、皇帝的信任，变成了自己笼络人心的手段。而这些人在关键时刻对吕夷简的支持将产生举足轻重的作用。

在这种背景下,吕夷简使出了屡试不爽的有力武器,那就是朋党的罪名。

怎么给范仲淹安上朋党之名呢?可以这么看:范仲淹在朝中任职以来,举荐了许多人,这些人平时常常在一起点评朝政,互相引以为知己,这完全是"朋比为党"。范仲淹举荐的人,虽然个个都有时名,但与他个人的关系都十分密切。其中,有号称一时才俊之人——这应当指的是欧阳修、尹洙、苏舜钦等人;有饱学经典、门徒广众之醇儒——这说的应该是胡瑗、石介等人。范仲淹甚至还举荐现任的两府大臣堪当重任——这说的是同知枢密院事韩亿。不过韩亿后来告诉仁宗:"臣与范仲淹既非姻亲也非故旧,不知道他为什么举荐臣。如果臣在此位置上于事无补,请陛下将臣免职,但臣与朋党无关。"仁宗连忙下诏抚慰韩亿。

仁宗对于双方的论战肯定是厌烦了,他必须做出决断。吕夷简抛出的朋党之名是对范仲淹的致命一击,也可以认为是他给仁宗处置范仲淹提供了一个很好的理由。

6

景祐三年又成为范仲淹之年。他和与他有关的人和事成为这一年最重大的话题。

五月初九,仁宗下诏:天章阁待制、权知开封府事范仲淹落职,知饶州。落职,撤的是天章阁待制的侍从之职,这是严厉的处分,范仲淹

庙堂之忧

已不再是皇帝的近臣了。范仲淹此前两次被贬，朝廷都没有撤销他相应的馆职。

随后，一名御史台官员上书仁宗，请求将范仲淹"朋比为党"的罪行公布于朝廷议事的朝堂，仁宗同意了。对一名重要官员加以严厉斥责并将斥责之词加以公布，这是一种政治审判，在历史上是极罕见的。

接下来发生的事在中国历史上应当是精彩的一笔。

在范仲淹被贬后到这个月二十一日的十二天内，又有三个人被贬。本来仁宗只想贬谪范仲淹一人，可是这三个人逼着仁宗贬他们。

集贤校理余靖上书仁宗说："陛下如果觉得范仲淹所言不妥，不加置理也就罢了，岂可加罪？陛下亲政以来，三次贬逐言事者，这不是天下太平的为政之道。请陛下追改前命！"余靖因此被撤销集贤校理的馆职，到筠州当酒税官。

尹洙上书说："臣敬佩范仲淹为人忠直，因此视他亦师亦友。臣曾被仲淹举荐，既然仲淹因朋党得罪，臣也应当连坐。况且余靖与仲淹素来生疏，他尚且被当作仲淹朋党，臣岂可侥幸免责？臣请求贬谪！"这不是严重的挑衅吗？于是尹洙到郢州监酒税去了。

在送走范仲淹、余靖、尹洙后，欧阳修被贬去陕州的夷陵县当县令。县令与知县不同，虽然都是一县之长，但知县是中央官员，朝廷派出身带朝廷职务的官员到一县知县事，因此称作知县，县令则没有了朝廷职务，更不用说令人骄傲的馆职了。欧阳修被贬，是因为痛骂了谏官高若讷，同时又批评了皇帝和宰相。

此事的起因颇为有趣。余靖被贬后，欧阳修去送别，在余靖家里遇见了右司谏高若讷。高若讷侃侃而谈，称范仲淹为求皇帝赏识而危言耸听，今日被贬属咎由自取，余靖实在没必要为他受连累。欧阳修当时就与高若讷发生争执，回家之后意不能平，于是给高若讷写了一封信。信中他这样对高若讷说："今日皇帝与宰相不能容忍贤人在朝，君身为谏官不仅不能为范仲淹申辩，反而说他咎由自取，真是咄咄怪事，不知人间羞耻！"他请高若讷将此信公之于众，作为他与范仲淹共为朋党的证据。

若想见识欧阳修的文才，不一定要看他的《醉翁亭记》《丰乐亭记》等名篇，只要读一读这一封《与高司谏书》即可。欧阳修在这封信中，对范仲淹的崇敬、对余靖和尹洙的赞赏、对权臣的直斥、对高若讷身为谏官却没有独立人格的嘲讽，写得酣畅淋漓、入木三分，这是一篇几乎能骂死人的精彩文章。

高若讷恼羞成怒，果真将欧阳修的信呈给了仁宗，并称：臣经多方了解，范仲淹确实与人朋比为党。如今欧阳修如此言论，显然会让天下人以为天子驱逐贤臣，这将有损天子声誉，请陛下责令有关部门对欧阳修加以训诫。于是，欧阳修被贬到相对偏远的夷陵。

这场纷争继续发酵，蔓延到了京外，随后又回到朝廷。

洛阳的西京留守司的推官蔡襄写了五首诗，夸了四个人同时又嘲讽了一个人，这五首诗被人统称作《四贤一不肖诗》。蔡襄当时似乎与范仲淹本人没有很密切的关系。诗中称赞的四贤是谁？范仲淹、余靖、尹洙、欧阳修。一不肖，自然说的是高若讷。每首诗都很长，但对这五个人都有很典型的刻画。蔡襄赞范仲淹"汉文不见贾生久"，称他是汉文帝时的著名政治家贾谊；赞广东人余靖"南方之强君子居，卓然安首襟韵孤"；赞尹洙"章章节义尹师鲁"，称他是有气节、讲道义的人；赞欧阳修是"斯人满腹有儒术"。对于高若讷，他则讥讽"四公称贤尔不肖，谗言易

庙堂之忧

入天难欺"。《四贤一不肖诗》一出，竟为时人传诵，据说许多地方因为传抄此诗而"洛阳纸贵"，纸张都短缺了。若干年后，大宋出使契丹的官员甚至还在契丹境内见到此诗。

蔡襄因为写了《四贤一不肖诗》，遭到另一名地方官员的弹劾：泗州通判陈恢上书仁宗，请求将蔡襄治罪。

这场朝廷纷争就像一场大战，看似无关之人纷纷加入。

有一位立场很微妙的人出现了，他是左司谏韩琦。时年二十八岁的韩琦是公认的青年才俊，为人稳重、见识高深，吕夷简曾经举荐过他，道理上可以把他划作吕夷简一边的人。陈恢弹劾蔡襄后，韩琦立即弹劾陈恢越职言事、企图谋取非分的恩赏，请求将陈恢重贬以杜绝此类奸佞之事。韩琦没有支持谁也没有反对谁，他只是弹劾陈恢，是严词弹劾。这是一个需要吕夷简慎重对待的迹象。

结果，蔡襄和陈恢都没有受到处分。一场政治纷争到此基本结束。

这场政治纷争，争的到底是什么？

古代社会，在知识分子的血液里，一直流淌着一种责任意识，一种以天下为己任的责任意识。在皇帝与士大夫共天下的宋朝，这种责任意识更加明确、更加突出，达到了中国历史的顶峰。

从狭义的角度看，这种责任意识是忠君报国的思想。而其中，忠君是主体，报国是从属，因为国家是君主的国家，报国的前提是忠君，因为忠君所以报国。不论君主是明主还是昏君，是真命天子还是混世魔王，忠于君主是他们最基本的道义。君主说什么，臣子就干什么。不管君主是什么样的君主，都应当为君而死，为君就是为国。这是将感恩之心绝对化了的一种思想感情。但是如果君主误国殃民，该怎么办？

从广义的角度看，中国知识分子的责任意识是追求正义的思想。任何人，包括君主在内，都应当以正义作为行为的准则。这种正义，是对国家的负责，对百姓的负责，最终也体现为对君主自己的负责，是以报国来忠君。作为士大夫，应当"致君尧舜"，就是有责任让君主成为尧舜那样的明君。如果君主做不到或不愿做尧舜怎么办？那就要坚持原则，劝谏君主，哪怕君主不高兴，哪怕因此丢官，甚至失去生命。如果真的失去生命，那也是为国而死。

三次被贬，范仲淹的感受是什么？"雷霆日有犯，始可报君亲。"只有天天冒犯君主，让君主时时注意自己的言行，这样才是报答君主对自己的知遇之恩。为什么要天天冒犯君主？"以为肆予一人之意，则国必颠危。"君主如果刚愎自用、一意孤行，就会让国家陷入危险的境地。

这已经不是简单的忠君报国的思想，而是在"与士大夫共天下"的国家大法之下，以主人翁的态度来负责任地治理国家、造福百姓的天下意识。这就是北宋士大夫独立人格觉醒的核心意义。后来的程朱理学之所以具有号召力，他们突出强调这种责任意识是一个重要原因，而朱熹甚至因为对这种责任意识的过分强调而被朝廷迫害。不过，几百年后，程朱理学重申的"三纲五常"等社会功能的内涵被极端化，成为禁锢思想、禁锢人性、提倡愚忠的工具，最后又被没有太多文化传承能力的后人不分青红皂白一棍子将它连同整个儒家的优秀传统几乎完全打死，这却是北宋的先贤们始料不及的。

后来的人们并不太看重景祐三年五月的这次朝廷论争，只把它简单地看作范仲淹不畏强势、尽忠直谏的又一次体现。但是，这次论争的意

庙堂之忧

义远远不止这些。

中国士大夫不畏强暴、义无反顾、追求正义的气节，经过唐朝末年以来不断淡漠，在五代时期更加衰微，又历经宋太祖、太宗、真宗三朝缓慢的复苏之后，从景祐三年的这个时候起突然觉醒，重新焕发出勃勃生机。

这是一个从渐悟到顿悟的历史过程，正是范仲淹及其一批追随者完成了这个标志性的顿悟。在这一过程中，他们必须付出代价，虽然他们当时并非有意识从事什么、引领什么或导致什么，更不会去评价自己的这些行为在中国传统文化的延续中发挥了什么重要的作用。他们的所作所为，只是凭借着一股意气，一股他们认定不能丢弃的心中的正气。正如欧阳修在贬谪途中写给尹洙的信中所言："五六十年来，天生此辈沉默畏慎，布在世间、相师成风，忽见吾辈作此事，下至灶门老婢，亦相惊怪，交口议之。"在绝大多数人麻木不仁的时候，一个大声疾呼是会引来许多怪异的目光甚至交口斥责的。

士大夫的气节在宋朝表现的最高峰就是宋学的形成，而宋学与以往的儒家学说相比有一个十分重要的特点：以往的儒家学说更多地强调君主的作用、大众的作用，而以南宋朱熹为代表的程朱理学和以陆九龄、陆九渊兄弟为代表的心学作为宋学最主要的成果，强调知识分子这个精英阶层中每个人自我意识的觉醒。

个人的修身是齐家、治国、平天下的根本。即便是帝王将相，如果他不能够在道德上、气节上、学问上、能力上自我觉醒、自我提高，那么说什么国泰民安、繁荣昌盛，说什么忧国忧民、报效国家，所有的一切都是空话，他们不会真正去这么想、这么做，即便真有这些想法也没有能力去做。

史学家们应当都同意史书中的这么一句评价:"一时士大夫矫厉尚风节,自仲淹倡之。"是范仲淹的三次被贬唤醒了士大夫的独立人格意识。

在范仲淹之前,大宋几乎没有这么一意孤行的人。即便是寇准、王旦、王曾这些为士人崇敬的人,因为他们的一些私心而都无法引领士大夫们走向一个讲气节的时代。寇准最后一次能够入相,是因为他低下头迎合了真宗希望他编造一封假天书的意愿;王旦在真宗皇帝亲自贿赂他一坛金子之后,感受到了真宗谦恭背后的强硬,不得已配合并参与了荒唐的封禅活动;王曾也是托人向吕夷简致意后才复相的。没有几个人在利益面前能够真正做到人格独立、气节凛然,虽然能说豪言壮语的人数不胜数。

因此,景祐三年的论争是一面旗帜,是知识分子觉醒的旗帜,也由此在客观上影响了宋学的形成和发展,并影响了几百年奉行宋学的明、清两个朝代的思想界,从而从思想和文化的角度影响了中国的历史。

事实上,虽然当时的政治气氛十分紧张,仁宗与宰相的高压让许多人不敢公开为范仲淹说话,甚至没有几个人敢在范仲淹离京时去为他送行,但是仍然有一些人勇敢地站出来表明他们对范仲淹的支持,并以这种支持体现出范仲淹的旗帜作用。当然,这些人后来基本上成为公认的北宋名臣。

天章阁待制李纮是范仲淹的妻兄。他还有一个常人所不知的背景,那就是他早年曾经得到过吕夷简的举荐。他为范仲淹送行时赞道:"希文

庙堂之忧

此行最光!"

从第一次被贬时的"极光",到第二次的"尤光",再到此次的"最光",范仲淹已"三光"在身。他哈哈大笑道:"我如今已是'三光',诸公今后要送我,直接去牢房吧!"

集贤校理王质是带病偕同家里的晚辈来给范仲淹送行的,他要让晚辈们瞻仰一下范公的风采。送别范仲淹后,有人问王质:"王公是有名望的人,何苦自陷朋党之中?"王质答道:"范公是贤者,平庸之人岂能成为他的朋友?如果你真认为我有资格当他的朋党,我要万分感谢你!"后来王质与范仲淹结成了亲家,他的女婿是哲宗朝的名相范纯仁,范仲淹的次子。

翰林学士宋祁在《送范希文》一诗中将范仲淹此次被贬比喻为西汉贾谊那次著名的长沙之贬。

范仲淹同年进士、负责撰写朝廷重要文稿的知制诰谢绛也赠诗慰问。

苏舜钦赋诗赞范、欧、尹,又上书仁宗,提醒他要当心秦朝赵高指鹿为马导致秦朝灭亡的前车之鉴。

人一旦成为一面旗帜,崇敬者未必都出自知友。有一位刚刚进士及第到饶州担任幕职官的刘牧,听说范仲淹被贬到饶州后大喜道:"此公可为我师!"于是赶忙投入范仲淹门下。

当然,也有不赞同范仲淹此举的正人君子,王曾就是其中之一。

王曾认为,"高若讷辈多是择利,范希文亦未免近名"。与宰相争执如此,不就是为了争个忠直的名分吗?因此,他没有参与到这次轰轰烈烈的论争之中。他不会像吕夷简那样打击持不同意见者,也不会像范仲淹那样近名。

但是,王曾也走了。他不想论争,却逃不脱论争,而他论争的对象竟然就是吕夷简，论争的话题竟然还是范仲淹曾经过于纠缠的宰相谋取私恩的话题。王曾走时离范仲淹被贬不到十一个月。这是让王曾啼笑皆非的结果。

回想起来，吕夷简在天圣七年第一次当上宰相还是王曾出的力。当时刘太后的亲信张耆任枢密使，排位在宰相之后。王曾认为吕夷简能力强，应当让他当宰相。他对刘太后说："太后是否碍于张耆的面子，不希望他排位在吕夷简之后？张耆不过行伍出身，岂能妨碍贤能之人上进？"太后不得已才任命了吕夷简。

那一次王曾是首相，吕夷简是次相，吕夷简对王曾又比较恭敬，二人配合还较默契。平心而论，王曾与吕夷简的能力都相当强，风格也相近，均属于行事稳健、考虑周密的类型。而这一次是吕夷简首相、王曾次相，二人却总有不协调之处，主要原因是吕夷简专权，仗着仁宗对他的信任，凡事自作主张，不尊重王曾。

王曾几次向仁宗请求辞去宰相职务，可是吕夷简却也同时向仁宗提出辞职。向皇帝请辞一般有两种含义：一是真心辞职，二是表达对其他同僚的不满。

吕夷简能够挤走李迪，为什么不能同样挤走王曾？吕夷简何必请辞？有一种比较合理的揣测：王曾的威望远超李迪，如果王曾辞职而吕夷简无动于衷，那么舆论必然对吕夷简大大不利。因此，吕夷简的请辞与王曾不同，是一个策略。

果然，仁宗随后问王曾："你请辞是因为吕夷简不尊重你，那吕夷简请辞是不是因为你也有过错？"王曾于是揭露了吕夷简的问题，那就是

"招权市恩"，运用手中权力为他人谋利，再由此谋取自己的利益，至少是让他人对自己个人感恩戴德。他还举了一个例子：秦州知州王继明为感激吕夷简而向他纳贿。此事早已在坊间流传，王曾也是听说的。

吕夷简得知王曾告状，就在仁宗面前与王曾对质，结果王曾所说有不实之处，而吕夷简也有扯不清的问题。仁宗一气之下，将二人一同罢相。罢相就是免去宰相职务，严格意义上说并非贬黜。他们被罢相时，各自的官阶还提升了一级。另外，两位副宰相也陪着他们一块儿免职。参知政事宋绶平时总附和吕夷简，另一位参知政事蔡齐则与王曾关系密切。或许仁宗此时还没有淡忘半年多前的朋党话题吧。

仁宗对王曾和吕夷简各打五十大板的决定，让双方看似胜负相当，但实际上吕夷简是胜利者。他临走前推荐了两个人担任宰相，都被仁宗接受了。这两个人，一个是王随，另一个是陈尧佐。吕夷简推荐他们不是出于公心，纯粹是因为他们同自己关系密切，且能力平庸。一旦他们被罢相，自己回归相位的把握相当大。

名相王曾从此退出国家政治舞台的中心，直至两年后去世。他用自己的遭遇证明了他对范仲淹不免近名的批评是错误的。

7

范仲淹是一个百折不挠的人，他到饶州后上报的《饶州谢上表》再一次印证了他的这种品质。官员每到一地任职，都要向皇帝上一个谢恩的报告，这就是《谢上表》。

"有犯无隐,惟上则知;许国忘家,亦臣自信。"虽有过错,但从不欺瞒;不在乎自己的身家前程,是因为在乎国家的荣辱兴衰。这是他的自我评价。"此时为郡,陈优优布政之方。"在一方主政,肯定要为百姓谋利益。"必也立朝,增謇謇匪躬之节。"如果有朝一日还能回到朝廷,仍然会一如既往地奋不顾身、尽忠直言!换一句他答著名诗人梅尧臣《灵乌赋》的诗句来说,就是"宁鸣而死,不默而生"。

八百多年后,一位与范仲淹品格相近之人林则徐有一个座右铭:"苟利国家生死以,岂因祸福避趋之?"我们不妨把它看作是范仲淹这句话的另一种精辟概括。

但是,"知我者谓我心忧,不知我者谓我何求?"三次因为直言被贬,这在大宋前所未有,何况第三次还是重贬。他已经四十七岁,开始步入那个时代的老年了。朝廷的庙堂似乎离他越来越远,而身处地方的江湖之中,他又能做些什么呢?

有一个值得注意的现象,那就是范仲淹几乎在他从政所经历的每一个地方,都留下了后人对他的怀念,这种情况历史上也不多见。因此,我们不必过于追寻范仲淹第三次被贬后在地方主政的政绩。范仲淹不会背负着三次被贬的包袱,或者高咏着"人生在世不称意,明朝散发弄扁舟",去做个闲云野鹤,或者向往并实践着"宁与燕雀翔,不随黄鹄飞"的混世生活,自甘沉沦。如果套用今人常说的一句话,那就是"是金子总会闪光"。

因此,让我们暂且放下范仲淹,把目光转向景祐三年下半年至康定元年(1040)一月在持续震耳的雷声中昏昏欲睡的大宋。在这一段令人痛苦的时期之后,大宋展现了另一段为时不长的勃勃生机。

庙堂之忧

从景祐三年下半年开始的三年半时间里,有三件大事对大宋的朝政产生了重大影响。它们是天灾,群臣关于朝政的又一次大论争以及西夏与大宋的战争。

景祐三年七月的一天夜里,开封府界雷雨大作,一场严重的雷电击中了开封府衙北面的兴国寺,奉有太祖御容之像的大殿连同几百间房子顷刻之间被烧成灰烬。

景祐四年(1037)六月,流星雨自西南向东北降落,随后毕宿星群之下可见数丈黑气。这一天象主兵主雨,不是边境有警,就是暴雨成灾。

这一年七月,杭州突发大风,钱塘江狂潮拍岸,浪高六尺,冲坏堤坝几千丈。

十二月,北方忻州、代州、并州发生强烈地震,京城开封也有明显震感。在忻、代、并三州,地裂水涌,兵民死伤近四万人,损失牲畜五万多只。这次地震余震不断,长达数月。地震之灾反映的是两个现象:一个是通过贵妇到皇帝后宫这条"女谒"渠道在皇帝面前求官求赏的问题严重,另一个是大臣专权。

畏惧自然是中国人几乎与生俱来的传统。先人们认为,重大的自然现象都是国家政治明暗良莠的反映,君主都应当在道德上和政治上做出相应的检讨并制定出更加正确的国策。在绝大多数时候,这种畏惧的积极意义远远大于消极的一面。它能够让统治者将自然灾害作为上天对自己的提醒、批评乃至惩戒,从政治上和道义上寻找自身的问题加以改正。而此时,官员们往往也会借机向皇帝进言,有的是因为忧国忧君忧民而对皇帝进行劝谏,而有的则将它看作是借机排斥异己的又一次机会。

第二章 君子何所忧

仁宗对于上天的警示是十分敬畏的。他采取了自认为很虔诚的办法,就是祈禳。他派出内侍到各地名山道观祈祷,甚至在皇宫的正殿大庆殿建立道场,请和尚们诵经消灾。

一些朝廷官员开始上书表达意见。

直史馆叶清臣上书仁宗,以范仲淹等人被贬近两年为例,批评仁宗对下有失民意,对上有拂天意。他请求仁宗深深自责,提拔使用忠直敢言之士。

改任右司谏的韩琦上了三道奏章。他指出以祈禳之法应对连连出现的灾异不是解决问题的办法,委婉地建议仁宗听取臣下们的直言。

而直史馆宋祁则说得更为直率,言辞的严厉程度不亚于叶清臣。"如今灾异日益严重,却听不到陛下自我问责之语,听不到群臣解决问题的建议。用一些荒诞不经的祈禳之法来应付上天的警示,凡人尚且不信,难道还能骗得了上天?"他强烈建议仁宗广听百官之言。

宋祁上书后的第二天,冬雷大作,这也是不吉祥的现象。仁宗立即颁布诏书,向百官求取直言。"朕的缺失、宰执的过错,政教不当、刑法不公、尸位素餐之人、贪污腐败之吏,都仰仗谏官、御史及朝中百官指摘,言之务尽。朕将亲自阅览,择善而从,绝无虚言!"百官都可以将奏章密封后通过甄匦直接呈递给仁宗。仁宗决心很大,也很诚恳。

一场范围更大但不太激烈的论争又开始了。不知道为什么,范仲淹又是这场论争的一个话题,此时他身处远离京城的饶州、润州或越州,忠实地履行着一州之长职责,在他一生中的第二个创作高峰时期构思着、吟咏着自己的作品,与后来成为宋代重要思想家的孙复、胡瑗、石介、李觏等人切磋交流着儒学经典中的治国安邦之道——他深信学以致用是

庙堂之忧

儒学发展至今的出路和现实的作用。

苏舜钦借范仲淹直言被贬的经历，批评直言者总是横遭中伤的现象。他还指责王随等宰执大臣无能、台谏官员软弱。

于是接下来，平庸而自私的宰执班子成为仁宗下诏求言后群臣上书的第一个靶子。

直史馆宋祁、苏绅上书说："竞进之徒奔走于权势者之门，投机钻营，无所不至！""权归大臣，政不由君，陛下为什么不加以纠正？"

叶清臣又上一书："如今只要提拔一个人，人们都认为他是宰相的亲旧；只要抑黜一个人，人们就议论说他与宰相有嫌隙。如此风气，天能不怒、地能不震吗？"

韩琦继苏舜钦之后，列数了王随、陈尧佐等宰执大臣们的无能、自私的事例。

以王随为首相、陈尧佐为次相的宰执班子确实是极平庸的班子，无怪乎为百官所抨击。王随因吕夷简推荐，越级升任首相，却无所建树。他平日信佛笃深，他的家俨然就是一个佛教道场，但他又没有佛门中人的涵养。在中书省宰相办公的都堂之上，经常对不顺眼之人破口大骂，他也因此贻笑四方。

陈尧佐则热衷于谋一己私利。他越级提拔儿子，还为犯错的亲信护短。陈尧佐在密州有一个亲信犯罪当死，他利用职权百般为此人解脱。宋祁之兄宋郊时任审刑院主官，他坚持将此人判处死刑，为此得罪了陈尧佐。

而参知政事石中立则像一个俳优。他机敏过人，出口成谑，但才能似乎主要体现在插科打诨上。只要有他在的地方，那里必然笑声不断，为此他常常被邀请主持宴会一类的活动。

第二章　君子何所忧

这些宰执大臣不仅为自己谋利，相互之间也是明争暗斗不止。宰相王随、陈尧佐又先后因为老、病，多数时候在家休息，朝中官员为此给中书省起了一个"养病坊"的绰号。

历时三个月的群臣进言，让仁宗自己也认识到宰执的问题。他当初下诏时曾说过，择善而从、有则改之。这回他很干脆地采纳谏言、改正错误。

宝元元年（1038）三月，仁宗下诏改组宰执班子。宰相王随、陈尧佐和副相韩亿、石中立都被免职。

一个平庸无能的宰执班子被解散了，但是又一个平庸无能的宰执班子产生了。

仁宗任命张士逊、章得象为宰相，原来的同知枢密院事王鬷、开封知府李若谷为副相，王博文、陈执中为同知枢密院事。

已经七十四岁的张士逊是仁宗当太子时的东宫旧臣，为人厚道。一个七十四岁的老实人，还能在宰相的位置上做些什么事呢？顺皇帝之意，做一些皇帝喜欢的事，说一些皇帝高兴的话，如此而已。任相不久，他就率领群臣上表，请求给仁宗加上一个"宝元体天法道钦文聪武圣神英睿孝德"的尊号。尊号的作用，就是表明皇帝拥有尊号中所列的那些品德。还有人说，让张士逊出任首相是吕夷简向仁宗密荐的结果，吕夷简推荐张士逊的目的自然与推荐王随、陈尧佐一样。

而六十岁的章得象当了十二年的翰林学士，以行为端正为仁宗所欣赏。当年刘太后当国时，太后身边的宦官、亲信找章得象办事，章得象面对他们一声不吭，让他们无可奈何。但是，如果章得象也用这些办法

庙堂之忧

对付正人君子、对待国家大事，那会怎么样呢？五年后就会有答案的。

同知枢密院事的王博文高寿几何无从知晓，他任职三十六天就病死了。他担任这一职务的理由很可笑。王随等人被解职后，王博文对仁宗哭诉道："臣快要死了，却还没有机会位列两府！"仁宗听了心中恻然，于是任命他为执政。此事在朝野传为笑谈。

至于从同知枢密院事转任参知政事的王鬷，有一个事例可以说明他是否具备宰执大臣的眼光和能力。天圣年间，王鬷受朝廷委派巡察河北。经过真定时，名将曹玮告诉他："王君今后也许会担当宰执重任，建议你多留意边防。元昊有智有勇，他日必为祸患。"当时元昊才十六岁，王鬷不以为意。他入枢密院后，仁宗几次询问他关于西夏的事，他一无所答。

新的任命一出，朝野上下大失所望！韩琦曾经建议任用有能力的杜衍、孔道辅、胥偃、宋郊、范仲淹等人，或者重新起用前一任宰执王曾、吕夷简、蔡齐、宋绶等人。仁宗采纳了韩琦更换宰执大臣的建议，却没有接受他推荐的人选。为什么他连吕夷简都不用？这或许与仁宗此时的心态有关。他畏朋党如虎，而吕夷简与王曾的争斗应当让他感觉吕夷简也有朋党之嫌。在他的这种感觉淡化之前，他还没有召回吕夷简的想法。

在韩琦、宋祁、叶清臣、苏舜钦这些有朝气、有见识的年轻人再次提出他们对新任宰执班子的看法之前——或许他们目前还不具备再次对宰执们品头论足的情理条件和制度前提，来自西部的威胁转移了他们的视线。

自宝元元年十二月起，元昊已经不再是西平王，他的名字也已不再是赵元昊。早在七年前他袭封西平王后，就私下对内自称"兀卒"而非

第二章　君子何所忧

大宋赐封的西平王。兀卒者，青天子也。元昊自称青天子，称大宋皇帝为黄天子。他的赵姓是宋太祖赐予他祖父的，而他对内始终用的是李姓。唐朝末年，党项族的祖先拓跋思恭因为保卫唐室有功而被唐僖宗赐姓李，封夏国公。李元昊是他自己使用的汉名，他还为自己恢复了党项族的姓名，即嵬名曩霄。嵬名是姓，曩霄是名。

如果说元昊自称兀卒还属暗自所为的话，那么宝元元年末他自称皇帝就是公然反叛了。但这是水到渠成的事，西夏注定要壮大的。

西夏的发展壮大是宋太祖唯一一次削藩镇不成功的结果。元昊的祖父李继迁是世袭的夏州节度使的族弟。他在宋太祖削藩时逃出了京城开封，回到他祖辈世袭的领地重新发展。在与大宋的几次战争中，李继迁打败了宋军。真宗即位后，为摆脱烦恼，将夏、绥、银、宥、静五个州赐给了李继迁并封其为西平王，以此息事宁人。

但是李继迁和他的儿孙们并不想息事宁人，他们有自己的志向。

如果把真宗将夏、绥、银、宥、静五州赐给李继迁作为一个观察历史的时间点，此时的西夏，东北面有大辽和东南面的大宋这两个强国，西边是几个回鹘族的政权以及一批汉人自唐朝末年以来保持的归义军政权，南边则是四分五裂的吐蕃诸部，其中以唃厮啰一部为最强。

归义军的历史是悲壮的历史。如今闻名世界的敦煌，在那时叫作沙州。沙州及其周边的大片土地曾经是唐朝的领土，隶属于驻扎在凉州的河西节度使。后来，这片土地被吐蕃占领。再后来，当地汉民在张议潮率领下起兵赶走了吐蕃兵，将与中原隔绝的十一州奉表归复没落的大唐。唐宣宗将此地设置为归义军，任命张议潮为归义军节度使。环伺在归义军四周的吐蕃人和回鹘人使归义军经历了种种困扰，也使它的领地从收

庙堂之忧

复凉州后一度拥有的十二州变成了仅有的一个沙州，而它的统治者也从张姓变成了曹姓。但是，无论是外侮还是内乱，无论中原是唐、宋的大一统还是五代的战乱，归义军这个远离中原三千多里的孤垒都始终不渝地心系中原王朝，主动接受中原王朝的管理。但是中原王朝给了它什么呢？——一个归义军节度使的封号，然后让它自生自灭。

唃厮啰是吐蕃首领赞普的后代。赞普是王的意思。也就是说，唐太宗时期那个著名的赞普松赞干布是唃厮啰的祖先。但是唃厮啰的辉煌并不只是来自祖先。他在吐蕃帝国四分五裂之后流落他乡，被两个吐蕃豪强先后挟持作为名义上的领袖为他们统治当地服务。经过了无数艰难困苦，唃厮啰传奇般地成为青海湖畔河湟地区的主人。唃厮啰坚定地向大宋奉表称臣，并向大宋源源不断地输送大宋紧缺的战马。一个强大的唃厮啰政权成为西夏扩张野心的重要牵制力量。据说，唃厮啰就是他的后人世代传唱的史诗《格萨尔王》中的主角格萨尔王。

真宗、仁宗父子统治大宋的时候，西夏由李继迁与元昊父子相继统治。大宋的父子是以十分温柔的眼光看着回鹘人消灭了归义军，再看着西夏的父子随后消灭了回鹘诸部落的政权，又将强悍的唃厮啰打得从此退守在青唐城以西，并被自己的两个儿子的内耗消磨了雄心壮志。最后，西夏父子中的儿子再回过头来与无动于衷的大宋父子中的儿子反目成仇。此时，元昊已经拥有了河西的广大土地，更重要的是占据了水草丰美、土地肥沃、可农耕可游牧的河西走廊。

占据了沙州以东的大片土地后，西夏的后方已经得到安定，元昊已经不在乎大宋赐封的西平王这个称号，更不用说赵氏的国姓和元昊的汉名了。其实他保持西平王的称号是为了让大宋在他去攻占西部时保持漠不关心的态度，同时也是给大宋一个面子。只要元昊没有让双方撕破脸皮，那就是给大宋面子了。大宋害怕和平共处的局面被打破，哪怕这种局面只是一种假象。而一旦元昊没有了给大宋面子的需要，那么他公开的反抗也就成为必然。

宝元元年九月上旬，一个信使从西夏来到陕西延州以北的金明县。派他来的人叫赵山遇，党项名叫嵬名惟亮，是元昊的叔父。

元昊的叔父，一个在西夏举足轻重的人，他派人来金明县干什么？

谁也想不到，赵山遇想投诚！

山遇在元昊的父亲德明在世时就是西夏的重要人物，在党项人中的威信极高。景祐四年元昊建立了西夏的兵制，让山遇与他的弟弟惟永分别负责左右厢的兵马。左厢在西夏的宥州路有兵马五万人，防备大宋陕西的鄜州、延州和河东路的麟州、府州；右厢甘州路有三万人，防备西边的吐蕃和回鹘。

如此一个重要人物，政见却与元昊不同。宝元元年的九月，是元昊建国的关键时刻。山遇不赞同元昊反宋，劝谏元昊："中国地大兵多，如果反宋，大宋只要扼守住环庆、鄜延两路，我牛羊无处可售，大宋的粮、帛我无从获取，最终必将坐困。"山遇的观点是有见地的，元昊后来果然陷入这种困境。

但是元昊反宋的决心已经积蓄了三十年，放弃这个决心是不可能的。元昊决定铲除山遇。他逼山遇的从弟诬告山遇，说："你告山遇谋反，我就把他的官爵赐给你。"从弟心中不忍，将元昊之谋向山遇透露。山遇见元昊杀机已起，决定降宋。他的弟弟惟永道："大宋没有人不知道兀卒所为，但是他们也不会接纳兄长。真到了这一步，兄长将无路可走！"山遇

庙堂之忧

悲叹道："如果大宋有福，就不会拒绝我！"

结果，大宋无福，拒绝了山遇。朝廷接到延州知州郭劝和兵马钤辖的报告，同意延州帅臣和主将的意见，如果山遇来投靠，务必将他拦住，不可让他进境。

可怜的山遇还不知道宋朝的这个决定。他以为以他对大宋的忠诚，以他在西夏人人尽知的智勇，以他对西夏军力部署的了解，以他对元昊禀性的熟悉，他可以帮助大宋免去横祸。

山遇带着妻、子和亲信三十多人在元昊的追赶下来到了延州。延州知州郭劝和兵马钤辖李渭让山遇回去，山遇不从。于是郭、李派一员将官将山遇一家捆作一团，送进夏界，一直送到西夏控制的宥州。元昊为追赶山遇，已经亲自带兵来到宥州了。

宋将将山遇一家交给元昊，但元昊不要。他说："延州诱我叛臣，我要亲自到延安，在延州知州衙门厅前接收叛臣！"宋将好言好语恳求半晌，元昊才放下架子接收了山遇。

从被宋军捆绑起来的那一刻，山遇才完全知道他的命运和大宋的命运。他仰天大哭。他实在无法接受这世间的荒唐。押送他的宋将看着他和他的一家被元昊乱箭射死。

曾经的著名谏官、如今的延州知州郭劝的一世盛名毁于这一件糊涂事上。但是，如果他不糊涂又能怎样呢？堂堂大宋，从仁宗到满朝文武，有几个人不糊涂呢？

山遇死了，元昊也回他的都城兴庆府了。对大宋君臣来说，此事到此为止。

然后呢？然后，朝廷的议论纷争按照原有的轨迹继续进行。

第二章　君子何所忧

还是这一年（1038）的十月初，仁宗下诏警戒百官不得朋比为党。这是两年多前将范仲淹贬出朝廷之后的又一次警戒。为什么这个时候又出此诏？这是因为，仁宗发现一年多来许多人借天灾上书的机会为范仲淹翻案。

仁宗并没有让范仲淹永不翻身的想法。他对于范仲淹，似乎陷入了一个相当烦恼的矛盾心态中。前一年的七月，叶清臣上书为范仲淹呼吁，仁宗随后将范仲淹从饶州调到离京城更近、条件更好的润州。但紧接着有人在他面前告发说范仲淹出言不逊，仁宗一怒之下又要将范仲淹贬到岭南，好在参知政事程琳驳斥了谣言，打消了仁宗的想法。

这次下诏后，新任的参知政事李若谷提醒仁宗："近年士风浅薄，有人专门以朋党之名诬陷善良。如果将善良之人视为朋党，正直之臣将难以立足。"仁宗又觉得李若谷的话很有道理。

不久，仁宗又想起了朋党的可怕。他对辅臣们道："近来上书言事的官员不是诋毁大臣就是指摘皇帝过错，以此沽名钓誉却无益于国事，朕实在感到厌烦！"张士逊忙答道："陛下既然能洞察邪正，奸人自然会收敛。"

在西夏，元昊也在按照他自己的既有轨迹推进着他的事业。仁宗下诏警戒朋党八天后，元昊也下诏了。诏书是皇帝才能下的，元昊能下诏吗？能，因为他当皇帝了。

宝元元年十二月十一日，元昊正式登基，国名大夏，自称大夏皇帝。而此时大宋朝廷最重要的事是即将到来的三年一度的冬至祭天大礼。群臣们都将享受到皇帝的恩赐。元昊没有过早地来打搅他们的欢乐。

一个多月后，鄜延路报知朝廷：元昊反了。

庙堂之忧

是元昊主动告诉他们的。他派了一个使者向大宋通报他建国登基之事。

怎么处置元昊的使者？这关系到大宋对元昊登基的态度。元昊又给大宋出了一个难题。

有人建议将使者拒之门外，不要让他进京，但朝廷商议后决定让使者进京递交元昊的书信。于是延州派人将元昊的使者送到了京城。

使者到了京城后，有两位执政大臣建议杀了来使，而另外三位大臣反对。

使者在京城十分跋扈，于是又有人建议趁他身在馆舍时将墙推倒，造成一个意外身亡的假象。这个建议没有人认为荒诞，只是认为不仁不义，所以没有通过。

算计了半天，朝廷总算本着两国交兵不斩来使的原则，送夏使出境。

元昊出的难题解决了，仁宗给自己人出了另一个难题：对西夏该怎么办？

谏官吴育说："西夏就是因为看到了我大宋因循苟且之风盛行，才敢内蓄奸谋。陛下应当与大臣们检讨缺失，博采众议。"

过了几天，吴育又上书提醒："严防我方将士心怀盛气、轻进贪功，否则可能陷入对方诱诈诡计之中！"

又过了几天，吴育第三次上书："元昊刚刚反叛，锐气正盛，不宜讨伐，或则贪功冒进，容易上当。"

吴育的建议似乎没有得到重视。

讲读官贾昌朝不太看重西夏的反叛："西夏僭狂，不足为虑。而国家财政开支太大，国库不实，百姓贫乏，这才是严重的问题。"

第二章　君子何所忧

新任知枢密院事夏守赟从用兵的角度建议："如今边界兵力分散，无法与西夏交锋，应当将兵力集中，在夏兵入境时半路邀击。"

知永兴军夏竦在仁宗的要求下上书，提出了他的见解。他认为，是朝廷将元昊豢养过饱，使他有能力如此猖獗。如今元昊反宋，人人都欲大行诛讨。但是当初我大宋与元昊之父李继迁交战尚且负多胜少，如今元昊的富强远胜于其父，而我方军力不强、兵不习战，如匆忙交战，必然不利。夏竦建议，陕西沿边各州要大量增兵。夏竦的看法有些道理，但是仅靠增兵就能解决问题吗？

夏竦所在的永兴军治所在陕西的长安，是自西向东进入中原的大门。夏竦曾任枢密副使，让他担任知军，是对永兴军这一战略重镇的重视。

知延州范雍也曾任枢密副使，如今是陕西鄜延、环庆两路的都部署。都部署即是总帅，总领两路兵马。他上书说："鄜延、环庆、泾原三路都靠近西夏，只有鄜延路道路最多、兵力最弱，元昊如果入寇，极有可能由此进攻，希请朝廷尽快增兵添将。"后来的事实证明他的分析也有见地，但是建议仍旧只是增兵。

范雍的副帅刘平指出了尽快平定西夏的重要性："朝廷养兵百万，如果连一个小小的西夏都不能平定，那么北方的契丹必将有犯中国之心！"如何平定西夏？他建议，重新整顿陕西四路军马，广征陕西能征善战的土著蕃兵，先攻占横山一带的宥州、洪州，委任蕃官治理，广收蕃民之心，使元昊失去边界一带熟悉地形、骁勇善战的土著蕃兵的支持，如此步步为营，就可逐步将元昊政权扼杀。刘平此议，最有见识。

河中府知府杨偕上书反对夏竦的增兵要求。他认为兵在于精而不在

庙堂之忧

于多，如今陕西边境陈兵二三十万还不够，说明军队的战斗力不行。如果再增兵，徒增国家负担。

夏竦对杨偕的意见进行反驳，称有不忠小人破坏国家大计，杨偕居心叵测，必然是朝中有人指使他。

就在这些无休止的争论、研议之中，又一年过去了。其间，虽然大宋与西夏之间互有攻守，宋军却是胜多负少，并且这些都是无妨大局的小冲突。多少年来，就是双方和颜悦色相处的时候，这些冲突也都没有间断过，何况是现在。

大宋迄今采取的最严厉措施，就是削去元昊的赵姓，将他从皇家宗室中除籍，并悬赏元昊的人头。可是后两项措施闹了大笑话。元昊祖先虽然被赐姓赵，但并没有被赐予大宋皇家宗室的籍贯。至于悬赏元昊，言者批评这是无法缉拿到逃犯时无可奈何的做法，难道大宋与西夏还未交兵就承认无法战胜元昊了吗？

国事家事，急事缓事，仍然没有主次、没有轻重、没有先后。范仲淹、宰执大臣、仁宗皇帝，还有其他人，他们之中能够操心的人或许正在不需要操心的位置上，而那些身处需要操心位置上的人正在日复一日地过着不操心的生活。

范仲淹此时正在越州等待李觏的到来。他邀请李觏来越州执教，同时也期待相互切磋儒学。对于李觏用儒学经典指导国家富国、强兵、安民大政的理论，范仲淹十分欣赏，并对李觏多有指导。可惜李觏的这种思想直到九百年后才被后人发现它的光辉。

欧阳修与尹洙之间不断有书信往来，他们在商量重修五代史的事。

宋初宰相薛居正奉太祖之命主持编修的《五代史》，他们认为过于平铺直叙、缺乏思想。他们想把名分、纲常颠倒的乱世五代作为一部教材，让后人知道什么是廉耻。早在西京的时候，欧、尹二人就分头撰写了《十国志》作为试笔，如今打算在总结《十国志》撰写心得的基础上撰写五代。依旧是二人分工，欧阳修负责后梁、后汉和后周部分，尹洙负责后唐和后晋。

为人厚道的宰相张士逊利用一起腐败案件巧妙地赶走了一个特立独行、不依附自己的人。腐败案件牵扯到两个执政大臣：知枢密院事盛度和参知政事程琳。开封府查出他们非法侵占他人房产，仁宗因此将他们罢去执政职务并贬出京城。御史中丞孔道辅被宰相张士逊说动，替程琳求情，使得仁宗怀疑他与程琳朋党结派，也将他贬黜。这是孔道辅第二次在御史中丞的位置上被贬谪，他后来才知道是张士逊设计陷害。张士逊厚道不假，但陷害孔道辅也是真的。

仁宗十分得意于自己对朋党之辈的警觉。他又一次下诏，将处置盛、程、孔等人之事通告天下。

时间过得让人有些昏昏欲睡。如果真睡着了，或许将不再醒来。

就在这时，一声惊雷响彻大宋。

那天，仁宗退朝回宫。路边一个老兵手持扫帚心不在焉地扫着地。当仁宗经过他身边时，老兵忽然厉声叫道："可惜了刘太尉！"

仁宗着实吓了一大跳。醒过神来，他让一拥而上的卫士放开老兵，问道："你何故如此怪叫？"

老兵扑通一声跪下，放声大哭道："官家真没听说吗？延州大战，刘太尉与一干大将都没了！"

庙堂之忧

仁宗听了，犹如晴天霹雳，这两天刚接到延州来报说元昊可能入寇，怎么马上就有大将阵亡了？"此话从何听来？"

"臣女婿在刘太尉身边虎翼营中，虎翼营也全军覆没了！"他递上几张纸，"这是臣家书急报！"

仁宗二话没说，一边颤颤巍巍地往回走，一边告诉内侍："速召两府大臣！"

两府大臣们来了，他们不知道仁宗为什么突然把他们召回来。仁宗把老兵的家书甩给了枢密院诸大臣。军事由枢密院负责，中书大臣不过问。

不知是哪位枢密大臣说道："此事枢密院早已得到报告，但怕说不清楚，因此已经让延州赶紧报来详情。原打算了解详情后再商议如何奏知陛下，以免陛下焦虑。"

仁宗也像那个老兵一般厉声叫道："如此大事，还说不使朕焦虑！你们真的有耐心！"话未说完，双耳尽赤。仁宗真的发火了：他一发火，两只耳朵就会通红。

第三章

谁将补天裂

在电光石火的关键时刻，一个人的本性和能力能够得到最真切的检验。在这个时刻，不进则退，不生则死，任何虚伪的外表、空洞的言谈都会被即将坍塌的泰山压得粉碎。

第三章　谁将补天裂

1

> 君不闻胡笳声最悲，紫髯绿眼胡人吹。
> 吹之一曲犹未了，愁杀楼兰征戍儿。
> 凉秋八月萧关道，北风吹断天山草。
> 昆仑山南月欲斜，胡人向月吹胡笳。
> 胡笳怨兮将送君，秦山遥望陇山云。
> 边城夜夜多愁梦，向月胡笳谁喜闻！

这是唐代边塞诗人岑参写给赴陇右传达皇帝诏命的名臣颜真卿的一首送别诗。岑参笔下那凄凉的萧关位于横山山脉的西端。横亘陕西东北至西南的横山山脉是分隔农耕民族与游牧民族的天然屏障，横山以西、以北的高原就是塞上，或称塞外，而横山以东、以南地势逐渐低矮的半高原、丘陵以至平原就是塞下，或称作塞内。大宋建立后修复的萧关在塞内，东南距环庆路的环州约二百里。塞上塞下、塞内塞外，农耕民族与游牧民族为争夺土地和生活资源而进行的千百年势不两立的冲突，产生的却是水火交融之后密不可分的灿烂文明和各民族的统一和谐。黄沙来又去，桐花落复繁。横山上的鹰隼世世代代地见证着关塞内外的悲伤与欢笑。

刘平带着三千骑兵驰骋在崎岖的山路上，再有一个时辰就可以抵达

庙堂之忧

保安军。这是康定元年一月十八日。三天前刘平接到主帅范雍的命令,从环庆路的庆州带兵驰援庆州东北二百五十里外的保安军。据范雍告,西夏重兵将自保安军北面的土门寨入寇。

刘平身任环庆、鄜延两路副都部署,是这两路兵马的副帅。虽然都部署范雍是主帅,但实际领兵作战主要依靠刘平。

被仁宗称为"诗书之将"的刘平在仕途的前半生是文官,后半生是武将,因此能文能武。他本是将门之后,自己却进士及第。在真宗朝担任监察御史时,刘平得罪过权相丁谓,于是丁谓对真宗说:"刘平是将家子,素来知兵。如派他到西北守御,必可制敌。"真宗去世不久后,刘太后想起丁谓的话,就将刘平改为武职,出守陕西邠州。武职改文官对武官来说是求之难得的事,而文官改武官则没有几个人愿意。但刘平却忠于武职之守,以他文官的战略眼光来审视国防安全。他历任陕西、河北、河东等地地方长官兼军事长官,提出了一些重要的加强边防的意见和建议。十年前的天圣八年,当元昊尚未袭封西平王时,刘平就提醒朝廷说元昊必叛,建议多加防备,但这一建议不被重视。元昊反宋后,因刘平是宿将,朝廷委以重任,让他协助范雍防守环庆、鄜延两路。

古人道:"经略中原必自长安始,取长安必自陇右始。"陇右最富庶的黄河以西地区如今已为元昊所有,只剩下陇右最东端的庆州、渭州一带仍在大宋掌握之中,因此这一带也成为大宋保卫以长安京兆府为核心的关中地区、防范西部边境威胁的前线。

为了防守西夏,陕西设立了四个路级建置,依次是鄜延路、环庆路、泾原路和秦凤路。除了秦凤路以防备西边的吐蕃部落为主,其余三路均面对西夏。范雍与防守秦凤、泾原两路的夏竦都曾任枢密副使,让这两

第三章　谁将补天裂

位曾经的两府大臣一起镇守陕西，就是因为陕西让仁宗难以放心。不过，这四个路级建置是专为军事目的而设，民政事务仍然是各州军自主，监察和赋税的转运仍归总于陕西转运司。

范雍主管的环庆、鄜延两路在陕西的东北部，地势复杂、防御战线长，而鄜延路尤其如此。范雍与刘平二人分工把守这两路，其中范雍由鄜延路的副都部署石元孙辅佐驻延州，镇鄜延，刘平驻庆州，镇环庆。

鄜延路的延州在鄜州正北约一百五十里，距正西偏北的保安军也有约一百五十里，距正北偏西的金明县则有大约八十里的路程。保安、金明是拱卫延州的军事重镇，与延州三足鼎立。而刘平驻扎的庆州距保安军有二百五十里左右的路程，距延州则有近四百里之遥。

范雍为什么把刘平从几百里外的庆州紧急调往保安军？这是因为此次的西夏入侵让范雍措手不及。若以后人的眼光看，范雍正在犯下重大的战略错误。

范雍犯的错误是一系列的。

宝元二年（1039）十一月，西夏兵入境围攻保安军及保安军以北的承平寨，都被守将击退。于是元昊致信范雍求和，表示愿意悔过自新。范雍见信十分高兴，将此情上报朝廷，同时放松了警惕。

自元昊致信范雍求和后，常有一些西夏境内的蕃兵蕃将来到金明县投降。金明县驻军长官、都监李士彬是蕃官。李家是当地羌族首领，世代在此为官。李士彬手下有羌族蕃人近十万人，平时为民，战时为兵；平时半耕半牧，战时将家挈口迁入堡寨或战或守。金明县北的横山丘陵起伏、沟壑纵横，生活在此的羌族部落数十个，羌民熟悉地形、骁勇善

庙堂之忧

战。金明县有堡寨三十六个，均由李士彬统管。在与西夏兵的冲突中，李士彬常常获胜，当地人称"铁壁相公"。

李士彬让元昊恨之入骨。元昊几次对他采取离间计和诱降计，都没有成功。宝元二年三月，元昊派人散布已经拉拢重用李士彬的谣言，但李士彬的主帅、鄜延路副都部署石元孙的前任识破此计，没有上当。九月，元昊派自己的环州刺史到金明县劝诱李士彬一族，被李士彬捕获后送至京城斩首。

对来自西夏境内的降兵降将，李士彬建议范雍将他们迁至延州内地，但是范雍不同意。范雍将降兵降将隶属李士彬，并奖赏他们，以图诱使更多夏兵来降。范雍十分幼稚的诱降计很容易地让元昊的诈降计获得成功。

这些都不是范雍犯下的最大错误，最大的错误是他根本没有摸清这次敌军的战略意图，每一步都落入元昊的陷阱，当然他还不知道自己将经历大宋对西夏最大的一场败仗。

十八日夜，刘平与范雍从延州派来的石元孙部会合。按照此前范雍的指令，他们于次日清晨直趋保安军西北五十多里的土门寨。土门寨是扼守敌军自横山居高临下侵入塞下的一条要道。

土门寨已成灰烬。有蕃官来报，敌军数万人两天前入塞，不到半日便攻破寨堡，擒获寨主，随即直扑金明县。

刘平和石元孙立即整兵返回。这时他们接到了范雍的第二份命令，让他们急速回保延州，因为金明县已经陷落。

由能征善战的李士彬率领十万蕃兵镇守的金明县怎么会陷落？这是

第三章　谁将补天裂

因为范雍犯下了另一个大错。

得到夏军越过土门寨直趋金明县的消息,范雍令李士彬将十万蕃兵分守金明三十六寨,不可让夏军突破金明威胁延州。延州已经没有兵力了,主力部队已被石元孙带往保安军。

李士彬之子李怀宝更有眼光。他提醒李士彬:"敌军主力深入,我军应当集合兵力与其对抗。如果分兵三十六寨,势必会被各个击破。"但李士彬没有听取儿子的意见,他执行了范雍的命令。

那一夜,李士彬在金明三十六寨中路的黄堆寨枕戈待旦,准备迎战,但敌人没有动静。黎明时分,李士彬卸下盔甲稍作休息。刚刚入睡,敌军已经攻入寨子。李士彬急呼左右牵马,左右却牵来了一匹老迈的驽马。元昊的诈降计获得了成功,李士彬身边之人已经被西夏降将策反。

十七日,金明三十六寨一日之内被全部扫荡。李士彬被俘,儿子李怀宝战死。元昊将李士彬割去双耳,以泄心中之恨。而当范雍见到逃归延州的李士彬的老母和妻子时,甚至还不相信金明县就这么轻易陷落。这时,刘平、石元孙和范雍稍后派出召他们回守延州的传令官都在各自赶往保安军的路上。延州也随后被元昊亲自率领的夏军包围。

接到范雍的第二道命令,刘平下令大军倍道兼行,但属下有些人提出疑惑。金明有十万之众,能够轻易被击破,敌军绝非一般主力。刘平答道:"义士如果赴人之急尚且视赴汤蹈火如履平地,何况如今是赴国事?!"

漫天的大雪迟滞了他们的行进。二十二日夜,队伍行进到离延州三十里的地方,刘平见到了范雍第二次派来的传令官。传令官报告:"范太尉已在延州东门迎候。为防奸细混入,范太尉命令让兵马逐队点放入城。"

庙堂之忧

刘平和石元孙亲自点放人马。每队五十人，放行五里后再点放下一队。点放了五十队共两千五百名士兵后，刘平一回头，突然发现传令官不见了。二人大惊，立即派人前往察看，回报说五十队士兵已不见踪影，延州方向一片黑暗，并没有迎接的灯火。二人知道上当，急忙引兵后撤。

黎明时分，奉范雍之命从保安军周边防地赶来的部将黄德和、郭遵等三支队伍与刘平、石元孙会合。黄德和是鄜延路驻泊都监。都监、监押都是监军官，是皇帝派来监督军队的军事官员。黄德和和许多监军一样都是皇帝内宫的宦官，当然并非所有监军都由宦官担任。

刘平重新整顿队伍后，回身继续向延州进发。部将郭遵提醒刘平："敌军深浅尚未了解，不可贸然进发，否则有全军覆没的危险！"

刘平听了训斥道："你号称勇将，今天怎能如此懦弱！"他催马，亲自带领队伍向前进发。

清澈碧绿的清水河，在延州以东不到十里之处汇集了源自横山、自北向南和自西向东的两条小河，然后又与源自延州南面劳山上的一条小河汇集，再一路逶迤向东汇入南北走向的黄河。也许，这几条无名小河在那时也有一个如清水河一样美丽清新的名字，只是岁月的摩挲让它们在人们的记忆中变得越来越模糊。

就在这几条河流汇集的三川口，元昊的十万人马对宋军发起了歼灭之战，而刘平和他的八千名将士义无反顾地走向这个白雪皑皑的惨烈战场，没有丝毫退缩的念头。这一天是康定元年一月二十三日。

两军在清水河的西南面相遇，应当说是夏军在清水河西南挡住了宋军东进的去路。不太空旷的地带并不利于夏军发挥他们的铁骑优势，但是只要堵住了退路，南北两边古木参天的丘陵也能帮助夏军形成对宋军的包围。

夏军结成阵势，一员蕃将点名向郭遵叫阵。郭遵和他后来成为大宋枢密副使的弟弟郭逵都是智勇兼备的战将。他挺身而出，手中的铁杵把敌将的脑袋砸开了花。宋军乘势进攻，斩杀敌军六七百人。夏军倚仗人多，结盾为阵稳住阵脚，但宋军再次冲击，将敌方后军压入河中，夏军被杀或溺毙又有近千人。面对十倍于己的敌人，宋军的勇敢震慑了强敌。

激烈的战斗自晌午持续到傍晚，刘平身上已经多处负伤。这时，宋军战士借停战空歇，纷纷提着夏兵人头向刘平报功。

刘平急忙高声喊道："激战正酣，你等先各自记住功劳，战后再赏！"

但是夏军抓住了机会。敌军轻骑兵趁机突进，将宋军逼退了几十步，宋军阵势仍未混乱。

最令人痛恨的事情发生了。

后军黄德和见前军后退，以为兵败，立即率领自己的队伍逃跑。前军见此情形不明就里，也随黄德和败退，阵势就此溃散。刘平急令儿子策马追上黄德和道："太保千万不要撤退，与我家大人并力抗贼！"黄德和不听，策马飞奔，爬过重重丘陵，苟且留得一条性命。

郭遵明白自己已经没有生机。他手持一杆长槊向敌军最密集处杀去。不知杀了多久，长槊早已弯曲。元昊的目光不断地跟着郭遵游走。他让手下人在郭遵前方扯起绊马索，但被郭遵拔剑斩断。元昊又急令弓箭手放箭，乱箭射倒了郭遵的战马，郭遵也随着战马摔倒在地。就在他立起身来的一刹那，无数支长枪扎进了他的后心和胸膛。

刘平手握宝剑，与身边的几名军校一起斩杀了多名四处奔逃的士兵，终于拢住了一千余人。他和石元孙率领这仅有的一千多名士兵再次向前

庙堂之忧

方冲击，将夏军又一次逼退河中。如今，前方是大河，河对岸是数不清的敌军，过河已经没有可能。刘平于是率军向西南撤至一个小山包上。

几万名夏兵团团围住了只有一千多人防守的山头。山下灯火通明，山上寂静无声。元昊派人高声询问："宋将何人？"山上没有回应。元昊又派人喊道："几许残卒，不降何待！"刘平让士卒回答："狗贼！你们还不投降！明天我大宋援兵到来，你们想投降也没有机会了！"

刘平他们心里都明白，大宋的援兵不会到来。

天亮了。夏军发起总攻，将宋军断为两截。经过最后的厮杀，刘平和石元孙力竭被俘。

三川口震天的喊杀声一定是传到了五里外的延州的。

当范雍看到撤离三川口战场后直奔延州而来的不是刘平的宋军而是夏军时，他几乎陷入了绝望。他应当明白了元昊的意图。

延州被围七天而未被攻陷，不是西夏兵力不足，更不是元昊心存怜悯，而是元昊要围城打援。如今外援被歼，延州对于元昊而言已经没有再让它存在的价值了。攻下延州，将是西夏这次战役的圆满结束，也将是一个标志，标志着西夏有能力攻入塞内并占领一座重要城市，这与此前游击式的骚扰有本质的不同。果真如此，宋夏之间的战争已经不再是局限于边界的一般的攻防战守、烧杀掠夺，而是关系全局的战略得失甚至涉及大宋的生死安危了。

范雍与延州城内仅有的几个高级官员紧张地商量对策。内侍出身的鄜延路统兵官卢守勤对着范雍号啕大哭，然后建议派都监李康伯出城向元昊求和。此时求和，就是求元昊放一条生路，与投降无异。

李康伯道："可以死难，不可以出城见贼！"

范雍无奈，问延州通判计用章还有没有办法。计用章道："在下早就劝大人修补城墙、做好防备，大人不听。如今只有一死报国而已！可惜一城的老幼无辜都要陪我们惨死！大人上对不起天子，下对不起百姓！"

范雍悔恨不已，但不能坐以待毙。他让城中有些力气的百姓都穿戴上盔甲，拄着长枪，与仅有的几百名士兵一起站立在城墙上，作为疑兵。

天快要暗了。身边的亲随私下劝范雍："大人何不弃城而走？"范雍的平庸并没有让自己失去良知。他答道："如今是我以死报国的时候，我岂能弃一城百姓而逃？"

在夏军完成攻城部署之前，范雍做了最后的努力。

他跪在地上，向着延州城外的嘉岭山连磕了几个响头。他祈求嘉岭山神保佑这一城百姓。

嘉岭山上的宝塔无语地看着这一切。

但是，神奇的事情发生了。

天上飘飘洒洒地落下了一些东西。起初很小、很轻，但很快就很大、很重。

是雪！天降大雪了！

大雪下了一整夜。天亮的时候，深陷于恐惧与悲伤之中的延州军民突然发现，西夏兵已经无影无踪。元昊撤兵了！一城之内皆是哭声，这是恐惧至极到绝望之后的喜极而泣。

延州的百姓感谢范雍，因为范雍没有抛弃他们。而范雍则感谢嘉岭山神，是山神让天降大雪救了延州。他甚至向朝廷报告了山神的灵验，而仁宗后来也特意降诏敕封嘉岭山神为威显公。

庙堂之忧

其实范雍应该感谢他自己。是他在元昊攻城前看似徒劳的最后部署，以及自己在元昊入侵之初不经意派出的三路人马在西夏境内连克西夏数寨的成果，改变了元昊的决策。元昊黑暗中看见纷飞的大雪下延州城头站立着一批似鬼似神的怪物，因此判断夏军一时难以攻下延州，同时又担心大军后路被断，于是决定撤兵。

延州的事还没有结束。

范雍被降职，到京西路的安州任知州。

黄德和因临阵脱逃，并诬告刘平、石元孙投敌，后又企图串通皇宫内侍为自己开脱，被腰斩后悬首于延州示众。

那天在延州当着众人号啕大哭的武将卢守勤抢先告发延州通判计用章、都监李康伯在大敌当前的时候拒绝执行命令，且计用章在延州被围之初曾有弃延州退保鄜州的建议，朝廷因此将计用章革去一切职务，发配岭南雷州，李康伯也被降职。而卢守勤因有皇帝身边的内侍帮助，反而升任鄜延钤辖。消息传出，许多人愤愤不平。负责朝廷重要文稿的知制诰叶清臣上书痛斥这种不公正的决定，但卢守勤最终也只是小做降职处理。计用章后来被平反，那是范仲淹到陕西后上疏皇帝的结果。

刘平、石元孙和李士彬被元昊押入西夏。石元孙在庆历四年（1044）宋夏议和后被放归大宋，郁郁而终，刘平和李士彬则于多年后病故于西夏。

后人都将三川口之败归咎于刘平的轻敌。诚然，刘平在此战中犯了许多错误，如不知敌军动向、轻信敌军假冒的传令官等等，尤其是轻敌冒进。但是更应当看到的是，正是刘平及其所率宋军的慷慨赴死，拖延了元昊进攻延州的时间，使得元昊得知宋军三支队伍在西夏境内骚扰的

第三章　谁将补天裂

时间与延州天降大雪的时间形成了巧合，迫使他放弃攻打延州的计划。如果刘平慑于夏军的强大兵力而迁延不进，元昊必然先行攻克延州。延州一失，京兆府长安城则岌岌可危，而京兆府到开封没有黄河天险阻拦，在某种意义上比契丹的南下还便利。此外，如果范雍因此战死或被俘，它对宋夏双方心理上的震撼也远远大于刘平之败。

还有一个没有多少人意识到的事实是：没有三川口大败，大宋仍然会有其他大败。三川口之败是惊醒大宋的一个十分悲壮的声音，虽然它还不足以完全惊醒大宋。大宋需要两个、三个甚至更多悲壮的声音，或许才能让自己醒来。

大约五十年后，大诗人苏轼在杭州写了一首著名的送别诗《赠刘景文》：

> 荷尽已无擎雨盖，菊残犹有傲霜枝。一年好景君须记，正是橙黄橘绿时。

刘景文就是刘平的小儿子刘季孙。这算是历史对于刘平这位悲剧英雄的一丝记忆吧。

2

如果把一个国家权力中心的活动和变更当作历史的主线，那么从康定元年开始的中国，因为有了宋夏之间的战争，因为有了宋军三川口之

庙堂之忧

败和之后的第二次、第三次大败,而突然被插入了一段以范仲淹为中心人物的历史。直到六年后,历史似乎又突然回到本来就不应该有范仲淹的轨道上。

康定元年的三月,范仲淹再一次从贬谪地复出了。他的复出得力于韩琦的推荐,而韩琦此时正在陕西前线。

三川口之战的硝烟刚刚散尽,韩琦被任命为陕西安抚使。安抚使在此时还只是一个临时职务,主要负责对遭受天灾人祸的地区进行巡视和抚恤。

在环庆、鄜延两路,韩琦发现当地的官员和将领都相当怀念范雍,他们请求韩琦向朝廷转达希望范雍留在陕西的要求。范雍虽然谋略不足,注定不是一个帅才,但为人宽厚,是一个好上司。曾经有一个小校因违犯军法罪当处斩,范雍知道这名小校作战勇敢,因此心存怜悯,饶了他的性命。十几年后,小校成为大宋的最高军事长官枢密使,他就是仁宗朝第一名将狄青。

范雍被降职后,朝廷任命知枢密院事夏守赟为陕西都部署兼经略安抚使,将原来由夏竦和范雍分别承担的陕西地区四路的军政权力合而为一。都部署是战时最高军事指挥官,经略使总领兵民事务,安抚使则与韩琦所任职务相同。在以分权为军政体制最大特色的宋朝,一人同时身兼这几项职务,使夏守赟成为一个地区的最高军政长官,实属罕见。为了提高夏守赟的权威,仁宗还派了两名宦官持御剑相随,这意味着夏守赟有仗剑生杀予夺的大权。后世流传的持"尚方宝剑"可就地诛杀文官武将的做法是始于宋朝的。当然,负责财税的征收和转运职责同时又专职监察当地官员的转运使一职是不会让夏守赟再兼任的,他仍然受到转运使的监察，否则他就有点像唐末和五代时期的节度使了。

夏守赟曾经在陕西守边，但他昔日的战友们对他的能力并不欣赏。他是真宗的亲随卫士出身，没有经历过战阵就一步一步当上了节度使，不久又在国家最高军事指挥机构枢密院任知枢密院事。人们对他的评价是：平庸怯懦，无谋寡略。他还不如范雍受欢迎。

韩琦呈上了一封奏章。"范雍曾经担任两府大臣，尽心于边防大事，边疆之民都怀念他。建议陛下不要将范雍调离陕西，以安众心。"

其实韩琦也明白，范雍对三川口之败负有主要责任，不受到贬职处理是不可能的。而如果范雍不再担任军政长官，他留在陕西担任知州、知军等一般地方官员，也没有太大意义。

韩琦做如上建议的目的并不在于真正留住范雍。

"如果说范雍能力不足因此必须调离，那就请陛下召越州范仲淹到陕西任职，统领诸将。"韩琦接着说。

既然范雍不行，那就起用范仲淹，这是什么逻辑？韩琦的这个建议出人意料。

如今的陕西，它的安危关系到大宋的国运甚至存亡，在陕西主持或参与主持军政大计，需要最受朝廷信任、最有能力的人。而范仲淹三次被贬后，比他更得仁宗信任的人不可胜数；虽然范仲淹在各地担任州县官尤其是担任开封知府期间展现出卓越的理政能力，但是他没有任何实际带兵的经验，更没有在陕西或其他边境地区任职的经历。韩琦有什么理由认为范仲淹是最合适的人选？如果提不出让人信服的理由，人们大可怀疑韩琦与范仲淹这个身上具有浓重朋党色彩的人之间有什么特殊关系。

庙堂之忧

韩琦没有提及他推荐的理由，他似乎认为起用范仲淹是天经地义的，范仲淹值得起用也是不言而喻的。他只是这么告诉仁宗："在陛下殚精竭虑之际，臣不敢因为害怕别人的闲言碎语而不替国家着想。如果臣与范仲淹有朋比之情，耽误了国家大事，臣甘愿被族诛！"他以韩氏一族的性命做担保。当然，即便他保举有误，也不至于遭受灭族这种残酷的刑罚，但韩琦至少要让自己的信誉和仕途承担巨大的风险。他是以这种十分郑重的方式让仁宗十分严肃地思考他的建议。

一个多月后的三月，仁宗对韩琦的建议做出了反应。他在一天之内做出了多项重要人事调整。

仁宗首先改组枢密院。

枢密院的三个大臣王鬷、陈执中、张观都被罢免，取而代之的是三司使晏殊、正直的老臣宋绶和仁宗的姐夫、驸马都尉王贻永。王贻永因为自己的内敛谦逊而成为太祖限制皇亲外戚干政的理念下迄今唯一一个位登辅弼的皇亲。

晏殊升职后，接替他担任三司使这一"计相"要职的是范仲淹的连襟郑戬。郑戬之妻是范仲淹的妻妹，而他是一个坚持原则到了翻脸不认人的名臣。两年前的一宗腐败案，使仁宗同时罢免了两位宰执大臣盛度和程琳，吕夷简的两个儿子还因牵连此案被逮捕下狱，这件轰动一时的案件就是时任开封知府的郑戬所办的。

杜衍从知永兴军回京任开封知府。杜衍是另一块永远能够闪光的金子。陕西进入战争状态后，关中百姓承担了繁重的调拨之役，几乎家家户户都要出人丁向边境运送粮食、刍草甚至木柴。杜衍根据永兴军不同地区的情况，区分百姓的劳役轻重，严禁官吏借机鱼肉侵贪，尽量减轻百姓负担。他到了开封府，没有郑戬那种咄咄逼人的盛气，却自有一股慑人的气魄，有权势之人都不敢在他的职权范围内无事生非、以权谋私。

最后，仁宗让范仲淹接替杜衍到永兴军担任知军。从越州知州到永兴军知军，级别没有什么变化，但是范仲淹恢复了天章阁待制的侍从之职，这是他在朝廷地位的象征，当然也是他被重新重用的标志。

永兴军是陕西的心脏，不仅因为它管辖之地京兆府的长安，它是陕西的行政、军事和经济管理中心。夏守赟的都部署司、经略安抚司以及陕西转运司都设在这里。不过从另一个角度看，永兴军知军的主要职责就是为陕西的这些首脑机关和前线的战事服务，很大程度上发挥的是后勤保障的功能。这个职务对于陕西的大局不会产生直接的重大影响。

不过一个月后，当范仲淹还在赴任的途中，仁宗发布了新的任命，将范仲淹改任陕西都转运使。都，是总领之意。陕西已经有了一个转运使，任命范仲淹为都转运使只是给他一个更高的地位，他的职责是统筹安排陕西军事物资的运输。

又一个月后的五月下旬，仁宗再次更新任命。两个月内的三次任命，使范仲淹终于获得了一个展现他才能的新天地。他与韩琦一起被任命为陕西经略安抚副使，并共同负责都部署司事务。就在前一天，仁宗罢免了夏守赟在陕西的职务，夏竦接任成为陕西的最高军政长官，因此范仲淹与韩琦成为夏竦的副手。范、韩二人与夏竦共同负责都部署司事务，这意味着他们也是军事上的实际负责人。

仁宗不仅对范仲淹委以重任，还进一步提升了他的地位。范仲淹的

庙堂之忧

馆职从天章阁待制升为龙图阁直学士。从待制升直学士，范仲淹在两制以上官员这个重臣群体中的地位有了重大提升。

据说，将复职天章阁待制不久的范仲淹提升为龙图阁直学士是吕夷简的建议。

吕夷简又回来了，这是必然的。老迈的首相张士逊终于觉得自己再也不能尸位素餐，于是主动提出辞职。吕夷简回京担任次相，原先的次相章得象进为首相，但仁宗当然更加倚重吕夷简。

吕夷简刚到任时，恰逢仁宗准备任命范仲淹为夏竦的副手。吕夷简对仁宗说道："范仲淹是贤才，朝廷既然要用他，就不能仅仅恢复他的旧职。"仁宗对吕夷简的大度十分赞赏。范仲淹赴任途中到京城向仁宗面辞，仁宗让他与吕夷简消除恩怨，范仲淹以发自肺腑之情对仁宗说道："臣向往所论都是国事，臣与吕夷简没有私怨！"

这是六十二岁的吕夷简最后一次入相。他确实有些变化，但变来变去。他有时大度，有时狭隘，有时甚至又完全回到本来面目。

天下的士人不会在意这些事。他们为范仲淹的复出而欢欣鼓舞。

其实，即使没有此次的复出，范仲淹也已经是声望最高的士林领袖，虽然此前身为知州的他还只是官阶为从六品吏部员外郎的中级官员。

一个为国尽忠、不计宠辱的人，一个胸怀坦荡、刚正不阿的人，会被更多的景仰这种精神的人寄予厚望，期望他能够将国家从面临的现实威胁和长远危机中解脱出来，由此再回过头来证实他所具备并为众人景仰的这种精神的巨大力量。这好比东晋时期的谢安。"安石不出，奈苍生何！"在天下之人的呼唤下，谢安结束隐居入世了，并领导处于明显劣势的东晋战胜了强大的前秦，将岌岌可危的东晋一朝延续了近四十年，更为后来的南朝近一百七十年的存在打下了基础。

这就是此时的范仲淹。

但是范仲淹不是谢安。他不知道自己在陕西的职任会有什么样的结果，他只是将它作为自己忠于职守、为国家服务的又一个新的岗位，与他二十多年来的所有经历一样。如果他在以往的职任上是称职或出色的，那么他在陕西的职任上也必然有所建树。相反，如果他二十多年来都是庸碌无为，那岂能指望他在陕西表现出什么卓越的能力呢？

四年后的庆历四年，当范仲淹离开陕西时，无论是后来景仰他的人还是曾经讥讽他的人都承认，他除了具有崇尚气节、忧国忧民的精神，还具有力挽狂澜、治疗国家沉疴宿疾的能力。

崇尚气节也好，忧国忧民也罢，如果只有慷慨激昂的热情而没有安邦治国的真才实学，那是夸夸其谈，其结果就是失败甚至灭亡。东晋的人们为什么盼望谢安？因为在他之前，比他更加满腹才学的清谈名士殷浩怀着以手中拂尘扫遍北方前秦的大志，在北伐大战中一败涂地，最后躲在家里天天用手对着空中书写"咄咄怪事"，留下这个成语作为后人对他的唯一纪念。而殷浩的父亲智者般地对自己儿子的评价，是所有沉浮于宦海之人的最终结局："沉者自沉，浮者自浮！"

怀着一腔始终不渝的报国情怀和一身有待验证的经世之才的范仲淹，完全知道自己和这个国家所面临的来自西夏反叛政权的强大压力和大宋内部的诸多问题。如何看待和解决这些问题，将决定大宋能否安定陕西的边防。

归结起来，当时的问题主要体现在三大方面。

庙堂之忧

一个是地理上的绝对劣势。

面对强敌时在地理上的劣势是大宋的一个可悲之处。与契丹背靠长城形成对大宋的地理优势一样，西夏也占有类似的天然优势。

地势复杂的横山山脉历史上一直是中原地区抵御西北游牧民族入侵的重要屏障。何以见得？不必去探究历史，也不必去翻阅地理，横山上蜿蜒的长城遗迹说明了一切。它是战国时期的秦、赵两国和后来一统天下的秦朝为防备匈奴而修建和完善的。

而如今成为分隔大宋与西夏天然屏障的横山，基本上完全被西夏占有，西夏占领区一直深入横山以西、以南、以东的陕西腹地。无论是进攻还是防守，陕西都处于西夏占据的横山的阴影之下。西夏在地理上的优势还带来了另一个副产品，那就是拥有几十万强悍能战的横山羌民。有人说横山羌本就是党项族，包括三川口之战前被元昊击溃的金明县李士彬部。如果真是这样，那么河西党项与横山地区的党项是有差别的。西夏兵中攻击力最强的不是从河西带来的军队，而是横山一带的蕃兵，这如同大宋在陕西战斗力最强的部队也是当地蕃兵一样。元昊知道横山羌的这一特点并对它善加利用了，而大宋的许多人不知道这个特点，且常常公开歧视将自己视为大宋子民的蕃兵。

为什么西夏能够占据整个横山山脉？这是另一个故事。如果用简练的话描述，它的经过是：元昊的祖父李继迁在宋太宗时期攻占了横山上的银州，并继续骚扰大宋。在遭受一系列挫折后，宋真宗为了息事宁人，将横山南北的夏、绥、银、宥、静五州正式赐给了李继迁，因此就连带放弃了横山。如果宋太祖在世，他肯定不会干这种傻事。

陕西边防的另一个大问题是大宋自身的军事体制与人员素质问题，

它存在于军事管理的各个重要环节之中。

大宋的最高军事指挥机构枢密院常常由几名平庸的文人执掌。文人管理军事不是问题,问题在于不是所有的文人都适合管理军事。换句话说,管理军事的文人需要有战略眼光,熟悉军事运作的特点和规律,而这种文人肯定是少数。从元昊崛起到正式反宋,枢密院的长官换了不下十个,但没有一个人对元昊反宋的必然性有一丝一毫的敏感,这种麻木不仁是让国家丧失活力、陷入危机的慢性毒药。

还有,大宋不缺勇将,但缺乏有智慧、有谋略的将领。军事将领往往很容易成为两种人,一种是只会表达忠心却没有什么能耐,另一种是有能耐但只有匹夫之勇,自己冲锋陷阵、与敌将面对面单打、带领队伍与敌人决一死战都十分勇敢,但敌人略施小计就会让自己全军覆没。三川口之战充分说明了这一点,今后还会有惨痛的事实进一步印证它。

大宋更不缺兵员。超过一百万人的兵力,当时任何一个国家都无法在数量上与大宋匹敌。占兵力三分之二的禁军是正规军,被称为厢军的地方军占三分之一。但是人多并不意味着战斗力强。长期的社会稳定让绝大多数人养成了养尊处优的心态,即便是普通阶层的百姓也是如此。这种现象反映在军队,那就是治军不严、不重训练。平时练的多是花架子。乍一看,队列齐整,军容威武,但是真正打仗谁跟你较量队列是否整齐?士兵最重要的是战斗技能,但这在平时基本没有训练,有训练也多是应付了事、视同儿戏,如:骑兵不会上马,上了马跑不起来,跑起来不会使用武器;弓箭手射出的箭只有一二十步远,甚至有向天射箭指望那些箭能落到敌人脑袋上的。

按理说,禁军的战斗力肯定强于厢军,但实际上有些禁军部队的战

庙堂之忧

斗力还比不上厢军。为什么？禁军平时都是集中驻守在京城一带。需要驻守边防的，按照宋军更戍法的规定，定期轮换调往边疆地区。平时在京畿地区娇生惯养的士兵，到了边疆艰苦地区必然难以适应。这些部队没有固定的带兵将领，调往边境后，需要出兵时，临时调派将领带领，因此往往是将不知兵、兵不知将。

这些都是在战争中甚至不必通过战争就能够直观反映出来的问题。更多的问题只有让战争的失败者去细细体会了，如果他确实想痛定思痛、发愤图强的话。这不是容易的事。军队有时是社会的缩影，无论是社会的正面还是社会的反面，军队甚或有过之而无不及。好在大宋没有腐败透顶的政治，因此也没有腐败透顶的军队。

最后一个问题，是财政经费和后勤保障上的巨大压力。

禁军一个士兵年需经费约五十贯钱，厢军一个士兵年费约三十贯。陕西用兵最多时近三十万人，仅此一地每年军费就达一千万贯以上，占国家财政收入约四分之一。自真宗大搞封禅以来，国家财政并不充裕，甚至在西夏尚未反叛的时候，仁宗就常常动用大内的内藏库经费资助军费和赈灾。

古人的军需运输不比今人。军服、粮食、刍草、烧柴、食盐，所有的一切，都需要民夫车推肩扛运进陕西。遇到有战事的时候，大量民夫要冒着生命危险将一天都不能缺少的粮食随军送往前线。如果是运动战，民夫也要随着部队不断地转移。如果打了败仗，死伤的不仅有士兵，还有数量可能更多的民夫——因为他们没有武器、没有战斗技能。所有这一切，都是百姓的沉重负担。

如果没有战争，这些问题都不会很快地、明显地导致恶果。但是一旦发生战争，这些问题就很可能导致重大失败。即使能够侥幸免于一时的失败，长期的战争状态也会将国家拖垮。

或许是在到陕西之前，或许是在到陕西之后，范仲淹对这些问题形成了清醒的判断和认识，并把它们体现在他这一段时期呈报给朝廷的奏折中。只是，提出成熟、完整的解决这些问题的思路并加以有效实施需要时日，就看朝廷和元昊能给他多少时间了。

而元昊对大宋内部的这些问题未必有太多了解，但是他此时正处于高度的自信状态，因此他在继续寻找机会，打算给予大宋新的沉重打击。镇戎军防守的地域成为他新的攻击目标。

六盘山在镇戎军以南约四十里，它向南延绵四百里形成著名的陇山。

陇山古称陇坂。陇坂九回，其高几里；崖险壑深，攀者落泪。"我所思兮在汉阳，欲往从之陇坂长！"一望无际的陇坂，能阻隔英雄对美人的无尽思念。

大宋在泾原路的防守，因六盘山的存在而形成了重视东面而轻视西面的局面。

六盘山和陇山以东，是西北高原进入中原的另一个要道，古丝绸之路即由此经过。这一段要道从横山余脉的天都山南麓开始，自西北往东南沿着六盘山和陇山以东，依次设立有镇戎军、渭州、泾州等几个军事重镇，其中镇戎军首当西北之锋，著名的萧关就在它的正北。而六盘山和陇山以西，则一个州级建置都没有，这一面的防守是靠设在一些要冲的堡寨来完成的，这些堡寨多数隶属于镇戎军管辖。

镇戎军是一个著名的边城。秦始皇曾经巡视到此，并在此停驾避暑；汉武帝六次到此巡视，那时这里称作安定郡；东汉光武帝亲自带兵到此

庙堂之忧

平定了试图与他分庭抗礼的隗嚣，那时这里称作高平。到了东晋十六国时期，赫连勃勃在此杀死羌族著名的首领没奕干，开始了他建立大夏国的征程。而被赫连勃勃杀死的没奕干，或许就是元昊一族的祖先吧？

宋夏围绕着镇戎军的争战历时一年多，其结果是宋军三战皆北，史称"镇戎三败"。

康定元年九月，镇戎军西北约九十里的三川寨被元昊攻破，宋军几路援兵都被夏军击溃。夏军随后继续攻占镇戎外围的三个堡寨，另一个堡寨刘璠堡守将见夏军势大，干脆开门投降。夏军在镇戎军界内纵兵抢掠三天后才以胜利者的姿态主动退兵。此战宋军伤亡五千余人，一将战死，二将降敌。消息传到京城，朝廷下令处斩临阵脱逃的将领一名，其余五名战败的将领全部被降职。

三川寨之战也有些许亮点。大将王珪率三千名士兵从三川寨西南的驻地瓦亭寨赶来救援，中途被夏军重重包围。王珪杀出重围，来到城门紧闭的镇戎军城下。他没有请求进城，而是请求增兵支援以便继续战斗，但镇戎守将没有答应，只是应王珪请求从城上扔下一些粮食。王珪没有灰心。他让手下兵士饱餐之后道："如今天色已晚，正是我们以寡击众的时机！"然后出其不意杀入敌阵，连斩两名夏军将领。夏军见王珪勇猛，四散奔逃。王珪还想乘胜追击，无奈坐骑中箭倒地，自己也身负重伤，只好收兵回营。他是这次大战中唯一没有被处分的将领。

大宋朝野没有将镇戎军此次的三川寨之败看成是一次影响大局的重大失败，因为宋军在此战中没有损失像刘平、石元孙这样的高级将领。

自延州的三川口之战后，除了范仲淹驻守的鄜延路，秦凤、泾原、环庆路在防守上并没有采取太多的举措。此次镇戎军的三川寨之战后，情况依然如此。如果说有些变化的话，那就是陕西都部署司正在考虑一个重大战略部署：主动进攻，打入西夏。

3

范仲淹站在嘉岭山的宝塔上，极目远眺。

延州城内熙熙攘攘。此时刚过午后，洞开的城门下进出之人络绎不绝。这种景象，看不出战争时期的边城所应有的那种紧张气氛。只有重新修缮的城墙、城外行进中的士兵、低沉的号角声和远山上的烽火台，时时在提醒着人们不要忘记随时可能到来的灭顶之灾。

山风带着一丝丝寒意，吹得深褐色的落叶飘来飘去，与依然留恋在树上的它的兄弟姐妹们相擦之后做最后的告别，那是深秋的寂寥之声。仲秋时节，五彩斑斓的山野到此时已经笼上了一层淡淡的灰烟，让人们的双目有些迷离，有时会错把远方南飞的大雁当作不知秋悲的山雀。大雁是秋思，大雁是乡愁。据说，南飞的大雁到了南方衡阳的回雁峰就不再南行了，因为它们不忍心继续那更加远离故乡的跋涉。

在萧瑟秋风中，五十一岁的范仲淹写下了他作为宋词豪放派先驱的代表作《渔家傲》：

> 塞下秋来风景异，衡阳雁去无留意，四面边声连角起。千嶂里，长烟落日孤城闭。　　浊酒一杯家万里，燕然未勒归无计。羌管悠悠霜满地。人不寐，将军白发征夫泪！

庙堂之忧

范仲淹是不善于修饰感情的人。他在陕西先后作了十首《渔家傲》，都是反映边关的劳苦、将士的艰辛以及对家乡的思念、对国家的责任。说他是宋词豪放派的先驱，因为在那时的人们看来，宋词就应当是抒发儿女情长的媒介，应当有一种柔婉之美，就如唐朝温庭筠的"江上柳如烟，雁飞残月天"，或是南唐后主李煜的"林花谢了春红，太匆匆，无奈朝来寒雨晚来风"，或是本朝晏殊的"昨夜西风凋碧树，独上高楼，望尽天涯路"。而如果一定要用词来描写边塞生活，那也应当像盛唐的边塞诗人那样慷慨激昂，比如"黄沙百战穿金甲，不破楼兰终不还"，或者是"但使龙城飞将在，不教胡马度阴山"。

欧阳修就是这么认为的。读了范仲淹寄来的十首《渔家傲》后，欧阳修谐谑地将范仲淹称为"穷塞主"，因为这十首词都是以"塞下秋来"起始。据说，后来名臣王素出守陕西渭州时，欧阳修也作了一首《渔家傲》相赠，词的结句是："战胜归来飞捷奏，倾贺酒，玉阶遥献南山寿！"他得意地对王素说道："这才是真元帅！"可是欧阳修谐谑了他自己。他的这首"真元帅"词流传至今的似乎只有这几句。

范仲淹的《渔家傲》展现的是在以国为家、保家卫国的胸怀之下对国家前途的担忧和对守边将士的人文关怀，它是一种苍凉而悲壮的美。这种苍凉和悲壮贯穿于有宋一朝，从世代镇守北部边关的杨业及其杨家将到刘平，到狄青、种世衡及种家将，再到将这种苍凉悲壮抒发到极致之后转为无奈、从"壮岁旌旗拥万夫，锦襜突骑渡江初"变成"却将万字平戎策，换得东家种树书"的辛弃疾，再到"人生自古谁无死，留取丹心照汉青"的文天祥，最后到抱着南宋末帝蹈海赴死、将这种苍凉悲壮变为大宋绝唱的陆秀夫，这是大宋辉煌文明的另一条主线，是大宋留给后人的另一笔宝贵的精神财富。

在此时的陕西边关,苍凉而悲壮的现实无所不在。这种现实无法改变,但人们可以改变它的最终结果。不过,人为的努力可能产生不同的结果:或者是将这种苍凉悲壮化为边境安宁、百姓安居的局面,或者是将这种苍凉悲壮变为更加惨烈的结局。

陕西都部署司的人正在谋划着改变现实。他们谋划的,也是两种不同的事,两种截然不同的陕西边防战略。

一种是战略进攻。

早在刘平的三川口之败后,都部署司就有人提出了五路进兵的建议。具体方案是:陕西四路加上河东路的麟州、府州作为一路,举兵四十万,全线攻入西夏。

这是在遭受重大挫折后的报复心态下的仓促之举,遭到多数人的反对。当初在李继迁仅拥有灵、夏等几州的情况下,太宗亲自部署五路进兵深入夏境,却始终找不着敌人,最终被夏军分路截击,大败而返,损兵将、民夫近十万。如今西夏的实力远胜于李继迁时期,而此时大宋的将帅、兵士与拥有劲兵宿将的太宗时期也不可同日而语。

五路进兵计划被搁置了。不久,宋军又遭受镇戎军的三川寨之败。这时,陕西都部署司提出了另一个主动进攻的方案。这一方案的主导者是韩琦。

韩琦不是没有头脑的鲁莽之人。他也知道全力进攻存在的风险,大军如果进入西夏境内,地形复杂、粮草不继都是十分严重的问题。夏军在他们熟悉的山地擅长伏击,在平原地区他们骁勇的骑兵更是占据了对

庙堂之忧

宋军的攻击优势。

既然如此，韩琦为什么主张进攻？

韩琦的考虑主要有两点。

其一，元昊能够用于对宋作战的兵力只有十万左右，这与大宋在陕西二十多万的总兵力相比实际上处于劣势。在韩琦给仁宗的奏疏中，他甚至认为元昊可用的精兵不过四五万，当然这是过于乐观的看法。由于长期以来大宋都是分散兵力拒守各处，使得元昊在作战中能够采取各个击破的战术加以围歼。如此，宋军兵力上的绝对优势没有任何作用，反而只能永远被动挨打。只有集中兵力与夏军主力决战，才可能毕其功于一役，摆脱被动挨打的局面。

其二，近三十万大军集中在陕西，耗费了国家大量的财力、人力、物力。尤其是陕西，因长年经历战争，朝廷为了减轻从外地向陕西运输物资的负担，就地增加赋、役，陕西百姓的负担几乎到了极限。如果与西夏长期对峙下去，国家财力难以维持，陕西之民更是难以承受。

赞同主动进攻的朝中大臣还有一个考虑，那就是：如果一个小小的西夏都不能尽快降服，那么北方契丹的威胁将越来越大。如果契丹趁虚而入、趁火打劫，那么大宋同时打两场战争而不落败的可能性微乎其微。

根据韩琦的进攻方案，泾原、鄜延两路先后出兵，其中泾原之兵主攻，鄜延之兵配合。范仲淹坐镇的鄜延路先往北进攻目前仍被西夏占据的绥州，之后向西穿越横山攻入西夏，在西夏境内抄掠以吸引元昊的兵力。稍后，韩琦的泾原之兵从西路北进，直趋西夏腹地，逼元昊以主力决战。发动进攻的时间，定在庆历元年（1041）的开春时节。

范仲淹不赞同韩琦的方案。

范仲淹提出了几个不利于进攻的理由。第一，宋军对西夏境内地形不熟，深入敌境，对方可守可攻。守，可以坚壁清野以断宋军的给养补充；攻，可以在半路设下埋伏邀击宋军。第二，初春时节天寒地冻，塞外往往大雪纷飞，兵士容易冻伤，给养运输不便。第三，如此出兵，难以寻找到敌军主力，也无法在敌界内长期立足，因此这实际上仍然只是到西夏界内骚扰，其进攻的意义不大。

反对韩琦的进攻方案只是范仲淹整个陕西战略思路的一个组成部分。随着敌我双方优势和劣势的对比越来越清晰，以及后来他在陕西其他几路镇守的实践经验的不断丰富和完善，范仲淹的陕西战略思路变得更加成熟。

如果用一言以蔽之，范仲淹的战略思路是以防守为主、伺机进攻的积极防御的思想。

首先，要尽快建立有效的防御体系，抵御元昊的游击式的骚扰或者集中优势兵力的聚歼战略。

其次，防守稳固后，对西夏采取疲兵战术，主动袭扰，将元昊大军不断地从西夏腹地调到宋夏边界抵御宋军的袭扰，消耗其国力，并继续断绝与西夏一切贸易，阻断其对中原依赖性极强的生活和生产物资来源，为其内乱制造条件。

再次，一旦西夏内部出现重大变故，宋军则全线出击，全面占领横山，占据对西夏攻防战守的这一战略制高点。如此，宋军进可以由横山出兵主动攻击，退也可将防线推进到横山一线，战略的主动权、主导权将牢牢掌握在大宋的手中。

庙堂之忧

七年后的庆历八年正月，元昊之子宁令哥因对母亲失宠于元昊、元昊又夺了自己的未婚妻而不满，起而弑逆，重伤其父元昊。元昊杀死了宁令哥后自己也不治身亡，遗言立堂弟为国主。此时元昊新宠的第六妻没藏氏有孕在身，她的兄长联合部分党项贵族拒不执行元昊遗命，将元昊死后三个月才出生的谅祚立为国主。主弱臣强、内部纷乱，西夏陷入了巨大的危机，而大宋则等到了几十年来收复西夏最有利的时机。

这种天赐良机似乎专为范仲淹的防御战略而设。但是范仲淹又能做些什么呢？他、韩琦、富弼、杜衍、欧阳修这些北宋中期乃至终宋一朝最有远见卓识、最有执政能力的政治家，全部被赶出了中央政府，在他们的知州、知军任所防备着对他们的中伤和迫害。这些随时可能降临的中伤和迫害来自朝廷中那些竭力保持既得利益、置国家的长治久安于不顾的权要和新贵。"横山一带，正可实行当时商定的策略。"范仲淹在给韩琦的信中说。可是，"西寇天诛，却与而不取，可惜！可惜！"范仲淹只能深深地叹息。

虽然丧失了夺取横山的最佳时机，不过以攻取横山为攻守战略转折点的思路还是成为此后大宋对西夏战略的一个核心。但是失去了这次机会后，大宋还有多少机会？即使有些机会，大宋还能有多少人再有这种见识和胆略去实现它？大宋后来还有比范仲淹更合适的兼具政治家和军事家眼光的统帅吗？

再回来继续看看范仲淹的积极防御战略。如果没有稳定的财力和物力支撑，范仲淹的这一战略是难以为继的。

那么，包括韩琦在内的许多人竭力想摆脱的财政负担和战略物资运输问题如何解决？

第一，屯田戍边，让部队养活自己。这是许多人都主张的，但需要坚定不移的实干精神。

第二，多用土兵。陕西的土兵多数是羌族的蕃兵。蕃兵不仅战斗力强，而且恋家守土，为了保卫家园他们愿意全力抵御西夏的侵略。这与那些纯粹应付差使的东兵也就是禁军有本质的差别。一个土兵的费用只相当于东兵费用的一半到百分之六十，因此减少东兵将节省大量的财政费用。

第三，内徙就粮。就是在没有重大军情时，将一部分部队从边境调回陕西内地的州军供养，减少军粮运输的压力。

除了这些措施，朝廷内外还有许多人提出了减轻财政和运输压力的办法。

欧阳修就提出了三条解决陕西运输和增收减负的意见，很有见地。

欧阳修此时已经回到朝廷，恢复了馆阁校勘的馆职。此前，范仲淹举荐欧阳修担任陕西经略安抚司掌书记，负责经略安抚司重要文稿的起草。这个职务本身并不太起眼，令人瞩目的是欧阳修乃是范仲淹复出后举荐的第一人。但是欧阳修婉拒了范仲淹的举荐。他说："我昔日随仲淹呐喊，不是为今日之利。"欧阳修就是这么率真。范仲淹还举荐了段少连，称赞他的才能堪任将帅。于是仁宗将段少连升为龙图阁直学士，到陕西泾原路的泾州任知州，可是段少连还未赴任就病逝于广州，让仁宗惋惜不已。

围绕攻守战略的争议还没有结束。

陕西都部署司两个最重要的官员产生了严重的意见分歧，这让主帅夏竦很为难。夏竦赞同韩琦的攻策，于是他派韩琦和尹洙二人携带攻、

庙堂之忧

守两个方案，到京城向朝廷报告，请朝廷定夺。尹洙此时担任秦凤、泾原两路的经略安抚判官，是韩琦的助手。

朝廷以压倒性的优势批准了进攻的方案。吕夷简说："自刘平之败，凡论及陕西之事，人人怯懦。如今韩琦、尹洙有如此勇气，怎么能加以压制？"

两府大臣中明确反对进攻的只有一个人，那就是枢密副使杜衍。他是这一年的八月由开封知府进枢密院的。他是如此坚决地反对，以至于有人以阻挠用兵为名要求仁宗将杜衍治罪。仁宗没有责怪杜衍，但他支持进攻。实际上，陕西都部署司主攻，在一定程度上也是附和仁宗之意的结果。仁宗太想扭转局面了。

还有一些人也反对进攻，或者建议慎重行事，其中包括陕西决策层的重要人物，比如田况，他是陕西经略安抚司签书判官，有签署公文权的判官是经略安抚使和副使之下的实权人物。田况提出了七条不可进攻的理由。另一位判官田京说："以没有战斗力之兵，深入敌境与强盛的敌军一争高下，这是兵家大忌，师出必败！"陕西转运使庞籍也提出与范仲淹类似的意见。这些人的意见都不被朝廷采纳。

十二月二十四日，仁宗下诏，命令陕西都部署司从鄜延、泾原两路进兵，向西夏发起进攻，时间定在正月上旬。为了做好后勤准备，朝廷急令临近陕西的开封府、京东西路和河东路三地征召五万只毛驴发赴前线，供随军调运粮草所用。

在陕西奔忙的几万只毛驴提醒陕西百姓，一场大战即将来临。陕西人心惶惶。

五天后，范仲淹接到仁宗的命令。他立即向朝廷呈上一个奏章。这

第三章 谁将补天裂

份奏章使即将启动的战车暂时迟滞了一下。

范仲淹的奏章有几层意思：一是鄜延路正在加紧完善防御体系。一旦完成，将不再惧怕元昊的突袭、侵扰。他已建议都部署司在环庆路推广鄜延路的做法。在这种情况下，以攻为守的考虑就不必太急切。二是从目前的局势看，仍要尽可能招抚元昊。如能招抚成功，也是平定西夏的一策或是缓兵之计，有利于我方继续建立防御体系。而鄜延路是西夏以往进贡大宋的通道，希望此路不参与作战，为元昊他日归顺留下一条渠道。三是如果招抚之策无效，可再考虑发重兵攻占横山南北的绥州和宥州，控制山界，屯兵营田，作长久的攻防之计。最后，如果一定要在近期开战，建议放在二月中旬以后。在二月中的春深时节，西夏马饥人瘦，人不思战，这时鄜延路继续突进前沿修筑堡寨，以此牵制西夏军队。这样，虽然鄜延路不出兵，但实际上也达到了原先确定的从东路牵制西夏的目的，然后泾原和环庆两路再出兵，如此将更为稳妥。

时间已经进入庆历元年。

朝廷于一月八日紧急回复陕西，同意范仲淹的意见，让鄜延路暂不参与出兵，同时要求范仲淹与夏竦、韩琦加强协调沟通，如果时机成熟即可出兵，不拘泥于具体时间。

朝廷的回复，在事实上否决了韩琦初春出兵的方案。因为鄜延一路不出兵，泾原一路是不可能出兵的，否则等于自蹈危机。

夏竦感到不满，韩琦感到失望。

夏竦上疏指责范仲淹，并称西夏境内风闻宋军进讨计划后十分害怕，他请求朝廷派专人到鄜延路督责范仲淹尽快出兵。朝廷此次没有再次改

庙堂之忧

变意见，只是将夏竦的奏疏转给了范仲淹参阅。

与范仲淹一样为国家担忧、勇于任事的韩琦，此时还不能理解和接受范仲淹的稳健。范仲淹与韩琦二人在勠力协作、一起成为陕西边防的主要谋划者的路上，还要经过许多坎坷。

韩琦立即派尹洙赶赴鄜延路劝说范仲淹。

一直以来，朝廷上下陷于攻或守、战还是不战的激烈争议之中的时候，范仲淹始终在坚定不移地推进他的防御体系的建设。

当然，范仲淹能够完全做主的主要是鄜延路。他上任后到鄜延路巡察边防情况，延州知州对陕西之事有畏惧之心，又称自己母亲八十多岁需要奉养。见此情况，五十一岁的范仲淹自告奋勇代他任延州知州，并常驻鄜延路，也就等于专管鄜延一路了。

自康定元年八月到延州，范仲淹在半年多的时间内基本完成了强兵、修寨、抚蕃三项主要工作。

强兵就是提高部队的战斗力。其中一条重要措施，就是分置六将。

自太宗即位以后，大宋的军事制度中出现了很多奇怪的规矩，其中之一就是将领与兵士分离，二者平时相互之间没有什么联系。部署、钤辖、都监或监押这些将领的名称，不仅标志官职大小的不同，也标志平时分工的不同。管兵的是一位军官，训练的是一位军官，带兵作战的则可能又是另一位军官。又比如，遇有作战任务时按官职大小出战，谁官小谁领兵先出。小官死了或败了，再由职务高一些的将领逐个出战。范仲淹将这种荒唐的出兵法称为"自取败亡之道"。

驻守延州的兵力有一万八千人，范仲淹将他们分为六军，每一军三千人。他又从众将中选拔了六名将领，各领三千名兵士。平时，由六将负责本军士兵的技能训练和战术演练，每将各主管一军，做到兵将互知。遇有战事，根据敌军情况决定如何出战、派多少兵将出战。

神宗时期著名的王安石变法及其后的军队体制改革中建立的"将兵法"，即一将固定主管一军的制度，就是始于范仲淹。

这个强兵之法在鄜延路实施之后，陕西其他几路也开始推广。

修寨，就是恢复和新建对西夏防御的重要堡寨。堡寨是主城外围的重要屏障，也是最靠近前沿、把守重要通道的要害。这些堡寨的作用首先是防守，这是迄今为止最被看重的作用。除此之外，堡寨还有两个重要作用。一个是稳定当地羌民。有了堡寨，当地羌民就有了归属感和安全感，感觉到大宋没有抛弃他们。另一个是掌握敌情。许多堡寨处于宋夏交锋的前沿，以堡寨为基地可以扩大和加强斥候侦察敌情的范围和能力，以便提前部署迎敌。迄今为止大宋的几次重大败仗，失败原因之一就是侦察敌情不力。

范仲淹在延州期间总共规划修建了十二个堡寨。这些堡寨修成后，相互之间就可以呼应声援。敌军大至则闭垒坚守等待援兵，敌军小至则堡寨之兵即可扼险制胜。如此，横山一带已在眼中，对横山一带归顺西夏的那些羌民部落，强者可攻袭，弱者可招抚。

就在这一时期，一个人物的出现为范仲淹招抚羌人的政策在推行上提供了强有力的支持，而范仲淹则使他改变了命运，成为著名的历史人物。这个人就是种世衡。

种世衡是又一个前半生是文官、后半生是名将的传奇人物。因为他，才有了三世守护陕西的种家将。后来镇守陕西的"老种经略相公"种谔

庙堂之忧

是他的儿子，在北宋灭亡前从陕西赶到京城统兵抵抗金兵的"小种经略相公"种师道及种师中兄弟都是他的孙子。

种世衡的事迹值得细说一番。

种姓是一个小姓。在宋朝，史书记载的种姓名人都是种世衡家族的。当然，种世衡不是其中的第一个。种家第一个有名人物就是著名的隐士种放。

种放自幼聪明，七岁能文。父亲去世后，他为赡养母亲，在长安的终南山隐居三十年，以讲习教书为业。种放满腹经纶，见识不凡，同时又生活淡泊、甘于清贫，唯一的嗜好是喝酒。跟从种放学习的人不计其数，使得他声名远播，以至于太宗、真宗两位皇帝对他仰慕不已。太宗几次召请也没能把他请来。真宗即位不久，种放母亲去世，真宗赐钱帮助种放安葬了母亲，并因此终于把他请来。种放到了京城，真宗与他对坐相谈，当天就任命他为左司谏、直昭文馆，还赐他一座宅第、三十万贯钱。一个没有科举出身的隐居之人直接被任命为带馆职的谏官，得到皇帝如此恩宠，引起了朝野极大的轰动。但是没多久，种放恳求真宗批准，辞职归山去了。种放回去之后，真宗又派使者专程去慰问。

过了几年，种放在真宗几次召请之下再次来到京城。真宗任命他为四品右谏议大夫，后来又将他提升为给事中。这两个职务都属两制以上高官。许多身为参知政事、枢密副使的执政大臣官阶也就是给事中、谏议大夫而已。不久，种放又请辞，真宗于是亲自在龙图阁为他饯行，席上还让翰林学士为他赋诗，真宗甚至自己也作诗向他表示仰慕。

种放一直有淡泊名利之心，但到了后来，因为皇帝恩宠有加，让他不免在得意之余有些忘形之举。为此，他被一个状元出身、恃才傲物的名人作弄了一番后，被时人笑话。好在他及时辞世，保持了清名。临死前，他把弟子们召集在一起开怀畅饮一番，然后把平生的书稿全部烧毁，片纸不留。

虽然得到一般人少有的皇帝恩宠，但种放任官期间并没有什么引人瞩目的意见和建议，而皇帝似乎也并不在乎他能提出或施展什么安邦定国之策。只要他能出山为皇帝所用，皇帝就知足了。

大宋的皇帝为什么有那份闲情逸致，去仰慕一个隐士，甚至不惜给他高官厚禄，把他供养起来？

其实，皇帝们在此事上无一例外地都抱有一种特别的心态。从高尚的角度看，这是博大的胸怀；以阴暗的眼光看，这是庸俗的笼络。

野无遗贤，让高明之士都为朝廷服务，以造福于国家、造福于百姓，这是历代有为之君、贤明之主的愿望。这种类型的君主，常恨人不尽其才、物不尽其用。如果真有人不尽才、物不尽用的情况，他们就会谦恭地把原因归咎于自己不够虚怀若谷、不够礼贤下士，总要采取一切可能的办法去寻找人才、发现人才、使用人才。

而另外有些君主，虽然他算不上有为、贤明，但他还有头脑、还算聪明，因此他会尽量给人才们一些虚名、闲官和厚禄，以此笼络住他们。笼络人才，至少有三个好处。首先，用之则利国利民；其次，即使不用也可以安抚他们的心，至少不让这些人反过来成为反对势力，或者让反对势力失去像他们这样有能力、有真才实学的领导者；再次，如果有些人才实在不愿为国为民做事，或者事实证明他们不是真正的人才，也不至于让君主们受到批评指责。

只有最笨的君主，才会自以为是，以为我自尊大、人奈我何，只让

庙堂之忧

自己的亲信、私友把持权力，让他们独得权、钱私利，并竭力维护这种现状，把许多人才推向反面。可是，这种状况岂能永远持续下去？最终的结果，是君主们必将失去所有的权力和利益。当然，这类愚蠢而自大的君主是看不到这一点的。

种放的际遇看似是种放和他这一类的隐逸以他们的高明折服了皇帝，实际上却是不知不觉让皇帝笼住了自己的心志，从而心甘情愿地为皇帝服务。唐太宗在改革了科举制度这一让天下最贫寒的人也有机会入朝做官的制度之后，曾经说了一句话："天下英雄尽入吾彀中矣！"他兴高采烈，正是因为他达到了"天下英雄为我所用"的目的。

种放的为人深深地影响了他的后代。第一个被影响的就是种世衡。

种世衡是种放的侄儿。他自幼跟随叔父学习，十分仰慕叔父的高尚、超逸。种世衡有才智、重气节。说他重气节，从他当官初期的一些经历就可以看出来。

种世衡在任知县时，手下有个办事的胥吏叫王知谦。王知谦贪赃枉法，事情败露后逃走了。不久皇帝举行南郊祭天大礼，随即大赦天下。这时王知谦回来了，准备等种世衡将案件上报到州衙后即可享受皇帝大赦的恩典。种世衡知道其中的奥妙，因此他先不上报此案，而是直接将王知谦处以杖刑，然后自己到州衙请罪。好在知州是个明白人，奏请朝廷对种世衡免于处罚。不久，种世衡升任凤州通判。通判是知州的副手，但职责是监察知州，而此时的知州王蒙正是太后的姻亲，在当地颇有些不法行为。王蒙正想收买种世衡，但被拒绝。于是王蒙正唆使王知谦诬告种世衡，自己又在太后面前添油加醋，终于使种世衡蒙冤被流放。后来，身为朝廷重臣的龙图阁直学士、范仲淹的妻兄李纮与两个老臣为种

第三章　谁将补天裂

世衡鸣冤，才使他重新当上了一个小官。又历经多年、辗转多处后，种世衡来到了鄜州担任判官。判官是知州的属官，负责某一方面的行政事务如民政、司法等。

刘平三川口之败后，延州西北面的金明县及其以西、以北的堡寨被夏军扫荡殆尽，延州直接面对着夏军的兵锋。不仅如此，延州以北从横山一直到黄河西岸的广大地域被西夏占据，延州面临西、北两面的威胁。因此范仲淹到延州后，立即修建、恢复堡寨。这时，种世衡向范仲淹建议在距延州东北二百里的唐朝宥州旧址上修建一个城堡。这个城堡可以发挥三个重要作用：既可以抵御北面的威胁，又可在关键时刻成为延州从黄河东岸的河东路获取给养的重要通道，还可成为进攻西夏银州、夏州的桥头堡。

范仲淹立即同意了，并派此时还是文官的种世衡领兵修建。

修建城堡的过程是艰苦的。夏军岂能容忍大宋在自己的地盘上打下一个让自己十分难受的楔子？堡寨修筑了几个月，几乎天天都是在与西夏的激烈争夺中进行的。

修成了城堡，还需要水源才能让守卫它的士兵生存下去。挖井挖了一百五十尺深，遇到了坚硬的岩石。石匠说岩石太坚硬了，不能再打下去，而种世衡坚信岩石之下就是泉水。他立下悬赏，打一畚斗石屑换一百钱。就这样，重赏终于换来了甘冽的清泉。

范仲淹将堡寨修成的情况上报朝廷，仁宗十分高兴，亲自给这个堡寨赐名"清涧城"，并按范仲淹的建议任命种世衡为清涧城的知事。从此，种世衡变成了武将，开始了他的军旅生涯。

庙堂之忧

种世衡把清涧城作为实施他与范仲淹思路一致的防御战略的一个试验田。他在城外开垦营田两千亩用于养兵，又招募商人来往贸易以充实军需、解决百姓生活的基本需求。

修建和经营清涧城体现了种世衡的战略眼光。他不仅具有战略眼光，而且是个懂得与羌族部落打交道的人。

种世衡与羌族部落打交道的方式是智勇兼用、恩威并施。他为人豪爽大气，常常走访或宴请部落酋长，谈到言语投机时，就拿身边的贵重物品相赠，因此部落酋长们人人愿意为他效劳。对投靠西夏的部落，不用种世衡出兵攻打，只要他一声令下，这些部落酋长就心甘情愿地代他去讨伐。夏军有些风吹草动，这些部落酋长都能够事先探听到，及时向他报告。一个种世衡，顶得上千军万马。

在种世衡治理蕃部的时候，范仲淹又做了一件事，那就是奏请朝廷批准，将鄜州的鄜城县升为康定军，将延州以南河中府、同州、华州三地的赋税都集中交纳到此地，每逢春夏用兵不多的时节，将部队移屯此地，如此可以减少本路十分之三的军粮运输，大大减少民夫的负担。

所有这些事做完之后，人们突然发现，范仲淹构筑的防御体系让延州乃至鄜延路不再是任由元昊宰割的羔羊。

在范仲淹镇守以前，防守最脆弱的鄜延路是西夏进攻的重点，即使在三川口之败后依然如此。金明县以北的塞门寨被夏军围攻五个多月，延州前任知州始终不敢派兵救援，致使塞门寨陷落，寨主高延德被俘。范仲淹来了之后，鄜延一路再也没有遭受失败，这种局面一直持续到宋夏议和停战为止。当然，主要原因是元昊没有再把这一路纳入重点进攻的范围。为什么？除了元昊考虑整体战略的因素，横山一带的羌人有一句话很有说服力:"千万不要再打延州的主意!如今小范老子胸中有数万甲兵,不比大范老子好欺负!"老子,是羌民对自己敬重的长者的称呼。小范老子自然是指范仲淹,大范老子则说的是范雍。

在和平时期,判断一个人的作用其实是件很难的事。同样一个岗位,不同的人做出的成就在多数时候没有太大的本质区别。如今的人们如果要看重一个人,总喜欢称赞他"做出了不可磨灭的贡献",是"不可多得的人才"。这种评价也许有恰如其分的时候,但这种情况少之又少。如果只是言过其实的评价,它不会给国家和百姓造成太明显的危害。但如果是文过饰非甚至纵容包庇一个无能乃至违法之人,那它就是一种祸害。

而在电光石火的关键时刻,一个人的本性和能力能够得到最真切的检验。在这个时刻,不进则退,不生则死,任何虚伪的外表、空洞的言谈都会被即将坍塌的泰山压得粉碎,都会被熊熊的危机之火烧成灰烬。如果他经受住了泰山的高压、烈火的煅炼,那么他就是天地间的栋梁,他就是人世间的真金。

然而,和平时期总是多于危机时刻。难道和平时期就没有栋梁,就发现不了真金?当然不是。和平时期的栋梁和真金必定也是多于危机时刻的,关键是有多少有眼光的人能够出于公心,同时又有科学合理的制度保障去发现他们、使用他们。

就在大宋面临西夏猛烈冲击的严峻时刻,范仲淹以他力挽狂澜的见识和能力证明了他是大宋的栋梁之材。从朝廷到陕西,在几乎谁都认为防守是不可能的、无法抵挡元昊以局部优势兵力将陕西的防线各个击破的战术的时候,范仲淹始终坚信、坚持并坚韧不拔地推进他的积极防御战略,他最终成功了。这是大宋之幸。

不过，要让人人都知道大宋之幸，还需要一个痛苦的过程。

4

有人把元昊反宋、建立中国西部地区少数民族政权看成是少数民族对统治阶级的正义反抗，甚至将元昊对大宋发动战争归咎于大宋不承认西夏的独立、断绝与西夏的贸易。这是十分错误的观点。

无论从动机还是结果看，元昊反宋都算不上正义。他反宋只是为了少数党项贵族的利益，而不是整个党项族乃至中华民族的利益，尤其不是为了党项百姓的幸福生活。与当时就已被公认为宽厚仁爱之君的仁宗相比，任何一个人都不可能让自己治下的子民得到更加安康的生活。仁宗时期，甚至是敌国之民都能感受到仁宗的仁慈。曾有契丹难民因天灾缺粮而集体逃到大宋，仁宗道："都是我的子民，怎么能不赈济他们呢？！"嘉祐八年（1063）仁宗去世时，无论是大宋还是大宋的敌国都为此感到无尽的悲伤。大宋最偏僻山村里的老迈农妇都自发地为他戴孝；宋使到契丹报丧，所经过的地方得到消息的辽民都哭悼仁宗；辽道宗耶律洪基拉着大宋信使的手泣不成声，悲痛多时道："四十二年不识兵革矣！"直到二十多年后，道宗与宋使谈到仁宗时还泪流满面："本朝敬奉仁宗御容画像如同敬奉祖宗！"有谁敢说自己的仁爱之心能超过仁宗？事实上，元昊反宋之后的党项百姓生活更加困苦。

因此，元昊反宋只是单纯意义上的党项族的独立。元昊确实是党项族最了不起的英雄人物，从结果上看，元昊的事业也确实为中华民族的历史增添了十分精彩的一页。但是如果西夏自此永远脱离了中华民族，我们还会认为他是值得中华民族称道的英雄吗？他的穷兵黩武造成了数以十万计的军民百姓的死亡和更多家庭的困苦，这也不应该是值得赞颂的吧？

评价历史，应当以中华民族的发展为前提，以中华民族的昌盛为指针，以传统道德文化之精华为标准，绝不可以政治、经济、文化、宗教等观念和倾向的不同而割裂历史、抹杀历史或拼接历史。只要是有利于中华民族的历史，都应当以包容的心态去评判；凡是有害于中华民族的历史，也绝不可无原则地加以褒扬。

即便不去做这些正统和严肃得有些烦人的思考，仅看看元昊在大夏国建国前后不断地向没有任何军事进攻企图的大宋发起军事攻击的行为，也可以得出元昊所发动的战争并不正义的结论。

党项和西夏最终还是回归并融入了中华民族大家庭，元昊也成为中华民族具有英雄气概的祖先之一，但是这些都是后话，当时，元昊可是一次又一次地给大宋增添了莫大的痛苦。

镇戎军的三川寨之战后不久，大宋的第二次大败仗很快到来了。

败仗发生在泾原路镇戎军地界。又是镇戎军！

这次败仗的发生很偶然，但也是必然。

庆历元年正月下旬，韩琦派尹洙到延州，希望说服范仲淹按照他策划的进攻方案出兵。

老友相逢分外亲切，尹洙受到范仲淹的热情接待。但当尹洙谈到出兵之事时，范仲淹却未置可否。

庙堂之忧

三天后,范仲淹告诉尹洙:"刚得到朝廷旨意,同意鄜延路不出兵。"

其实,这三天来范仲淹一直在做两件事。

一件事是与元昊派来的人接洽。

元昊派了两路人马,分别到泾原路和鄜延路面见韩琦和范仲淹,声称商谈宋夏议和之事。派往鄜延路的不是西夏本土之人,而是被他俘获的延州塞门寨寨主高延德。高延德没有带来元昊的书信,他转达了元昊的口信。范仲淹通过与高延德的交谈,感觉到元昊并没有和谈的诚意。于是他写了一封信,派自己的使者随高延德带给元昊。范仲淹在信中指明了八个利害关系,奉劝元昊向朝廷谢过,求得朝廷宽大,否则,"他日再想求得朝廷原谅,恐将后悔莫及。请大王深思!"

高延德是尹洙来到延州后第四天走的。

范仲淹做的另一件事就是等待朝廷对夏竦奏疏的答复意见。

朝廷没有对夏竦催促范仲淹出兵的请求表态,只是将奏疏转给了范仲淹。这表明朝廷没有改变支持范仲淹先前提出的鄜延路不出兵、存此一路以待今后与西夏议和的建议。范仲淹将朝廷继续支持他不出兵之意告知了尹洙。

尹洙在延州前后等待了二十多天,始终没能让范仲淹出兵。尹洙无奈,只好起身回永兴军。走到环庆路的庆州时,他得到了宋军遭受重大失败的消息。

这次兴兵十分突然。

就在尹洙前往延州劝说范仲淹后不久,韩琦深感此次出兵西夏的方案已经无法实现,因此他又给朝廷上了一道奏疏。他再次表达对元昊各个击破策略、吞并陕西意图的担心和对国家将陷入长期负担的忧虑之后,

第三章　谁将补天裂

从初春出兵的方案后退了一步，建议朝廷暂且采纳范仲淹防御和招抚之策，如果未见成效，即可再次谋划于秋季进兵西夏。

也就是说，在派出尹洙到鄜延路后不久，韩琦已经接受了他的出兵方案无法实现的事实，在心理上放弃了此次的进攻计划。

这时，元昊派出的另一路使者到泾原路商议和谈之事。韩琦不相信元昊的诚意，说："无约而和，必有阴谋。或是怕我举兵进攻，或者是有寇我之意图。"他决定外出巡视各州、寨，做防御准备。事实证明韩琦的预判是正确的。

二月初，韩琦巡边到达泾原路的泾州。这时，他突然得到一个消息：元昊在横山誓师，准备入侵渭州界。渭州的州治位于镇戎军东南约一百八十里，但渭州管辖的范围很大，镇戎军西南至东南都在渭州州界内。元昊此次入侵的渭州界，是在镇戎军的西南。

镇戎军及六盘山、陇山以西的泾原路管辖范围内，此时主要靠一些堡寨把守着南北要道。自北向南，这些城堡依次是：三川寨，在镇戎军西北，第一次镇戎之战就发生在这里；往南不到三十里是怀远城，东距镇戎军六十余里；怀远城往南约四十里是德胜寨；再往南偏东三十五里是羊牧隆城。

刚刚因为范仲淹的反对，韩琦失去了主动出击的机会。如今元昊主动送上门来，并且宋军又提前侦得元昊的计划，这真是一个难得的机会。韩琦打算趁此机会聚歼元昊的主力，至少要给元昊一次强有力的打击。

韩琦立即从泾州赶赴镇戎军进行部署。镇戎军有守军一万名，加上临时召集的周边堡寨部队和蕃兵，共有一万八千名士兵。韩琦的方案是让大军自怀远城经德胜寨，绕到进攻渭州的夏军之后，断其归路，与渭

庙堂之忧

州之兵两面夹击元昊。这一路堡寨相望，可以保证大军的粮草补给。如果敌军势大难以正面作战，则可在其归路上选择险要之地设伏邀击。

此次行动的统兵主将，韩琦指定由大将任福担任。任福是环庆路副都部署。

环庆路的副帅怎么会来到泾原路担任此次行动的主将？这纯粹是一个巧合。

在韩琦放弃正月出兵方案的奏疏还在送往朝廷的路上的时候，朝廷让任福从庆州赶到西面的泾原路与韩琦继续商议出兵之事。任福匆忙赶来，只带了一个柔远寨的寨主随行。到了泾州，正好赶上韩琦紧急调兵，而此时的泾原路副帅葛怀敏不在韩琦身边，韩琦于是让任福领兵。临时点将，历来如此，除了范仲淹现在经略的鄜延路。

自刘平战败被俘后，环庆路副都部署任福和泾原路副都部署葛怀敏成为陕西最负盛名的大将。任福与刘平不同，他本来就是武将出身，作战勇猛。就在五个月前的第一次镇戎之战时，为了策应镇戎军的防守，任福率环庆之兵攻打庆州东北二百多里的白豹城。白豹城是西夏东侵鄜延、南侵环庆的重要军事基地。任福以阵亡一人、负伤一百多人的极小代价，攻破了城池。元昊得知白豹城被袭，急忙率兵撤离镇戎军回援白豹城，又被任福打了一个埋伏。任福的白豹城之胜让宋军从镇戎之败获得了一些补偿，可以算作是失之东隅、收之桑榆吧。

此次出征，辅佐任福的还有几位战将。

先锋是桑怿，是名震河北的侠客。他因广西剿匪有功，被提任为广西都监。元昊反宋后，参知政事宋庠向仁宗推荐，将桑怿调任陕西，如今他是泾原路的都监。

勇将王珪,是在镇戎第一战中唯一有功的战将,他曾在宫中担任仁宗的卫士。

朱观,长期在宋夏边界戍边,曾任河东路麟州知州,如今是镇戎军知军兼泾原路钤辖。

武英,其父亲曾与名将杨业在北汉同朝为将。武英不仅勇猛,还有见识。

这几人都是陕西有名的将领,因此韩琦信心十足:"如今我方名将云集,士兵精锐,此战必胜无疑!"

不过,韩琦不是一味盲目乐观。大军临行前,韩琦一再叮嘱任福:以我为主,按照既定的路线进兵,以免粮草不济。可战则战,不可战则采用伏击战术。"如有违犯,即使有功也要将你斩首!"为稳重起见,韩琦又派文官耿傅随军参与军事,作为任福的参谋。

但是,结果还是失败了。

自二月初十出兵到十四日宋军战败,前后五天,整个过程令人叹息,让人落泪。令人叹息的是,宋军重蹈覆辙,轻易落入元昊反复使用的诱敌之计;让人落泪的是,这些忠勇的将士在生死关头毫无惧色,义无反顾地为国捐躯。

一开始宋军就陷入了元昊的诱敌之计而不自知。

刚出兵时,大军按照韩琦的部署西进到怀远城,然后一路南下直趋德胜寨。任福开始还记着韩琦的嘱咐,"申令持重"。但离开怀远城不久,宋军发现了敌军的行踪,于是一路往南偏东跟随。而宋军原先行进的目

庙堂之忧

标德胜寨是在怀远城的正南偏西。

追到张家堡时,夏军回身与宋军对垒。宋军先锋桑怿奋勇当先,率兵与夏军激战一场,斩杀夏兵几百人。夏军一路丢盔卸甲向南逃窜,桑怿在后紧追不舍。见此情形,任福也率领大军紧跟在后。又追了二十余里,来到了好水川。好水川发源于六盘山西麓,自东向西在羊牧隆城以北流入瓦亭川,头尾不过百里长。

此时已经是十三日。宋军自十一日追敌至张家堡,因为偏离了预定的行军路线,已经有三天没有补充给养,部队早已缺粮。但是巡逻兵报称敌军兵力不多,因此宋军仍然斗志旺盛。

天色已晚,于是宋军屯兵好水川。任福连夜部署翌日的作战计划。他将大军分兵两路,一路由他亲自率领,沿山南的好水川向西追击夏军,另一路由镇戎军知军兼泾原路钤辖朱观和泾州都监武英率领沿山北的龙落川西进以截住敌军。两支队伍仅一山之隔,齐头并进。

耿傅随朱观一军行动。夜里,他在营中与朱观做了商议,然后提笔给任福写了一封信,提醒任福警惕敌军的诱敌之计。但是任福没有在意。

次日一早,两军继续行动。先锋桑怿率兵一路杀到好水川与瓦亭川的交汇处附近,不见了敌人的踪影。

两边陡峭的山崖上,微风吹得密林瑟瑟作响。前军报告桑怿,前方开阔地上放着一堆土笼子,里边不时发出扑棱棱之声。

桑怿不知道这些土笼子都是什么东西,不敢造次。他约束部队等待主帅的到来。

任福来了。他也不知道夏军遗弃这些土笼子是何用意。但事情总是要弄明白的,任福示意手下将这些土笼子打破。

第三章　谁将补天裂

一群哨鸽自打破的土笼子中腾空飞去。紧接着，凄厉的号角声四处响起。数不清的夏兵不知从何处拥出来，将好水川前后拦截。

不等宋军摆好阵势，夏军的铁骑已经压上。桑怿率前军死命抵挡，任福倚靠不完整的阵势顽强抵抗。连杀了三个时辰，宋军仍然无法突围，于是任福下令夺取两边的峭壁。

桑怿率数百名士兵奋勇攀登，终于爬上了悬崖。可是没等他们站稳，密林中一阵梆子响，无数支乱箭射向了桑怿和他的勇士。这位著名的勇将就此阵亡。

此时宋军阵势已乱，任福已经无法控制部队，部队陷入了单兵作战的局面。

任福左右奔突，被亲兵扯住喊道："太尉杀出一条路去吧！"

任福道："我身为大将，兵败如此，只有以身殉国，岂可独自逃窜！"

又有一人拽住任福的战马喊道："父亲救我！"儿子任怀亮在激战之中跌落马下，一臂已断。

任福一把扯过缰绳，顾不得擦掉眼泪，对儿子吼道："你父也要为国捐躯了，你还留恋此身何用！"

他挥着四刃铁锏向敌军冲去。不知杀了多少敌兵，也不知还有多少敌兵围住了他。几支长枪一齐刺来，任福绝喉而死。

王珪从羊牧隆城率领几千名士兵赶来救援。他远远望见夏军包围圈里任福的旗帜，心急如焚，杀向敌军，希望为阵中的宋军杀出一条路。无奈夏军人数太多，冲击了几次都没有成功。

王珪杀了身边一名胆怯后退的军校，下马向京城方向磕了几个头道："臣没有负国，只是力不从心，唯有战死而已！"他挥舞铁鞭，骑着那匹

庙堂之忧

仁宗赐给他的战马，率兵再一次冲向敌阵。他连杀数名夏兵，直杀得铁鞭弯曲、手掌破裂，最终被夏兵乱箭射死。

山北，另一路宋军也同时遭到夏军的围攻。武英身负重伤，已经无法行动。他和朱观对耿傅说道："你是文官，不必与我等同死，赶紧逃生去吧！"耿傅拒绝了。激战了近三个时辰，这时元昊已经结束了对任福一部的围剿，增兵围攻朱观和武英所部。宋军在夏军强大的攻势下完全溃散，武英和耿傅先后战死。朱观率一千多名士兵退守在一片民居中，以弓箭自守，坚持到夜幕降临，夏军收兵撤退。朱观是宋军唯一幸存的将领。

好水川一战，宋军死亡一万零三百人。

这一次败仗，韩琦负有不可推卸的主要责任。

战争不是文章。文章可以随心所欲地体现个人的风格，可以毫无顾忌地直抒胸臆，可长可短，可华丽可朴实。但是战争是残酷的，仅靠个人的必胜信念和一厢情愿的部署是不够的。

韩琦始终坚持的以攻为守的战略思想有它的合理性，他在好水川之战前的部署也有其合理成分，但是他没有想到赢得战争需要许多复杂的条件。

首先，最重要的因素是人，是将领和士兵。他们领会战略战术并加以忠实而灵活运用的能力直接决定战争的成败。好水川之败再次暴露出宋军有勇无谋的弱点。韩琦临出兵前的部署，如果任福和诸将能够遵守，虽然胜算不大，但也不至于惨败。

其次，知己知彼是一个军事家必须具备的基本能力。元昊兵分两路深入泾原腹地，一路诱敌，一路伏击，而宋军对如此大动作的部署却毫不知晓，以至于完全按照元昊的计划落入陷阱。

再次，民心是胜利之本。镇戎军周边一带丘陵起伏，沟壑纵横，地形十分复杂。一条看似通畅的山道，七回八盘之后或许就成了面对山崖的无头之路。元昊能够重兵深入这种地方，离不开当地羌民的引导配合；宋军不能掌握夏军的动向，说明宋军没有得到羌民的大力支持。

除了这些，将帅不协调、兵将不一致等问题，也都在这次战役中暴露出来。

惨痛的代价终于唤醒了韩琦，也为他与范仲淹的精诚合作打下了基础。但是在他与范仲淹合作之前，他们二人都还需要经历另一次挫折，因为朝廷仍然没有走出彷徨和迷惘。

战后，范仲淹接到仁宗诏令，让他考察目前士气情况，为下一次出兵西夏做准备。范仲淹再次提出反对。他详细陈述了自己的防御思想，并引用了孙子的一句名言："胜兵先胜而后求战，败兵先战而后求胜。"不能打无把握之仗。他还说："臣也知道，固执己见不出兵必然要犯众怒，臣也并非不能调动众将去贸然出击。但是此事关系国家安危，万一失败，即使将臣斩首也无济于事。朝廷的命令，臣暂时收掌，不敢遵从！"

朝廷接受了范仲淹的建议，不再考虑短期内出兵之事。

下一步怎么办？

下一步朝廷是这么办的：将韩琦和范仲淹降职，撤销他们在陕西的决策权，然后，给陕西再配备了两位高官。

韩琦被降职是因为好水川之败，他被贬到秦凤路的秦州任知州。处

庙堂之忧

分韩琦是必然的。韩琦对于好水川之败负有重大责任，他自己也上章自劾。曾经有人说韩琦派耿傅督战，是耿傅催逼任福过紧导致兵败。但是后来战场上发现了耿傅致任福的信，证明了失败的主要责任在于任福没有遵守韩琦的嘱咐。许多人都不希望韩琦受到太重的处罚，最终朝廷将韩琦降官一级，撤销陕西经略安抚副使职务。

两天后，范仲淹也被降官一级，到永兴军之北的耀州任知州，同样被撤销副使职务。他被降职是因为与元昊有书信来往，但这不是唯一的原因。他被降职，还因被朝中大臣当作倾轧别人的一个工具。

范仲淹致信元昊之时，大约是元昊正在誓师、向大宋作出大举进攻姿态的时候。范仲淹的使者并没有见到元昊。四十多天后，元昊让他的亲信大将野利旺荣回信称不敢将范仲淹的书信呈给元昊，野利旺荣在信中还有许多对朝廷的不恭语言。范仲淹当着来使的面将书信烧毁，另将其中部分文字上报朝廷。

"人臣无外交"是大宋处理对外事务的准则。任何官员都不能私自与外国有来往，也无权代表朝廷处理与外国的关系，除非得到朝廷授权。因此有一个问题需要先弄明白：元昊派高延德来和谈，范仲淹为什么不向朝廷报告，而是直接向元昊回信，后来又将野利旺荣的来信烧毁？

朝廷曾发来敕文同意范仲淹的建议，将延州作为今后与元昊和谈的一个通道。此前仁宗还曾发过一道旨意，强调如果西夏来人有无礼僭越行为，不得代来人报告朝廷，而应直接遣送出境。以此为背景，在高延德来延州转达元昊之意时，范仲淹发挥了朝廷敕文和仁宗旨意的含义，一方面不向朝廷报告，另一方面派人与西夏接洽，确实有擅自做主的意味。至于后来他烧毁野利旺荣来信一事，是因为鄜延路兵马都钤辖张亢告诉他，宝元二年七月，朝廷曾发来仁宗旨意：如果西夏寄来官方书信，应先行开视。如发现其中有悖慢无礼之词，应立即就地焚毁，以免散布流传。范仲淹后来果然在耀州查阅到这一敕令。

人们都说范仲淹外和内刚，与元昊的书信往来是他这一性格的一个例证。为了国家利益，他在不触犯国家大原则的前提下，勇于任事，敢做敢当。

但是朝廷有人借此来了一个一箭双雕：既处分了范仲淹，又排挤了政敌。人们可以很轻易地判断出能做这种事的人是谁——肯定是吕夷简。

吕夷简捧着范仲淹的报告，老长时间没有吭声。等到参知政事宋庠开始关注他的时候，他像是自言自语地沉声说道："人臣无外交，希文岂能擅自与元昊往来，甚至烧毁元昊来信？除了他，还有谁敢如此行事！"

宋庠原名宋郊，是科举考试中州试、省试、殿试均为第一的著名才子。州试是州一级的考试，合格入榜后进京参加礼部的省试，省试入榜后是皇帝亲自考试，这叫殿试。三级考试都得第一，后人称为"三元及第"。不过，宋庠在天圣二年殿试的状元来得侥幸。本来是他的弟弟宋祁考得状元，但是刘太后得知他们是兄弟之后说："岂有弟在前、兄在后之理！"结果宋祁屈居第十，让宋庠得了第一。

宋庠人品总的来说是不错的，史称他为人庄重谨约，敢于直言。可是，人都是有弱点的。宋庠都有哪些弱点已无从可考，但他至少有一个弱点如今还是可以看得出来的，那就是太在意与吕夷简的关系。他不是想亲近吕夷简，而只是想让自己和吕夷简的关系不要太僵。

如此说来，宋庠与吕夷简关系有些不太顺畅了？是的。不只宋庠，

庙堂之忧

还有三个人都与吕夷简关系不太和谐，他们是：枢密副使郑戬，也就是曾在开封知府任上办了盛度和程琳两位宰执大臣的腐败案的人，此案牵扯了吕夷简的两个儿子，而他还是范仲淹的连襟；三司使叶清臣，多次公开支持范仲淹；第三位也是重要人物，是开封知府吴遵路，巧的是他也曾步范仲淹后尘，在范仲淹第一次被贬后不久，与滕宗谅一起因劝刘太后还权于仁宗而被贬。这四人平时过从甚密，都有锐意进取之心，经常提出一些有见地的朝政意见。参知政事、枢密副使、三司使和开封知府都是要职，因此他们的意见在朝中有相当的分量。他们的意见有分量，相对而言吕夷简说话的分量就要降低，更何况仁宗很欣赏宋庠之才，总想重用他，吕夷简心中自然十分忌惮。

宋庠很在意吕夷简对他的态度，在这一点上与其他三位不同，他们三人都是无所畏惧之人。其实宋庠与他的这三位知友还有一个不同点，那就是郑、叶、吴三人都是干练之能臣，而宋庠似乎最擅长的是写文章。

吕夷简何其精明，他选择了宋庠作为突破口，要将四人一网打尽。

第二天一早，仁宗与大臣们议政。中书省呈上了范仲淹关于野利旺荣书信的报告。仁宗询问大臣们有何意见，有几位大臣认为范仲淹不应当擅自与元昊通信，更不能擅自焚毁书信。这时，宋庠突然说道："范仲淹当斩！"

此言一出，众人尽皆失色！

自太祖以来，除了一个例外，皇帝从来没有杀过一个文臣。这个例外就是太宗曾在盛怒之下杀过一个小文官，但太宗后来对此事非常懊恼。除了此例，"誓不杀士大夫及上书言事者"的祖宗规矩从来没有被逾越过，何况要杀的是范仲淹，这个当今最孚众望的龙图阁直学士。可以说，宋庠的建议愚蠢至极。

枢密副使杜衍立即严厉反驳:"范仲淹意欲招降元昊,这体现了他忠于朝廷、为国分忧之心,岂能如此加罪?"

宋庠还以为吕夷简必定会赞同自己的意见,昨天吕夷简不是还对范仲淹之举深表不满吗?

谁知,吕夷简慢条斯理地对仁宗说道:"杜衍所言极是,只可对范仲淹稍加处分。"

宋庠听罢,顿时张皇失措。

仁宗综合了大臣们的意见,对范仲淹做出了保留龙图阁直学士的馆职、降官一级知耀州的处分,算是稍加处罚。

宋庠请斩范仲淹的建议传出,朝中舆论哗然,他受到朝臣们严厉的指责。此事不仅让宋庠的声誉严重受损,也成了他本人的一个长期心病。十多年后,他怀着愧疚之心举荐范仲淹次子范纯仁担任馆职,但被范纯仁拒绝了。

仁宗想必对宋庠的建议也相当不满。当吕夷简将宋庠与郑戬、叶清臣等人说成是"同年党"时,仁宗干脆将四人一并免职。若说"同年党",或许有之。宋庠和他的弟弟宋祁以及郑戬、叶清臣四人都是同年进士,因此关系密切,而吴遵路与他们又十分友善,因此一并被打入"同年党"。其实,若是一心为国,同年友善又何妨?

范仲淹离开了延州,留给他的继任者庞籍一笔宝贵的财富,这就是基本完善的防御体系。仁宗派到陕西考察军政情况的王尧臣形容范仲淹离开时的延州,"分置六将,上下一心,将强兵精,足以御敌"。

庙堂之忧

还有，后来几十年间几位最著名的大宋将领，几乎都在延州接受过范仲淹的教诲。

比如说狄青，他是尹洙向范仲淹推荐的："狄青可是良将之才！"范仲淹赠给狄青一本《左氏春秋》："熟读了此书，自然有断大事的能力。你不应当满足于当一个不知古今、只有匹夫之勇的将军！"狄青自此发奋读书，精通兵法，终成一代名将。与同时代的绝大多数人相比，范仲淹对人才的识拔和使用是客观而不带偏见的。多少年后，当狄青被任命为枢密副使、后来又提升为枢密使时，庞籍、欧阳修、余靖等曾经赏识过他或以正直敢言著称的名臣以狄青出身行伍而加以反对，号称名臣、名相的文彦博等人甚至将狄青排挤出朝廷并派人对他严加监视，让这位对大宋忠心耿耿的名将惊悸而死。如果范仲淹还在世，我们有充分的理由相信他会站出来为狄青仗义执言，就像他曾经冒着仁宗的雷霆大怒为自己的老友兼部下滕宗谅和张亢仗义执言一样。

郭逵是范仲淹赏识的另一位名将，他的兄长郭遵就是在三川口之战中被元昊亲自指挥乱箭射死的那位勇将。当初韩琦坚持两路出兵，而范仲淹坚执反对意见，其中就有听取郭逵建议的因素，虽然那时郭逵还只是一个不太知名的低级军官。范仲淹很欣赏这个年轻人，"待以子侄""勉以学问"，像对待自己的子弟一样勉励他。

种世衡继续在清涧城打造延州北部的屏障，并巩固他安抚蕃部的成果。他还有机会在范仲淹手下效力。

张亢如果没有文官背景，他的慷慨仗义往往会让人以为他只是一个勇猛无比的悍将。张亢原先是进士及第的文官。他早就预言元昊必反，并上书仁宗提出许多有战略眼光的防备建议。他在延州总管兵马，范仲淹对他敬重有加，待他如国士而非武将，凡有大事都与他商议。

范仲淹和韩琦离开了陕西的决策中心。作为对决策能力的弥补，朝廷又任命了一位与夏竦职权完全一致的官员，他是曾任同知枢密院事的陈执中。朝廷让他与夏竦同任陕西都部署兼陕西经略安抚招讨使，此外还都兼任永兴军知军。

这两位拥有同样权力的大人物在陕西的合作并不融洽，其原因在于缺乏同舟共济的精神，互相不服气，他们就陕西方面提出的意见和建议往往也是互相矛盾。仁宗不得已，让他们轮流巡边视察。一人巡边，另一人就单独负责都部署司事务。

当然，陈执中和夏竦也并非完全没有共同语言。四年后，维护既得利益的私心让他们无意识地走到了一起，参与扼杀了极有可能使大宋发展壮大的庆历新政。

但是此时二人之间的不协调让仁宗十分不满。为了进一步理顺陕西决策层的关系，仁宗又采取了一项重要的措施，那就是任命范雍为第三位永兴军知军，同时将陈执中和夏竦分开，一位屯驻泾原路的泾州，一位屯驻鄜延路的鄜州。

三位前枢密院大臣担任永兴军知军，结果会是怎么样？为了办理一件公事，永兴军的官员需要在三地之间来回奔波，最终才有可能达成一致意见——还仅仅是可能。

朝廷又深深地陷入迷糊之中。三个重臣都无法理顺陕西事务，那还有什么办法呢？

就在大宋朝廷仍然迷惘于国家还有没有真正的中流砥柱这个问题的

庙堂之忧

时候，元昊早已在享受珍惜人才给自己带来的胜利果实。

好水川之战后，在宋夏交界处一座寺庙的墙上有这么一首诗："夏竦何曾耸，韩琦未足奇。满川龙虎辇，犹自说兵机。"这首诗以夏竦、韩琦之名为戏，讥笑大宋无人，以至于载运宋兵尸体之车塞满山川。作者留下的署名是"大夏国太师、尚书令兼中书侍郎张元"，这个名字曾经在延州三川口之战后宋夏交界处的另一所寺庙中出现过，也是一首讥笑大宋无能诗作的作者。

太师、尚书令兼中书侍郎，这个官职要是放在大宋，那就是皇帝最信任、最资深的宰相了。大宋至今还没有哪个宰相同时身具太师和尚书令之官衔的。因此，这个张元应当是元昊最亲信的重臣。

关于张元的身世和事迹，历史上没有太多的记载。有人说他其实名叫张源，张元是后人以讹传讹加上传奇演绎而来的名字。元昊的名字中有一个"元"字，从这个角度看，张元真名叫张源的可能性更大，因为他要避讳君主的名字。即便他本名是张元，到了西夏后他也一定是要改名的。

张元并非西夏境内人氏，而是陕西人。据说张元还有一个伙伴叫吴昊，他们二人连同范仲淹到陕西后向朝廷举荐的姚嗣宗都是陕西的才子。二人心比天高，但在大宋却是命比纸薄，多次参加科举考试，却总是在考试的最后一关即皇帝的殿试时落榜。落魄不遇，往往会因此放浪形骸。张元常常在酩酊大醉之后，携一支铁笛独自蹒跚于山野之间，一想起自己的满腹心酸，就吹笛悲歌、仰天长啸，凄厉、苍凉之声甚至让山中的盗贼避之不及。张元、吴昊二人喜欢语出惊人，他们因此曾受到当地官员的欺侮。他们也曾想去谒见夏竦、范雍这两位当时陕西的最高官员，却耻于自荐，又恨夏竦和范雍没有识人的慧眼。思来想去，二人看出西夏的元昊有反宋之心，因此约定一同去投奔元昊，一定要干出一番大事业。

也有一个说法，称张元、吴昊二人怀才不遇时是范仲淹和韩琦二人在陕西主政，张元、吴昊二人投奔西夏时范仲淹还曾亲自以快马追他们，但晚了一步，只好举荐了姚嗣宗。这些都是"萧何追韩信"式的演绎。张元、吴昊二人入西夏是在范仲淹、韩琦经略陕西之前、元昊反宋前夕的宝元年间。有一个故事可以证明：张元、吴昊到了西夏之后，在酒楼纵饮一番，然后提笔在墙上题写了"张元、吴昊来此饮酒"。这句话嵌着"元昊"二字。二人公然题写元昊的名字，自然要被官府抓捕。元昊亲自审问他们，为什么不知道避讳自己的名字？他们答道："姓都不知道，还知道什么名字！"这是暗讽元昊此时还姓大宋皇室的赵姓。元昊放弃赵姓、恢复党项族的嵬名姓是在景祐元年以前，而范仲淹此时还在京城或贬谪地为官。

初次见面，元昊就对张元、吴昊二人肃然起敬，认定他们必是异人，因此对他们加以重用。张元、吴昊离开陕西前，已将陕西的山川道路、宋军的屯兵布防情况细细地访察了一番。据说，三川口之战以及此前宋军遭受的几次大败和之后还将遭受的失败，都是出自张元的谋划。

张元、吴昊的事有很多相互矛盾的传说，比如吴昊是否确有其人就无法确定，关于他的确切记载几乎没有，而西夏国似乎也没有一个叫张元或者张源的宰相。不过张元确有其人，他投奔元昊也确有其事。十几年后的仁宗嘉祐二年（1057）开始，所有通过礼部省试的进士进入皇帝的殿试后，都不再黜落，也就是说通过了礼部考试后肯定都能获得进士

庙堂之忧

及第或进士出身，而以往的殿试是要黜落一部分人的。这一改革的原因，就是有人提到了当年张元几次殿试被黜导致他投奔西夏的事。

从张元投奔西夏之前所作的诗来看，他确实是一个很有抱负的人。如他的一首《雪》是这样写的："七星仗剑搅天池，倒卷银河落地机。战退玉龙三百万，断鳞残甲满天飞。"这首诗很容易让人们想起唐朝末年黄巢科举落第之后、起兵反唐前写下的那首著名的《菊花》诗："待到秋来九月八，我花开后百花杀。冲天香阵透长安，满城尽带黄金甲！"相比之下，张元之诗句句杀气，气势更甚于黄巢。他还有一首诗《鹰》，留传下来的只有"有心待搦月中兔，更向白云头上飞"两句，表达的意思也是要处处压人一头。黄巢也另写有一首著名的《题菊花》："飒飒西风满院栽，蕊寒香冷蝶难来。他年我若为青帝，报与桃花一处开。"张元写的是心中之气，黄巢写的是胸中之志，不论是志向还是文采，张元都是远逊于黄巢。

后来的大宋之人说起张元，是恨憾交加。恨的是他心中没有国家大义，为了自己能够出人头地，不惜引助外患祸害自己的同胞；憾的是朝廷无人惜才，以至于人才不能为国家所用。

其实，古往今来投身他国甚至敌国之人比比皆是。他们之中，有的是无路可走、被逼无奈；有的是怀才不遇，心中愤懑，怒而出走；有的是在祖国受到羞辱后出走他国。这些人出走之后对待祖国的态度也不尽相同。有的是暂避他乡，有机会时还要回来报效国家；有的纯粹是避祸安生，虽然此生将老死异国他乡，但绝不去做侵害祖国之事；有的则极力鼓动或大力帮助外人对自己的祖国烧杀抢掠甚至推翻政权，以此发泄自己的心头恨，实现在祖国无法达到的出人头地的目的。

在这些人中，汉武帝时期的李陵是著名的一个。

"但使龙城飞将在，不教胡马度阴山！"王昌龄的这首《出塞》歌颂的是李陵的祖父李广，那位被匈奴敬称为"飞将军"的名将。

李广、李陵祖孙二人都是悲剧英雄。李广是自刎而死的。他带领部队最后一次出征匈奴时，迷失了道路。按军规，迷失道路也要斩首。李广应当不会被处死，但他不愿意受到官吏的侮辱，于是这位已经六十多岁的老将选择了捍卫荣誉的自刎。

"林暗草惊风，将军夜引弓。平明寻白羽，没在石棱中。"唐代边塞诗人卢纶的《塞下曲》诵唱的是李广射虎的故事。李广的箭术举世无双，他的后代也继承了他的这一特长。李广的长孙李陵就曾被汉武帝指派专门训练弓箭手。

天汉二年（前99），汉武帝派遣自己的爱妃之兄、贰师将军李广利率骑兵三万出征匈奴。时为骑都尉的李陵主动请缨，带领自己亲自训练的五千名弓箭手独立行动，从侧面协助李广利的正面作战。但是主帅李广利没找到敌人，李陵一部反而遇上了匈奴的主力。面对强敌，李陵将他的弓箭兵战术运用得出神入化、淋漓尽致。他以辎重车环列为营，命令前列士兵持戟盾防守，后列士兵发弩箭进攻，趁匈奴被射退时再挥兵追击，杀敌数千人。匈奴单于震惊于汉军的勇猛，紧急征调骑兵，将兵力增至八万。李陵以他卓越的军事才能，率领汉军在十余天内转战几百里，以这孤立无援的几千名弓箭手对抗八万匈奴骑兵，且战且退。在退到临近汉界时，已斩杀敌军一万余人，自己兵力还有三千多，并且一度用连弩突射匈奴单于，使单于狼狈逃走。就在单于准备放弃这一支难以战胜

庙堂之忧

的汉军时,汉军一名小军官因受校尉欺侮而投降匈奴,将汉军手无余箭、前无援军的底细告诉了单于:"陵军无后救,射矢且尽!"单于大喜,用全军合攻汉军。汉军一天之内将剩余的五十万支箭全部用尽,最后矢尽援绝。李陵率兵突围不成后,长叹了一声:"无面目报陛下!"就放下长剑,降了匈奴。匈奴单于得到他如获至宝,将自己的女儿嫁给了他。

李陵的悲剧中有一个跟他同样悲情的人物,他就是中国最伟大的历史学家之一司马迁。李陵投降匈奴后,群臣都说李陵有罪,只有司马迁一个人为李陵说了公道话:李陵奋不顾身以殉国家之急,以不满五千之步卒抵挡匈奴数万雄师,转战千里直至矢尽兵穷,就是古代名将也不过如此!司马迁之言得罪了汉武帝,汉武帝正因为自己宠妃之兄李广利出师无功而恼怒不已。司马迁被汉武帝处以最严厉的刑罚,但他接受了耻辱的宫刑而不是一死了之的死刑,以延续他那伟大的生命来完成永垂不朽的著作《史记》。

李陵本来有机会回到大汉,但是汉武帝的又一次轻率使李陵断绝了回归的念头。另一名汉朝降将李绪帮助匈奴训练士兵,但因传言说他是李陵,于是汉武帝诛杀了李陵的母、弟、妻、子。李陵悲愤地问汉朝使者:"我为汉将,以步兵五千人横扫匈奴,因为得不到救援而失败,有何负于汉室而杀我全家?"使者说:"听说你教匈奴为兵!"

李陵把所有的愤恨投向了李绪。他派人刺杀了李绪,并为此得罪了单于之母,单于不得已把他藏到北方多年。汉武帝死后,李陵的昔日同僚霍光和上官桀成为朝廷的主要大臣,他们派人去匈奴劝李陵回来,李陵拒绝了。"归汉容易,但恐回去后再受侮辱。大丈夫岂可一辱再辱!"汉昭帝元平元年(前74),李陵在居匈奴二十余年后病死。

第三章　谁将补天裂

也许，历史注定了李陵要永远成为国家的弃儿。

李陵兵败的前一年，汉武帝派李陵的另一位昔日好友苏武出使匈奴，苏武被匈奴单于扣留了十九年。单于将苏武流放到冰天雪地的北海牧羊，在此期间李陵多次前去看望他。汉昭帝始元六年（前81），苏武回到大汉。在送别故人的凄凉心境中，李陵写下了催人泪下的《别歌》："径万里兮度沙幕，为君将兮奋匈奴。路穷绝兮矢刃摧，士众灭兮名已陨。老母已死，虽欲报恩将安归！"

"将军百战声名裂，向河梁、回头万里，故人长绝！"后人以李陵有国难报、有家难归的境遇，来形容心中无以复加的悲怆。"啼鸟应知如许恨，料不啼清泪长啼血！"

而历史上最为狠毒的叛国者之一是西汉的中行说，有人说他是汉奸始祖。汉文帝与匈奴和亲，让宦官中行说作为侍者随行，中行说为此心生怨恨，一到匈奴就叛国。他不仅教匈奴与大汉对抗，甚至在临死前还教唆匈奴将死牛死羊扔进水中，让汉军喝了这种水后染上瘟疫。据说汉武帝最倚重的将领霍去病就是在喝了这种毒水后英年早逝的。

所有投奔异族敌国者或许都有合乎情理的理由，可是其中一些人往往将他们的理由无限放大，扩展到煽动、利用异族敌国对祖国进行侵害。而他们不遗余力对祖国、对同胞的诅咒、残害更能印证他们对于异族敌国的忠心、印证他们在敌国主子面前摇尾绕膝的"可爱"，他们也总能显示出十分扬眉风光的一面。其实，假如他们能够把自己的眼界往后推移几十年，他们就会明白：历史早已在今天把他们定位在卖国者之列，并在他们的身上涂上了永远洗刷不去的无耻之色。东晋时期以书法著名于

庙堂之忧

世的政治家王羲之早就告诉后人："后之视今，亦犹今之视昔。"

卖国之人不分古今，代代都有。不过，今天的卖国贼比古时的卖国者更多了一些遮羞的意识，他们总是把卖国说成是让他国来帮助自己的祖国。这真是无耻的混账话。他们指望的国家会愿意看到一个强大的中国与它们并驾齐驱？想让这些国家真心帮助中国，除非它们认定中国愿意把它们当成宗主国，把中华民族永远当成它们的附庸。这样的话，中国还算是强国吗？所以说，今天的卖国者之无耻远甚于古时候。

当然，一个国家如果投奔异族敌国、与祖国反目为仇的人时常有之，那么这个国家是需要进行深刻反省的。逼走一个两个人才或许是无心之失，但如果成批的人才精英逃奔异国他乡并与祖国为敌，那么国家的机制肯定是存在问题的。仁宗嘉祐二年时通过对张元投夏而对科举殿试制度的反思和改进，说明了此时的大宋具有开明的思想和改正错误的勇气。

张元在西夏的结局并不辉煌，因为他与元昊志向不同。张元期望帮助元昊成为中原大地的新主人，建立一个新的大一统的中国，如此他自己也将立下不世之功，不朽于历史。但是元昊只想通过攻略、骚扰大宋，逼迫大宋承认西夏的独立，恢复对西夏十分重要的通商贸易，让自己和西夏贵族过上无忧无虑的奢侈生活。与元昊同途而异趣，使张元注定无法实现他的梦想。庆历四年，宋夏签订和约，不久张元即悒悒而亡。

第三章　谁将补天裂

5

又一次损精兵、折大将，范仲淹和韩琦被降职，陈执中到陕西与夏竦共同主持军政，这一时期是陕西防守最为脆弱的时候。不过很奇怪的是，元昊没有继续向陕西施加压力，反而脱离了战略上的主战场，到河东麟府路开辟新阵地去了。转向河东是元昊的一次战略错误，而他随后在河东的重大挫折又是一次重大战略失败。

自西向东奔流的黄河在兰州以东折了一个角，沿着贺兰山向北流淌了一千多里，在阴山的阻挡下，又折向东行，八百多里后又沿着吕梁山折向南继续奔腾一千三百余里，随后又在陕西的华阴以北再折向东，形成了一个"几"字形的路线。这个"几"字，西边的一半已被西夏占领，东边的一半除了东北部的折角属于契丹，其余部分自北向南在大宋境内流经两个重要的行政区域。它们是：北半部流经的是河东路的丰州、麟州和府州，其中丰州、麟州在黄河以西，府州在黄河东畔；南半部流经的是陕西。

西夏在这一段黄河以西的中部地域占据着一片要地，自横山北部一直向东延伸到黄河西岸，切断了大宋陕西沿黄河西边向北通往丰、麟、府三州的通道。因此，陕西要与这三州联系，需先向东渡过黄河，然后北上到达府州，之后再向西渡过黄河，才能依次到达麟州和丰州。

大宋的北部领土自这段黄河开始，向东经河北、山东一直到海边，其中西边的一半都属河东路，东边一半属河北路。河东路之名，取的就

庙堂之忧

是黄河以东之意。丰、麟、府三州在河东路的西北，只是小小的一角，由于它们在地理上和军事上的特殊性，大宋常常将它们在军事上单设一路，称为麟府路，统一指挥。

如果做一个形象比喻，那么丰、麟、府三州所处地域犹如一小截面向西方的小指头：丰州在指尖，西面是西夏，北面和东面是契丹，三面受敌；丰州西南的麟州是指腹，紧临西夏；府州在丰州东南，与本州西北的火山军和西南的保德军形成指背，背靠着东边的契丹。这么一个小指头，如果契丹和西夏合力，完全是可以把它切断的。

元昊打算依靠自己的力量把这个小指头切下来。且不说能否如愿，即便能够切断它，虽然增加了对大宋的压力，但并不能形成致命威胁，更何况这个小指头在被切下一小块后，还能把元昊戳个头破血流。

庆历元年七月，元昊发动了历时三个月的麟府路战役。

这个战役可以看成由两个阶段组成。

第一阶段是大宋的防御战。经过十分惨烈的争夺，大宋保住了麟州和府州，但失去了丰州。

第二阶段是决胜战，宋军歼灭了夏军大量精锐，击退了夏军。

综观整个战役结果，大宋虽然失去了丰州，但从对西夏的整体战略对局来观察，大宋在麟府路战役中可以判定为取得了胜利。尤其是应当看到，这一结果是在元昊几万精兵压城的情况下基本上是依靠麟、府、丰三州自身的兵力取得的。陕西路因为自河外北上的陆路被西夏切断，且自身防守压力巨大，无法调兵支援三州；河东路其他北边的州军和河北路因为需要防备契丹趁火打劫，也不敢抽调太多兵力支援。曾经有一支部队从河东路的代州去支援三州，但被西夏兵击退，后来只好就地募兵。如果说朝廷有什么实质意义的增援，那也就是在丰州失陷后，增派了一个麟府路的军事统帅张亢。但张亢是只身匹马来的，除了护卫亲兵，没有带上一兵一卒。

河东三州尤其是麟、府二州为什么有如此战斗力？这要从麟、府两州两大家族的一段历史说起。

麟州、府州一带，包括丰州，几百年来生活的居民以羌族为多。其中最大的一个家族是折家。唐朝末年，折嗣伦在麟州当刺史。他死后，儿子折从阮担任府州副使，相当于刺史的副手，不几年又升任刺史。自此折家世代以府州为根据。

唐朝灭亡后，契丹人趁机侵略中原，在河曲一带与后梁、后唐、后晋、后汉、后周等几个中原王朝争夺领土。麟州河曲一带有一个汉人杨姓家族为了保家卫国，占据了河曲火山的地盘，率民众抗拒契丹人。杨家始祖杨信在当地颇有威望，当地人尊称他为"火山刺史"。此时，折家在府州最大的敌人是同为党项羌族的拓跋氏，即元昊的祖先。

虽然杨家以抗拒契丹为主、折家以抵御党项拓跋氏为主，但五代时期的战乱，让很多豪强势力群起逐鹿中原，因此杨、折两家同时还要面对鲜卑后裔吐谷浑、吐蕃、突厥等族的侵略，他们时时面临着失去家园的威胁。于是，两家决定结盟。在折家的支持下，年轻的杨信从府州西北的火山往西渡过黄河，攻占了麟州，自立为州主。

契丹的儿皇帝、后晋石敬瑭死后，契丹发动了灭晋战争，而杨、折两家则趁机北上，从契丹手中夺取了丰州。自此，丰、麟、府三州三足鼎立，为中原王朝担当了抵御契丹和党项两族入侵的重任。

庙堂之忧

  杨、折两家结盟不仅是军事上的，也体现在政治上，其中一种方式就是两家联姻。最著名的一对婚姻就是杨信长子杨重贵娶了折从阮的一个孙女。杨重贵后来改名杨业，并以杨业之名为后世所传扬，被尊称为杨令公；那么折家的女儿自然就是同样名扬后世的杨令婆或称佘太君了。佘太君，实为折太君。

  自杨业随后汉皇帝南征北战、为大宋守疆护土之后，杨家将的主力从此四海为家，尽心尽力地辅佐中原王朝，谱写了许多可歌可泣的英雄篇章，而留在麟州的是杨信的次子杨重训一支。杨重训之后，杨家还有在麟州为将的，但已不是主官。

  而折家世代留守府州，为中原王朝守备边城近二百年，一直到北宋灭亡。折家世代精忠报国的事迹并不亚于杨家，只是因为杨家将的耀眼光芒而让世人忽视了折家的英勇壮烈。

  麟州、府州的历史背景注定了元昊要在麟州和府州碰壁。

  元昊首先围攻麟州。麟州建在山上，易守难攻。围了半个月，元昊派出的探子混出麟州城向他报告说，城内已经缺水，再围两天就可不费力气拿下麟州。可是围到第十八天，元昊看见麟州城的守卒用烂泥加固城墙，大怒道："城中如果缺水，怎么还有烂泥糊墙？"于是杀了探子，解围而去，转攻黄河东岸的府州。其实，麟州当时确实已经无水。就在走投无路的时候，有人向麟州知府出了一个主意，用阴沟的烂泥涂抹城墙，骗过了元昊。

  府州的攻防战更加激烈。府州紧靠黄河，崖壁险峭。夏军先是奇兵偷袭，派兵顺着悬崖上只能通行一人的羊肠小道攻击府州，被宋军全歼。接着夏军转到北门强攻。州城在夏军强攻下险象环生，最危急时几乎被

第三章 谁将补天裂

夏军成功登城，是折家勇将张岊在一只眼睛中箭、身受三处重创的情况下率兵将夏兵扫下了城墙。

围攻麟、府二州都没有结果，元昊又带兵围攻北边的丰州。

丰州与府州一样，是由同为羌族的藏才部落首领王氏在此为官。藏才部落同样骁勇善战，王家又与杨、折两家结盟，因此也是西夏的死敌。但是到了仁宗时期，王家在丰州的威望日渐衰微，失去了在藏才部落中的号召力，虽然王家还任丰州知府，但丰州蕃部的战斗力与府州折家已无法比拟。

丰州攻防战的结果是：知州战死，丰州陷落。

攻陷丰州后，元昊又回师麟、府二州，在清除了二州之间仅有的几个小堡寨后，将麟、府二州完全孤立起来。战役进入了第二阶段。

这时，大宋朝廷中有人提出放弃麟州的建议。麟州和府州唇齿相依，失去麟州，府州孤危；麟、府二州俱失，则河东就失去了黄河天险，因此麟、府二州是不能轻易丢失的。

既然不能放弃，那就必须加强。加强麟府路的最大一着棋就是将张亢从陕西鄜延路调到麟府路任统帅。

九月初，张亢单枪匹马去麟府路上任。因为局势紧张，他到了城门紧闭的府州城下时，差点无法进城。

文官出身的背景加上范仲淹的熏陶，使张亢具备了一般武将所没有的战略眼光。他到府州后，在东、南、北三面修筑了三个堡寨协防府州，同时让百姓能够出城汲水、砍柴。要知道，此前城内缺水到了极致，据说有人用一两黄金换一杯水。安定府州之后，张亢又率兵夜袭琉璃堡，

庙堂之忧

拿下了元昊在黄河以东的这个据点，并设立了自己的堡寨。

通过以上措置，黄河以东的府州地界已基本安定。接着张亢开始救援河西的麟州。

张亢先是亲自带兵三千护送粮草到麟州。夏军得知后前来拦截，被宋军杀败。夏军随后派出数万人马在张亢回府州的路上邀击。在明显敌强己弱的情况下，张亢激励将士们："我等已陷入必死之地，只有奋勇杀敌才有生还的希望！"将士们群情激昂。这时，老天也帮忙，刮起了西风，大风起处飞沙走石。宋军挟风势向夏军掩杀，竟然把夏军打得大败。张亢于是乘势在麟州以东修筑了建宁寨等五个堡寨，使府州到麟州之路重新通畅。

最后，张亢迎来了与西夏军在麟府路的决战，这就是兔毛川之战。

决战开始前，张亢使了一个计策。他让强悍的虎翼军换上了没有什么战斗力的万胜军旗帜，结阵与夏军对抗。夏军人人皆知万胜军是有名的软柿子，以为这次将占个大便宜，因此放过了真正的万胜军而直冲虎翼军之阵。双方搏杀半日，府州勇将张岊的几千伏兵尽起，杀得夏军全线溃败。

自此，元昊发起的麟府路战役基本结束，夏军陆续撤出这一区域。

元昊与宋军在河东激战三个月，给陕西四路腾出了时间来加紧备战。范仲淹抓住这个机会，在他的新防地环庆路继续推行他在延州曾经进行的防御建设。

范仲淹是在五月下旬来到环庆路的，担任庆州知州兼环庆路经略安抚和沿边招讨使。这离他降职耀州仅仅一个半月左右，而韩琦也同时以秦州知州兼任了秦凤路的主帅。二人降职不久又被委以一路之任，这是朝中一些有识之士呼吁的结果。比如仁宗派到陕西临时负责巡察、安抚的王尧臣回京后对仁宗说道："范仲淹、韩琦都是极天下之选的英才，他们的忠义智勇世所闻名，不宜因为一些小过错而将他们置于闲散之地。"

范仲淹此时已经不是整个陕西的决策人物，这反而使他能够更专心于环庆路的守备安排。他在环庆路继续推行他的修寨、抚蕃、练兵三件事。

庆历二年（1042）晚春的一天，范仲淹亲自率领庆州兵来到庆州东北一百二十里的柔远寨。将士们都不知道范仲淹领军来到此地的目的是什么，同时对于范仲淹一些奇怪的命令感到不解：范仲淹让他们随身带上了建筑工具。

到了柔远寨后，他们才知道此行的目的地并非柔远，而是柔远东北约二十里的马铺寨。

黄土高原的一个自然特色就是沟壑纵横，沟壑之间是无数的丘陵山包。马铺寨就是在两个大沟壑之间的一座山包，不过它与附近其他山包不同的是，它处在西夏境内后桥川进入大宋庆州界内的要道口上。在它的北边三十里左右，分布着西夏的金汤、白豹、后桥三城寨，这三处都是西夏的重要基地。如果西夏要从环庆路向大宋发起进攻，需汇集金汤、白豹之兵于后桥，再由后桥经马铺寨才能进入宋界，因此马铺寨是扼守西夏进犯环庆路之道的咽喉。

马铺寨上早已有另一队宋军在此等候范仲淹。这队宋军的领军是十八岁的范纯祐，范仲淹的长子。他们先期到达，抢占了高地，并完成了对夏军的布防。

范仲淹命令宋军就地筑城。这时，他手下的将领和士兵才知道范仲

庙堂之忧

淹的最终目的：他要在此地修筑一个军事堡寨。

范仲淹绝对保密的举措不仅让自己的部下事先对行动一无所知，更让夏军措手不及。他们不会想到宋军会在这里设立一个桥头堡。

两三天后，一支夏军逼近马铺寨，骚扰宋军。

范仲淹先对防守做了一番部署，然后派出一将带兵出击，他自己则带领部分将士留守寨中。

"如果敌兵败退，绝不可追击。违令者必斩！"范仲淹戒令诸将。

将领们感到好笑。范仲淹到庆州以来，从不谈进攻，只谈防守。如此畏懦，怎么能当主帅呢？

双方交战没有多久，夏兵即溃退奔逃。众将眼巴巴地看着敌军逃走而不敢追击，因为范仲淹是一路经略使，掌生杀大权。

众将回到寨中，范仲淹命令继续筑城。败退的夏军又陆陆续续、松松散散地回到马铺寨下。范仲淹不再命令出击，他让宋军一边加强警戒，一边继续筑城。

这一小股夏军耗了半天，终于撤走了。众将看着撤离的夏军，目光中有惋惜，有讥笑，有无奈。

但是最后他们的目光中闪现的是震惊。

在夏军撤退之路两旁的密林中，闪出了一队又一队的夏军骑兵，整整有三万骑。当初如果众将乘胜追击溃散的夏军，结果会是怎样？

"众将始服范仲淹，以为不可及。"欧阳修后来记录了这件事。

只用了十天时间，城寨修筑完成。

范仲淹随后将修筑此城情况上报朝廷。仁宗看了范仲淹的报告并在地图上细细审察后，十分赞同范仲淹的眼光。他亲自为新筑的这座城堡取名"大顺城"。

大顺城只是范仲淹前后在环庆路修筑的数十个堡寨中的一个，但却是最重要的一个。史书评价："自此以后，入寇环庆路的夏军日益减少。"

另外有一个史实可以证明范仲淹修筑大顺城的重要性。宋英宗治平三年（1066）、四年（1067），西夏主、元昊之子谅祚两次亲率大军进犯环庆路，进攻的重点就是大顺城。宋军不仅成功地守住了大顺城，并且两次在大顺城重创夏军、重伤谅祚。第一次，谅祚保住了性命。第二次，年仅二十一岁的谅祚退兵回国后即不治身亡。在后来的多次争战中，大顺城也都是宋夏双方的必争之地。

范仲淹一定是十分看重大顺城的修筑。修城完毕在回庆州的路上，他以轻松的心情赋诗一首以作纪念："三月二十七，羌山始见花。将军了边事，春老未还家。"接着有一位二十二岁的年轻人还专门为范仲淹写作了一篇《庆州大顺城记》，他的名字叫张载。范仲淹还在延州时，张载拜谒范仲淹，并呈上了自己关于加强边防、安定西夏的政论《边议九条》以及他联络陕西侠士突袭西夏的打算。范仲淹给张载泼了一盆冷水：儒生自有儒家的教训，为何要孜孜以求于兵事？于是张载按照范仲淹的指引，从《中庸》读起，终于成为影响后世的思想家。

还在策划修筑大顺城的时候，范仲淹把种世衡从延州清涧城调来环州担任知州。

让种世衡来环州是下了大力气的。范仲淹先向朝廷申请，要将自己提职一级的机会转授给种世衡，变为将种世衡提职一级到环州任知州。但是延州知州庞籍不同意。庞籍是范仲淹的同年进士，他们二人是好友，

庙堂之忧

可是种世衡这种人谁都知道好用，因此庞籍舍不得放手。

过了两个月，范仲淹再次请求朝廷调种世衡来环州。庞籍到延州后，继续推行范仲淹的战略规划，延州的防守体系已经相当成熟。相比之下，环庆路更需要种世衡。比如范仲淹刚到环庆路时就得知，这一带有六百多名羌族酋长被元昊收买。一旦元昊兵锋指向环庆路，这是极大的隐患。

朝廷最终同意了范仲淹的请求，任命种世衡为环州知州。

种世衡在环州配合范仲淹有效收拢了羌族首领的心。他的做法与范仲淹相同，都是恩威并施。

范仲淹在酋长们拜见他时，从来都是将酋长们请进内室，屏去护卫，与之促膝相谈。这种信任足以感动他们。酋长们立了功，范仲淹总是将仁宗给自己的赏赐以仁宗嘉奖的名义奖赏给他们。每到此时，酋长们都感动得面向开封向皇帝磕头谢恩。

施恩之后是立规矩。范仲淹给酋长们约法，相互之间不许仇杀；元昊入侵时必须全族迁至堡寨内协助防守。如有违抗，除依法处置，还加罚马、牛、羊等，甚至以酋长为人质。规矩一立，酋长们人人畏服。

种世衡属于乱世英雄的性格，他不像范仲淹那样事事光明正大、中规中矩。他有更多手段招抚羌人，有些手段还相当狡黠。

环州羌人最难驯服的是牛家部落的酋长。他想必从延州羌人那里听说过种世衡，因此种世衡刚到环州，他就来谒见种世衡，在此之前他从来没有谒见过环州知州。种世衡与他约定第二天去看望他。可是第二天一早，三尺厚的大雪封山闭道，寸步难行。左右劝种世衡道："山深路险，牛家部落人心难测，还是不去为好。"种世衡说："我要以信义收服羌人，岂可失信于牛家！"他跋涉多时来到牛家，而牛家酋长还在酣睡之中。种世衡一脚将酋长踹起，酋长大惊道："官人从来不敢进入我的领地，何况是知州大人！"牛家从此归服。

环州羌人最强悍的是慕恩部落。种世衡请慕恩酋长做客，让美貌侍姬劝酒。在酋长眼花耳热、意乱情迷之时，种世衡借故离开，在帐外窥视。就在酋长调戏侍姬时，他冲进帐中抓了个正着。酋长恐惧不已，连连请罪。种世衡笑道："我当成君之美！"将侍姬赐给了酋长。从此以后，哪个部落不归服大宋，种世衡就让慕恩讨伐它。

种世衡的奇招怪术还有很多。如，安塞有一个部落桀骜不驯，但官军总抓不着它的酋长。种世衡听说这一带的羌民喜欢以敲击腰鼓为乐，于是就让人打造了一个纯银的腰鼓，再做一些精美的装饰，在市场上低价出售。然后他告诉手下人关注这贵重银鼓的去向。过了一阵，手下来报称安塞发现有人身上系着这银鼓带着一队羌民载歌载舞地玩乐。种世衡立即派人将身系银鼓之人抓来，一问方知此人果然就是那酋长。再如，百姓之间发生争执，种世衡不去评判谁是谁非，而是让双方比赛射箭，谁射得准谁就赢得官司。如此一来，一州之人都学射。种世衡从中挑选善射之人充为弓箭手，而冷兵器时代防守的最重要武器就是弓箭。自种世衡知环州，西夏兵数年不敢侵犯环州之境。

就在这个时候，范仲淹向朝廷呈上了一个札子，全面阐述了他关于陕西边防战略的思想。这就是《上攻守二策状》。它的中心思想是：攻为近攻，守为长守。

所谓近攻，就是将西夏深入宋界的几个要害城堡全部攻取，使元昊失去进攻之利。目前陕西四路之间以及与河东麟州之间，全部被西夏以

庙堂之忧

尖刀之势插入宋界加以分割,这五路之间难以形成有效的呼应,更难以对西夏形成威胁。为此,需要将延州清涧城以北的路打通,将延州与庆州之间的白豹、金汤、后桥三个西夏城寨拿下,攻占环州与镇戎军之间的葫芦泉,如此自泾原至麟州形成一条直线,密布堡寨,使元昊不敢轻易进犯。随后范仲淹又建议修建镇戎军与秦凤路秦州之间的水洛城,将这条直线向西延伸到与西夏对垒的全线。

所谓长守,就是永久性地增强士兵的战斗力,同时永久性减轻中央财政负担。具体措施主要有两个:一是多使用土兵,即招募陕西沿边一带的百姓从军;二是屯田,让士兵在训练、征战之余种粮自给。士兵完成粮食生产任务后,可以将余粮归为已有。同时,鼓励土兵挈家带口,以坚定他们保家卫国之心。

但是直到现在,仁宗和朝中大臣们并没有完全领悟范仲淹战略思想的真谛,陕西的一些重要人物也并不完全赞同。如在是否修建镇戎军与秦州之间的水洛城的问题上,目前担任秦州知州的韩琦和秦州通判尹洙都持反对态度。范仲淹与韩琦在这个问题上的分歧似乎一直没有消除,一直持续到若干年后水洛城在巨大的争议中修建成功时。

但是值得庆幸的是,范仲淹以坚定的信念完成了他的绝大部分规划,其余的未竟之事也基本上由后来之人完成。

自庆历元年五月到任庆州,范仲淹有将近一年半的时间在环庆路实施、丰富和完善自己的攻守之策。而元昊自河东三州之战后,沉寂了好长一段时间。在他沉寂期间,大宋朝廷忙着处理另一件棘手的事情。大宋要感谢元昊没有在这个时期继续从西部对大宋施压。

这件棘手的事比西夏的事还麻烦,它来自北部的契丹大辽国。

第三章 谁将补天裂

据报，契丹在大宋边界有异动，增兵不断。随后，契丹向大宋派来使节。据大宋边臣派出的间谍掌握的情报，契丹要求大宋归还关南十县之地。关南十县指的是益津关、瓦桥关和高阳关以南瀛、莫二州的十个县，它们是后周世宗北伐时从契丹手中夺回的，契丹声称这是它的故土。为了增强交涉的压力，契丹还指责大宋欺负契丹的女婿元昊——元昊娶了契丹皇帝的女儿为妻，契丹甚至翻出旧账指责当年太宗消灭北汉后又无故侵犯契丹。

契丹显然是想趁火打劫，这是大宋最担心的。一个西夏已经让大宋焦头烂额，如果再加上更强大的契丹，大宋将危如累卵。

仁宗忧愁不已。目前最紧急的事有两个：一是派人出使契丹，二是确定与契丹交涉的方案。

派谁出使，如今成了一个大问题。问题不是有没有合适的人，而是有谁愿意去。

朝廷挑选了几个人，但是他们都以各种理由推辞了。真实的原因很清楚：在如此形势下出使契丹，前途未卜、性命难测。即便没有性命之忧，如果应对不当，也会使自己身败名裂。

仁宗几乎从来不勉强自己的臣子做他不喜欢做的事，因此一些官员甚至拒绝接受对自己的任命，这次也是如此。

这时宰相吕夷简推荐了一个人，他就是知制诰富弼。知制诰与翰林学士都属于两制以上官员。

一些人反对让富弼出使契丹，他们认为这是吕夷简的计谋——吕夷简企图让被视为范仲淹重要追随者的富弼在契丹陷入绝境或者因处置与契丹关系上出现失误而被朝廷降罪。欧阳修甚至上书仁宗，将吕夷简推

庙堂之忧

荐富弼出使比喻成唐朝的卢杞推荐颜真卿去说服叛臣李希烈。唐德宗时，淮西节度使李希烈叛乱，奸相卢杞为了陷害不依附自己的德高望重的名臣颜真卿，向唐德宗推荐他去说服嗜杀成性的李希烈，颜真卿果然被李希烈杀害。

而富弼对出使之事却抱着义无反顾之心。他面见仁宗，叩头道："主忧臣辱，臣不敢爱其死！"让皇帝忧心，是臣子的耻辱，臣岂能因怕死而拒绝出使？仁宗听了为之动容。

后来的一些事或许可以证明吕夷简确有陷害富弼之心，但无论如何，选择富弼作为使臣是完全正确的，他让大宋以极小的代价稳固了与北方强敌的和平与稳定。

在正式出使之前，富弼先作为馆伴使到宋辽边界的雄州接待契丹使臣并一路陪同进京。专人陪同对方使臣，是那个时期的外交礼仪，宋辽双方都做得十分周到。

馆伴契丹使节是富弼整个使命的第一站，他旗开得胜，掌握了契丹的基本态度，那就是争取从宋夏之争中获取利益，而非决心开战。契丹使节萧英进境后，起初态度十分傲慢。仁宗派出亲信宦官作为中使到雄州慰劳契丹来使，这个萧英竟不顾礼节，借口腿脚不便不向代表仁宗的宦官下拜。富弼在一旁正色道："我昔日出使贵国，正病卧车上，但是贵国皇命一到，我立刻起拜。如今你见到我朝中使不拜，是何道理？"萧英听罢无言以对，于是也学当年富弼的样子"蘷然而起"，当即下拜。一路上，富弼与萧英时时交谈，既据理力争又坦诚相待，竟然感动了萧英。萧英于是将契丹的要求和盘托出，并说："大宋如果可以接受这些要求就接受，如果不能接受就让一些小利给我契丹了事。"

第三章 谁将补天裂

根据富弼掌握的契丹底线,大宋朝廷提出了两个方案让富弼带到契丹谈判。这两个方案,一是在澶渊之盟大宋赠契丹三十万岁币的基础上增加二十万,一是大宋皇家宗室女与契丹王子结亲,让其二选一。

庆历二年四月,富弼正式出使大辽。富弼得到辽兴宗接见,并与他进行了面对面的唇枪舌战。

富弼抢先责问:"大辽为什么要在一夜之间破坏宋辽两朝父子皇帝四十年的交好局面?"

辽兴宗答道:"是宋朝先违约。你们为什么堵塞雁门关,在河北建水泊,还修建边界城池,甚至征集民兵?"

除了河北建水泊,辽兴宗所言多数属实。水泊是宋朝大将何承矩在太宗时期围建的,当时是将河北几条主要河流堵塞,形成由十几个湖淀组成的西自保州一带、东至大海的一大片水域。为了增强这些湖淀的防御功能,同时也为增加粮食收入,何承矩还在水域之旁广种水稻,并专门从福建招来水稻种植专家指点当地农民。这一条延绵九百里的水域着实发挥了遏制契丹骑兵优势的作用,当年若非真宗皇帝判断失误,澶渊之战后的辽兵有可能被宋军倚靠这一水域形成关门打狗之势。

至于堵塞雁门关、修固城池、征集民兵,这些确实都是自与西夏开战后而进行的防备。

对辽兴宗的指责,富弼先是强硬回应:"陛下难道忘记我真宗皇帝的大德了吗?当年真宗若是听从众将之言不与辽国结盟,恐怕辽国难逃一兵一卒!"

接着富弼又解释道:"修建水泊是陈年往事,最近水势大增是因为雨水增多,非人力所为;堵塞雁门关是为了防备元昊;修建城池是因为

庙堂之忧

破损严重；征集民兵是补充缺额而不是扩军，因此我朝没有任何违约举动。"

辽兴宗听了心中释然道："原来如此，那就罢了。不过关南十县是我朝旧地，你们应当归还。"

富弼反问道："后晋用燕云之地贿赂契丹，后周又收回关南十县，这些都是前代之事。如果大宋也说要收回前朝旧地，那对契丹有好处吗？"

辽兴宗听了无言以对，过了半晌才又说道："元昊是朕的亲戚，宋朝讨伐他，不先告知我，是什么道理？"

富弼反问："你们过去讨伐高丽国、黑水国，告诉我朝了吗？臣离京时，我朝天子命臣致意陛下：以往不知元昊与弟结亲，与他开战是因为他扰我边界。如今我击之则伤了你我兄弟之情，不击则将坐视大宋官员、百姓之死。不知弟以为怎样处置合适？"

辽兴宗听了，扭头与两旁的大臣用契丹语说了半天，想必是商量如何回答。最后，辽兴宗回过头来徐徐说道："元昊为寇，确实不能责怪宋朝讨伐他。"

次日，辽兴宗请富弼出猎。他将富弼单独召到近前，又提出索要关南十地，称这关系到自己的荣辱。富弼回道："陛下以得关南十地为荣，则对我朝而言就是辱；如果我朝以索回燕云之地为荣，则陛下也将以此为辱。两国既然是兄弟，为何一定要让其中一国得荣、一国受辱呢？"

辽兴宗说道："既然如此，那就通婚吧。"

可是富弼不希望通婚，他认为自汉、唐以来，公主和亲都是中原的耻辱。于是他又说道："如果和亲，我朝只给十万贯的陪嫁，远不如年年赠币。况且，夫妻感情能否长久是难以保证的，万一双方不和，反而为两国生事。"

辽兴宗道："就请宋朝准备两套和约的誓书吧，一套是增加岁币，一套是和亲，等你下次带来时再定。"

从气势汹汹地要兵戎相见，到求取关南之地，再到议婚，再到岁币与和亲二者选一，契丹态度的这一系列变化证明了富弼卓越的政治眼光和外交能力。

富弼回到京城，向仁宗详细汇报了出使成果。根据仁宗旨意，他与朝廷主要大臣详细商议后，提出了三个方案：一是和亲，不增加岁币；二是增加岁币十万；三是增加岁币二十万，但是有一个条件，那就是契丹必须让西夏重新向大宋称臣。

七月初，富弼携带双方盟约的誓书和大宋的国书再次出使。

但是就在这时出了一个问题。誓书写好后，富弼报告仁宗说他与契丹还约定了安定双方边界的三件事，请求一并写进誓书。仁宗让富弼先行，他另嘱咐大臣办理后，派专人快马送给富弼。

行至河北，中使快马赶到，将修改后的誓书和国书交给了富弼。又走了半日，富弼心有所感，对副使说道："我并没有亲眼见到新增的三件事在誓书中如何写明，如果和我们与契丹当初形成的共识不同，岂不坏了国家大事？"于是二人拆开副本，果真发现有所不同。

富弼立即赶回京城，当面向仁宗汇报道："这是有人有意陷害臣！臣死不足惜，可是要误了国家大事！"仁宗也觉得十分诧异，急召吕夷简。吕夷简似乎有所准备，从容说道："是写错了，立即改正。"

富弼与吕夷简争论，追问为什么会将如此重大事情写错。枢密使晏殊在一旁说道："应该是写错了，吕夷简不会有意为之的。"

庙堂之忧

听晏殊这么一说，富弼更加气愤，厉声说道："晏殊奸邪！他党附吕夷简，欺骗陛下！"

要说晏殊党附吕夷简，那应该是不会的，晏殊只不过想做个老好人，不愿把事情搞僵了而已。而富弼情急之下痛斥自己的岳父，却也传为美谈。

仁宗从中劝解了半天，让人重新誊写了誓书交给富弼。

这就是时人和后人怀疑吕夷简又一次居心不良的一个事件。

富弼再次出使契丹，基本上很顺利。辽兴宗很干脆地选择了增加岁币，排除了和亲的选择。至于是选择十万还是二十万的岁币，辽兴宗也很干脆地选择了二十万。"让西夏向宋朝纳款称臣是一件十分容易的事。"他很自信地告诉富弼。

眼看就要达成最后协议的时候，契丹又横生枝节。兴宗要求将澶渊之盟时商定的岁币赠予关系，改成"献"或"纳"。这是一个不平等的用词。献、纳都有以下进上之意。富弼坚决不同意，指着远处的高山说道："此山可以逾越，但让大宋接受'献''纳'二字则难于登天！"

辽兴宗也不强求，只是派使臣再随富弼回大宋，与宋仁宗当面商议此事。

在到达京城之前，富弼已先派人将"'献''纳'之争"报告仁宗，并提醒说：臣已严词拒绝，契丹必定不会坚持此议，请朝廷不要后退。

但是大宋还是接受了改"赠"为"纳"的表述，宋仁宗和宰执们实在是担心与契丹不能达成和约，据说，这是晏殊力主的结果。

大宋与契丹的这一次和约史称"庆历增币"。从结果看，大宋成功避免了两面对敌的危险态势，付出的代价并不高，因此是一次成功的战略选择。但是富弼不完全这么看。在他看来，被契丹讹诈而签订和约是耻辱。一直到几十年后他八十多岁高龄时，有人一提起他当年出使契丹、出色完成使命的功绩，他还耳面尽赤、怒气不减。

当时的绝大多数人也认为大宋与契丹的和约是成功的，只有极少数人别有居心地对富弼进行人身攻击，甚至有人以富弼丧权辱国为名要求杀了他。这些人中有身居要职的重臣。据说翰林学士王拱辰就乘机在仁宗面前说："富弼有何功劳？只会向契丹增加岁币而已！"仁宗不糊涂，答道："朕所爱惜者天下生民，财物非朕所惜。"王拱辰惭愧而退。王拱辰是欧阳修的连襟，欧阳修在前妻去世后又娶了前参知政事薛奎之女为妻。

后人也有视"庆历增币"为宋朝软弱无能、指责富弼屈辱投降的，这些都是纸上谈兵的说法。屈辱是不假，但在那种形势下，除了退让以避免亡国的危险，还有什么办法？屈辱与亡国，孰轻孰重？更何况付出的只是相当小的代价。如果要追究屈辱的原因，那也是元昊反宋后大宋朝廷没能采取有力、有效措施尽早平定，反而连遭败绩，给了契丹讹诈的机会。

中国历经了汉、唐的强盛之后，让一些国人养成了妄自尊大的脾气。强盛和贫弱是每个国家、每个民族乃至每一个人都要经历的，也许是在物质上，也许是在精神上。强盛之时，应当有大海接纳溪流的包容胸怀，不盛气凌人，以此保持尽量长久的强盛；贫弱时，应当奋发图强，用团结、坚定、自信求得发展，以赢得最终的尊重。没有发展，没有强大，注定要受讹诈、被欺辱。我们在汉、唐强盛时，曾以博大的胸怀包容各种文化，形成了灿烂辉煌的中华文明。我们也曾贫弱过，但是我们最终发展了、强盛了。为什么能发展、强盛？就是因为有自强不息的精神，有万众一心的志气。但是又有另一种人，缺乏了精神和志气，妄自菲薄、怨天尤人，怀疑自己的文化，贬低自己的民族，先把自己搞得人心不稳、四分五裂，甚至还学张元、中行说指望那些对中华民族虎视眈眈的外人来帮助建立一个强大的中国，或者引进某些对人类、对自然贪得无厌、掠夺成性的异族来改造中华文化，那是痴人说梦，是丧心病狂，是自取灭亡。

6

与契丹的和约是庆历二年九月签订的。一个月后，大宋遭受了与西夏作战的第三次重大失败。如果这一失败来得再早一些，历史或许就要重写。

这个发生在镇戎军定川寨的第三次大战，使陕西最后一位久负盛名的大将葛怀敏与手下的十几名将领以及九千多名士兵阵亡。

葛怀敏阵亡前的职务是泾原路副都部署，与上一次大战阵亡的环庆路副都部署任福的职务相当。再往前，刘平身任环庆、鄜延两路副帅辅佐范雍时，葛怀敏则以泾原、秦凤两路副帅的身份辅佐夏竦，可谓肩负重任。

说葛怀敏久负盛名，那是因为他身上有一些光环。他的父亲是太宗、真宗两朝的老将，他的妻兄是曾任枢密院长官的名将王德用——王德用此时在河北前线担负着防备契丹的重任。元昊反宋后，仁宗将葛怀敏从河北调任陕西，并将真宗朝名将曹玮曾经使用过的铠甲赐给他。曹玮是

第三章　谁将补天裂

太祖时的名将、名臣曹彬的次子,当今皇后曹氏的伯父。曹玮在陕西守边几十年,有远见卓识,如今陕西防备的许多制度和措施都是他那时建立的,吐蕃和西夏两面的强敌都不敢犯其锋芒。由此可见仁宗对葛怀敏的期待。

葛怀敏并没有经过什么大阵仗,但他却自视甚高,甚至不把先后担任过自己主帅的范仲淹和韩琦放在眼里,而范仲淹在延州时则评价他"猾懦不知兵",朝廷为此将葛怀敏从鄜延路调往泾原路。"猾",说的是人品不正,这好理解。葛怀敏善于夤缘,有些要人因此常常称赞他有才干。"懦",则说的是怯懦怕死,这似乎有点失之偏颇。一个深孚众望的大将难道会贪生怕死?

可是葛怀敏自己印证了范仲淹的话,死得不太光彩。他先是违抗泾原路主帅王沿的命令,贸然追击敌军,就如当初任福所为。后来战事不利,他率全军退守定川砦,由于被敌军毁去木桥,无路可走。夏军全力围攻时,葛怀敏竟然被乱兵挤得昏死过去,被人用车送到瓮城,很久才苏醒,醒来后就躲在瓮城中,不敢出去指挥作战。眼看饮水、粮食皆尽,他又拒绝了泾原路都监赵珣最后一次进言,扔下一万多名士兵,独自带着亲兵出逃。人若是猾懦至极则连逃命的本事都没有。葛怀敏出逃之路是死路,他刚逃了两里地,一条又宽又深的壕沟横在前面,让他插翅难飞。葛怀敏最终战死,总算留了一个英名。除了一同战死的将士,那个几次提出正确意见的泾原路都监赵珣被俘,后来死在西夏,令人惋惜。赵珣是一个智勇兼备、极有胆略的小将,仁宗曾将自己的铠甲赐给他。

"真是一战不如一战!"这是吕夷简的慨叹。

庙堂之忧

但是事情都具有两面性，葛怀敏的败亡客观上结束了一个时代。开国功臣的后代主导边防军事的时代从此基本结束，而以狄青、张亢、郭逵以及种世衡的几个儿子为代表的没有显赫背景，甚至是出身卑微、靠自己的勇略胆识而成长起来的将领成为大宋国防安全的中流砥柱。

仁宗接到战报，对着地图呆视良久，说了一句话："如果范仲淹能出兵救援泾州，朕就不用担心了！"

仁宗担心什么？他有两个担心。一是担心元昊乘胜长驱直入，威胁长安。二是担心长安人心不稳，一些不法之徒因此乘机生事。朝廷此时向范仲淹下达命令已经来不及，只能看范仲淹有没有这个眼光了。

正如他所担心的，元昊在镇戎军定川寨歼灭葛怀敏率领的宋军主力后，乘胜前进。镇戎军往东南而进，先后要经过渭州、泾州两个重镇。泾州已经没有兵力可以阻挡元昊。其实不用说阻挡，元昊只要过了渭州，泾州恐怕只有一个结果，那就是陷落。越过渭州、泾州，就可以从一马平川的高原直抵长安，因为泾州东南的邠州、耀州属于内地，更没有兵力驻守。

长安地区已经人心大恐，无论是贵族、豪强还是普通百姓纷纷准备逃离，胆小一些的已经携家带口逃进山区。

就在这时，范仲淹出现了。他亲自带兵六千赴援泾州。自陕西用兵以来，还没有哪一个身为经略安抚使的主帅亲自率兵出征过。出兵前，范仲淹急令种世衡带环州的三千蕃兵驰援。

但是元昊没能抵达泾州，因为他在泾州西北面的渭州边上吃了一个败仗后无心恋战，撤兵回师了。在渭州挡住元昊的是另一位弃文从武的将军景泰。他是渭州以东、泾州以北的原州知州，在得知葛怀敏之败后带领仅有的五千兵在渭州的彭阳城截住了夏军。他使了个疑兵计，杀退了几万敌军。元昊心存顾虑，不敢再深入，只在镇戎军、渭州一带方圆六百里内纵兵大掠一番后扬长而去。

就在景泰击退元昊之时，范仲淹也已抵达泾州。他带兵大张旗鼓地四处巡视，英武的军威、严整的军容在关中一带传颂，立即安定了民心。"边上自有龙图公为长城，我们还担心什么呢？"百姓们这么说。汉族的百姓称范仲淹为"龙图公"，而羌民则尊称范仲淹为"龙图老子"，据说甚至连元昊都这么称呼他。

仁宗接到范仲淹出兵的报告，欣喜不已："我本就知道范仲淹可以依赖！"

几次大败，仁宗终于清醒了。范仲淹的防守战略是目前最正确的战略，范仲淹在鄜延和环庆两路的经略证明了大宋可以有效防守。

于是，仁宗让范仲淹再去经营几经元昊肆虐的泾原路。

可是范仲淹提出了不同意见，他有一个全面的布局方案。

范仲淹的方案是：他和韩琦共同经营几经蹂躏的泾原路，同时他兼管环庆路，韩琦兼管秦凤路。至于鄜延路，仍由庞籍负责，但也请庞籍与范仲淹本人一同兼领环庆路。这样，三个人兼顾四路，形成一个联系紧密、协作配合的整体战略体系。

仁宗此时对范仲淹的信任达到了顶点。他不仅全盘接受了范仲淹的建议，还进一步强化了范仲淹这一方案的权威性：范仲淹、韩琦和庞籍三人共同担任陕西四路经略安抚招讨使。一年前，因为夏竦和陈执中之间无休止地互相扯皮、互相攻讦，仁宗干脆撤销了陕西都部署司和陕西经略安抚司，一年来四路都是各自为军、各自为政。如今，陕西恢复了

庙堂之忧

统帅部，由他们三人共同负责。其中，范仲淹和韩琦一起驻扎在泾州，四路统帅其实是以他们二人为主。

仁宗对范仲淹的信任还有更多体现。范仲淹的馆职从龙图阁直学士提升为枢密直学士，并与同为枢密直学士的韩琦一起晋升了官阶，升任从四品的右谏议大夫。升任四品官，就具备了成为两府中执政大臣的资历。

同样根据范仲淹的建议，龙图阁直学士文彦博任秦凤路主帅兼知秦州，直集贤院滕宗谅接替范仲淹任环庆路主帅兼知庆州，张亢从转战的河北前线调回陕西任泾原路主帅兼知渭州。

如今的陕西可以说是名臣风云际会。两个枢密直学士即范仲淹和韩琦以及两个龙图阁直学士即庞籍和文彦博，这四位身任直学士的皇帝近臣同守一处边疆，这是前所未有的安排。而在范仲淹去世后仁宗晚年著名的"嘉祐名臣"中，韩琦、庞籍、文彦博三人官至宰相，文彦博后来更以八十岁高龄被司马光举荐为平章军国重事以抵制王安石的改革。

对于以上布局，范仲淹在给仁宗的奏折中是这么说的：从近期的角度，如果泾原有警，可以会合西边的秦凤和东边的环庆之兵救应；同样，如果秦凤、环庆两路有警，泾原之师可以左右应援；庞籍兼领环庆后，环庆与鄜延也成首尾相顾之势。从长远的角度，臣与韩琦反复研商，修复堡寨、选兵练将，逐步扩张直至收复横山，不出几年可平定西夏。

这个奏折再次表明，范仲淹的防守是积极防守，并在时机成熟时转守为攻。

历史是谁创造的？这要看情况。在历史的正常进程中，它主要是百姓大众创造的。没有那芸芸众生为自己、为家庭、为民族、为国家不断地创造物质和精神财富，历史就是一个空话。但是在一些重要的时刻，在历史的转折点，它的创造者是少数人，是英雄。在这种转折点，英雄让历史改变了走向，让国家和民族从一条看似必然要走过的道路迈上了另一条全然不同的道路，这种道路往往是让国家和民族更加富强，百姓生活更加安康。

少数人的作用往往被夸大，大众百姓的历史功绩总是被算在他们的头上，认为缺少了他们历史就无法进步，甚至于将这种思维扩大化，认为当了官的就是英雄，少了他们历史就要倒退，因此任由他们随心所欲，他们犯下的错误也可以姑息纵容。而当历史呼唤真正的英雄，希望有一个两个、十个八个英雄推动历史的大发展，让国家和民族摆脱政治上的保守、文化上的迷惘、经济上的萎靡、军事上的落后时，这些身处高位者或是囿于观念陈旧，或是依恋既得利益，或是无心进取，甚或根本就没有对国家、对民族的负责任之心，不能够让历史出现亿万百姓期望的转折点。他们这些人根本就是伪英雄。

在范仲淹所处的时代，确实有那么一个英雄群体在为国家和民族的生存、发展和兴盛殚精竭虑，而范仲淹就是这个英雄群体中最突出的人物。在经略陕西的几年中，范仲淹并没有与元昊进行过面对面的军事对抗，但是他的思想和采取的措施无不是为了有效遏制元昊的攻杀掠取，无不是为了大宋的长治久安。历史在后来的发展变化，也无不印证了他的这些思想和措施所具有的远见卓识。一个时代有一个两个这种英雄，那是国家和民族之幸，是黎民百姓之幸。当然，最终还要看他的英雄之见能否有充分发挥的余地。

范仲淹和韩琦在泾州开始了亲密无间的合作。

庙堂之忧

他们有不同的经历和认识背景，因此他们相互之间肯定有分歧，不可能对所有的事情都有一致的认同。但是他们的共识毫无疑问远远多于分歧。他们在这一时期所留下的历史文献可以证明这一点，几乎所有给朝廷的文书都是以共同意见的形式由他们二人联名上呈，而不是各抒己见。

范仲淹、韩琦二人最大的共识是对于未来陕西边防的总体规划。这一规划可以简单地归纳为三个内容。一是完善防御体系，主要任务是加紧修筑城寨、革除军队旧习、提高将士的战术能力。如果元昊来袭，主力部队不轻易出战，以奇兵夜袭骚扰为主，这样先保证不打败仗，让元昊无所得。二是收服横山蕃部，降服后加以任用，扫除一意孤行跟从元昊者。三是实施疲敌战术。派出一军攻占山界，吸引元昊率大军长途跋涉救援横山，敌军未到即主动退守一地。元昊撤兵后，再派出一军攻占山界，再吸引元昊大军救援。如此反复进退，使夏军疲于奔命，不出数年，元昊必然财力枯竭、士气涣散、内部纷争。到了那个时候，即使大宋不加以讨伐，元昊也要主动称臣纳款。这就是战国时期晋国和吴国都对楚国使用过的"三分四军"战术。

按照范仲淹、韩琦二人的预计，三年左右时间即可比较彻底地解决西夏的问题。

他们的规划有条不紊地向前推进着。但是他们不知道，二人在陕西富有成效的作为只有半年的时间。

半年后，朝廷内外发生的两个重大事件让范仲淹、韩琦二人离开了陕西。

一个事件是吕夷简致仕了。致仕就是退休。仁宗朝最有影响力的宰相终于离开了政治舞台。

自真宗乾兴元年任参知政事进入两府大臣之列,到庆历三年(1043)三月致仕,吕夷简在大宋政治舞台的中心活跃了二十一年。如果除去其间两次罢相的三年半时间,吕夷简在宰相的位置上也干了整整十一年。即便是两次罢相,接任者也都是他一手推荐的,甚至连目前在任的另一名宰相章得象也在早年因为吕夷简的推荐而担任馆职,才能够由此平步青云。二十多年来,吕夷简的影响力无人能比,以至于庄严持重、威信极高的王曾与他两败俱伤、一同罢相后,他还能东山再起,而王曾则淡出了历史。如果说还有一个人能够与吕夷简相抗衡的话,那就是只靠一身正气而非官职高低、领袖群伦的范仲淹了。

就是这么一个政治家,在他完全有能力左右朝政、有能力影响皇帝去革除政治弊端、消除社会危机,以达到维护国家统一和稳定、保障百姓生活安康的目的的时候,他却热衷于以权术维持在皇帝心目中的信任、以私恩维持在百官中的权威,安于现状、不思进取,白白浪费了大宋的一段最好时光。之所以这么说,是因为吕夷简并非一个无能之辈,相反他为政能力极强;他也并不是一个无恶不作、阴险狠毒的人,他玩弄权术、陷害他人还算有些分寸,况且他也是识才、爱才之人,凡是有才学的年轻人他都尽量向皇帝推荐。当然这其中还是有向才俊们示恩的意味,他也并不喜欢明显有独立人格、有独到见识因而有些桀骜不驯的那种人才。

因此,吕夷简是一个权相,但不是一个奸相。

但是那些对国家的现状感到忧心的人对吕夷简是有痛恨至极的感觉的。庆历三年正月快要结束的时候,曾因直言遭贬的陕西转运使孙沔以

庙堂之忧

一种大无畏的精神向仁宗呈递了一封奏章。说他大无畏，是因为这封奏章有拍案而起的气概。但要问他为什么要拍案而起，那又要先说说他上书前关于吕夷简的一些情况。

两个多月前的一次大朝会上，吕夷简率领百官在紫宸殿向仁宗礼拜。吕夷简没有按照规矩三拜而起，而是一拜即起身，自己浑然不知已经失礼。仁宗并没有在意。下朝之后，吕夷简感到头晕目眩，随即告假在家养病。仁宗为此忧心不已，吕夷简一日不能上朝，他心里就像缺了主心骨。他想了一个两全其美的办法，就是下诏拜吕夷简为司空、平章军国重事，凡有重大政事就让其他宰相和执政到吕夷简府上与他商议，平时吕夷简就在家养病。仁宗又专门派宦官请吕夷简推荐可以担任两府大臣的人选。仁宗认为如此还不足以体现他对吕夷简的信任，又做了一件让吕夷简感动得涕泪皆下的事：剪下自己的胡须赐给吕夷简。"古人说髭须可以治病，那就用朕的胡须给卿治病吧！朕恨不能替卿生病！"

就在这个背景下，孙沔给仁宗上了这一封书。它可以看作是对吕夷简的全面清算，也是对仁宗的又一次猛烈抨击。

"自祖宗创立天下，至今八十多年。观今之政，是可恸哭！"

什么事让人恸哭？

"州县之官，老迈懦弱、昏聩无能者比比皆是。中央的政令刚出台，人人就认为无足凭信；朝廷的制度才建立，人人都知道难以长久。有权有势之人为私利而随心所欲，小民百姓因重负而财尽力竭；国事危急而陛下还以为安然无恙，有人忧心但更有人自得其乐！"

为什么有如此现状？

"因为当权之人排斥异己、不用正人！"

第三章　谁将补天裂

有何表现？

"自吕夷简当权，屡次排挤忠臣，无所建树；即使是离开相位，还推荐才能平庸、见识浅薄、争权夺利之人接任，贻笑天下，更耽误了国事，以至于边疆不宁、丧师损将，内忧外困、士民怨嗟！如今吕夷简还不知羞愧，高居司空之位，一心一意谋划的仍然是如何稳固自己的权势，而陛下却为他专门下达诏书要代他得病。四方义士听说陛下如此下诏，欲哭无泪！如果陛下还不能斥退无能、选用贤才、革新制度、铲除大弊，臣恐怕国家将土崩瓦解、不可救治！"

就如景祐元年年末那次上书一样，孙沔还是那么疾恶如仇、直言穿心。当然，有些话失之偏激。比如，仁宗是想有作为的君主，有仁慈之心，国家的政治、经济也并非没有值得称道的亮点。但是从另一个角度看，满足于一个半个领域的一些政绩，同时无视或无力改变国家、社会总体上存在于诸多方面的问题，必将使社会积小弊为大弊，使政治积小腐为大腐，使民众积小怨为大怨，最终整个国家必将积重难返。

仁宗这回读了孙沔的奏章后不再像多年前那样怒不可遏，没有加罪于他。而据说吕夷简读了这封奏章后十分恳切地说："孙元规的话真是苦口良药啊，只恨十年前没有听见！"这句话显然是做作。但吕夷简已经知道自己这次将永远退出政治舞台，因此他不仅对批评意见表现出了大度和恳切，还抓住机会消除以往的一些个人恩怨，比如向仁宗推荐夏竦进入两府大臣之列。

庆历三年三月，吕夷简终于罢相，但仁宗仍然保留了军国大事让两府与他商议的待遇。

庙堂之忧

这一时期发生的另一件大事就是元昊求和。这真是出人意料。

按照范仲淹和韩琦的预计，安定陕西边陲至少需要三年时间，这期间还需要历尽千辛万苦、付出巨大努力。元昊求和，让和平来得太容易了。

说是元昊求和，其实是大宋走出了第一步。当初大宋与契丹重订和约时，契丹答应要让元昊重新向大宋称臣。此后契丹履行诺言，派人谕令元昊与大宋和好。据契丹回报大宋，元昊称愿意臣服大宋，但担心大宋不接受。

得知契丹的通报后，仁宗十分高兴。他密令延州的庞籍设法与元昊接洽。庞籍认为我方主动向元昊示好不甚妥当，于是将种世衡半年前关押的一个西夏官员放出，让他向元昊传话，元昊果然随即就派遣使者正式向大宋请求和好。这时距元昊在镇戎军定川寨大胜宋军才两个多月。

元昊为什么在大胜之后愿意求和？原因主要有两个。其一，元昊每次起兵，都要征调靠近宋界的蕃部作为征战的主力，频繁的征调、战争让这些蕃部颇有怨言。而起兵后的军费、赏赐以及对死者家庭的抚恤等费用数额巨大，元昊侵宋的抢掠所得不足以补偿这些费用，因此每次战争都需要从西夏百姓身上再盘剥一次。其二，陕西的边防明显得到加强，如今范仲淹与韩琦又全力调度、经营，西夏今后在陕西纵横掳掠面临的风险越来越大，甚至可能遭受毁灭性的打击。范仲淹、韩琦在陕西的能力和声望早已被那一带的军民如此传唱："军中有一韩，西贼闻之心胆寒；军中有一范，西贼闻之惊破胆。"

然而，元昊的本性注定他不会以西夏与大宋的长久和平为念。他的求和只是休养生息、暂避锋芒的权宜之计。他既不会轻易臣服，更不会永远停止对大宋的骚扰、攻击——骚扰和攻击只是迟早和规模大小的事。

如今反倒是大宋急于求和，而元昊如果不是出于玩弄大宋的这种心态，就是要尽量利用它来为自己谋取最大的利益，因此双方一谈再谈，元昊又不时带上一支军队到宋夏边界巡游一番。一直到庆历四年的五月，元昊才上表称臣；到了当年的十二月，仁宗下诏回复元昊，双方才算正式缔结和约。这时已距范仲淹和韩琦离开陕西一年多了。

宋夏双方最终媾和。和约主要内容是：元昊称臣，大宋册封元昊为西夏国主，这实际就是承认西夏立国；大宋每年赐给西夏二十五万五千两的钱物；大宋在陕西设置两个榷场，供双方在此贸易，这是西夏十分期待的。

实际上，元昊在西夏国中仍然自称皇帝。这种和平是否牢固，可想而知。

虽然在延州时范仲淹就主张留一条与元昊媾和之路，但那时大宋的边防千疮百孔，处于明显的局部劣势。如今，范仲淹经略过的鄜延、环庆两路基本安定，朝廷终于将谋划陕西边防战略的大任授予了范仲淹和韩琦，而他们也已经提出了十分系统的战略思路，宋夏双方的态势已完全不同于四年前。可以明显看出，大宋一方呈上升趋势，而西夏则呈下降趋势。在这个时候，不对形势做一番认真的研判就与元昊媾和，是十分轻率的。

还在庆历三年二月，范仲淹与韩琦联合上书仁宗，提出了他们对与西夏和谈的看法和建议。范仲淹、韩琦二人在书中指出，元昊求和一事有"不可许者三、大可防者三"，亦即有三个理由不可接受元昊的求和，而如果接受了则应当做好三个防备。他们建议朝廷千万不可让目前的边

庙堂之忧

防战略半途而废，应当毫不动摇地让他们推进既定的谋划，以三至五年的苦心经营换来西夏问题的彻底解决。否则，西夏迟早还将卷土重来。

后来的历史证明了范仲淹、韩琦二人的远见。宋夏媾和后，元昊继续过着放纵的生活，只是放纵过头了。他因为抢了儿子的未婚妻，被儿子宁令哥杀死，西夏由此陷入大乱，内部自相残杀不已。大宋延续了一贯的仁慈，也开始了无所作为的一个新阶段，坐等西夏内乱平息、刚出生的西夏新主谅祚长大成人并与他的父亲元昊一样嗜血成性。在谅祚展现他的本性之前的十几年间，西夏朝政被谅祚的母亲没藏氏及其兄所把持，虽然依旧时有发生对大宋侵略之事，但是这些账还算不到谅祚身上。在谅祚十四岁时，因为私通了掌实权的舅父的儿媳妇，同时也为了夺回大权，谅祚用重兵攻杀了舅父。谅祚掌权之后，西夏与大宋逐步回到了争战不已的状态，当然基本上是西夏攻、大宋守。最激烈的冲突发生在仁宗去世后的几年间，谅祚亲自带兵围攻大宋的城池，一如他的父亲元昊所为。只是后来他在大顺城下被大宋的强弩射死，才中断了西夏的又一次侵略高潮。如果谅祚不死，历史必定又是一番不同。

范仲淹和韩琦继续经营陕西边防的意见未被接受，随后不久他们就离开陕西回到京城。是仁宗亲自下令让他们回来的。

仁宗没有接受范仲淹、韩琦二人警惕元昊求和要求和继续在陕西经营边防的意见，因为他希望尽快摆脱与西夏纷争这个让他烦恼透顶的问题；让他们二人回到京城，既有肯定他们的能力、对他们加以重用的因素，似乎也有朴素的奖励、酬劳的想法。就在刚刚开始与西夏谈判时，仁宗就专门派中使告诉他们，"待西事稍宁，即用在两府"。仁宗准备让他们加强国家的执政中枢，并特意强调这不是哪个人的推荐，完全是仁宗自己的决定。当然，最终实现对范仲淹和韩琦的重用，众望的作用也十分明显——是群众的力量让仁宗做出了最后的决定。

范仲淹、韩琦二人在陕西的四年不仅为陕西的安定发挥了至关重要的作用，还使得仁宗和绝大多数人相信他们二人能够为国家的长治久安发挥更大的作用。对于韩琦而言，他已经不知不觉地在自己的身上深深地打上了范仲淹的烙印。这个时候，范仲淹已经不仅仅代表了一种精神，还代表了一种力量，一种实实在在的能够让国家政治和社会的发展走向进步的力量。

几乎可以说，所有崇尚光明的人此时都感觉到光明的到来，而所有的阴暗小人此时都闭上了他们的嘴。

就这样，范仲淹和韩琦对陕西的经略戛然而止，而大宋则因此迎来了或许能够开创新时代的一个机遇。

第四章

云帆难济海

他们在尚未发达时就以敏锐的眼光从纷繁复杂的形势中看出了问题的实质和症结,提出了对后来乃至后世有重要指导意义的战略思想,他们是真正的英雄豪杰。

第四章　云帆难济海

1

这是中国有史以来台谏官最意气风发的时代，也是中国知识分子最意气风发的时代。

庆历三年的晚春，一批正直敢言、率性敢为的人被任命为谏官。他们在仁宗的高度信任下指陈时弊、建言献策，对朝政产生了重要的影响。

紧接着在这一年的初夏，几名公认的国家栋梁在万众期待中终于进入国家最高权力中心，成为两府大臣。

初秋，对大宋的未来产生了复杂而深远影响的庆历新政，在一批士林精英的反复呼唤下、在仁宗的殷切期望中被催生了。

多年的积弊，多重的屈辱，多次的失败，让人们积攒了太多的期盼。如今，国家奋起的障碍正在清除，国家振兴的动力更是早已具备。百年期待后，最争一朝夕。

这一切来得超乎寻常地顺利，也超乎寻常地迅猛。

首先是庆历三年三月下旬，仁宗任命了欧阳修、余靖、王素三人为谏官。随后三人又向仁宗推荐了蔡襄，于是蔡襄也被任命为知谏院。王素是真宗朝名相王旦之子，以直率著称，景祐三年范仲淹被贬时拖着病体带着家人去为范仲淹送行的王质是他的堂弟。而欧阳修等三人被任命为谏官则更具有极大的标志意义，因为他们都是景祐三年公开站出来支持范仲淹的著名人物。

这几名谏官刚刚上任，就与御史台的监察官员一起阻止了仁宗的一

庙堂之忧

项重要任命，不久又促成了仁宗的另一项重要任命。

三月中旬，吕夷简罢相，仁宗随后对两府大臣做了调整。涉及此次调整的有：晏殊从枢密使升任次相，夏竦从蔡州回京任枢密使，御史中丞贾昌朝升为参知政事，富弼升为枢密副使。富弼拒绝了对自己的任命，因为他认为出使契丹、与契丹签订和约不应成为表彰自己和提升官职的理由。不久，仁宗利用宴请契丹来使的场合强行让富弼接受了任命。

对夏竦的任命引起了强烈的反对，最强烈的反对声来自台谏官，尤其是刚刚被任命为谏官的欧阳修、余靖和王素——蔡襄任知谏院是在半个月之后。

夏竦是仁宗还未登基为帝时的老师，但他真正的发迹始于天圣年间交结刘太后身边的亲信宦官及奸邪的宰相王钦若和丁谓。刘太后在世时他官至枢密副使，因为这个资历，仁宗把他放在陕西以担当防备重任。可是夏竦自到陕西以来，不以国事为重，畏懦苟且、碌碌无为。他提出的防守意见大多是将众人的意见加以汇总而已，自己毫无想法。他十分得意于自己的文采，有一次还将重要的陕西防守政策作为素材写成一篇漂亮的文章进呈仁宗，而在呈递给仁宗之前他就将这篇文章四处传播，丝毫不顾忌是否泄密。他到前线巡视时竟然还带着美貌侍姬随行，以至于险些因激怒兵士而酿成兵变。

总而言之，夏竦既非正人君子，也没有治国之才。仁宗之所以任命他为枢密使，除了与夏竦的师生关系，吕夷简的推荐是重要的因素。而吕夷简之所以推荐自己曾经厌恶甚至排挤过的夏竦，是因为他想在自己的政治生命谢幕前消除以往的恩怨，为自己的后人留下一条后路。这就是这类政治人物的真实境界。

第四章 云帆难济海

夏竦听说自己被任命为枢密使，立即日夜兼程赶赴京城。台谏官们在与夏竦争时间。按照独自上章的原则，他们分别向仁宗递上了十八道谏章，反对夏竦担任枢密使。台谏官们请仁宗尽早决断，中止任命。余靖更进言："夏竦如果见到陛下，必然在内侍的配合下以虚情假意骗得陛下同情，如此陛下将再受迷惑！"新任御史中丞王拱辰甚至在仁宗起身离座时拉住仁宗的衣裾，坚持说完自己的反对意见。

抵制夏竦成为朝中绝大多数人的共识，这个共识中没有政见相同与否的因素。他们形成共识的基础就是反感品行不正、能力不强的夏竦。

仁宗终于接受了众人的意见，在夏竦进京前撤销任命，让夏竦回到许州。随后，仁宗将枢密副使杜衍提升为枢密使，又任命范仲淹和韩琦为枢密副使。

大宋的仁人志士们因为这一系列的人事变动而欢欣鼓舞。该走的走了——先是吕夷简罢相，接着台谏官们又赶走了即将到任的枢密使夏竦；该来的来了——王素、欧阳修、余靖以及随后的蔡襄四人被任命为谏官，然后杜衍接任枢密使；最后，作为这一系列振奋人心事件的高潮，范仲淹、韩琦和富弼都被任命为枢密副使。公认的盛世英才终于进入国家最高决策中心，还有什么事情能比这些事更让人们相信大宋新的春天即将到来？

最感到欢欣鼓舞同时又让人们为他们感到欢欣鼓舞的是四名谏官。自上任以来，他们频频向仁宗进言，成为这一时期朝政最活跃的参与者。

欧阳修、余靖、蔡襄和王素四人管的事很多，从政治到经济，从朝廷事务到陕西边防，从弹劾官员到纠察政事，甚至于皇帝的私生活。蔡襄刚上任就上书力谏仁宗，终于剥夺吕夷简与两府大臣商议军国重事这

庙堂之忧

一最后的权力。欧阳修建议设立专职的巡回监察官员,由有权威的皇帝近臣担任,到各地监察考核官员。余靖建议量民力之强弱而征收税赋。税赋既不宜超出百姓的承受能力也不宜过于宽松。针对近年来各地盗贼层出不穷的情况,他们多次提出要对官员赏罚分明以根治这一问题,甚至提出了具体的赏罚措施。他们曾在一天之内连续弹劾了分别由晏殊、夏竦和吕夷简举荐的三名官员,还让仁宗将河北一名失职的大将撤职。他们多次进言反对在与元昊的谈判中做出让步,反对匆匆忙忙与元昊媾和。

而王素似乎专门盯着仁宗的言行,包括他的私生活,留下了一些有趣的逸事。

有那么一天,王素单独求见仁宗。王素问:"听说最近后宫新添了几名宫女?"

仁宗反问道:"后宫之事,你从什么地方听来的?"

王素道:"臣在问陛下是否有此事。"

仁宗连忙说道:"说实话,前两天是有人进献了几名女子,朕已让她们在朕左右服侍了。"

王素还是面无表情:"臣担心的就是又有新人在左右服侍陛下了。"

仁宗满脸堆笑对王素说道:"王卿呀,朕是真宗之子,而你父是真宗的宰相,你我二人可算是有世交啊!"

王素没有什么反应,仁宗也不再吭声。

过了许久,仁宗回过头叫来一名内侍低声吩咐了几句,然后仁宗还是那么呆呆地坐着,王素也还是那么默默地立着。

又过了许久，内侍回来禀报："几名宫女已送出宫，每人都给了一些银子。"

王素这才明白仁宗之意，赶紧说道："陛下能够接受臣的进谏，也不必这么急忙把宫女们送出去吧。"

仁宗带着哭腔道："要不是趁着你在这里时把她们送走，回头朕又不忍心了！"

还有那么一次，那是五月初的事。因为久旱无雨，仁宗心里着急。

王素进言道："请陛下亲自向上天祈雨，就会感动上天的。"

仁宗答道："太史说本月中旬有雨，朕到时再去祈雨。"太史是掌管天文、历法的官员。

王素道："臣不是太史，但臣知道那时肯定不会下雨！"

仁宗奇道："你怎么知道？"

王素答："陛下知道要下雨了才去祝祷，那是不诚心。心不诚，上天还会降雨吗？"

仁宗愣在那儿，不知道该说什么好，想了想道："那朕明天就去醴泉观祈雨。"

王素接口道："醴泉观近在咫尺，陛下去醴泉观就如在大内行走。臣知道陛下是惧怕暑热而不想远出！"

仁宗听了，双耳尽赤，不知是怒是窘。他厉声说道："那朕就去西太乙宫！"

王素还是不动声色："就请陛下传旨！"

第二天，仁宗指名让王素陪同前往西太乙宫。

祈祷完毕，车驾回宫。还未到内城，就见西太乙宫方向雷声大作。

庙堂之忧

仁宗连忙赶进宫中，站在庭中向上天祈拜，这时滂沱大雨已经到来，把仁宗浇了个透。

次日早朝，仁宗见了王素笑逐颜开："昨天好大的雨，都是卿的功劳！"

仁宗如今对这几位谏官的信任达到了巅峰。他给了他们无限的宽容和前所未有的荣誉。他改变了谏官五日一朝规矩，让谏官可以每天赴内朝，以便自己能天天听到进谏之声，而每天赴内朝议事是两府大臣及少数重要官员的资格。他赐给身为五品官的王素三品官服，赐给七品官的欧阳修、余靖、蔡襄三人五品官服。蔡襄因母亲年老，请求外放任职以便养亲，仁宗不放他走，却专门给他假期让他回福建探亲。仁宗当面告诉他们："你们都是朕亲自挑选的，正是因为你们无所顾忌地直言进谏，朕才如此奖赏你们。"

这是有史以来难得的君臣和谐的盛世，紧接着还会有更加和谐顺畅、更加昂扬向上的局面。

但是，透过这些振奋人心的现象可以隐约看出一些让人忧心的东西。当然，有人看得清楚，因此有些忧心；多数人这时还看不见，因此不太在意。

《庆历圣德颂》这首诗的出现就是其中让人忧心的一个现象。

人一高兴往往就会不太严谨地表露一些情绪，用贬意的话说就是得意忘形。名士石介就是这么一个为人正直但锋芒太露之人。他后来被称作"宋初三先生"，是与胡瑗、孙复齐名的思想家和教育家。

石介为了表达对近来发生的这一系列喜事无以复加的兴奋之情，以及对自己生逢圣主的那种难以言状的幸福感，在庆历三年四月的时候向皇帝呈献了这么一首《庆历圣德颂》。

石介在序文中将吕夷简罢相、追回对夏竦的任命与群贤被委以重任相对照，在诗中将悻然离去者说成是因为仁宗"手锄奸蘖"而使"妖怪藏灭"。然后赞颂群贤，被赞颂者有章得象、晏殊这两位宰相，有新任参知政事贾昌朝，但他们在诗中都是陪衬。石介毫不吝啬地用大量的篇幅夸赞范仲淹和富弼——石介称他们是远古舜帝的两位贤臣夔和契一样的人，其次是杜衍、韩琦，然后是王素、欧阳修、余靖和蔡襄，这些人是《庆历圣德颂》中的主角。石介称颂皇帝退奸进贤，是"天地人神，昆虫草木，无不欢喜"！

石介只顾表达自己的心情，却忘了顾忌其他一些人的感受。比如夏竦，在耻辱地被剥夺了即将到手的枢密使之位后，还要忍受石介这种刻薄的斥责与嘲笑；吕夷简虽然罢相，但仁宗仍然要求两府大臣凡遇军国大事要与他相商。即便吕夷简如今真的宽宏大度，但他二十多年的根底所影响的那些人难道心中不会愤慨吗？

还是那句话：万事皆有缘。石介为自己，也为他所歌颂的群贤种下了祸根。

但是《庆历圣德颂》也并非一无是处。它反映了绝大多数人的心声，在当时起到了鼓舞人心、催生庆历新政的作用。有一小朵历史的花絮可以说明《庆历圣德颂》在当时的影响力。

在远离京城两千多里的西南山城眉州，一个六岁孩子在私塾见到了教书先生手中的这首诗。孩子问："诗中称颂的都是何人？"

先生答道："这些人不是你一个懵懂孩子所能知道的。"

庙堂之忧

孩子傲然道："除非是天人，否则哪有孩子所不能知道的？"

先生惊讶于孩子所言，耐心地将人所崇敬的这几位时贤一一说给他听。从此，范仲淹、富弼、杜衍、韩琦、欧阳修等人的名字深深地印在了孩子的脑海里。

十四年后，当年的孩子与他的弟弟跟随父亲进京应试。父子三人的文章名动京城，他们兄弟二人更是携手高中进士及第。于是他们终于见到了仰慕多年的名相富弼、韩琦和已经成为文坛领袖的欧阳修。富弼、韩琦、欧阳修对于他们的文采、见识赞赏不已，将兄弟二人视为国家未来的栋梁。但是富弼、韩琦、欧阳修也有所憾。三位前辈告诉兄弟二人："恨子不识范文正公！"他们都为兄弟二人无法得到范仲淹的赏识而深深遗憾。

这个孩子就是苏轼。

当时流传的《庆历圣德颂》是全文而不是后来流传的删节版。原诗不仅直接将与范仲淹几次被贬无关的夏竦指斥为奸人，还点名指斥了其他几个与范仲淹被贬有关的知名人物。因此，此诗不仅抒发了扬眉吐气的心情，更有些张狂跋扈的感觉。

范仲淹和韩琦是政治家，他们解读《庆历圣德颂》的方式与别人有所不同。他们还在离开陕西赶回京城的路上时就听说了这首诗，心中有一种无奈与不安。范仲淹相当气恼地对韩琦说道："如此鬼怪之辈是要坏事的！"韩琦也说道："天下之事不可如此，否则必坏！"

从这一时期围绕如何使用范仲淹、韩琦二人的议论中，也可以看出当时的政治气氛在一派兴奋中的些许微妙之处。

第四章　云帆难济海

接到任命他们为枢密副使的旨意后,范仲淹和韩琦并没有立即上路。他们联名连续上了五道奏章请求辞去这一任命。

范仲淹、韩琦强调了请辞的几个理由:元昊忽然求和,不可轻易相信,今年秋天的防秋十分紧要,不可疏忽大意,这是其一。即便元昊今日真心求和,也应防备他日翻云覆雨,我们二人如今对边事已十分熟悉,应当让我们继续经营下去,这是其二。如果元昊仍然贼心不改,则争取在两三年间征服横山,以遏其害,这是其三。以往的教训之一就是帅臣更换太频繁,如今朝廷对我们十分信任,这正是我们尽忠立事的大好时机,愿意继续在边关效劳数年,这是其四。如今朝廷最重要的政事就是陕西之事,因此让我们经略陕西就等于是对我们的重用,如果将我们召回,反而是忽视了陕西事务的重要性。等到陕西的边防真正安定了,再让我们进两府也为时不晚,这是其五。

仁宗拒不接受他们的请辞,坚持让他们尽快回京。他们只好将公事向接任者郑戬交接完毕,一起启程。

与此同时,朝中有识之人对于他们二人在请辞任命的奏章中对元昊求和的判断和对陕西边防的长远打算表示赞同,并因此向仁宗提出了一个两全其美的建议:范仲淹、韩琦二人都任枢密副使,但一人在朝廷负责大政方针、一人在陕西主持大局。而上任不久的谏官蔡襄更明确建议:范仲淹以其更深的见识、更高的声望,可在朝廷主持军事,韩琦则可留在陕西力行他们二人谋划的战略构想。

但是,似乎有人不赞同这种安排,认为范仲淹、韩琦二人或者都回朝廷,或者都留在陕西。富弼、蔡襄分别上书斥责这是阻挠仁宗对范仲淹、韩琦二人的重用。

庙堂之忧

在一片春风中，可以感觉到其中夹杂着的丝丝寒气。

此时，欧阳修和他志同道合的同僚们在继续推动着大宋的车轮。他们又干了一件大事，将王举正从参知政事的位置上拉下，换成了范仲淹。他们说王举正不称职，而范仲淹有宰辅之才，在枢密院不足以发挥他的能力。于是仁宗任命范仲淹为参知政事。

范仲淹拒绝了任命。他说："执政官岂能由谏官而得？"他请求与韩琦二人轮流到陕西巡边，督察边防重事——与西夏的谈判仍在进行中，边防之事仍然不可懈怠。

但是仁宗支持谏官们的意见，再次发布任命，于是范仲淹于八月中旬转任参知政事，由枢府进入政府。仁宗接受了范仲淹意见的另一半，让韩琦到陕西巡边。

仁宗任命范仲淹为参政不仅是因为他赞同欧阳修等人的意见，也因为他对范仲淹的信任。即便没有这些谏官的建议，他也会让范仲淹担当更加重要的使命的。

在这之后，欧阳修等人继续强烈地表现出奋发进取、积极作为的精神。可是相比之下，几位被寄予重望的栋梁之材却没有太多引人注目的政见。

回京之后的一段时期，范仲淹、韩琦、富弼等人与其他两府大臣一样按例上朝、退朝，按部就班地研商和处理政事。他们比其他大臣多发表的一些意见，也就是关于陕西抚恤救灾、择将帅选士兵、增军费减民负等。还有就是与西夏谈判的一些基本原则问题，韩琦对此上言颇多，如，他反对接受元昊自称的"吾祖"称号。"吾祖"是"兀卒"的谐音，"青天子"之意，但"吾祖"在汉语中另有明白之意，这显然是元昊要占大宋小便宜。这一时期，范仲淹、韩琦、富弼等人的作为大率如此。

［宋］ 佚名《御苑市朝图》

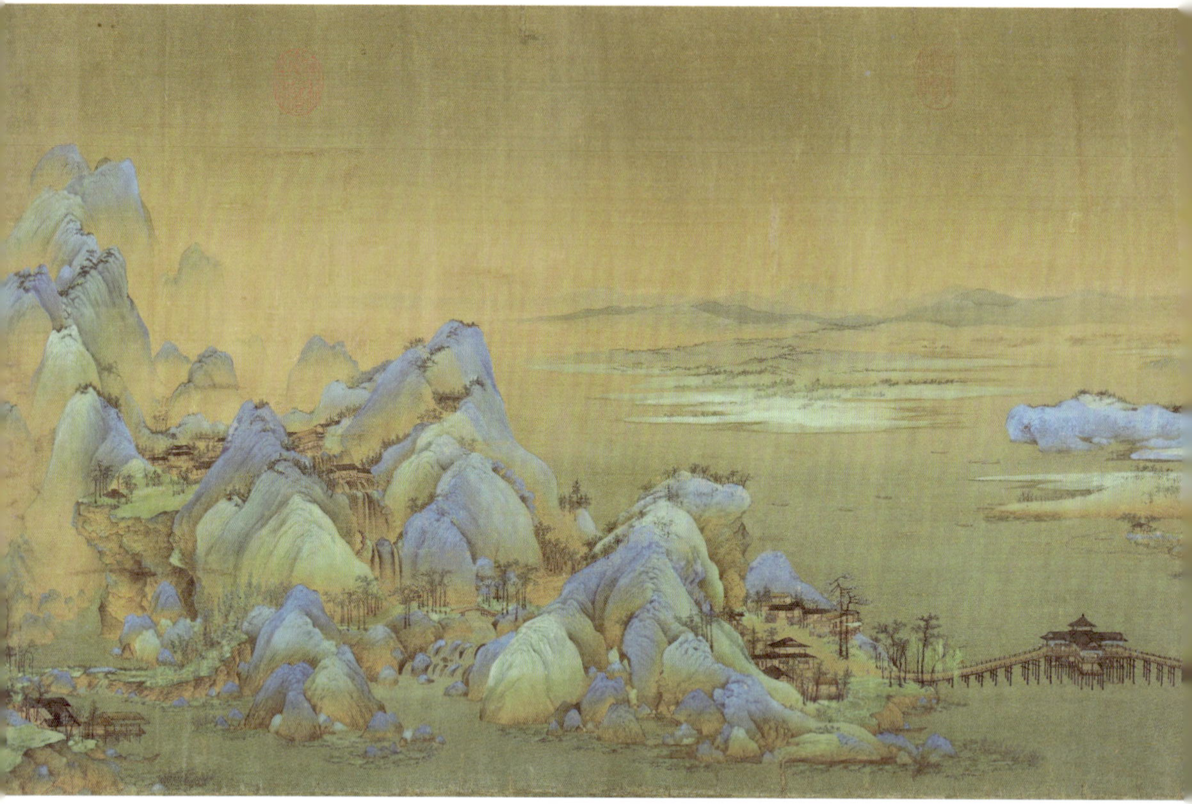

［北宋］ 王希孟《千里江山图》（局部）

［南宋］刘松年《博古图》

［南宋］刘松年《斗茶图》

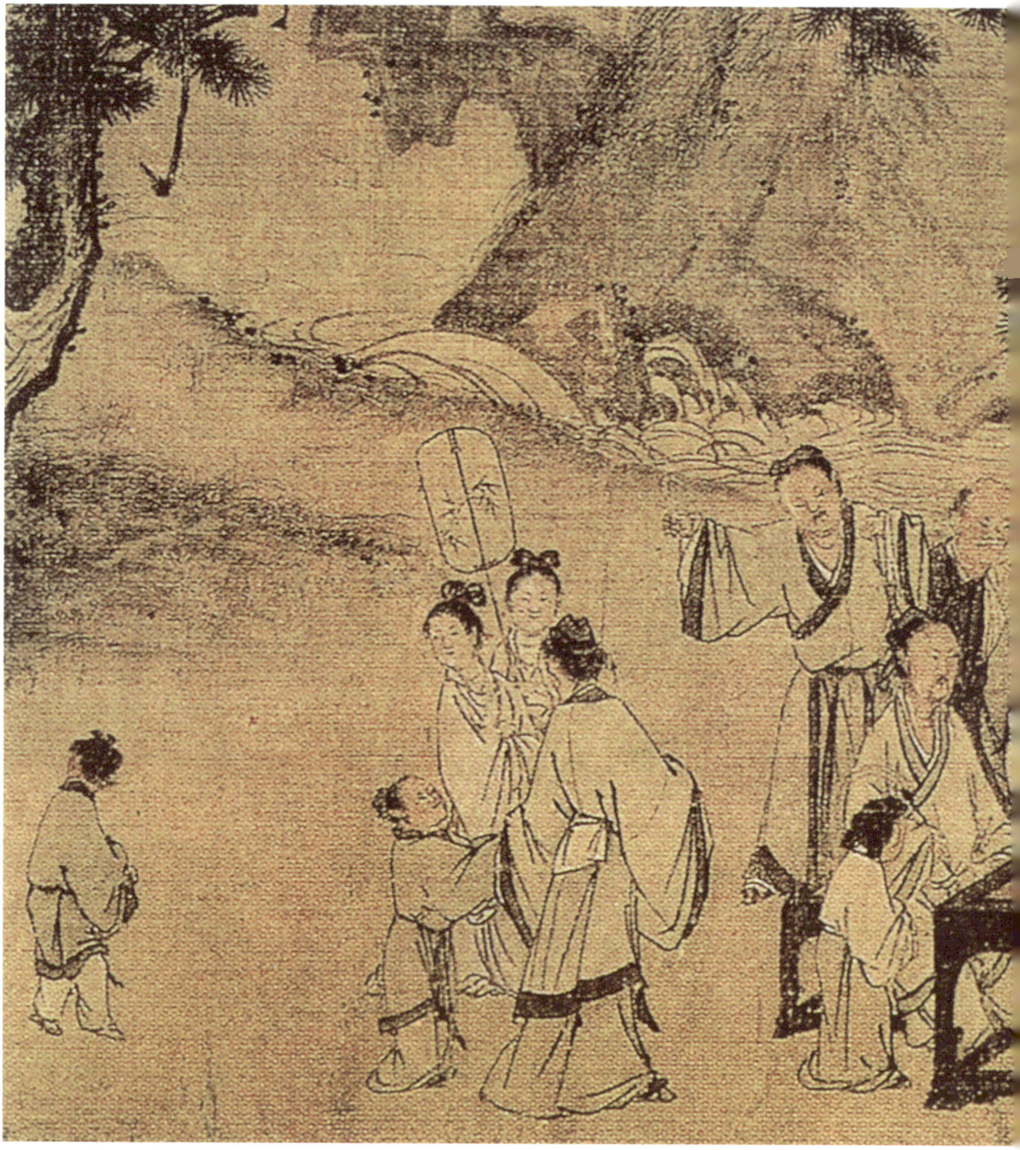

［南宋］ 马远《西园雅集图》（局部）

［宋］佚名《高士观瀑图》

［南宋］ 佚名《春游晚归图》

［南宋］ 马麟《静听松风图》

[南宋] 马远《秋江渔隐图》

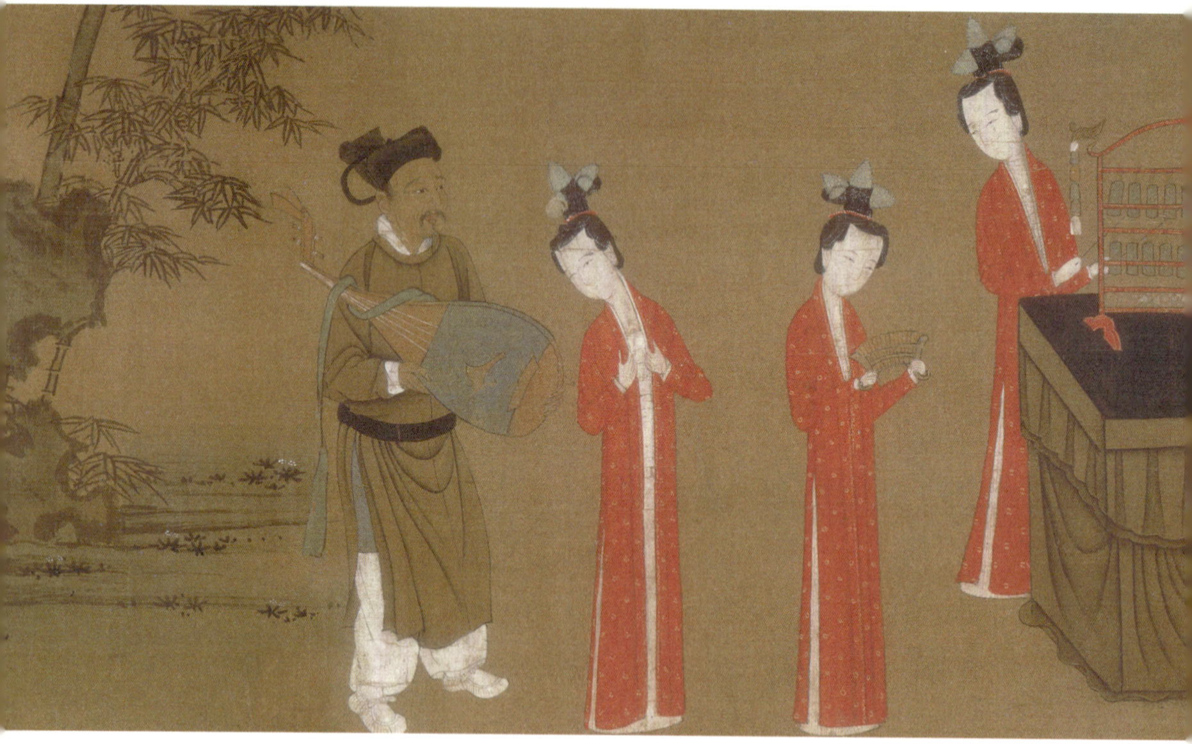

［南宋］ 佚名《歌乐图》（局部）

［五代］ 周文矩《重屏会棋图》(宋人摹)

［北宋］ 佚名《槐荫消夏图》

［北宋］赵佶《文会图》

第四章 云帆难济海

如果他们只有如此作为，那岂不辜负了国人的期望？

欧阳修忍不住了，上书仁宗。

"范仲淹、韩琦二人的才识不比常人，陛下应当特别留心。"他提醒仁宗。

但是令人不满意的是，"自二人就任以来，每天只是与两府大臣按例上殿，呈奏一般公事，未曾听说他们有什么建树"。

欧阳修分析，"他们二人数年在外，当然有许多见解要向陛下陈述，但陛下不召问他们，他们或许有所顾虑，不敢主动求见。"

那怎么办？"陛下最好留心访问，主动召见。"

其实，仁宗自己也坐不住了。

如果说西夏至今持续三年的反叛让仁宗看到了外患的严重，那么庆历三年这一年的几次内乱让仁宗看到了几十年来都没有意识到的内忧。

这一年的五月，京东路虎翼军士兵王伦在沂州纠集了几十个士兵叛乱，杀掉了当地官员后带领最多时也不超过三百人的队伍一路南下奔袭骚扰，一直打到扬州，甚至还有时间从容地自封为皇帝。直到这年七月，王伦才被朝廷派出的大军击败。王伦叛乱后还不到一个月，京西、陕西一带又出了几股乱兵、饥民，先是丛聚为盗，然后逐渐发展壮大，最强的一支叛军甚至发展了几千人的队伍，是枢密副使、陕西宣抚使韩琦亲自调集精锐部队才将其剿灭。这些乱军所过州县，当地官吏不是逃跑就是投降。王伦打到高邮军时，知军晁仲约让当地大户人家抬着钱财牛酒去犒劳叛军，以此贿得王伦不杀入城内；张海叛军经过邓州顺阳县时，县令为免一县百姓受害，率众敲锣打鼓将张海迎进县衙，大摆宴席加以

庙堂之忧

款待，甚至请张海住在县衙官府里。

仁宗即位二十年来，朝政走的是因循守旧、墨守成规的路子。这条路造成的多方面恶果，如果没有遭遇国内的重大变故或外来的重大危机或许显现不出来。如果谁能因此忧心，那么他或者是有先见之明的高人，或者就是杞人忧天式的愚人。

西夏的反叛、契丹的趁火打劫，以及处理这两件关系到国家生死存亡的大事的过程，让许多重大问题暴露无遗。重要官员鼠目寸光，被国家寄予厚望的一些人不思进取，国家财力捉襟见肘，百姓负担日益沉重，军队将帅无能，士兵战斗力低下，所有这些问题都不应该在貌似太平盛世的时候出现，但它们确实出现了。

在国家陷入危机的时候，有能力化解危机的不是安坐要职几年甚至几十年的那些看似善解人意、老成持重、雍容大度、懂得官场规矩的中心人物，而是曾被认为是杞人忧天、危言耸听而又喜欢不守常规、总要改变现状的非主流群体。这恰恰说明，真正的忠心报国不是看平时有多漂亮的语言，而是看关键时刻带着忠君报国的情怀展现出忠君报国的能力，为君主化解危机，让国家政治清明、社会繁荣、国力强盛。

正因为如此，仁宗才能够下定决心建立一个不同寻常的两府大臣班子，让经过危机考验、被实践证明其思想品质和治国能力的一批人来与他共同领导这个国家，把国家带进一个真正繁荣昌盛的时代。

所以，仁宗必定要让这一批人发挥作用的。

九月初三日，仁宗在天章阁召见知杂御史以上所有中、高级官员。天章阁是真宗皇帝的书房，其中供放着太祖、太宗的御容画像以及真宗皇帝的书籍。

第四章 云帆难济海

仁宗带领众人瞻仰了太祖、太宗的御容后,在这个神圣的场所,当着全体官员的面,将笔墨纸札赐给了范仲淹等人,让他们一一列出国家当前需要处理的最重要事项。以如此隆重的方式征求对国是的意见,表现的是一种姿态。仁宗要让朝廷百官、让天下之人都知道他对范仲淹等人的信任和对他们提出安邦定国之策的期望。仁宗也知道仓促之下难以在如此场合提出深思熟虑的意见,因此告诉他们可以在退朝后细细呈上他们的真知灼见。

这次天章阁召见,在历史上称作"天章阁问策"。

退朝之后,仁宗又给范仲淹几人下了一道手诏——亲笔致信他们。"你们身负天下期望,朕因此超常提拔你们。如今韩琦暂时外出巡边,范仲淹和富弼二人应当与章得象等宰臣一起尽心国事,郑重地提出当务之急,不必顾忌!"韩琦此时正在陕西巡边。

范仲淹等人此时的心境,恰如唐代李贺《雁门太守行》中的诗句所描述的那样:"报君黄金台上意,提携玉龙为君死!"君主如此隆重地表达对臣子的信任和期待,古往今来又有几例?到任以来的几个月里,范仲淹确实没有提出什么触及国家深层次问题的意见和建议,原因在于,"积弊已久,要革除它不是一朝一夕之事,不可操之过急"。但是面对皇帝如此的高度信任和殷切期望,任何一个既有报国之志更有报国之能的人,此时还不应当披肝沥胆,捧出他的赤子之心,竭尽所能、报效国家吗?

庙堂之忧

2

"一个国家经历了一段时期的和平发展之后,必然会出现沾沾自喜、不思进取的现象,无论是当权者还是整个社会。福祸相倚,否极则泰来,泰极则否至,这是上古时期我们充满智慧的祖先早就告诉我们的。穷则变,变则通,通则久,这是人间至理。不知变革,国家岂能长久!"

上面这段话,是范仲淹在十六年前的天圣五年说的,出自他写给宰相王曾、张知白和参知政事吕夷简、鲁宗道这四位中书大臣的洋洋万言的《上执政书》,当时他还只是一个守丧在家的离职县令。这一段话在将近一千年后的今天读来,仍然是那么发人深省。

元代的宰相脱脱在他主持修纂的《宋史》中,将范仲淹的《上执政书》比作诸葛亮初见先主刘备时的《隆中对》。脱脱认为,他们在尚未发达时就以敏锐的眼光从纷繁复杂的形势中看出了问题的实质和症结,提出了对后来乃至后世有重要指导意义的战略思想,他们是真正的英雄豪杰。

仁宗的高度信任和期待,使得范仲淹不能再有任何顾虑。他根据自己从政三十年的深厚阅历,对当前的社会问题和国家未来的发展再次进行了思考。在此基础上,他提出了十条建议呈给仁宗。这十条建议基本上是他十六年前提出的主张。

范仲淹首先阐明了看待当前国家形势的出发点:

"历代之政,久皆有弊。弊而不救,祸乱必生。"国家自从扫除了前代之乱,四海一统,至今将近八十年。如今,纲纪体制经过日削月侵而失去了活力，使得各级官员人浮于事，天下百姓日益穷困，外患难消，盗寇横行。如此下去，必将民怨沸腾，天祸暴起！要从根本上解决这些问题，必须正本清源，从问题的源头抓起。

这些话，庸人会当作危言耸听，智者则视为至理名言。

范仲淹再次强调了"穷则变、变则通、通则久"的道理，本着变革的原则提出十项改革意见。

在这十项意见中，有四项是针对官员人事制度的改革。可以说，官员人事制度的改革是庆历新政的核心。

一个社会如果出现了重大的问题，那么归根结底是因为人出了问题，确切地说是能够左右社会资源的分配和使用的各级官员出了问题，在中国尤其如此。

各级官员会出什么问题？问题不外乎这几类：一是安于现状、缺乏动力，其结果是使整个社会以全民养尊处优的心态慢悠悠地随着惯性往前发展，直到社会发展的惯性逐步减速、停止乃至倒退。二是只会空喊忠君报国的政治口号却管理能力低下，其结果是整个社会常常处于混乱无序的状态，官员们往往在等待着问题的出现再考虑去解决，但往往又是在相当拙劣地解决了一个问题之后，又人为地制造出一个或更多新的问题。三是好高骛远、眼高手低，超越国家的现实状况盲目追求不可能实现的目标，结果造成社会多方面的崩溃。四是自私自利、腐败贪婪，最终造成民怨沸腾、政权不稳。

人的问题，归根结底又是体制的问题。有一个两个好官、坏官那是自然现象，可是如果全社会基本上是好官，或者全社会都是坏官，那就是体制的原因。当然，全社会都是坏官的现象是不存在的。之所以让百

庙堂之忧

姓有如此印象，是因为那些安于现状、能力低下、好高骛远、腐败贪婪的官员多到举目可见。

如何改革体制？

第一，建立官员能上能下的合理机制。根据目前的制度，文官任职满三年、武官满五年，如果没有大过错，都可迁转一级，资历几乎成了官员升迁的唯一根据。而有所作为的官员，往往被同僚视为沽名钓誉，遭到嫉妒，平庸无能的人反而可以照例升官。对此，范仲淹制定了一套赏罚公平的考核制度，有作为、民意高的官员可以不按年限升迁，无能混事者则不予升迁甚至免除职务。

第二，抑制特权。什么特权？就是官员随意得到皇帝封赏、使自己的子弟亲朋都能轻易当官甚至被作为国家未来的栋梁进行培养的权力。对不同级别的官员，皇帝在特定时候、按照规定的名额给他们的子弟封官，这是古来就有的荫补制度，又称"任子之恩"，这已经就是特权了。但自真宗皇帝封禅以来，皇帝滥赏和官员为自己、为子弟随意求赏的现象越来越严重，有的直接为子弟求得寒门士子视如登入龙门的馆职，有的甚至到了连国家要职都能求到的地步，当年王博文以一把老泪求得仁宗任命他为同知枢密院事就是一例。

范仲淹算了一笔账：一个任职二十年的学士，家里可以不用考试、只靠荫补产生二十几名官员，并且都是京官，即带中央政府职务的官员。大宋始终去除不尽的冗官问题就是这么产生的。这么多的官员实际上是没有那么多的岗位安排的。那怎么办？绝大多数在家吃闲饭，有的则等待空缺职位。一个好的职位，有几十名官家子弟在候补。

范仲淹提出了严格的措施限制荫补，并明令两府并两省官等都不得为子弟求补馆职。馆职的任命，必须经过有声望的人联名举荐，并且还要经两制官员联署后向仁宗当面举荐。

第三，选举地方长官。按照目前按资升迁的做法，资历到了自然就能到府州军监担任长官，而如此贤愚不分的结果自然是许多地方百姓遭殃。范仲淹制定了地方长官选举制。两府大臣可分别举荐转运使和负责司法的提点刑狱使十人、大州知州十人；由两制官员共同选荐知州十人；由三司副使及三司判官、御史台、开封府、各路转运使及提点刑狱使分别保举知州五人；由各路转运使、提点刑狱使、知州、通判再选荐数名知县。举荐完毕，按照举荐人的多少，决定如何使用被举荐人。

九百多年前推行的这种地方长官选举制，其实质就是有限的民主选举，它在今天仍然闪耀着民主与科学的光芒。

最后一项人事制度改革是改进公田制度。公田是国家分给官员的田产，是他们职俸收入的一个重要来源，也是以薪养廉的重要手段。目前的问题是公田不均，还有就是一些官员借机侵占民田。范仲淹提出重新核定公田的建议。

大凡有利益的东西，得来容易，要让它失去就难了。除了均公田，范仲淹的其余三条措施损害了所有从六品的带职员外郎以上文官和相应的武官的利益。按照原来的规矩，这两类文武官员至少每三年可以奏请恩荫补一人，官阶比他们高的官员自然就更优惠了。比如，每三年一次的国家各类大礼，宰执官员可以荫补本宗、异姓亲属甚至门客、医人各一人；皇帝的生日，翰林学士、中书门下两省五品以上官员、尚书省四品以上官员，都可以为一个子弟申请赐进士出身；官员去世或致仕时都可请求荫补，宰执大臣可荫补三人。

庙堂之忧

虽然范仲淹只是想让荫补制度在更加规范、严格的基础上减少荫补的次数和数量，并不是从根本上否定这一制度，但这毕竟触犯了许多人的实际利益。为了国家利益而放弃或削减这些个人的利益，范仲淹自己可以做到。皇祐四年（1052）他去世前，在呈给仁宗的遗表中没有一句涉及私利的请求。但是别的官员都能做到吗？范仲淹让他们失去了巨大的利益，他们是悲是喜、是爱是恨？

范仲淹又针对教育制度进行了改革。

一千四百多年前的隋朝制定了一个伟大制度，这个制度让几乎所有的中国人甚至向往中华文明的外国人都可以圆一个梦想，那就是每一个人都有机会通过个人的努力、公平的竞争，成为国家的官员，成为决定国家生存、推动社会发展的参与者，甚至进入国家的权力核心。即便他是农家子弟，甚或是乞丐出身，这条路、这扇门始终对他开放。

这个制度，是中华文明保持灿烂不衰的重要基石，它就是科举制度。科举制度的作用，简言之就是让每个人通过公平的选拔考试，让学业优秀的人进入国家的权力机关。它在整个人类社会文明史上，在绝大多数时候保持了不可超越的先进性。

说一个古人实现个人梦想的实例。

宝元元年被免职的参知政事韩亿与随后接任参知政事的李若谷是一对苦难兄弟，二人自幼相识，家境都十分贫困。他们结伴赴京考试时，将仅有的一张席、一张毯分割了，一人分一半。拜见文坛前辈、达官贵人时，他们总是一人当主人，另一人充作仆人。后来，李若谷高中进士而韩亿落榜，于是韩亿陪同任职县尉的李若谷赴任。一路上李若谷牵着毛驴，上头坐着他的妻子，而韩亿则背着李若谷的行李箱子跟随在后。

快到县城时，二人将身上仅有的六百文钱分了，洒泪而别。就是这种出身的穷人子弟，最后都官至副宰相。与他们同一时期的范仲淹、杜衍等人，无不是这种梦想的实践者和获益者。

不过任何一个伟大的制度实行久了都可能产生偏差。到了范仲淹的时代，科举考试出现了一些弊端，如考试主要看诗词曲赋写得是否漂亮，看对经典著作的死记硬背能力如何。按照这种要求选拔出来的官员，诗词、文章确实写得漂亮，但缺乏对如何治理国家的思考。

按照范仲淹的设想，科举考试应当注重策论和经旨。策论就是对治理国家和社会的论述，经旨就是通过对经典著作的理解阐述对宇宙、世界、国家、社会、人生等方面的哲学思考。在这种要求下，考生的一篇答卷，也许就是一篇治国之策，也许就是一篇有着深刻思想的文章，至少可让他们努力去思考治国之策和人生哲学。按照这个新制定的科举考试的指导思想，学生在从小学习时就应当进行相应的思考和积累，就打下成为国家栋梁之材的基础。

除了改革考试制度，以范仲淹的建议为基础、欧阳修等人加以补充，庆历新政教育改革还有一个重要内容，即全面建立官学。官学就是公办学校。按照这一要求，所有的州都必须设立州学，学生二百人以上的县也可以设立官学。这又是一个伟大的创举。

关于军事制度，范仲淹提出要恢复隋唐时期让军力强盛的府兵制。

大宋实行的是募兵制，花钱招募士兵，平时每月有军饷，每有重要军事行动、每有些许军功，朝廷都要另出大钱奖赏。仅奖赏一项，每年就花费无数。

府兵制是南北朝后期由北朝西魏的权臣宇文泰创立。它与募兵制

庙堂之忧

最大的不同在于，当兵是世袭的而非招募的。一家当兵，代代当兵。那么当兵靠什么养活自己和家人？靠当兵之家自己务农。他们何以愿意当兵？因为府兵之家，不必纳税，不服劳役。一人当兵，全家受益。这样的兵役制有什么好处？第一，节省国家军费，因为当兵的基本装备都是自己配备。著名的《木兰辞》描写的生活背景是隋唐时期，它有这样的歌咏："东市买骏马，西市买鞍鞯，南市买辔头，北市买长鞭。"买好了这些装备，木兰姑娘就可以替父从军了。第二，专职的士兵能够更专注于军事训练。对于国家而言，实行府兵制既节省了军费，又拥有了军事素养更高的职业军人。

范仲淹关注的另一个方面是中央政府的权威。如今的问题，一方面是中央权威不够，地方随意更改朝廷政令，或擅自取消朝廷政令；另一方面，朝廷朝令夕改，让地方无所适从，用今人的话说，就是"刚学会了，又不对了"。

范仲淹有针对性地提出了两个措施：一是言出必行，二是违令必纠。今后百官拟定制度命令，必须做长远考虑，方得颁行。一旦颁行，有故意违反者，给予严厉处罚，最低处罚是施予一百杖刑。

最后一个方面的改革是保护农民的利益。

农业是中国历朝历代的立国之本。这个立国之本让中华民族在后来吃尽了以工业立国的异族他国的苦头，遭受了丧权辱国之痛。但是，农业是这个世界上所有人最终的生存基础。

范仲淹的措施也有两条：重视农业生产，减轻徭役负担。重视农业生产的主要举措是定期兴修水利，并将此作为国家制度确定下来。减轻徭役负担的主要举措是并县，将人口稀少的县合并，减少无偿使用的公人，使这些公人能够回家务农。

这些就是范仲淹提出的被后人称作"庆历新政"的改革运动的主要措施。他在天章阁问策时提出的这十件事的名称是：明黜陟、抑侥幸、精贡举、择长官、均公田、厚农桑、修武备、推恩信、重命令、减徭役。

当然这不是措施的全部。在这十事之外，范仲淹又陆续做了一些补充。

如培训医生。范仲淹建议对天下医生进行正规培训。京城的医人，由翰林院挑选医师在武成王庙授课，教授他们诊脉、抓药、针灸的专业知识；对各地医人，也挑选医学博士教授。

重视医术，这或许与范仲淹的人生观有关，"不为良相，便为良医"，这是范仲淹年轻时即立下的志向。在他看来，庸医误人与昏官误国一样，都是祸国殃民之事。

我们现在知道，医疗保障是社会稳定和谐的重要基础。把提高医生的医术作为改革的一项措施，这在古代的改革中仅此一例，这个意识具有强烈的前瞻性，超前了近千年。

韩琦、富弼、欧阳修这些志同道合的战友在范仲淹提出的十事之外，也充实了一些改革的新内容。如实行专职按察制度，任命有权威的中央官员到各地审查官员。按察使每年将本路所辖府州军监及县镇官吏姓名、政绩造册申报，使朝廷能完全掌握地方各级官吏的贤愚善恶。欧阳修还专门就削减冗官一事向仁宗提出了详细的建议，请求罢黜尸位素餐、不称职的官员。

这是一场轰轰烈烈的运动，虽然从今人的角度看改革的力度还没有到彻底革命的程度——其实革命在多数时候不是最正确的选项，因为它在达到一个正确目的的同时也许会产生得不偿失的巨大破坏。而在当时，范仲淹等人的举措可以用惊世骇俗来形容。

此时的仁宗依然保持着对范仲淹等人的高度信任，因此除了府兵制，这些被称作新政的措施自天章阁问策之后的次月即庆历三年十月开始，陆续以仁宗下诏的重要形式推行。不实行府兵制也可以理解。大宋实行的弱枝强干的政策不允许出现地方军事强人，而府兵制则在一定程度上使军队弱化对中央财政的依赖，有产生地方军事强权的隐患。

皇帝的高度信任，使得范仲淹等人完全放开了手脚。新政力度之大，可以从一个著名的事例中看出。范仲淹拿着各路转运使的名册，见到不称职的转运使就勾除他的名字，再从后备名单中递补。富弼在一旁看了说道："六丈勾了他只是一笔，可是你不知道勾他一人却是让他一家哭呢！"范仲淹在家族中排行第六，富弼视他如父辈，因此称他六丈。范仲淹答道："一家哭总胜于一路哭！"

3

"千年以来，圣人之经日受侵蚀，圣人之言日遭破碎。为什么会有如此结果？佛、老之道罪不可恕也！"石介慷慨激昂地说着。众人目光都集中在他的身上，等着他继续说下去，可是他却停住了——他看见欧阳修家的仆人引领着一位五旬老者进门了。他忙对欧阳修道："范公来也！"

欧阳修连忙起身，众人跟随在后，一并迎了出来。范仲淹与众人一阵寒暄热闹之后，重新坐叙。

"守道又在做何高论？"范仲淹问道。石介字守道。

众人呵呵笑道："守道以排斥佛、老为己任，自然还是此类高论。"石介致力于恢复儒学。

石介是一个善辩的学者，可是在范仲淹面前似乎总有些拘束。应当说范仲淹对他有师生之谊，并且有两层关系。

仁宗天圣五年，范仲淹应晏殊之邀执掌南京应天书院。当时的南京学风炽盛，各地学子都要来此游学听讲，石介也曾经来过。虽然没有留下直接的史料证明这一时期范仲淹与石介的过从，但后人认定石介是得到过范仲淹的教诲的。这是一层关系。

另一层关系则与石介的老师孙复有关。

有这么一个故事。还是在范仲淹执教应天书院的时候，有一个孙秀才刚就学不久就辞学回家。一年后，孙秀才又来求学，接着又是就学不久后再次向范仲淹告辞。范仲淹问他为何来而复去，孙秀才答道："老母在家无人奉养，因此无法长期在外求学。"范仲淹问他："奉养老母需要多少花费？"孙答道："每天一百钱即可。"于是范仲淹每月资助他三贯钱，并传授他《春秋》学问，让他安心读书。后来，范仲淹在晏殊举荐下进京任职，他在离开南京前后还专门致信应天书院的掌院戚舜宾，请掌院关照孙秀才。又十年后，泰山出了一个大儒孙明复，开办书院广授《春秋》之学，这个孙明复就是当年的孙秀才，大名叫孙复，字明复。

孙复来到泰山时，石介已是泰山一带有名的学者，门生众多。石介能有时间在这里广收学生，是因为其母亲去世，在家守丧。他闻说孙复大名，就邀请孙复一起创办泰山书院。石介虽然学问满腹，但他更加佩

庙堂之忧

服孙复,因此书院建好后,石介就带着自己的弟子和好友一起拜孙复为师。石介是进士及第的官员,却拜一个不第秀才为师,可见孙复学问之高,更可见石介学无止境的境界和胸怀。石介对孙复是真心尊重,平时严格按照传统的师生之礼与孙复交往,让山东之人见识了一千五百年前自己祖宗的君子之风。

石介天真烂漫、心无城府。他对自己认定的正人君子一片赤诚,甚至到了只见优点不见缺点的地步,几乎人人都得到他发自肺腑而又超乎寻常的夸赞。另一方面他又疾恶如仇,对认定的奸佞之人、邪恶之事,必欲给予痛彻心腑的斥骂才觉得解恨,《庆历圣德颂》就是一个生动的事例。可是这种性格是难以在人情复杂的社会立足的。《庆历圣德颂》出来后,老师孙复就对他叹道:"这是你的祸根啊!"

范仲淹看了看众人道:"岂止守道排佛,诸位可都是守道的知己。"

章岷说道:"守道之外,永叔第一。"

欧阳修是个很有意思的人。他的古文深受尹洙影响,可是后来古文的功底超过了尹洙;他排斥佛、老的意识是受到石介的影响,而后来对佛、老的批判比石介更为深刻。

苏舜钦对欧阳修调侃道:"有人说永叔明为排佛实为敬佛。"

"此话有何依据?"欧阳修问道。

"永叔最近不是为幼子取名和尚吗?"

欧阳修答道:"这正是在下斥佛之道。"

"这又如何理解?"

"譬如乡下人家生子,为了让孩子平安,就为他取个贱名,如狗儿、驴儿之类。我儿取名和尚也是此意!"

众人听了,哄堂大笑。

这是一批志同道合的年轻英才。他们期望通过自身的努力,改变因循守旧、急功近利的社会风气,树立修身、齐家、治国、平天下的理想,建立尧舜当世、以仁治国的社会。他们在政治上、思想上和文学上都有与当时的主流风气明显不同的主张。

政治上,他们主张励精图治、富国强兵,反对因循守旧、得过且过。

思想上,他们尊韩复古。尊韩复古,就是尊崇唐代文学家韩愈。韩愈在儒家思想被当时盛行的佛、道两教严重排挤,几乎被边缘化的情况下,力主复兴儒学,反对佛、道两教消极遁世、清静无为的思想,使儒学得以逐步复兴。今人总以为儒家思想都是浩浩荡荡流传至今的,其实它在历史的长河中历经了许多彷徨和曲折。

文学上,这一批年轻人提倡文章要启迪人们的思想,要引导社会道德,要阐述治国理念,反对文章的庸俗化。

如果说明道、景祐年间主要是范仲淹一人在振臂高呼的话,那么庆历三年的大宋因为一批年轻英才的涌现,形成了政治上和文化上生气勃勃的局面。

当然,每个时代的人们都有认识上的局限性。极端地排斥佛、老之道就是其表现之一。

儒家思想因为它积极进取和以天下为己任的精神,注定是一种精英性质的思想。掌握这种思想的人,需要有最丰富、最深刻的知识积累,有道德境界的追求,有思想和行为的自我约束,还要有舍生取义的精神。用一句话概括,这种精英思想是一种社会理想以及实现这种社会理想的

庙堂之忧

方法。虽然并非所有掌握这种思想的人都能做到这些，甚至在许多时候能做到这些的人只是其中的少数，但这丝毫不能动摇儒家思想作为指引人类社会发展指路明灯之一的崇高地位。

这么一种需要许多条件才能掌握的思想，掌握它的人必定不可能是所有大众，否则它就不是精英思想而是大众文化。换句话说，能够掌握它的必定只是少数人，而这少数人就是社会的精英，是引领大众推动社会发展的核心力量，因此他们往往是国家的执政阶层。

虽然儒家思想很难被绝大多数人掌握，但如果掌握它的精英们运用得当，可以最大程度地将它的许多内涵体现在生活当中，向普通大众普及，使其成为普通大众生活的一部分，并使我们的这个民族深深地打上儒家思想的烙印。

这是一个十分重要的道理：少数精英阶层所崇尚的高尚的思想境界，是不可能替代普通大众所需要的宗教信仰的。

但是我们应当清醒地认识到，中华民族的信仰具有独特的二元性，这是一种优越的、先进的二元性。那就是：精英阶层的信仰，不是盲目的宗教崇拜，而是理性的哲学。这种理性的哲学，进一步看是几千年不断探索、积淀、传承下来的关于人与人和谐、人与自然和谐的理论成果与实践经验。在中华文明史上，儒家思想是这种精英信仰的主体，当然并不仅限于此。而普通大众的信仰，则以具有包容性的宗教为主，这是二元信仰中的另一元。中国的普通大众信仰所体现的包容性，是不干涉政治、不排斥其他信仰、不对日常的生活行为做极端化的限制，这又是中华文明足以自豪的另一个世界性贡献。

毫无疑问，理性的精英阶层信仰与一贯温和的普通大众的精神寄托这种精神信仰上的二元性保持了中华民族文化的连续、政治的稳定和经济的持续繁荣。

欧阳修和他的客人们停止了关于佛、老的话题，因为家宴开始了——这是那个时代士大夫阶层十分平常的一种交谊形式。

悠悠箫声中，一名歌伎且歌且舞。

> 清晨帘幕卷轻霜，呵手试梅妆。都缘自有离恨，故画作远山长。　思往事，惜流芳，易成伤。拟歌先敛，欲笑还颦，最断人肠。

这是欧阳修的新作《诉衷情·眉意》。

一曲新词酒一杯。放下酒杯，众人七嘴八舌点评起来。这是一首咏秋词。欧阳修之词，咏春芳、诉春愁的多，写秋兴、叹秋悲的少。别人咏秋多豪放，而欧阳修咏秋却如春曲一般细腻，别有一番滋味。

欧阳修可谓北宋古文运动的盟主，古文运动崇尚的是文字简练、要有思想性，反对骈体文那种过于追求文辞绮丽的倾向。然而有趣的是，欧阳修的词作绝大多数却极为婉约绮丽。如有一首名篇《蝶恋花》是这么写的：

> 庭院深深深几许，杨柳堆烟，帘幕无重数。玉勒雕鞍游冶处，楼高不见章台路。　雨横风狂三月暮，门掩黄昏，无计留春住。泪眼问花花不语，乱红飞过秋千去。

庙堂之忧

它用十分凄婉的意境，抒发了从伤花、伤春到伤别离的愁情，堪称婉约词的代表作。

此时正是仲秋时节，因此这次家宴中的唱曲都是秋天的主题。

古人对秋天的感觉，是悲多欢少，因为秋天似乎代表了人情的冷落、亲友的别离、生活的萧索。对这种意境感受最深刻的莫过于柳永了。

> 寒蝉凄切，对长亭晚，骤雨初歇。都门帐饮无绪，留恋处，兰舟催发。执手相看泪眼，竟无语凝噎。念去去，千里烟波，暮霭沉沉楚天阔。　多情自古伤离别，更那堪冷落清秋节。今宵酒醒何处？杨柳岸晓风残月！此去经年，应是良辰好景虚设。便纵有千种风情，更与何人说？

这首《雨霖铃》让我们感受到柳永与情人别离之后伤透的心。柳永是一个多愁善感之人，不知是因为他的多愁善感让他官场失意，还是因为官场失意让他更加多愁善感。他曾因科举失利，一时气愤而写了一首《鹤冲天》词，声称要"忍把浮名，换了浅斟低唱"；不去追求这官场上的浮名了，一辈子就去浅酌杯酒、低唱小词吧！牢骚是无心之气，发完也就忘了。终于，他通过了下一次的省试，也终于能够让皇帝亲试自己的才华了。但是仁宗记住了他的牢骚，谁让他是著名的词人之一呢？仁宗御笔一挥："且去浅斟低唱吧，要这浮名干什么！"功名就这样又一次与他擦肩而过。

箫声再起，这回是一首《苏幕遮》。

第四章　云帆难济海

　　碧云天，黄叶地，秋色连波，波上寒烟翠。山映斜阳天接水，芳草无情，更在斜阳外。　　黯乡魂，追旅思，夜夜除非，好梦留人睡。明月楼高休独倚，酒入愁肠，化作相思泪！

这是范仲淹在陕西时的旧作。

范仲淹的这首词写的是边塞秋天的乡愁。与欧阳修和柳永的细腻伤情不同，这首《苏幕遮》显得潇洒大气。尤其是上阕所描写的秋色，俨然一幅气势宏伟的写意画。纵观有宋一代的词人中关于写秋意的词，范仲淹留存于后世为数不多的几首当最为浩荡磅礴，有人甚至将他的《渔家傲》与人称"百代词曲之祖"、据说是唐代李白所作的《忆秦娥》相提并论。

李白《忆秦娥》的下阕：

　　乐游原上清秋节，咸阳古道音尘绝。音尘绝，西风残照，汉家陵阙。

再看看范仲淹《渔家傲》的上阕：

　　塞下秋来风景异，衡阳雁去无留意，四面边声连角起。千嶂里，长烟落日孤城闭。

我们可以感受到《忆秦娥》下阕与《渔家傲》上阕那种异曲同工的深远和寂寥。

庙堂之忧

没有经历过边关的艰辛，是难以体会到与故乡、与亲人远隔万里关山的边疆将士所具有的那种乡愁的。它是思乡之情与守边责任的交织，是理想中对安逸的期盼与现实中的无法逃脱的艰苦生活的矛盾，是不知何时能够回家与不知何时死亡的困惑。

这些情感的纠结足以让人在深夜里望月拭泪，更何况还有那无时不在、挥之不去的孤寂。大漠孤烟，长河落日，边月满山，野云万里。谁与孤影共明月？羌管悠悠一壶酒。

真的，只有酒才能让人暂解乡愁、暂忘孤寂。

这不是诗意，而是现实。大宋的将帅们鼓舞士气的主要手段之一，就是牛酒犒劳。在出征前喝壮行酒，在胜利后喝庆功酒，在危机四伏时喝激励酒，在军心骚动时喝安抚酒。

但是，如果有人不理解这种现实，或者明知这种现实却有意曲解它，那是很伤人心的。

这不是假设，这也是现实。欧阳修的这次家宴不仅有歌乐有诗词，也有酒以及与酒有关的话题，尤其是与这种现实有关的酒的话题。

"郑天休一到陕西，就弹劾滕子京贪渎、滥用公使钱，滕子京自辩称这些钱款多数用于牛酒犒劳将士。究竟谁是谁非？"欧阳修问范仲淹。

范仲淹没有回答。郑天休就是郑戬，是范仲淹的连襟；滕宗谅字子京，是范仲淹的同年，也是最知己的朋友。郑戬接替范仲淹和韩琦担任了陕西四路经略安抚使，是滕宗谅的上司。他们二人都品行端正，却在陕西成为冤家，郑戬把他一贯的严峻作风指向了滕宗谅。

"郑天休似严苛了些，且不近情理。滕子京岂是贪赃之人？据说郑天休还与张公寿不太和谐。"尹洙道。张公寿就是名将张亢。

范仲淹仍然没有回答。此事的是非他心中自有判断，但是他考虑的不仅仅是谁是谁非的问题。如今此案已交由御史台办理，成了朝廷的大事。

欧阳修不赞同尹洙的说法："近年来，边将不守常法者，时常有之。小过不可不防，何况是滥用巨款之事？这些款项，如果用于招揽一些亡命之徒去杀敌还有道理，或者只是一时应急少量用于私家之用也还可原谅。但是滕子京、张公寿把这些钱款中饱私囊，那岂不是贪渎吗？"为此事，欧阳修已上书仁宗，建议从严处置。

尹洙反驳道："滕子京、张公寿有无中饱私囊，如今尚无证据，据我看来，定无此事。并且，守边将士长年在外，无比艰辛，却是永叔所体会不到的。警讯一起，事关百姓将士生死、事关国家安危，岂容你瞻前顾后、三吟两叹？任福败于好水川时，我正在从延安范公处回泾州路上。元昊大胜之后，或是长驱直入以致泾原危急，或是纵兵大掠使百姓受难。此时，救与不救？我那时虽无调兵之权，却擅自调兵救援。事后朝廷处罚我，自然于法有据，但于理是对是错？"

尹洙说的是一段旧事。庆历元年二月任福败于好水川时，尹洙正在延州劝说范仲淹出兵。劝说无果后，尹洙赶回泾原路，走到庆州时，传来了任福兵败的消息。此时，元昊率领得胜之军纵横泾原、环庆一带。尹洙当即以经略安抚司判官的身份调遣庆州守将带兵救援。调兵是陕西经略安抚司长官的权力，尹洙调兵是越权，他因此被朝廷降职。

欧阳修有些语塞，看了看范仲淹。

范仲淹笑了笑，道："边事确实不是文章，法当守，理也当讲。只是……"

庙堂之忧

他略为沉吟，继续说道："如今新政初行，与元昊议和未定，内政与边事，都不可节外生枝。"

但是，枝节已经难以避免了。这次家宴上议论的麻烦事，给庆历新政掺进了麻烦的意味。

陷入麻烦的主角是两个将帅，滕宗谅和张亢。滕宗谅正以天章阁待制这一皇帝侍从官的身份担任庆州知州，是庆州主帅。大将张亢则刚刚从陕西调到河东路驻守。他们陷入的麻烦被称作"公使钱案"。找他们麻烦的人是郑戬，但是郑戬只是按照自己的风格办事，他起了个麻烦的开头就走了，而另有一些人借机把这个麻烦越做越大，几乎将狄青、种世衡等几位陕西名将都装了进去。如何对待这个案件，朝廷中形成了两种截然不同的意见。一种意见要将相关人员严办，另一种意见是不可无事生非、小题大做从而影响陕西边防大计。

要说清滕宗谅和张亢陷入的麻烦事，首先需要说说"公使钱"是个什么意思。

顾名思义，公使钱就是公用钱，是给一定级别的衙门和一定级别官员的机动经费，可用于正式公务经费无法顾及的公务和半公务活动，如宴请及馈赠过往官员。公使钱的数目视官员的官品高低而定。在宋以前，刺史以上官员是可以将结余的公使钱归为己有的。到了大宋时期，归为己有的规定被取消，但一般情况下只要不是个人据为己有，对公使钱的使用范围并没有严格的约束。仁宗天圣、明道年间，钱惟演之弟钱惟济滥用公使钱达七百万之巨，他生前没有人追究此事，死后也就一笔勾销，皇帝还另赐他家黄金二千两、丧葬费二百万贯。

先是郑戬举报滕宗谅，说滕宗谅在泾州任知州时浪费钱财。接着，监察御史梁坚弹劾滕宗谅滥用公使钱十六万贯。这是一笔巨大的钱财，当时宰相和枢密使的俸禄也就每月三百贯，参知政事、枢密副使才二百贯。

张亢被劾也与郑戬有关。郑戬到陕西时，张亢担任渭州知州。张亢在一些问题上与郑戬意见不合，于是被调到河东路。接着又是那个监察御史梁坚弹劾他，说他在渭州时让部下将官库的银子拿到成都做交易，然后自己侵吞了利息。后来查实使用的不是库银，是公使钱。

我们知道，郑戬是一个正直的官员。不过他有一个小毛病，就是有些"凭气近侠"，即有些豪侠任气，这是史书说的。他与张亢意见不合，就挤走张亢；他是否也与滕宗谅不合，没有史料证明。张亢是很有见识的名将，也有些"凭气近侠"。他被郑戬排挤还只是第一次因此吃苦头。若干年后，他再次被诬告，并再次被降职，那一次诬告他的是终于重新当上枢密使的夏竦。至于郑戬，他的军事素养肯定不如张亢。因此他们二人不合，张亢应当更占理。

郑戬对张亢的排挤以及对滕宗谅的告发，无意中成就了有心人对此事的利用。有心人就是御史台的官员们。

滕宗谅的事与张亢的事没有联系，但他们都是被监察御史梁坚弹劾的，后来又由御史台的另一名御史官员燕度将二人并案审讯，因此两件事成了一件事。

公使钱案成为与同期正轰轰烈烈推行中的庆历新政相映照的一件另类的热点事件。围绕这一案件，伴生了太多耐人寻味的事情。

先看看此案的结果。

庙堂之忧

滕宗谅和张亢，一个是名列两制以上官员的皇帝近臣，一个是功勋卓著的大将，都被关在了邠州的监狱中。在御史台官的严厉审查下，滕宗谅滥用公使钱一事的最终认定结果出人意料。当初梁坚弹劾滕宗谅滥用公使钱十六万，实际上滕宗谅只用了三千贯，并且都是用在葛怀敏大败之后"牛酒犒劳"兵士以振奋士气，还有少数是用来宴请当地羌族首领以及馈赠给了来边关巡游探望的游士、故人作为盘缠——这些都不是他私自占有。但滕宗谅担心连累被馈赠的游士、故人，因此将账簿烧毁。至于原来所说的十六万之数，那是正常发给兵士的每月军饷的总数。

如果这还不足以证明滕宗谅的清白，那么他死后的家产最能说明问题。庆历七年，难以化解心中郁郁不平之气的滕宗谅在知苏州任上病逝，死后"家无余财"。这是一个令人悲愤的结局。

滕宗谅在受到弹劾之初，就被朝廷从庆州任上调到凤翔府暂任知府。庆历四年的正月，在范仲淹全力抗争下，此案结束，但滕宗谅仍被调任虢州知州。此前无论是庆州还是凤翔府，都是一等州，而虢州属于三等州，因此调任虢州就含贬谪之意。但是有人心犹不足。一个月后，滕宗谅再次被贬到下等州岳州。再次被贬的原因是御史中丞王拱辰以辞职要挟仁宗，要求重责滕宗谅，于是仁宗给了王拱辰一个面子。

至于张亢的案件，也查实没有什么大问题。张亢让人用公使钱去交易赢利，然后用利钱购买军马，还有一部分钱也用于馈赠来往的士人、旧友作为盘缠。按照规定，这些都不是违法行为，包括用公使钱交易赢利——这种让公使钱增值的做法符合规定，只要赢利之钱没有被个人占有。但张亢同样为了不连累他人，也烧了账本。

最终，张亢被降职一级。他没有受到第二次降级，是因为御史中丞

第四章 云帆难济海

王拱辰对仁宗以辞职相威胁时将矛头主要对准了滕宗谅而不是他。

在案件审理的整个过程中,有两个现象形成了鲜明的对照。

一个现象是范仲淹对滕宗谅和张亢二人的解救。

范仲淹从一开始就不相信对滕宗谅、张亢二人的指控,既因为他对二人品质的信任,也因为他在陕西对二人所作所为的了解。

在案件审理的初期,范仲淹几次在朝上为他们二人辩护,他愿意用自己的职位担保他们不存在御史台官弹劾的问题。他还指出,滕宗谅身为朝廷重臣、一方主帅,如果轻易被当作小贼一样打入监牢,那么今后边关还有谁会尊重朝廷的权威?但是正在气头之上的仁宗当场大发雷霆,让范仲淹无法再继续陈述。

范仲淹没有退缩,又连上三道长篇奏章。他向仁宗举例说自己和韩琦在泾州时一起这样使用过公使钱:庆州签书判官马倩病故,他家老人尚在,他们因此向马家赠钱一百贯;泾州保定县知县刘袭礼家庭贫困,父亲去世后无力送葬,他们也赠钱一百贯;虢州推官陈叔度在家守丧,家境贫寒,他们赠钱五十贯;进士黄通来泾州看望他们二人,也赠钱五十贯。这些钱的出处,都是公使钱及通过合法方式产生的利息。

范仲淹甚至指出,如果说滕宗谅、张亢二人如此使用公使钱有罪,那么他和韩琦二人也同样有罪;如果要惩办滕宗谅、张亢二人,那么也请仁宗惩办他和韩琦。

在辩护的同时,范仲淹委婉地指出了御史台官在此事上的问题,请求仁宗另派亲近之人直接问案,以免边关将士见二人如此遭遇,以为朝廷不以将帅为重,有意打击守疆臣僚,让沿边的将帅、兵士寒心。

对于公使钱案,欧阳修的认识经历了一个转变。一开始事情原委不

庙堂之忧

明时，欧阳修出于义愤，对于老朋友滕宗谅、张亢的"滥用""贪渎"行为十分痛恨。然而不久，他也感觉到了御史台官员的用心不纯，尤其反感要将陕西名将一网打尽的做法。他就此事的第二次上书中，斥责燕度审讯滕宗谅一案时牵连广泛，致使人心骚动，甚至还派出狱吏欺凌枢密副使韩琦。他提醒仁宗不可将国家难得的人才随意打倒，否则等到要用人之时将后悔莫及。

在公使钱案上，因为有范仲淹以奋不顾身的精神为滕宗谅和张亢伸张正义，加上欧阳修及其他一些人的呼吁，滕宗谅、张亢二人没有受到太重的处罚，滕宗谅甚至还保留了天章阁待制的馆职。

此案中另一个令人深思的现象是御史台官员们小题大做，非将滕宗谅、张亢二人治罪不可的态度。

监察御史梁坚弹劾滕宗谅的十六万公使钱是明显的栽赃。御史台官有风闻奏事的权力，只要听说了就可上奏，但像这样的风闻奏事是滥用权力。虽然后来证明了十六万这一数字的荒诞，但御史台却成功地使仁宗站在了应当严办此事的立场上。

梁坚随后病故，接手审讯此案的燕度丝毫没有体现出比梁坚更负责任的精神。燕度将案件越办越大，不仅将滕宗谅、张亢身边的人打入牢中，甚至将案件牵扯到狄青、种世衡身上，说他们也有滥用公使钱的问题，也将他们打入牢中。这还不是燕度最让人发指的行为。燕度甚至派狱吏去见枢密副使韩琦，诘问韩琦几个月前在陕西巡边时与滕宗谅商议边疆大事的细节。

最后，就在案情明朗、事实证明滕宗谅、张亢二人没有什么大错且他们已经被贬谪的情况下，身为御史台长官的王拱辰又以滕宗谅不应擅自烧毁账本为理由，以威胁辞职为手段，逼使仁宗将滕宗谅再加贬谪。

王拱辰与御史台的官员们都不是夏竦那样的奸邪之人。相反，他们中的一些人还都有些时名，如有才华、稳重或不畏权贵等，御史中丞王拱辰自己就是状元出身。在阻止夏竦进入两府的时候，御史台还起到了十分重要的作用。

那么为什么这些人会突然之间换了一副面孔，让人觉得蛮不讲理呢？

现在还不是解释原因的时候。庆历四年又是一个多事之秋。

就在公使钱案还未了结时，又出现了一件纷争大事。这次纷争的双方更加出人意料——都是主张改革的精英人物。

这件大事就是水洛城事件，仍然是发生在陕西并且再一次牵动着大宋决策层神经的事件。

水洛是位于泾原路的镇戎军和秦凤路的秦州之间的一个羌族部落聚居地。在一百八十多年后改名为庄浪之前，水洛之名在此地已存在了一千多年。水洛地势平坦、土地肥沃，兼有银、铜等矿，从内地逃亡的一些汉民定居此地并教当地羌民工匠以技术和商贾之法，使得水洛成为一个交通发达之地。但是这里的羌族酋长心向西夏。水洛的存在，阻断了大宋的秦州和镇戎军的直线联系。如遇战事，秦州要救援镇戎军或渭州，必须向南绕过水洛才能到达，反之亦然。真宗时期，在秦州守边的名将曹玮看到了水洛的重要性，曾打算攻占水洛，但未能实现。

作为范仲淹在陕西时的一个重要战略谋划，大宋要争取占领几个战略要地，其中在陕西境内有三个，依次是延州与庆州之间的白豹、金汤、后桥三个西夏城寨，环州与镇戎军之间的葫芦泉以及镇戎军与秦州之间的水洛。如能实现，大宋在陕西的防线连成一条直线，相互之间就可以形成呼应。范仲淹亲自主持修建了大顺城后，已经起到遏制白豹、金汤、后桥三城寨的作用；葫芦泉一带也在后来由种世衡奉范仲淹之令修筑了细腰城。而水洛就是范仲淹战略谋划中最西面的一个必争之地。

早在庆历二年二月，范仲淹就提出修建水洛城的建议，但时任秦州知州的韩琦不赞成，因此此议被搁置了。

就在范仲淹和韩琦离开陕西、郑戬接任陕西四路主帅不久，渭州静边寨守将刘沪以谋略加激战的方式占领了水洛。郑戬得知后，即命令刘沪就地修筑城池，郑戬在此事上做出了正确的判断。这时已是庆历三年冬季。在同一时期发生的公使钱案中，滕宗谅和张亢已经下狱。

十二月，代范仲淹巡察陕西的韩琦下令停止修筑水洛城。但是郑戬并没有执行命令，反而加派经略安抚司官员董士廉带兵协助刘沪筑城。

时间到了庆历四年。二月，就在滕宗谅再次被贬之后没有几天，朝廷取消了陕西四路主帅之职，陕西四路又各自为政了。这是韩琦向仁宗提出的建议。郑戬改任永兴军知军。此前，欧阳修也不赞同由郑戬一人担任四路主帅，他认为郑戬没有这个能力。

取消了四路主帅后，刘沪此时的主帅是渭州知州尹洙。尹洙在陕西的战略思路上与韩琦是一致的，他也不主张修筑水洛城。郑戬一走，尹洙立即召回刘沪和董士廉。但是刘沪、董士廉二人两次拒绝了尹洙的命令，继续修筑工程。尹洙大怒，派泾原副都部署狄青亲自到水洛把刘沪、董士廉二人抓了起来，关押在渭州城西边的德顺军。

这个时候，范仲淹介入了。

第四章　云帆难济海

在此之前，范仲淹在修筑水洛城的问题上十分谨慎。他与韩琦已经形成了默契，双方对于陕西事务本着求同存异的原则，在形成共识后再共同发表意见，即便他们进入两府后也基本如此。他们二人在水洛城的修筑问题上意见相反，这不是什么秘密，也不需要隐讳。在形成共识之前，他们不会拿这个问题去指责对方。这次修筑水洛城是郑戬做出的决定，韩琦作为代表朝廷巡视陕西的枢密副使命令停建，因此也不是针对范仲淹的。

但是事情发展到尹洙派狄青逮捕刘沪和董士廉这一步，范仲淹认为他必须发表意见了。他发表意见仍然不是针对要不要修建水洛城的问题，而是防止狄青将刘、董二人按军令斩首。

就在尹洙派狄青逮捕刘沪和董士廉的同时，仁宗派人到水洛考察，当地民众强烈要求朝廷支持刘沪修筑水洛城。据此，朝廷最终同意继续修筑水洛城。因此，众人在此事上的议论，主要是围绕如何处理刘沪、尹洙、狄青等相关人员这一话题。

这是一个让人为难的事。刘沪不服从军令自然有错，但他坚持修筑水洛城却又是正确之举；尹洙、狄青虽然对修筑水洛城的必要性缺乏认识，但他们将不服从军令的刘沪、董士廉绳之以法本身并没有错。这个时候，支持尹洙、狄青的只有韩琦一个人，范仲淹、欧阳修等人都支持刘沪。但与此同时，范仲淹、欧阳修也认为应当保护尹洙和狄青这两个人才。

此事最终的结果是：水洛城在刘沪主持下终于修成；尹洙被提升一级馆职，以直龙图阁的身份调任潞州知州；狄青先是调任河东路，几个月后又回到陕西升任泾原路都部署。刘沪先是担任水洛城主，三年多后

庙堂之忧

病故。他的弟弟要将他的灵柩送回家乡,但被当地民众阻止了。他们跪地号泣,求得同意后将刘沪葬在当地,并立祠纪念。这座刘公祠的香火旺盛了几百年。当地民众还恳求朝廷派刘沪的子弟主持水洛城,朝廷于是让刘沪的另一个弟弟担任了水洛城兵马监押。

水洛城之争体现了庆历群贤和而不同的君子之风。他们相互之间意见不同,但都是为了国家利益;他们这种意见的不同,也没有伤害到他们支持新政的共同立场和相互之间的友谊。这让看热闹的人有一些失落。

但是,水洛城之争,以及稍早的公使钱案,对于庆历新政产生了重大伤害。陕西的安定是新政的主持者和支持者得以左右和影响朝政的重要前提,破坏这种安定的结果是显而易见的,这是其一。其二,庆历群贤的君子之争,在新政大力推行并且开始触及一些人既得利益的情况下,实在不是一件好事。虽然它没有在群贤之间造成什么隔阂,却让仁宗又想起了"朋党"这个词,更让一些人认为到了他们可以出手的时机。从这一点来说,庆历诸贤显得书生气了。你以坦荡胸怀示人,但别人并不这么看你、对你。

4

经过半年多的推行,新政的效果已经初步显现。至于效果是好是坏,不同的人有不同的观点。如果有人从正面看,这些效果就是正面的;如果有人从反面看,这些效果就是负面的。

第四章 云帆难济海

比如派出按察使查劾庸官、举荐官员这一措施，就让许多官员惶恐不安。

古往今来，人人都认为当官就应该当得心安理得，不知道为政之道正需要让官员有一些惶恐不安，生怕自己哪里不尽心，这样才能使他们死心塌地地为百姓谋利、为国家操心。那些绝大多数时候在高谈阔论、绝大多数时候感到心宽体胖的官员，不会是真正的好官，因为他们不会太在意百姓的需求和国家的期望，而这样的官太好当了。

欧阳修曾在庆历三年的一封奏章中列举了几个一州之长或老迈昏聩、或品劣无能的事例：鄆州知州每天要两个仆人搀扶着才能上官府坐衙理事，为政三年，州政紊乱。接替他的下一任知州也是七十余岁，昏昧不堪。如何昏昧？欧阳修有亲身体会。欧阳修早年在滑州任通判时，这位知州也在滑州为官，曾数次去看望欧阳修。每一次见到欧阳修，这位老兄都要反复问一个问题："中书有一个王参政，名甚？"为什么反复问？因为他记不住。再如汝州知州，原来在三司任职，因为没有能力而被清出三司；邓州知州曾任转运使，也是因为没有能力而降职。州县官是最重要的亲民官，这些昏昧无能的亲民官岂能造福于民？

按照范仲淹、富弼、欧阳修这些人的看法，他们都是按察使需要按察弹劾之人。

本来一辈子都可以轻轻松松地当官，如今遇到了不让他们轻轻松松当官的制度，必然要引起反弹。这种反弹绝不仅仅发自那些利益直接受到侵害的官员，还包括他们上下左右的更多人，还包括一个特殊的群体，那就是内侍，亦即宦官。

内侍是可以外出当官的，这是大宋在抑制宦官专权的同时给予宦官

庙堂之忧

的一条出路。许多宦官甚至在边疆为将，其中也不乏智勇双全、为国家做出重要贡献的将领。遇到重大事件，皇帝往往还派出内侍到各地巡察、安抚、奖励、办案等，这类负有临时使命的内侍又被称为中使。此外，宦官外出当官还有一条路子，就是主管京城的一些事务部门，这些部门通称作"京城百司"。百司的职责，或者与皇家需求有关，如宫廷采购，或者与社会公共事务有关，如交通运输。这些部门多数是肥缺，是内侍们最喜欢的职位。他们一旦占据了这些位置，往往想方设法把持不放。他们的出身又决定了其中许多人都有仗势欺人的特点。这是一个一般官员得罪不起的群体。

但是，庆历新政也要得罪他们。按照新制度，任职三年必须移任。

抑制官员子弟任职特权是另一个让许多人心痛的措施。庆历三年十一月，仁宗下诏实行新的官员子弟荫补办法，所有原来享有特权的官员立即感受到了利益的损失。

这些改革官员人事制度的措施，是最不得人心的新政措施。任何一位相关的官员，无论他们平时是不是正人君子、为国谋利，这时他们都自觉地将自己归入了支持或是反对新法的队伍之中。

得罪人的还不只是新政本身，欧阳修的直言不讳也得罪了一大批人。

怀着与范仲淹一样的报答君主知遇之恩的心情，欧阳修毫无顾忌地发表意见，提出触及许多人利益的建议。欧阳修是庆历三年三月任谏官的，仅从任谏官开始到这年年底的九个月中，欧阳修呈递的关于时政的奏章就至少有七十二个。

他建议重大国事让百官议论，以博采众长，避免两府大臣或两制官员中的少数人见识不够耽误大事。

第四章　云帆难济海

他点名指责翰林学士李淑和苏绅心术不正。不仅如此，他还说"两制之中，奸邪者未能尽去"。他们是什么人？是皇帝最重要的文字秘书。即使欧阳修说的是事实，但没有人像他这样批评国家如此重要的官员。

他批评燕度办理滕宗谅案件时过于张皇，并进一步批评御史台，"近年台官，没有一个是称职的"。要知道，御史中丞王拱辰深得仁宗信任，而前任中丞贾昌朝如今是参知政事。欧阳修甚至弹劾了监察御史王砺，使得王砺被免去台官职务。

他几次上奏吕夷简的问题，请求不要再给吕夷简的子弟过多恩补，不应给吕夷简的仆人封官，不应让吕夷简通过非正常渠道向仁宗传递信息。

欧阳修最有预见性的建议，就是提醒仁宗防备小人中伤范仲淹和富弼。"范仲淹等人所言，都是能够解决时弊但又容易招致小人怨恨之事。一旦奸邪之人在陛下面前进谗言，陛下应当断然拒绝。如此，范仲淹所言之事才能长久施行，才能最终成功。如果陛下能始终信任他，那就是社稷之福、天下之福！"

虽然后来的欧阳修官至参知政事，但是庆历年间的这些奏章最能体现欧阳修的率真和无私。不过从另一个角度看，这个时期的欧阳修在政治上是有些稚嫩的。

欧阳修最推心置腹的奏章，就是他的《朋党论》。他捧出了他的心，让仁宗一览无遗。

水洛城之争尚未完全结束的时候，庆历四年的四月初，仁宗皇帝在一次朝议中突然向辅臣们提出了一个问题：小人喜欢结党，那么君子也有党吗？

范仲淹答道："臣守边时，看见作战勇敢之人自结为党，胆小怯懦之

庙堂之忧

人也自结为党，臣以为朝廷也是这样，邪正各有其党。一切在于陛下明察。如果结为一党去做有利于国家之事，这对国家有什么害处呢？"

仁宗对范仲淹之语未予置评。

欧阳修对仁宗的这个问题，用一篇《朋党论》来回答。他要向仁宗阐述朋党的好处与坏处。

君子与小人都有党。这是欧阳修告诉仁宗的第一句话。

不过，小人之党是暂时之党，君子之党是长久之党。这是欧阳修的第二句话。

君主应当斥退小人之党而进用君子之党，这样就能天下大治。这是最后一句话。

当然，欧阳修还具体阐述了相关的道理。比如为什么说小人之党是暂时之党而君子之党是长久之党，"小人追求的是个人的功名利禄。当他们利益相同时就暂时结盟，一旦见到利益就互相争抢，一旦没有了利益就互相疏远，因此小人之党不会长久。而君子追求的是道义、忠信、名节，相互之间能增强自己的道德修养，同心共济、服务国家，因此君子之党始终不渝"。

能如此光明正大地表白君子有党，体现了范仲淹、欧阳修们的心胸坦荡。

但是他们又一次犯了书生之气。仁宗问的是君子是否有党，而不是君子之党是好是坏。有党无党是关键，好党坏党不是他所关心的。

可以理解的是，范仲淹和欧阳修并不知道仁宗为什么提出这个问题。他们只是把这个问题简单地理解为仁宗此前提出的三十五项正在思考的问题之一。

第四章 云帆难济海

他们还不知道的是，一名叫蓝元振的内侍上书仁宗，说了这么一番话："范仲淹、欧阳修、尹洙、余靖四人都是蔡襄曾经赞扬过的四贤，如今四贤一得意就引蔡襄为同列，这显然是他们四人用国家爵禄报答蔡襄的私恩。如果他们每人有十个党羽，那么他们一党至少有五六十人。这五六十人再各自提携几名党羽，那么两三年内满朝都是他们一党之人了。到时他们想干什么不是都能干成了吗？！"

后来的人都说蓝元振上书一事是夏竦教唆的，因为夏竦善于借重宦官为自己投机钻营，而皇帝身边的人历来多是亦正亦邪之人。夏竦教唆蓝元振或许是实，但教唆蓝元振的恐怕不仅仅是夏竦吧？

庆历四年五月，朝中突然出现一个若隐若现的传言：石介曾经给富弼写了一封私信，建议富弼"行伊霍之事"。

"行伊霍之事"是什么意思？

伊、霍说的是两个人：伊是伊尹，霍是霍光。

伊尹是帮助商汤消灭夏朝、建立商朝的开国元勋，并先后辅佐了三代商朝君主。第三代君主是商汤的孙子，他继位为王之后不守王道、荒淫无度，伊尹就把他流放到外地，自己处理朝政，直到商王悔改，伊尹才把他接回来并将大权交还给他。

那么霍光肯定也是类似人物了。霍光是汉武帝时期名将霍去病的同父异母兄弟，与苏武、李陵是好友。汉武帝死前将年仅七岁的太子托付给霍光。太子继位为昭帝后，霍光尽心辅佐，粉碎了几起重大政变阴谋，后来又在昭帝死后辅佐了两代皇帝。昭帝之后的废帝刘贺即位之前就行为荒唐，即位之后，据说在二十七天内就干了一千一百二十七件更荒唐的事，于是霍光联合其他大臣取得太后同意，将他废黜。

庙堂之忧

也就是说，"行伊霍之事"就是废黜皇帝，那么这就是谋反了！

这个传言很快就传到仁宗那里。或许首先是传到仁宗那里，然后才在一些朝臣中流传吧。并且似乎还不仅仅是传言，仁宗或许见到了那封信，因为史书提及一个细节：此信的笔迹与石介相仿。这说明有人看到了这封信。

仁宗不太相信这个传言。如果他相信的话，必然要采取措施。富弼是枢密副使，是军事上的最高领导之一。如果他真有谋反之心，只要在掌管禁军的殿前司、马军司和步军司这三衙中有几个心腹，那是有可能成功的。仁宗没有任何表露，这充分说明他至少在此时不相信富弼有此心。但是这封信是否让他有所担心，那就不得而知了。

流言也传到了范仲淹、富弼的耳中，相信韩琦、欧阳修等人也一定听到了风声。但毕竟是传言，而且是如此敏感的话题，他们相互之间应当不敢议论。不过据说范仲淹和富弼之间有过交流。结合几个月来朝廷中越来越不利于他们的气氛，范仲淹建议自己和富弼二人设法离开朝廷暂避风头。范仲淹尤其担心被自己寄予厚望的富弼，不希望他陷入更大的麻烦之中。

或许是上天注定的安排，西夏和契丹给范仲淹和富弼提供了离开朝廷的机会。

据报，元昊的西夏和契丹的大辽又要开战了，原因是契丹的一个党项族部落投靠了西夏，大辽派兵征讨这个部落时，被元昊的援兵打败，还损失了两员大将。辽兴宗大怒，从各地征调数十万大军集中于西南边境，准备大举讨伐西夏。契丹还专门派遣使者来大宋通报与西夏开战之事，因为调兵与西夏交战之前必须向大宋通报，以免误会。

第四章 云帆难济海

虽然看起来像是它们两国开战,但大宋却不能不防。万一是夏、辽两国以双方交战为名调兵遣将联合入侵大宋,不进行防备是要吃大亏的。

范仲淹向仁宗申请到陕西、河东巡边,观察两国动向,视情预做防备。仁宗同意了。于是范仲淹于六月底离开了京城。

八月,富弼向仁宗提出到河北巡边,理由是北方形势不明朗,而自己多次出使契丹,因此对河北防务情况较为熟悉。仁宗也同意了。

庆历新政的两个最重要的人物离开了朝廷。

这个一箭双雕的计谋,后来被证实是夏竦的杰作。

石介给富弼的信是有的,它是那个时代朋友向朋友或者低级官员甚至一般的读书士人向高级官员提出的自己的政见和给予对方的诚恳建议,因此这类信件本身就是一篇有思想、有文采的文章,可以在社会上流传。信中有一句话与"行伊霍之事"在文字表述上很接近,但意义完全不同,那就是"行伊周之事"。其中的伊仍然是伊尹,周则指的是周公。周公是周武王之弟,他在武王死后忠心耿耿地辅佐周成王,平定了王族和其他少数民族的几次叛乱,并广泛实行仁政。"周公吐哺,天下归心。"周公为了国事忙得连一口饭都没有时间咽下去,终于让天下之人继续拥护周王。"行伊周之事"说的是希望富弼像伊尹、周公那样尽心尽力辅佐君主,成为流芳千古的贤相。这句话与"行伊霍之事"只有一字之差,但其本意则谬以千里了。

夏竦有一个嗜好,那就是让自己的女人成为书法高手。他的妻子杨氏在他教导下就擅长书法。后来夫妻两家因为夏竦新宠太多、冷落了杨氏而反目成仇,夏竦之母和杨氏之母这两位老太君甚至大打出手,闹出了传遍京城的大笑话。之后,夏竦又纳了好几房小妾,也教导她们学书

庙堂之忧

法。夏竦对其中一个寄予厚望，让她专心学习石介的笔迹。学成之后，就让她将石介写给富弼的那封信重新修改成一个版本，并在一些人中传播，最终就传到了仁宗和范仲淹、富弼等人手中。

夏竦的奸计后来是怎么被揭露的，已经无法考证，但此事在他还没死的时候就被那时的人们所知晓。

范仲淹在前往河东的途中，顺道拜访了已经退休在家的老宰相吕夷简。据说吕夷简问他："参政为何如此匆忙离开朝廷？"范仲淹答道："边事紧急，因此外出。"吕夷简道："经略边事更宜身在朝廷。"这是吕夷简政治上的老练，范仲淹听罢默然。后来有人以此认定范仲淹离开朝廷的失策，但是有眼光的南宋历史学家李焘指出了范仲淹离开朝廷的必然性。他离开或是不离开朝廷，都改变不了后来必然出现的结局。

拜访吕夷简是范仲淹很自然的一个行为，没有任何动机。范仲淹去世之后，欧阳修执笔撰写了范仲淹墓道上的神道碑文。其中有一句话是范仲淹、吕夷简二人"欢然相约，戮力平贼"，这是范仲淹这次拜访吕夷简成为"欢然相约"的证据之一，但是范仲淹的后人不承认这个说法。范纯仁说道："吾翁未尝与吕公欢然和好！"他甚至不顾范家与欧阳修的通家世好，在碑文刻石时删除了这句话，这是对欧阳修极大的不尊重，欧阳修也对此耿耿于怀。不光是范纯仁不赞同"欢然相约"，作为欧阳修好友的富弼也不赞同，欧阳修、富弼二人之间还因此有些不快。

如果让范仲淹自己来评判，欧阳修和范纯仁谁是谁非？相信他会说：二人俱是也俱非。

俱是俱非是什么意思？

庆历三年，当仁宗让范仲淹与吕夷简化解个人恩怨时，范仲淹的

第四章 云帆难济海

一句话已经回答了这个问题:"臣向往所论都是国事,臣与吕夷简没有私怨!"

无论是范仲淹的至友欧阳修、富弼、他自己的儿子范纯仁以及所有与他志同道合的或景仰他的风节的那些人,还是以吕夷简为代表的另外一大批持不同政见者,甚或是夏竦这类为各方人物所不齿的人物,最后包括仁宗,都犯了一个认识上的重大错误。这个错误就是以一党一派的世俗眼光看待范仲淹。

范仲淹当时说的这句话除了向仁宗表露自己处理与吕夷简之间关系的坦荡之心,还客观上反映了一个被扭曲的认识,那就是许多人都将范仲淹屡次与吕夷简的争斗看成是出于个人恩怨,或者说因为国事之争而被贬后,范仲淹将自己与吕夷简的关系加上了一层个人恩怨的色彩。随之而来的天下之人对二人的赞同与不赞同,就演变成了范仲淹之党与吕夷简之党或者说君子之党与小人之党的自然分类。

范仲淹无党,他的一切价值取向都是以有利于国家为标准。只不过,连他自己或许都没有意识到这一点,所以他才会在庆历四年四月仁宗提出"君子是否有党"的疑问时做了"君子有党"的回答。

连范仲淹自己都承认君子有党,那怎么还能说他无党呢?

吕夷简之党是否存在不必做太多的论述,但是范仲淹自己心中无党,这是毫无疑问的,许多事实可以证明。

景祐二年他在苏州任上治理太湖时,朝廷有人反对他的方案,于是他上书吕夷简,请吕夷简支持他提出的、受到质疑的太湖疏浚方案,而范仲淹一年前被贬就是因为吕夷简给仁宗出的主意。

庆历三年,欧阳修、王素、蔡襄等人打算向仁宗推荐石介为谏官,范仲淹坚决不同意。他认为石介喜欢意气用事，不是谏官的称职人选。

公使钱案发生后，范仲淹与杜衍在如何处理滕宗谅的问题上意见不同，二人为此在朝廷上公开争论。

庆历四年五月，夏辽交战。范仲淹认为夏辽交恶极有可能是它们联合南侵大宋的阴谋，请求带兵到河北巡边部署。杜衍、韩琦、富弼都认为他赴河北巡边是必要的，但都不赞同他带兵去，他们认为夏辽不可能联合南侵。范仲淹与三人在仁宗面前激烈争论，甚至对自己十分尊重的杜衍说了很不客气的话，后来形势的发展证明这是他少有的一次错误判断。

只要有利于国家、百姓，无论对方是正是邪，他都坦诚地与之交往，尽心办好国事，这就是范仲淹无党的体现。而正因为心中无党，范仲淹才有能力、有资格立足于仁宗时代乃至整个大宋历史上社会道德风尚的最顶峰。而他与杜衍、韩琦、富弼等人在国事上的行为方式，也恰恰证明了"君子和而不同"的道理。

朝廷中刮起的政治寒风在范仲淹和富弼离开京城后，让人感觉更加凛冽。

御史中丞王拱辰来见韩琦，劝韩琦做出政治选择。比二人稍晚些年代的宋人对此次见面有一番生动的描述。

王拱辰十分有趣地前蹿后跳作逃离状，以此向韩琦示意："稚圭不如拔出彼党，向这边来。"

稚圭是韩琦的字。王拱辰之意，就是让韩琦悬崖勒马，及早从"彼党"抽身。

第四章 云帆难济海

韩琦淡淡地说道："韩琦唯义是从，不知有党。"

王拱辰悻悻而去。

不过，功夫不负有心人，王拱辰终于找到了一个机会，办成了庆历四年的最后一件大事，那就是"进奏院案"。在此案中，十几名新政的支持者被贬出京城。

此案本来不是罪案，是王拱辰与御史台官员把一件再普通不过的文人聚会办成了重大罪案。

事情发生九月末的深秋。

京城百司衙门多年来有一个传统，就是在深秋举办一个赛神会。所谓赛神会，就是用民间风俗仪仗加上声乐戏剧，热热闹闹地祭祀某个神仙。京城衙门祭祀的神仙有些职业特点，叫作"苍王"。苍王是什么来历？就是上古时期发明中华文字的圣人仓颉。衙门的工作少不了要跟文字打交道，因此衙门之人就将仓颉当作神仙供奉起来，希望自己少在文字上犯错误。

其实，祭祀神仙只是个由头。神仙祭祀完了，凡人们就可以大吃大喝一番，因此这赛神会实际上就是官员之间一次带有联谊性质的休闲娱乐活动。

进奏院的一批年轻人也在这个时候办了个赛神会。进奏院的主要职责是向地方传达中央的政令和朝廷的重大信息，各地官员收看的邸报就是出自进奏院。进奏院的长官是三十六岁的苏舜钦，那位著名的文学家兼诗人，而他此时更以不断发表支持新政的政论闻名。

其实不光是进奏院，其他一些朝廷衙门也先后在这个季节举办赛神会，但是它们没有出事，而进奏院则出事了。

庙堂之忧

事情的经过大致是这样的：

苏舜钦让人把进奏院往年的一些旧文档卖了，准备用卖这些废纸得来的钱办赛神会。用卖这些废纸所得的钱办会也是往年的惯例，不是苏舜钦以权谋私的发明。这些废纸不值几个钱，因此苏舜钦自己又掏了十两银子，合在一起办了这一次赛神会。

有道是物以类聚、人以群分。赛神会的主办方是进奏院，但参加进奏院赛神会的相当一部分人并不是进奏院的官员，而是与苏舜钦气味相投的一批人，以年轻人为主。他们都是范仲淹等人看重的一时俊杰，其中多数还与苏舜钦一样有馆职身份——当然他们大都与苏舜钦一样也是范仲淹等人举荐的，如担任集贤校理馆职的章岷、刁约、江休复、王益柔和馆阁校勘宋敏求。此外还有两位地位颇高之人。一位是王洙，他的馆职是直龙图阁兼天章阁侍讲，是皇帝的讲读官。王洙不算是年轻人了，他早在天圣五年就与范仲淹一起在应天书院执教。另一位是直集贤院吕溱，也还是年轻人。他是仁宗宝元元年的进士科状元，如今的职任是记录皇帝日常起居活动的修起居注。王洙和吕溱的馆职是直阁、直院，比其他人高。这些人都支持新政，平时就常常在一起议论时政、评判时人，如今又找了一个机会再次聚会。

这些年轻人在豪饮一番、高论一通后，仍未尽兴，于是又召来两名军伎，一同歌舞烂饮。

酒喝到极致，自然是目空一切，说起话来就有些肆无忌惮。集贤校理王益柔当场赋了一首十分豪迈的诗，其中有两句让人听了有些咋舌："醉卧北极遣帝扶，周公孔子驱为奴。"听起来有些李白的"天子呼来不上船，自称臣是酒中仙"的味道，但王益柔说得比李白狂妄多了。你让皇帝到北极扶你回来也就罢了,怎么能让周公和孔子做你的奴仆呢?

马上就有人将情况报告给王拱辰。怎么会有人这么快就知道苏舜钦等人的活动呢?后人分析了几个原因,其中一个就是王拱辰早就布置御史台官密切关注他们的活动,希望从中找出一些把柄以做文章。

王拱辰听了手下汇报的情况,十分欢喜。他让两名台官第二天一早上章弹劾,弹劾的主要罪名是进奏院的赛神会有不当之举。

想必是因为情况了解得太仓卒,与会者都有哪些不当之举没有说太清楚,所以仁宗看了台官的奏章后不以为意,没有答复。

御史台又上了第二次奏章,但仁宗仍然不当一回事。

王拱辰着急了。好不容易抓住了一个机会,怎么能够就无声无息了呢?何况此时他听说了一个新情况,那就是谏官蔡襄也参与了此次赛神会的活动。蔡襄可是参与新政的重要人物,分量比这些摇旗呐喊的年轻人重多了。其实王拱辰搞错了,蔡襄并没有参加赛神会。他只是在退朝后顺路和苏舜钦等人结伴同行,经过了进奏院。王拱辰的人只看见蔡襄与苏舜钦等人结伴而走,没看见他在进奏院门口与众人分手。

王拱辰发动御史台官们第三次上书,要求仁宗严惩进奏院赛神会上的所有人员。他们罗列的罪名有:监主自盗,这说的是进奏院的两名长官苏舜钦和刘巽;放肆狂率、诋毁先圣,这几乎说的是所有人,尤其是王益柔;王洙的罪名是与军伎杂坐。另有几位与会者的罪名是服丧期间参与饮乐。除此之外,这些人还有最后一个罪名,就是他们饮乐的地点离皇宫太近。

似乎是担心这些罪名还难以引起仁宗的注意,因此王拱辰让御史台官们在奏章中将这些人谤讪圣人的语言和放浪形骸的举止再添些油、加

庙堂之忧

些醋。最后，王拱辰亲自向仁宗做了报告。

仁宗终于发怒了。他派出宦官连夜抓捕所有与会者。想想看，这么多被视为国家未来栋梁的馆职清望官一夜之间被捕，那是一个多么令人震惊的事情！京城中人人心惊肉跳。

案件很快就判决了。

苏舜钦和刘巽被削职为民。刘巽是陪绑的，他是武职，因为参与了饮乐，又与苏舜钦同为进奏院长官，因此同罪同罚。这个处罚对于一个官员来说太严厉了。十年寒窗，经纶满腹，在这个处罚之后都付诸流水。

按照刑律来看，对苏舜钦、刘巽二人处罚的严厉程度如何？是"减死一等"。比死刑低一等。

朝中许多人都认为对苏舜钦等人处理过重。废纸出售之后，所得钱款当时都登记在册了；用这些钱办赛神会，也是往年惯例；各衙门在这个时节办会聚饮，仁宗也早有耳闻，他从来也没有表示反对。这怎么算是监主自盗呢？

即便算是监主自盗，法律规定的处罚也不过是处以杖刑，严厉些的可以降职。举一个可参对照的刑罚：如果衙门长官自盗五匹布或等值物品，处罚是杖刑九十。这种罪属于私罪而非公务处理不当的公罪，因此对于今后升迁有些影响，仅此而已。对苏舜钦、刘巽二人的处理，最初的意见是罚铜二十斤，降官两级。但御史台不接受，非要置之死地不可，最终将二人削职为民，由此可见处理得不当。

台官们罗列的其他罪名，多数也是莫须有的。如离皇宫太近的问题，同样都办了赛神会，负责宫内采购事务的衙门榷货务离宫门更近；若说花费太大，另一个衙门商税院则花钱更多。

第四章 云帆难济海

对王益柔的处理更让人惊骇：起初的意见是要将他处以死刑。就因为两句酒醉之后的狂诗而杀掉一个士大夫，这在大宋前所未有，也明显有悖于太祖遗训，不知道是谁如此狠毒，据说是翰林学士张方平等人。好在韩琦乘间向仁宗进言："王益柔少年狂语，何足深治？张方平等都是陛下近臣，如今有多少国家大事，未见他们有什么进言，却一同去深究一个王益柔，用心何在？"于是王益柔留得一条性命，被贬到复州任最低级的监酒税官。

其他参与者都受到严厉处罚，无一例外地被重贬。

韩琦后来又问仁宗："苏舜钦不过一醉饱之过，陛下素来仁厚，唯独对此事如此严厉，不知何故？"据说仁宗听后面有悔色。范仲淹、富弼、欧阳修、蔡襄、孙甫等人已经不在朝中，杜衍是苏舜钦的丈人必须避嫌，能为这些年轻人说话的只有韩琦，再加上一个负责纠察案件审判的提点京城刑狱赵概。至于其他朝廷重臣，是不可能指望他们仗义执言的，有些人能够不趁机落井下石就算不错了。据说，王拱辰的背后有参知政事贾昌朝在指使。而宰相章得象则一言不发，在他看来似乎没有发生任何事情。

此时心情最为舒畅的人莫过于王拱辰了。他对着几名台官，搓搓手长吐一口气道："终于一网打尽了！"也有人说王拱辰的原话是："聊为相公一网打尽！"他是帮哪位宰相一网打尽，未见记载。

欧阳修、蔡襄以及另一个谏官孙甫在此案发生前后陆续离开了朝廷，没有机会替进奏院案的当事者们说话。孙甫是一年前接替任淮南都转运按察使的王素担任谏官的。

欧阳修在八月的时候就已出任河北都转运按察使，巡回按察河北各

庙堂之忧

地官员。八月时的仁宗还特别赏识欧阳修的直率,因此将他的馆职提升为龙图阁直学士。

蔡襄是在苏舜钦的进奏院案还在审理的时候,离开京城到福州任知州的,一同离开的还有孙甫。这时的仁宗开始厌烦了,因为谏官们再次干预两府人选的任命。

事情是这样的:

在进奏院案发生之前,仁宗免去了晏殊的宰相职务。晏殊被罢相的原因之一是蔡襄、孙甫因他对新政态度暧昧而弹劾他,另一个原因是仁宗对他也不满。晏殊在相位两年多却无所建树,罢相也是应该的。

晏殊去职,接任他的是枢密使杜衍,接任枢密使的是参知政事贾昌朝,接任参知政事的是资政殿学士、青州知州陈执中。

蔡襄和孙甫又上章反对任命陈执中。欧阳修离开京城后,蔡襄和孙甫继续担负着鼓吹和支持新政的重任。仁宗不理睬他们的意见,派专人到青州将任命敕诰交给陈执中,并转达仁宗之语:"满朝都反对朕对卿的任命,朕不为所动,一定要任用卿!"蔡襄、孙甫还要反对,仁宗作色发怒,使得蔡襄、孙甫不敢再言。

显然,蔡襄和孙甫在京城已经难以有所作为。他们同时提出了赴外任职的请求,这才有了蔡襄八月任职福州之事。接替蔡襄担任谏官的是谁?王拱辰的干将、御史台的钱明逸,他是钱惟演的侄儿。

孙甫此时正出使契丹,他于一个多月后到邓州任职。

另一个直言不讳的人物石介也不能出来说话了。他在蔡襄离开京城的前后也到濮州任通判去了。夏竦的假信出来后,石介如芒刺在背,难以在京城立足,于是主动提出赴外任职。

第四章　云帆难济海

新政的春天早已离去，局势已如秋风扫落叶一般不可逆转。

庆历五年正月下旬，范仲淹和富弼先后被免去参知政事和枢密副使的职务。他们二人被免职的次日，杜衍罢相。是冷眼旁观的首相章得象等人终于出手了。

章得象此前的心态可以用他自己的一番话来描述。曾经与富弼齐名的翰林学士张方平拜访章得象，问他对某些人热火朝天地忙于新政有何看法，章得象答道："得象常常见到无知童子嬉戏打闹，这时得象就主动退缩、倚墙而立以自我保护。为什么呢？因为小童们正在嬉闹时，他们的势头还不太容易遏制。"如今，章得象终于看到了遏制"小童们"势头的机会了。

庆历四年十一月中旬，仁宗下达了一个公告：朕立志有为，但有些人却辜负朕的期望，相互吹捧、沽名钓誉，甚至明为举才、暗中受贿。还有按察官员严苛刻薄、构织罪端，馆阁之士不识分寸、诋斥圣贤。上述现象，中书门下、御史台应当严查。

仁宗没有指向什么人，但人们都知道他说的是谁。

几天后，范仲淹在陕西向仁宗递上了辞呈。仁宗等的就是范仲淹的辞呈，他打算立即接受。但章得象给他出了一个主意："范仲淹素有虚名，如果立即接受他的辞呈，显得陛下容不得贤臣。不如先拒绝他的辞职，他必然上表谢恩，这时就显出他不是真心辞职而是以辞职要挟陛下，陛下再将他免职就名正言顺了。"

果然，范仲淹不再坚持辞职，而是上章陈述陕西、河北边防策略。紧接着，谏官钱明逸立即上书仁宗："范仲淹一听说陛下诏戒朋党，即装模作样地上章辞职，以退为进、蒙骗世人。请陛下立即将他贬黜，让奸

庙堂之忧

邪之人不敢效仿！"不要以为钱明逸与章得象是英雄所见略同，他上书仁宗是章得象教唆的。

钱明逸同时将富弼一并弹劾。他说富弼变更国家法度，扰乱国家秩序，推荐之人都是朋党，所作所为与范仲淹一样奸邪。

君臣三人做了十分默契的配合，范仲淹和富弼就这样被免去了职务。

而杜衍罢相的因果则是仁宗对新政态度的一个缩影，也是新政结局的一个缩影。

即便在范仲淹、富弼离开朝廷后，仁宗对杜衍还是信任的。六十多岁的杜衍在同龄人中最大的优点就是干练，有治国理政的能力。他还有一个特点，就是不徇私情、反对特权。欧阳修有一次晋见仁宗时，仁宗手中拿着一叠他内批的手谕对欧阳修说道："这些内批手谕都是杜衍拒绝执行、退还给朕的。如今如果有人求朕内批恩惠，朕就拿杜衍做挡箭牌。"晏殊罢相后，杜衍自然而然地接任宰相。

但是任相不久，杜衍的境遇就变了。

先是发生了进奏院案。苏舜钦是杜衍的女婿，这是王拱辰等人锲而不舍地罗织罪名将一干馆阁之士一网打尽的另一个重要原因。

几乎与此同时，杜衍成为新政之敌的主要攻击目标，因为范仲淹、富弼离开京城后，杜衍成为继续推行新政的中流砥柱。新政之敌用什么手段攻击他？自然还是老办法，将杜衍攻击为朋党之人。

有人利用一件事情来证明杜衍搞朋党的事实。

孙甫出使契丹回来后，朝廷接受他的请求让他到外地任职。而杜衍认为谏院缺人，孙甫应当留任。或许杜衍有点私心：如果孙甫再离开，谏官中几乎也没有敢于为新政呼吁之人了。杜衍当面向仁宗请示对孙甫留任的意见，仁宗点点头，没有吭声。杜衍于是让中书省草拟了孙甫留任的公文，送几位中书大臣共同签署。但是参知政事陈执中拒绝签署公文。他说："皇帝没有表示要让孙甫留任。如果要我签署，我必须再面奏皇帝。"杜衍想了想，当时仁宗只是点点头，确实没有说话，于是他就将公文烧毁。陈执中趁机告诉仁宗："孙甫是杜衍亲信，杜衍拉帮结派，被臣识破后连忙烧毁公文，他显然怀奸不忠！"孙甫确实是杜衍举荐的，但他们的关系可以通过一件事来判断。庆历三年一些地方发生过小规模的士兵叛乱事件，事后孙甫上书仁宗批评枢密院长官反应迟钝，应当承担责任，而此时担任枢密使的正是杜衍。

杜衍在当了一百二十天的宰相后，被免职到兖州担任知州。

庆历五年二月，以首相章得象、次相贾昌朝、参知政事陈执中为核心的宰辅大臣吹起了向新政总攻的号角。除了建立州学等极少数措施，几乎所有的新政措施在这之后陆陆续续都被废除，其中最先被废除的就是官员人事管理制度。

长久沉默不语的韩琦说话了。

韩琦自从朝廷发生一系列重大变动以来没有吭声，也许这让人以为他学会了识时务而明哲保身。在大家不以为意的时候，韩琦以不应当将富弼免职为话题上书仁宗。

"富弼天生忠义，将他免职是国家的重大损失。臣原来以为言谏官和朝廷那些见识高深的臣僚一定会向陛下指出这一点，谁知竟然没有一个人开口，可见趋利避害是人之常情！"

韩琦性格沉稳，不轻易做惊人之语，但他的这些话有些惊人了。

"臣受国恩深重，又位列辅臣，遇到关系国家大计或扰乱人心的大

庙堂之忧

事,岂能苟且偷安、空食国家俸禄,而对此噤声不语?"

韩琦大声疾呼:"近日一些臣僚一心一意攻击忠良、发泄私愤,这不是国家之福!"

韩琦不是领导庆历新政最主要的人物。范仲淹、富弼、杜衍相继被免职后,韩琦以他温和的行事风格而尚未被人视为主要的攻击对象。新政的失败已经无法挽回,他还有机会选择立场,而他在这个时候表明了他的立场和态度。

多年以后,重新步入大宋政治中心的韩琦经历了仁宗晚年、英宗一朝以及神宗早期,成为这十几年间最重要的政治家,为维护政局和边疆稳定发挥了首屈一指的作用。庆历五年三月的这封上书是他的政治眼光和人格气节的一个体现,他注定会在这个时候选择与范仲淹等人一致的立场。

这次上书不久,韩琦也走了。水洛城事件中被尹洙派遣狄青逮捕过的董士廉突然进京,向朝廷起诉韩琦和尹洙。"辅臣多主之",多数两府大臣在背后为董士廉做主。仁宗同意韩琦请辞,让他到扬州任知州。

新政的车轮已渐渐停止,新政的主要人物都离开了权力中心,只剩下最后一位干将还安然无事,他就是欧阳修,以龙图阁直学士这一两制以上官员的身份担任河北都转运按察使。但是欧阳修迟早是要走的,问题只不过是以什么方式走。也许我们要问一下,不是还有一个余靖吗?余靖哪儿去了?余靖哪儿都没去,还在朝廷中,还升了职。他在新政的后期,似乎对新政有些不同看法了,因此此时基本上已经听不见他的声音。

欧阳修自河北上书仁宗,不自量力地为新政、为群贤做了最后一次的高呼。

他以批评的语气评论了仁宗的决定："杜衍、韩琦、范仲淹、富弼等人相继被罢免，天下之人只知他们是可用之才，而不知他们有何可罢之罪！"

他又将矛头指向如今当权之人："自古以来，小人陷害忠良没有什么高明的手段，不外乎两种：以朋党之名将贤人一网打尽，以专权之名让皇帝疏远近臣。"

欧阳修真是让人咬牙切齿。对他这个眼光敏锐、文笔犀利并且毫不客气地挞伐别人的人，要放过他是不行的，而不放过他也不容易。需要一个有杀伤力的手段来对付他。

又是那位三个月前无中生有地弹劾范仲淹和富弼的谏官钱明逸，他和开封知府联手搞了一个诬告案。这个开封知府曾被欧阳修举报贪赃枉法。

对欧阳修的诬告是说他与自己的外甥女有染，这一指控让人恶心。欧阳修需要解释的不是什么国家的安危、百姓的安康、社会的安宁，而是自己的生活作风，是自己的人格、品行。

仁宗指派一名三司官员主审，另指派一名内侍监审。这名监审内侍当过武官，曾经因为内侍的身份被欧阳修羞辱过。因此，欧阳修似乎完全是砧板上的鱼肉，待人宰割了。

可是有谁会想到内侍中也有慷慨仗义之人？监审内侍似乎忘记了欧阳修对自己的羞辱。他对主审的那位三司官员说道："我在皇帝身边，时常听皇帝说起欧阳修才华横溢、忠诚直言。如果今天迎合宰相之意加以陷害，将来我们承担不起大罪！"

庙堂之忧

主审官员原本有些顺从宰相之意，听了内侍此言，既觉得有理，良心也有所发现，于是另扯了一个罪名安在欧阳修头上交差了事。

结果，欧阳修因盗用外甥女的私房钱购买田产的罪行而被降职为滁州知州。欧阳修上一次因为为范仲淹仗义执言而被贬，那是一次荣耀之贬，而这一次对于欧阳修而言是一次耻辱之贬。当然，欧阳修这次被贬对于后人来说也不是一件坏事。在滁州两年多的时间是他文学创作的一个高峰。"醉翁之意不在酒，在乎山水之间也"这类名句，我们可以轻易地在他的《醉翁亭记》等作品中找到。

主审官员和监审内侍也因为没有让宰相如意而受到处罚。宰相说他们不遵守办案程序，将他们贬出京城去当最低级的监税官。

从范仲淹、富弼到杜衍、韩琦最后再到欧阳修，他们每个人被贬、被免的背后都有一个目的险恶、手段卑劣的阴谋。

反对新政，不能就事论事地说新政不好，尤其是仁宗对新政抱有极大期望的时候。最好的办法，就是将推行新政之人打倒，这样一切问题都解决了。从滕宗谅、张亢的公使钱案，到水洛城事件、石介的那封信、进奏院案、董士廉进京上诉，最后是对欧阳修的绯闻诬告，无不是将矛头对准了新政诸贤。

在这种争斗中，范仲淹们注定是要失败的。政治上的斗争，最能致胜的手段往往是阴险的手段。正义之人不会使用阴险手段。不是他们没有掌握阴险手段的能力，而是他们不屑为之。在这种情况下，掌握阴险手段的小人们就在战术上占据了主动。

虽然这些将近一千年前的官场争斗故事没有太多趣味，甚至可以说有些让人昏昏欲睡，但是其中所蕴含的政治的复杂、人生的道理却值得今人去体会、回味。

5

庆历新政对国家是好事还是坏事？

当然是好事。

既然是好事，那还会有人反对吗？

当然有。

反对国家的好事，那么反对者必定是奸邪之人了？

并非完全如此。奸邪之人会反对，不奸不邪之人甚至一些公认的正人君子也可能反对。

为什么正人君子也反对？

这个问题有些复杂了。要回答这个问题，需要明确一下判断是非的标准。

让我们把利益的取舍作为判断是非的标准，这样有助于回答上面这个问题。惯常的那种看他是君子还是小人的办法，不是判断大是大非的唯一标准。

任何一个先进、合理的制度在运行若干时间后，都必然会产生弊端。为什么？就因为这个制度的先进性。它先进，因此它推动了进步；进步了，环境就改变了；环境改变了，制度就落后了，落后于因为它的先进性而改变的环境。

这个理论有点像悖论：一个先进的制度是它自己的埋葬者，它必须

庙堂之忧

走向自我否定，这是它先进性的最终结果。如果一个制度不能成为自己的埋葬者，不能自我否定，那就说明它没有先进性，因为它无法推动进步，无法使环境因进步而改变。可是，如果一个制度推动进步的结果是埋葬了自己，那么它推动进步还有意义吗？

但是这又不是悖论：因为一个先进的制度可以重生，通过对自己的改进而重生，使自己重新适应它先前所改变的环境甚至要领先于新的时代和环境。如此循环反复，它不断地推动进步，不断地改变环境，再不断地改变自己以使自己保持先进性。于是它就避免了对自己的彻底埋葬，让自己不断地充满生命力，让自己达到长生甚至永生的境界。

这些都是对于一个先进制度而言。如果是一个并不太先进的制度呢？那么它首先要去伪存真，让自己成为真正的先进制度，符合国家历史发展脉络、包容于国家优秀文化传统的先进制度。这样，它才可以步入先进制度不断重生的过程，成为一个先进的制度或者先进制度之一。

但是，先进制度在形成或重生的时候，不可避免地将打破原先的利益格局。它先是给大众带来了利益，然后随着形势的发展、环境的改变，它带给大众的利益越来越少，而带给小群体的利益越来越大，这时它就要走向自己的反面了。只有及时地改变自己，它才能重新成为能够给大众带来利益的先进制度。这个道理跟前面所述是一样的，或者说是同一个道理的另一个角度。

这种自我的改变就是今人所说的改革。

可是，那个或那些小群体的既得利益者会甘心让自己越来越大的利益被重新分配吗？

有的会，有的不会，而不会的往往占大多数。

第四章 云帆难济海

小群体的既得利益不外乎两类，一类是权力，一类是财富。制度越落后，官员的权力就越大，财富就越集中。与此相伴生的，就是贪污腐败越严重、为富不仁越普遍，而百姓心中的积怨也就越深，国家也就出现了明显的内忧外患。

这个时候就需要改革，以解决官员权力越来越大、财富越来越集中的问题及其带来的贪污腐败、为富不仁的更深层次问题，化解百姓心中积怨、增大百姓的利益，让国家长治久安。

谁来推动改革？

当然是既得利益者，因为他们有权力、有制度保障、有组织和执行能力，不仅能推动、推进改革，还能有效地把握改革的尺度分寸，避免走极端。但是，如果他们不去推动而要由利益受到损害的大众去推动，那就不是改革了，而是革命。革命往往是激烈的，在建立新的先进制度以前会产生很大的破坏，甚至可能让所有人在一段时期失去利益。最极端的结果，革命会让如今的既得利益者人头落地。

因此，既得利益者中如果有明智的人，就会主动地进行改革。说他们明智，在于他们能够看清利害关系，主动去推动改革，并且甘心做出牺牲，情愿让自己的既得利益因改革而受损。

如果既得利益者中没有这种明智的人那会怎么样？

恐怕只有死路一条。不一定都是生命之死，多数时候是利益之死。

如果既得利益者中有支持改革的也有反对改革的，那又会怎么样？

那就看二者的力量对比如何了。

如果支持改革的力量占上风，使改革进行到底，那么改革就会成功，绝大多数人的利益能得到保障。从长远看，失去许多利益的既得利益者

庙堂之忧

其实也是受益者,因为他们的利益虽然减少但还存在,并且会逐步增加。

如果反对改革的力量占上风并且成功地阻止、破坏了改革,那么情况会很糟糕。利益已经严重受损的大众可能会起来推动和领导改变,我们知道这种改变可能是极端的革命。到那时,大家都会后悔莫及的。

九百多年前的范仲淹等人都是既得利益者,但是他们为了国家和社会、为了君主和百姓,同时也是为了既得利益群体,自愿舍弃既得利益,力图让国家制度重生,他们是明智的既得利益者。

而有一些以稳健厚重、疾恶如仇、才华横溢著称的人,他们为了维护自己的既得利益,不惜牺牲国家的长治久安,阻挠改革,他们其实是一群愚蠢的人。

当然,反对改革者中还有一批心术不正的人,他们不是愚蠢,而是邪恶。

由此,就可以解释清楚庆历年间反对新政的那些人和事了,不完全是好人坏人、好事坏事那么简单。

比如章得象、贾昌朝、陈执中、王拱辰以及张方平等人,他们都是风云一时的人物,多数都有些好名声。但是,为了维护自己的既得利益,他们起而反对新政。当然,他们维护的不仅仅是自己的利益,还有他们各自所代表的小团体的利益,每个小团体都包括他们的亲属、门生、故旧等等。有时,他们还显得有些无私的胸怀,并不太计较自己个人的得失,而是维护小团体的利益。

不过,虽然他们在维护既得利益、反对新政方面的立场是一致的,但是相互之间又有不同的利益追求。

章得象最大的理想就是在首相的位置上安安稳稳地过着不操心的日

第四章 云帆难济海

子，任何改弦更张都是他所反对的，何况欧阳修等人那种咄咄逼人的气焰。章得象任宰辅八年，既没有以权谋私也没有以权谋公，公事私事都是身外之事。他的尸位素餐、碌碌无为甚至连王拱辰等人都反感，因此在取得对改革派的胜利后不久，章得象就因御史台弹劾而被免职。

张方平为后世所认知的最大事迹，就是十几年后发现了苏轼这个天才。他之所以会寻求与章得象在反对改革派方面的共识，除了他同样不喜欢改革派的那种气势，或许因为他认为章得象无私无欲才像是正人君子，但是他没有看到章得象无公无欲对国家的危害。张方平以豪迈自许，曾经与富弼一样被范仲淹寄予厚望，范仲淹甚至在晏殊求婿时将他与富弼一并推荐给晏殊。曾经被视作青年才俊的张方平因为在庆历年间的立场而自此与新一代的国家精英分道扬镳，他的声望也因此严重受损，司马光后来甚至斥他为奸邪。

但是张方平却不会与贾昌朝走到一起。虽然为司马光所不齿，张方平毕竟操守不坏，还是可以被视为正人君子。贾昌朝学问极深，曾经被德高望重的大儒孙奭寄予厚望。当然从贾昌朝后来当上宰相这个结果看，他是不负孙奭重望的。他曾向真宗进言早立太子而让仁宗心怀感激，他还认仁宗宠爱的美人张氏的乳母贾老太太为姑母。这种发迹方式和行为都是士大夫所不齿的。他这种人，当然不希望自己被锐意进取的人所替代。

陈执中与贾昌朝的处身方式又截然不同。古人说，修身、齐家、治国、平天下是人生循序渐进的四个境界。可惜，陈执中既没有修好身也未能齐好家，虽然最后官至宰相，却没有治国、平天下的品德和能力。他也像章得象一样，除反对新政外与其他人没有太多的共同语言。

最有号召力的新政反对派是王拱辰。他十八岁考中状元，庆历三年

庙堂之忧

担任御史中丞时才三十一岁。他曾经也是青年翘楚，他的同榜进士石介还曾期望他与范仲淹、欧阳修一样成为崇尚气节、忧国忧民的领袖人物，但是他选择了现实利益，成为反对新政最积极的人物。

至于夏竦，则不值一提。他没有什么道德底线，其他反对改革的势力都不屑与其为伍，只不过为了反对新政，任由他搞些卑劣的手段，大家乐观其成而已。

这些人中的绝大多数，或是资深的政治家，或是学问深厚的学者，或是身负重任的青年才俊。如果他们齐心协力，能做哪些事？能将国家带入繁荣昌盛，也能让国家从巅峰滑入深谷。章得象等人不愿意选择前者，仅仅因为自身的利益。

人们总爱说"天下兴亡，匹夫有责"，此话固然不假，但是如果匹夫都有责任，那么当官的人不是更有责任吗？何况在和平时期，天下百姓的忧国忧民之心是需要的但不是必需的，必须常怀忧心的应当是当权之人。换句话说：如果天下百姓常有忧心，那么天下就不是太平的天下；而如果天下官员没有忧心，那么天下更不会是太平的天下。

百姓长乐、官员长忧，这才是太平盛世。

可是，历史的发展过程中常常有这样的现象，就是百姓常忧、官员常乐。好不容易有一些官员有忧惧之心，想干一些实事、推动一些改革，却又总被更多的官员所阻挠。

除了反对新政，除了对新政诸贤耍了一些阴谋诡计，章得象这些人在他们的政治生涯中的确有许多值得赞许之处。章得象曾经被视为德才兼备的人而被几个朝廷重臣举荐；贾昌朝未执政时，常有一些直言；陈执中任宰执八年，没有人敢找他办私事。总而言之，除夏竦之外他们都不是坏人，甚至可以说基本上属于正面人物。正因为如此，他们反对新政才更有力度，更有成功的把握。

好人所做的事不见得都是好事，好人要是误国，也许误得更深。章得象等人即使算得上好人，在关系国家长治久安的改革问题上抱有极多的私心杂念，这种好人是有前提的，那就是不损害或不过多地损害他们的个人利益。

当然，并非所有反对新政的人都像章得象等人那样是为了保护既得利益。反对新政的还有另外一种人。这种人或许有利益上的保守，但更多的是观念上的保守。

习惯了一种制度、习惯了一种环境，再要改变它，会让很多人不适应。不适应就会形成阻力，人们就会反对对习惯的改变。在现实生活中，不论国事、家事，这种情况比比皆是。这就是惰性和惯性。惰性和惯性都会化解国家发展的动力。

例如，庆历新政中教育考试制度的改革有一项重要措施，就是考试内容要以策论和经旨为主，而不是以漂亮的诗词和文章为主。知制诰杨察说："诗词文章的好坏容易评判，策论、经旨的好坏则没有标准。这么多年来用诗词文章都能考出人才，为什么还要变呢？"杨察与富弼都是晏殊的女婿，他是一名正直的官员，后来还曾因直言不讳而得罪了宰相陈执中。

再如，御史包拯不赞同官员按察制度："按察官员督查各地官员，过于斤斤计较，让人感觉他们想借此取得政绩以图升迁。"包拯后来几乎成为民间传说中专门纠察不法官员的大宋第一名臣，可是此时他对新政中按察制度的态度恰恰是相反的。

庙堂之忧

杨察、包拯一类人与章得象等人不同之处在于，对于他们认为合理的新政措施，他们也是接受的，比如包拯就不赞同取消新政中对荫补子弟的一些限制条件，他认为新政的措施有利于让官家子弟好学成才。杨察、包拯这些人对事不对人，不干那种陷害别人以阻止新政的事。

相比之下，有些反对派为了达到目的是会使出凶狠手段的，杜衍和富弼就深受其害。

杜衍罢相后到兖州任知州，富弼被解除枢密副使的职务后任京西路安抚使兼郓州知州。兖州、郓州都在山东。山东一带多盗贼，仁宗于是派中使到山东巡察。中使回京后报告仁宗："盗贼不足虑，反倒是杜衍、富弼在山东被百姓尊崇，值得担忧！"山东与契丹交界，据之可另立山头，弃之可投靠契丹。使者之意，是说杜衍、富弼在山东坐大成势，有反叛朝廷的基础。

仁宗听罢，就打算将杜衍、富弼二人调到南方。枢密副使吴育说道："盗贼诚然无足虑，但是小人趁机中伤大臣，这不是国家之福！"仁宗听了吴育此言，又放弃了调动杜衍和富弼的打算。

另有一个人的遭遇则相当悲惨，他就是著名的教育家和思想家石介。

石介于庆历五年七月在家乡病故。他在病故之后蒙受了一系列的不白之冤。

石介死后不久，徐州有一个名叫孔直温的书生被人告发有谋反企图。京东路的司法长官、提点刑狱吕居简立即将孔直温逮捕，不久孔直温被处死。在孔直温的家中，搜出了他与石介之间和与石介的老师、著名教育家孙复之间往来的书信和赠诗。孔直温是书生，而石介、孙复是书生

第四章 云帆难济海

们景仰的著名学者，因此他们与孔直温有书信、诗词往来并不说明他们参与孔直温谋反之事。但是在朝中任国子监直讲的孙复还是受此事牵连被贬。

这时，夏竦上书仁宗，称石介并没有死，而是受富弼委托到契丹联络反叛事宜，富弼自己留在山东准备做契丹的内应。夏竦此时是河北路的军事长官，不负责京东路的公事。河北担当正面防范契丹的重任，想必这是夏竦随意造谣诬告的便利条件吧。

仁宗听了，竟然也有些相信，下诏让兖州核查石介的生死。兖州知州杜衍上书担保石介已死，此事暂时作罢，但富弼被解除了安抚使的职务，石介的妻儿也被关押了几个月。

庆历七年，夏竦终于回到朝廷。仁宗原想让他当宰相，无奈朝中一片反对声，只好委屈夏竦当了枢密使。夏竦上任不久，又向仁宗进谗言说石介确实未死，而是从契丹返回山东后暗地里笼络山东恶少几万人，准备助富弼谋反。夏竦还告诉仁宗：如果陛下不信，可以让人挖出石介的棺材，开棺验尸。

仁宗再次证明了自己的糊涂不亚于他的仁慈，他下诏让京东路开棺验尸。京东路提点刑狱吕居简对仁宗派出的使者说道："假如石介真死了，开棺之后如何收场？况且办理丧事需要许多人参与，遍询这些参与者不就清楚了吗？"使者觉得有理，采纳了他的意见。果然，人人都说石介确实已死。使者回京禀报了仁宗，此事终于了结。可怜石介的妻儿，又因此被关押了好一阵。

可见，改革是得罪人的事。得罪一般人还好说，得罪了手握大权的人那是要命的。

庙堂之忧

事实上，任何改革从来就没有一帆风顺的。中国历朝历代的改革有几十次，但成功的没有几次。成功的改革也是有的，但改革过程中必定是充满了艰难困苦。

我们可以分析一次成功的改革，来看看庆历新政最终失败的原因。

中国历史上最成功的改革，当属两千三百多年前战国时期的秦国商鞅变法。

商鞅变法，影响了中国两千多年，当然这不是商鞅在他变法时预设的结果。对他而言，变法最好的结果就是让在诸侯国眼中没有地位、实力弱小的秦国变成强大的一方霸主，让诸侯国不敢小视。商鞅变法很轻易地达到了这个目的，并且远远超出了商鞅本人和给他以坚定支持的秦孝公的期望。

让我们简单回顾一下商鞅变法的一些基本情况。

商鞅是战国时期的卫国人。在那个人才流动频繁的时代，他投奔了秦国。秦孝公对他的才能十分信服，采纳了他的意见，并请他主持变法改革，期望以此让秦国强大起来。

接着发生了那个著名的徙木立信的故事。

商鞅为了取信于民，做了一件傻事。他在闹市中摆了一根大木头，公告百姓："谁能将这根大木头搬到北门，赏钱十金。"百姓心中疑惑，没有人去搬这根木头。商鞅又将奖赏增加到五十金，百姓却更加疑惑。但是闲人总是有的，其中一个闲人抱着试试看的心态，将木头搬到了北门，竟然就拿到了这五十金。于是全国百姓都认定商鞅说话算数，商鞅随后采取的改革措施也就可以说到做到了。

商鞅变法中有几个影响后世的重要措施。

第四章 云帆难济海

为鼓励农业发展而废井田、开阡陌，将土地从国有变成农民私有，这个政策在中国持续了两千多年。在商鞅之前就有人在其他诸侯国推行这个措施，是商鞅通过这一措施让秦国强大，强大后的秦国统一了中国，然后再将商鞅的这一政策延续下去并由后来的王朝代代相传。因此商鞅是这一改革措施的代表。

为加强中央集权、增强政令的权威性，实行郡县制，由中央政府向地方派遣官员进行管理。这一措施改变了由贵族瓜分国家权力、各地各自为政的局面。这一政策也因秦始皇统一中国后的继续推行而延续至今，它在历史上的先进性是不可否认的，并且是中华民族延绵不绝的一个重要基础。

统一度量衡，让后来的全中国都有一个统一的度量标准。这也是一百多年后秦始皇在全中国推行的制度。

商鞅为富国强兵而实行的变法措施还有很多，如改革户籍制度，将大家庭改为小家庭以尽快增加人口；重农抑商，大力发展农业以保障今后军事扩张对粮食的需求；奖励军功，只要战功卓著，任何出身的人都可以被赐封为贵族，以此提高军队的战斗力；以法治国，遇事认法不认人。

可以想见，商鞅的改革也是遇到了极大阻力的。单是废除土地国有制这一项措施，就使国家主人之一的贵族们的利益受到极大的损害。以往，国家的土地就是贵族的土地，如今普通农民都可以通过买卖和开垦荒地的方式获取土地，贵族们手中的土地必然越来越少，贵族对普通百姓的控制力也就越来越弱。

在秦孝公的支持下，商鞅的改革措施没有被强大的阻力所阻挡。即便是太子，也无法破坏商鞅以法治国的理念。太子曾经犯法，商鞅于是对太子的两个老师施以刑罚以教训太子。这两个老师，一个割去了鼻子，一个在脸上刺字。

商鞅变法始于秦孝公五年（前357）。这一改革实行三十多年后，秦国成为跻身战国七雄的强大国家。实施变法一百三十五年后，秦王嬴政在继位第二十六年（前221）完成统一大业。所有这一切都缘于商鞅变法。

所以说，商鞅变法是中国历史上最成功的变法。

但是，改革总是要付出代价的。商鞅在变法的整个过程没有付出什么代价，这不符合历史的发展规律。于是他在功成名就时付出了自己的生命，终于偿付了改革应当有的代价。

秦孝公过世（前338）后不久，原先的太子、如今继位为君的秦惠文王为他的两位老师复仇，将商鞅处死。商鞅被五匹马拴着四肢和头部撕成碎片，这就是著名的"五马分尸"典故的由来。

商鞅虽然死得很惨，但他仍然是幸运的。惠文王处死了他，却没有否定他的改革，他的精神连同他的改革继续滋养着逐渐强大的秦国。

从商鞅变法的事例中我们可以看出，改革能否成功，最主要的因素是至高无上的权力拥有者是否坚定地支持改革。商鞅的改革之所以成功，是因为秦孝公始终如一的支持。即便商鞅得罪了太子，秦孝公仍然毫不犹豫地信任他。

庆历新政失败的最主要因素不是章得象这些保守派的反对，而是缺乏最高权力始终如一的支持。西夏的反叛和契丹的威胁，以及与西夏作战的几次重大失败，再加上国内接连不断的兵变民乱，让仁宗感受到了改革的必要性。这些危机一旦解除，哪怕只是暂时解除，改革就成了可有可无的东西。对仁宗而言，改革是头痛医头、脚痛医脚的应急药。头脚不痛了，还要改革何用？

仁不是治国的天然资本，仁者还应当是有眼光的智者和百折不挠的勇者。一个国家能否繁荣昌盛、政治清明，一个州县百姓能否安居乐业、民风纯洁，一个衙门官员能否清正廉洁、勤政有为，首先取决于这个国家、这个州县、这个衙门是否有一个真正的有道执政者。

庆历新政结束了，大宋也失去了最好的一次改革机会。有一个在士林负有至高威望的范仲淹，加上韩琦、富弼、杜衍、欧阳修、蔡襄等一批德才兼备的政治家，能够聚集这么多的品德高尚的精英人才来进行一次改革，这在历史上是少有的。何况，庆历新政是一次温和的改革，除了对官员人事制度的改革相对较为严厉，涉及民生的改革可以说一点都不激烈，不会引起百姓的不满。这种改革都无法进行下去，大宋岂能振兴？

终宋一朝，真正的改革只有两次。一次是庆历新政，另一次是二十多年后的王安石变法。王安石是宋神宗的宰相。

王安石变法中有许多措施源于庆历新政，但比庆历新政的力度更大。也许是吸取了庆历新政的教训，王安石没有对官员人事制度进行深层次的改革，而将改革重点放在了发展经济上。

王安石的最大优势是宋神宗对改革的鼎力支持。神宗全盘接受王安石的改革方案，放手让王安石主持改革，还帮助王安石排除各种改革障碍，包括反对派。神宗甚至一度亲自领导了改革。

但是王安石变法有诸多不及庆历新政的劣势。

庙堂之忧

　　最大的劣势是人才。与庆历新政拥有一批德才兼备人才的情况相反，王安石变法过程中真正德才兼备的几乎只有王安石自己一个人，所有德才兼备的国家栋梁几乎都变成了保守派来反对变法。

　　王安石变法的另一个大问题就是没有进行官员人事制度改革。缺乏责任心的无能的地方官员们歪曲了改革的本意，使改革措施面目全非。这印证了范仲淹庆历新政中相对严厉的官员人事制度改革的必要性。

　　如果范仲淹遇上宋神宗，结果会是怎样？

　　历史没有假设，历史都是事实。如果要有假设，那么就趁历史还未成为历史的时候，以真正对国家、对民族负责的态度，痛下决心、义无反顾，迈出改革的那一步吧。时不我待。

　　"雨横风狂三月暮，门掩黄昏，无计留春住。"欧阳修描述的这种美丽而凄凉的景象，可以作为庆历五年新政结束时的写照。

　　但是我们不必为此感到沮丧。中华民族的光辉历史并不总是体现为正气如何强大、正义如何战胜邪恶。恰恰相反，从数量上看，正义往往失败的时候多、胜利的时候少。而正是由于正义之士在追求正义的过程中或令人叹息、或催人泪下的失败，让无数热血沸腾的后来者继承他们的遗志，继续着他们努力、失败、再努力、再失败的历程，才谱写了中华民族历史的伟大篇章。哪一天没有了不断失败又不断前行的正义之风、正义之士，哪一天没有了热血沸腾的继承者，中华民族的光辉恐怕也就真正成了历史。

第五章

所不朽者万世心

让民众感受国家和社会的和谐、安宁和进步，使整个国家和社会都能够以健康的方式向前发展，使一代一代的民众感受到做人的尊严和快乐，这就是中国政治的最高境界。

第五章　所不朽者万世心

1

一阵风吹来，广袤的农田中掀起了一道道金黄色的稻浪，雨后的青山显得分外青翠。这种景象，很容易让人误以为来到了江南。

这里不是江南，是大宋的北部疆域，河东路汾州的介休县。

范仲淹自庆历四年六月末出巡河东，一路经停绛州、晋州，到达介休时已是仲秋时节。

从某种意义上说，介休的历史几乎就是一个人的历史。这个人留下的不是什么丰功伟绩，而是一种精神、一种文化和一种生活。他对后人的影响不知不觉持续了两三千年，并且还将持续下去。介休的地名就是为他而起。

春秋时期，晋国公子重耳因继母的谗言而被自己的亲生父亲晋献公追杀。重耳带着几个亲信大臣逃离晋国，流亡于诸侯之间。十九年后，重耳回国当上了晋国国君，并在几年之内带领晋国成为霸主。他就是著名的晋文公。

介子推是与晋文公一起流亡的大臣之一。他在众人中不是最出色的，在重耳流亡途中遭逢的几个重要生死关头和转折点，他也不是起关键作用的人物，但他仍然是晋文公生死与共的忠臣。

介子推最让人难忘的一件事发生在流亡卫国的时候。重耳在卫国受到冷落，甚至食不果腹。就在他饥寒交迫、身心俱疲的时候，介子推悄悄地割下自己大腿上的一块肉，与采自荒山的野菜一起给重耳煮了一锅

庙堂之忧

热汤。重耳吃下这锅汤后,重拾信心,继续周游列国,直至返国。

重耳当上国君后,让大臣们自报功劳以便给予封赏。介子推不屑于与众人争功,回到老家隐居。有人为介子推抱不平,因此写了一首诗寄给晋文公。晋文公读了此诗后,为自己的忘恩负义而感到羞愧,于是亲自带人来到介子推隐居的绵山恳请介子推出山。但介子推躲进深山不肯相见。山深似海,哪里能找到介子推呢?

有人出了一个主意,让晋文公放火烧山,想以此将介子推逼出来。

大火烧了三天,介子推没有出来。后来人们在一棵焦枯的柳树下发现了他,他与老母亲相拥而死。

晋文公后悔莫及,痛心疾首。他下令全国:每年自当年放火烧山的那一天开始禁火三天,男女老幼全部上山举行寻访介子推的仪式,家家户户祭祀介子推。禁火三日,后来变成了寒食节,人们吃节日前准备好的冷食。或许因为禁火对生活的不便,寒食节由三天慢慢变为两天、一天,直至渐渐淡出人们的生活。

晋文公仍然对介子推思念不已。他让人将介子推死于其下的那棵柳树砍下,制作了一双木屐穿在脚下。每当想起介子推,他就对着这双木屐哀叹一声:"悲乎,足下!"伤心啊,脚下的介先生!

尊称对方为"足下",成为介子推永存于中国人心中的另一种形式。

从介子推祠出来不久,一群百姓围住了范仲淹一行。看起来这群百姓是要找官府解决什么纠纷,不过奇怪的是他们不找身穿红色官服的范仲淹,却跪在身穿绿色官服的太常博士张焘身边。太常博士是从七品的京官,与大县知县的品级相当,都穿绿色官服。或许在这群百姓心目中绿服官员就是他们最敬畏的大官,因此才找上了张焘。由此可见此地民风的朴实。

范仲淹顺水推舟,就让张焘处理这群百姓申诉的事务。张焘的严谨细致就像他的父亲,而果断干练又像他的叔父。他的父亲枢密直学士张奎是清正廉洁的高官,他的叔父就是弃文从武的名将张亢。张奎、张亢二人性格迥异,一个慢而细,一个果而敏,时人戏称他们兄弟是:"张奎做事,笑死张亢;张亢做事,吓死张奎。"

张焘向范仲淹回报了百姓申诉的情况。主要就是两件事:第一件,沿边军队屯田,占用了一部分民田,本县知县与驻军协商不妥,迟迟不能解决此事;第二件,本县及周边几个县的支移税赋,蒙朝廷恩惠,都让就近交在本县,但是税赋大增后却因州、县派来管勾此事的官、吏人员有限,以致收纳不及时,牵扯了百姓的时间和精力。

"有何措画,可以解决这两件事?"范仲淹问张焘。

"事本不难,难在人而已。我自随参政离京以来,一路北行,沿途看到的问题不少,其实都不难解决。许多问题久拖不决,皆因官员能力不足、尽心不够。"

范仲淹点点头:"官不变,则事不变、民不变、兵不变、政不变。"

他让张焘草拟奏章。具体措施其实已经有了,他在陕西时就与韩琦商量过,因为陕西同样有这些问题,只是未及提出建议他们二人就回朝廷了,如今到河东巡边,正可续行此事。他向朝廷提出两个建议:一是从新任命的京官、朝官中选拔人员,到沿边州军担任知县。这个建议还有一个用意,就是以此历练人才。经过沿边知县任上的锻炼而成为人才者,一定是真正的人才。第二个建议,是从各地读书人中选拔能吃苦、

庙堂之忧

有胆识者，到沿边一带担任主簿、县尉一类的助理官员，协助知县处理政事。这两个看似不起眼的建议，同样具有超越时代的先进性。

至于介休百姓申诉的事情，当时就指令兵、民双方长官处理妥当，不必多言。

范仲淹如此一边巡察、一边处理临时的兵民事务，一路就来到了代州，见到了张亢。张亢此时的身份是河东的并、代一路的副帅，兼知代州，负责并代路对契丹的防御。

代州在中国历史上的地位极为重要。著名的雁门关矗立在代州以北六七十里，作为中原王朝抵御北方游牧民族入侵的屏障，正面抗拒着它们南下的兵锋。秦始皇时期，名将蒙恬从这里北上，一战击溃匈奴十几万主力，让匈奴多年不敢窥视中原。汉代，李广"飞将军"的英名是他在代郡、雁门、云中这一带任守将时屡败匈奴后得来的。唐代，年近七旬的老将薛仁贵镇守雁门，他面对突厥军队对于薛仁贵是否还在人世的质疑，脱下头盔让突厥人再次见识大唐名将的风采，十万突厥大军几乎是不战而败。到了本朝大宋，契丹人在雁门关外屡遭大败后，将雁门守将杨业尊称为"杨无敌"。镇守此地的将帅如果没有非凡的见识胆略，那是要误国误己的。

范仲淹十分赞同张亢在并州和代州北部修复堡寨、以点连线加强防守的主张，但是要落实这些设想必须取得朝廷的许可。离开代州之前，范仲淹上书朝廷，建议批准张亢的方案并全权负责此事，朝廷同意了。

张亢顶着巨大的压力完成了并、代一路的堡寨修筑。压力来自河东经略安抚使，即河东各路的主帅。主帅不赞同修筑堡寨，认为这是劳民伤财的工程，因此下令张亢停止修筑工程，但张亢不予理睬。张亢说：

"朝廷诏令我修筑堡寨，岂能因为经略使的命令就不执行了？我宁愿因违抗军令而杀头，堡寨必须修复！"每次接到经略使的命令，他都搁置一旁，然后督促军兵民夫加快进度。在完成了所有堡寨的修筑工程之后，张亢自己上书向朝廷请罪，不过朝廷也没有怪罪他。

八年后，韩琦任并州知州，负责经略河东防务。他考察了张亢所修堡寨后，对张亢的战略眼光十分赞赏。张亢修筑的堡寨绝大多数与宋初名将杨业曾经经营的堡寨布局一致，都处于战略要地。这也就是张亢能够冒着杀头的危险一意孤行地做他认为正确的事的原因，换了一般人恐怕是没有这个勇气的。

范仲淹继续着他的巡察行程，沿着代州往西一直到麟府路这几百里的防线进行巡察。

西夏与大辽正在酣战，这证明了范仲淹早先判断的错误。没有了它们的入侵威胁，巡抚河东和陕西的压力大大降低，因此范仲淹才能够有精力一路上军、民兼顾，在督察军事防务的同时处理一些民事案件。其中，军事防务的重点是完善防务体系，如屯田、兴修堡寨。促成张亢在并州和代州修筑堡寨之事可以看成是范仲淹巡抚河东的重要成果之一，他的另一项重要成果就是完成了陕西面对西夏防线的最后工程，这项工程就是修筑细腰城。

陕西四路中，鄜延路以北有范仲淹到陕西不久让种世衡修筑的清涧城，鄜延路与环庆路之间有范仲淹庆历二年春亲自带兵修筑的大顺城，泾原路与最西面的秦凤路之间在刘沪修筑了水洛城后也已经可以直线呼应，只有中间的环庆路与泾原路之间缺乏一个战略据点，使得这一带成为易被西夏突破的薄弱环节。早在庆历二年十月，范仲淹即建议派兵袭

庙堂之忧

取古城细腰和葫芦泉以打通环庆路与泾原路的直线连接，但始终未能实现。

如今范仲淹有巡抚河东、陕西职责的便利，于是就在河东向远在千里之外的环州知州种世衡下令，让他与泾原路的原州知州蒋偕合兵抢筑细腰城。已经身患重病的种世衡接到命令后"蹶然而起"，带兵突袭细腰，与蒋偕日夜督促，一鼓作气筑成了城堡。六十岁的种世衡依然充满了智慧，他一边出兵，一边派人深入西夏境内散布传言说他只是带兵巡边，这使得抢占细腰和修筑城堡能够顺利进行。

修筑细腰城后不久，蒋偕又按照范仲淹的指令在细腰城西三十里处修筑了葫芦寨。种世衡没有参与葫芦寨的工程，细腰城是他为大宋做出的最后一个贡献，他在修完细腰城后就病逝了。没有了种世衡的支持，蒋偕的葫芦城修筑得十分艰难。城修到一半，西夏兵会同当地羌族部落来攻袭，让蒋偕吃了一个大败仗。蒋偕逃归原州来见泾原路经略安抚使请罪，经略安抚使就是那个不讲情面的王素。王素没有杀他，给他一个机会回去重振旗鼓，于是蒋偕回到葫芦泉拼死击退了敌人，终于筑成葫芦寨。

细腰城和葫芦寨的修筑，可视为范仲淹陕西攻防战略完就的标志，严格地说，是防守战略的完就。鉴于目前宋夏媾和的大形势和朝廷息事宁人的心态，转守为攻的那一部分设想已经不可能成为朝廷的选项。这些工程完成之后，范仲淹参知政事的职务也被解除了。

其实，范仲淹对河东、陕西的巡抚，不论是修补边防布局还是体察安抚民情，都已不是此时大宋主要的政治话题。吕夷简生前最后一次与范仲淹对话时曾经说过："经略边事更宜身在朝廷。"这句话是有道理的。

第五章 所不朽者万世心

朝廷重视的事都是大事,如果掌握朝廷大权的那些人不把它看成是大事,那么它就不是大事。

在庆历五年正月被免去参知政事职务后,范仲淹以陕西四路安抚使兼邠州知州的身份在陕西宦游了近一年。邠州是靠近内地的非中心城市,而陕西四路安抚使在宋夏和解的背景下基本上只有一般性的安抚百姓职责。当年的十一月,范仲淹主动提出解除陕西四路安抚使的职务。

范仲淹就此退出了大宋政治舞台的中心。

当年,范仲淹孤身一人振臂高呼、三起三落,从而聚拢了一批最具正气、最富朝气、最有责任心的国家精英共同努力去改变人人因循苟且、不思进取的社会风气,创造和引领了以天下为己任、锐意进取奋发图强的新时尚,开创了历史上少有的能够在一个时期内涌现出一大批砥砺风节、道德纯正、敢于直言、献身国家的知识分子的局面——在这之前或之后的中国历史上,这样的局面少之又少。至此,范仲淹已经完成了他人生意义的最重要章节。曾经的万言献策,曾经的犯颜直谏,曾经的铁马金戈,曾经的新政革弊,那些轰轰烈烈的事业都已经成为过去。

不光是范仲淹,几乎所有与他志同道合的国家精英此时都散落各地,将他们的见识和能力湮没在平淡的衙门事务或生活之中。

六十八岁的杜衍在保全了石介死后的尊严、使石介免遭掘棺之辱后,不久就申请致仕。当政的宰相贾昌朝巴不得杜衍永远离开皇帝的视线,因此说服仁宗不做挽留。仁宗同意了杜衍的申请。杜衍在洛阳低调地生活了十几年后去世。他被后人视为仁宗朝贤相之一。

富弼于庆历四年八月出京宣抚河东,以备契丹入侵。庆历五年正月,仁宗在采纳了章得象的计策免去范仲淹参政职务的同时,将富弼一并免

庙堂之忧

去枢密副使之职。被免职前，富弼从河东回京城复命。到了城外，富弼被拒绝进入城中。国家的一名核心官员无缘无故被拒绝进入京城，这是何等严重的一件事！那天晚上，富弼绕床长走，彻夜难眠。此后，他到郓州任知州兼京西路安抚使，不久他又与范仲淹同时被免去安抚使的职务。这一次被免职，是石介到契丹引兵入侵、他将举兵呼应这一谣言所带来的后果。

韩琦被解除枢密副使职务后到扬州任知州，直至庆历七年五月到山东郓州接替富弼。这期间他与范仲淹有频繁的书信往来，表现出他们之间真挚的友情和对国家未来的担忧。

欧阳修在滁州奠定了他今后主政一方的"宽简"风格。所谓宽简，就是尽量不给百姓增添负担，让农民安心生产、休养生息。他后来接替包拯担任开封知府，包拯的严厉和他的宽简都为百姓所称颂。当然，欧阳修在滁州最著名的还是他的文章，不过这些文章多多少少都散发出一种无奈之下的洒脱。

蔡襄在福州担任了两年的知州后，改任福建转运使。在福建任职期间，他使闽北北苑贡茶的发展达到了顶峰。他将著名的龙团凤饼茶改造成小龙团，用黄金装饰。黄金常有，而龙团不常有，王公大臣以得到仁宗的一片小龙团而互相夸耀。蔡襄根据这一段时期积累的知识和经验撰写的《茶录》成为中国茶研究的重要经典之一，它的影响甚至超出了中国。

余靖仍然被保守派视为眼中钉。庆历五年初，他出使契丹。辽主见他精通辽语，对他说道："卿若能以辽语作诗，我就饮酒一杯。"余靖果然就以汉语与辽语结合当场赋诗一首，辽主听了欢笑不已，如约豪饮了一大杯酒。这样一件有利于宋辽和好的事,被御史台说成有损大宋尊严,余靖因此被贬出朝廷。

虽然处于目前这种境遇之中,但是他们这些人并没有丧失风节,没有丧失信心。在至和二年(1055)和之后的嘉祐初年,他们陆续回到朝廷。随后在仁宗朝的最后几年,以富弼、韩琦、欧阳修等人为主要人物的一批真正为国家负责任的大臣主政,保持了一个较长时期的国家稳定,开创了嘉祐之治。以天下为己任的精神在他们身上延续着。

这些总结性的评价,似乎是在将范仲淹的一生做一个归结。如果是这么认为,那就错了。

在范仲淹生命中的最后几年,在他继续辗转宦游各地的时候,他始终关心民生的理念和善于理政的能力依然闪烁着耀眼的光芒。更何况就是在这期间,他不经意间的一篇文章再一次树立了完美体现中国知识分子高尚人格和品德的旗帜。这是一面范仲淹自己都没有预料到的超越时代的旗帜。

它就是千古名篇《岳阳楼记》中所阐述的胸怀。

2

记载于文字之中的广德军、高邮军以及兴化县、睦州、苏州、饶州、润州、越州、延州、庆州,这些范仲淹曾经从政过的地方,还有庆历新政后他到过的邠州、邓州、杭州、青州,有一个共同点,那就是都有一座范公祠。这些范公祠都是当地百姓在范仲淹去世后为纪念他而建立

庙堂之忧

的。不过也有例外，有些地方在范仲淹还在世时就为他建立了祠堂即生祠。比如在陕西邠州和庆州，当地羌民把范仲淹当作恩人，分别为他建立了生祠。几年后范仲淹去世的消息传到陕西时，几百名羌族首领聚集在祠堂中，"哭之如父"，就像自己的父亲去世一样祭奠他，哀悼三天后才离去。

其他朝代就不必说了，纵观整个大宋，官职在参知政事以上的官员数以百计，比范仲淹更为皇帝信任、官职比他更高的人也比比皆是，唯独他几乎在所有从政过的地方都为当地百姓所感恩、纪念，这种感恩、纪念在一些地方甚至传承了近千年，这样的官员能有几个？更有甚者，一些范仲淹并没有任职过的地方，百姓也设祠纪念他，感谢他在朝廷为政时给他们带来的恩惠。成都就有一个范公祠，那是学子感激范仲淹庆历三年在全国范围内推行建立官学的新政，向官府请求建立的。建立官学是少有的未被保守派取消的新政措施之一。

范仲淹更为今人所认识的主要是他出将入相的辉煌经历。其实，在三十多年的仕宦生涯中，他更多时候是担任亲民官，即直接主管百姓的官员，如知州、知县等。百姓对范仲淹的认识更多的也是来自他在州县主政的政绩。百姓对于官员的政绩看在眼里，他们的认识和感受没有虚假的成分。如果他们恨一个官员，会将他的劣行编成民间故事流传下去；如果他们爱一个官员，也会将他的善行编成故事流传下去。当然，为一个官员建立祠堂、把他当作祖先来祭奠或当作神仙来祭拜，那是对他的最高褒奖。

让我们汇集一些历史的点滴，看看范仲淹在边塞的烽火狼烟和朝廷的惊涛骇浪之外，有哪些让平凡百姓回忆的地方。

第五章　所不朽者万世心

广德军司理参军是范仲淹进士及第后的第一个职务，负责司法刑狱事务。虽然是刚刚出仕，但他却极有主见。他的长官即广德军知军有些盛气凌人，范仲淹在案件审理中常与他意见不同。每当这个时候，范仲淹总是保持自己的独立人格，据理力争，从不退让。范仲淹在广德军的另一个善政就是延请了三名当地有学问的老儒当教师，教导当地学子，自此广德军人才涌现、进士辈出。还有一件让人感动的事迹：范仲淹为官清廉，任满离职时没有路费，他是卖了自己的马筹得了路费后徒步回家待命的。

随后不久，范仲淹到泰州的西溪盐仓担任主管官员。大宋对于官员的职责分工相当明确，官员不允许越职言事。盐仓只负责食盐的生产、销售和税收，但是范仲淹看到海陵、如皋一带百姓年年因为海潮泛滥而家破人亡，心中不忍，于是越职向泰州知州建议修筑拦海堤坝。当时有人批评范仲淹越职，但是知州张纶赞同范仲淹之议。张纶奏请朝廷任命范仲淹主持修筑工程，并派了泰州军事推官滕宗谅协助。虽然工程未结束前范仲淹即因母亲去世而离职守丧，工程最终是在张纶亲自主持下建成，但当地百姓感念范仲淹之力。如果不是范仲淹倡议，这捍海之堤能否修成尚未可知。于是，这个海堤被百姓们称作"范公堤"，而纪念范仲淹的祠堂仅在如皋一地就有三座，当地一些百姓甚至以范为姓。

作为地方官的范仲淹，他的事迹流传最多的当在饶州。当然不是说他在饶州的政绩最多，而是饶州百姓更善于传颂并流传至今。饶州治所鄱阳因范仲淹的规划而奠定了千年的基础，遍布城中的古井是范仲淹为了防止疾病流行而下令挖掘的，他还专门奏请朝廷免除了饶州百姓每年上交的茶税。范仲淹在此地最大的善政还是办学。饶州州学小而破旧，

庙堂之忧

范仲淹亲自在城南的一座山丘上挑选了一个地方修建新校舍。建成后，范仲淹站在校舍前俯看着前方的一汪碧水豪迈地说："二十年后此地当有文魁出世！"果然，二十年后饶州出了一个状元。

在越州，流传着这么一个故事：越州一个低级官员病故，因生前官卑禄薄，留下的妻儿甚至无力返回老家。范仲淹悲悯之余，与衙门官员一起捐钱资助他们回家。他又担心路途遇上贪官恶吏敲诈勒索，于是写了一首诗交给他们，叮嘱他们如果遇上敲诈之人可出示此诗作为告诫。诗是这么写的："十口相携泛巨川，来时暖热去凄然。关津若要知名姓，此是孤儿寡母船！"此诗见于范仲淹文集中，可为这个故事的佐证，否则一般情况下不会写这种诗的。

类似的事在邠州也发生过。在一个风和日丽的日子里，范仲淹宴请宾客。宴席刚刚摆好，范仲淹在楼上看见不远处有人在冷冷清清地准备着丧事。询问之下得知，死者是一个外地寓居邠州读书的士人，在此地举目无亲，死后甚至没有棺椁埋葬。范仲淹心中惨然，当即吩咐撤席罢宴，然后出钱周济将死者安葬。

范仲淹的这些千年遗事没有必要一一罗列，它们对于今人已经没有太大意义，但是我们仍然需要执着地想起它们，让它们提示我们的官员如何才能被百姓爱戴。

当然，范仲淹的这类事迹并不仅仅发生在他的身上。古往今来，像他一样的好官有许许多多，他们因为百姓的传颂和史书的记载而与历史永存。但是在这些好官之中，范仲淹有着与众不同的品质，使他得以在中华民族的历史上占据了一个崇高的地位。

一个人，如果他在过着自己个人的或小家庭的生活之余，还能尽力

第五章 所不朽者万世心

帮助国家和社会做些什么事，或者即使没有这个能力还能有这一份心，在国家有急难的时候有一份担忧，那么他就是有爱国心的人；如果他不仅有爱国之心，还能通过自己的努力让国家和社会有所受益，那么他还是一个杰出的人；如果他历经挫折之后仍然不改赤诚之心、不减奉献之力，那么他更是一个品德高尚的人；如果他在做到所有这些之后，在自己的余生中仍然能保持晚节，没有惆怅、没有怨恨，没有自喜、没有狂傲，使自己的一生都保持了纯洁，那么他就是范仲淹，或者是范仲淹式的人物。

庆历五年十一月，范仲淹离开陕西邠州回到内地。此后直至皇祐四年去世，范仲淹先后在邓州、杭州、青州三地主政。历经三起三落，在进入两府最有可能为国家大展宏图时又再次被排挤出朝廷，经过这四进四退，他对百姓民生仍然是那么关切，对国家的命运仍然是那么关心，对自己和家人的自律仍然是那么执着，对朋友的情谊仍然是那么真诚。

在邓州，范仲淹担任了三年的知州。到邓州两年后，朝廷要调他到荆南府任知府，但是邓州百姓将朝廷使者拦住，恳求朝廷让范仲淹留任，于是范仲淹在邓州又续任了一年。

此前，从陕西到邓州任职是范仲淹向仁宗请求的。

陕西邠州气候寒冷，对范仲淹的身体不利。长期以来，范仲淹至少患有三种慢性疾病。一种是肺病。早在明道二年第二次被贬后，他给友人滕宗谅的信中就说到，在京城因朋友聚饮过多以至伤肺，使得肺病旧疾复发。另一个毛病是经络不通。说起来有趣，这个毛病是因为练气功。

庙堂之忧

范仲淹应当是在年轻游学时向佛、道界的友人学得气功的，并一直将气功作为健身之道。景祐四年贬谪饶州后，范仲淹在一次练功时感觉行气不顺，登时胸肋之间疼痛难当，后来就留下了胸疼的毛病，经略陕西的三年间这个毛病时常发作。范仲淹还患有痔疮，最近一次发作是在巡视河东的时候。

毕竟是五十八岁了，这在当时已属老年，范仲淹希望在晚年能有一个比较稳定的生活。他不是贪图享受。不用说他是为官从政三十多年的一个国家重臣，稍有些资历的官员有几个没有为自己营造些房产？可是范仲淹至今还是居无定所。他请求到内地休养身体可以说是最低要求了，更何况他还表示："若当国有急难之时，臣不敢自私自利谋求安稳，定当勤于国事！"

邓州民风淳朴、政事清简。"庭中无事吏归早，野外有歌民意丰。"他在邓州如此欣喜地描述。愿意来此地的高官很多，但邓州百姓记忆最深的就是范仲淹。很多事迹已无法考略，遗留至今的记忆还是很清晰的。

"长使下情达，穷民奚不伸？"只要能让百姓的意见通达到当政者，他们的怨气就能化解，他们的冤屈就有申诉的渠道。范仲淹在写于邓州的诗中诠释了这个政治主张。

邓州是风调雨顺之地，但也有农时不顺的时候。庆历六年（1046）秋冬，邓州就出现了少有的旱灾。范仲淹在向天祈求雨雪的同时，带领百姓兴修水利、开凿泉井，遗留至今的水井曾经泽惠几十代人。

范仲淹还修建了花洲书院作为讲学之所，他也时常在此亲自授课。在此间接受过他教育的学生中后来有两位官至宰执大臣。其中，一位是他的次子范纯仁，另一位是他此时的副手、邓州通判韩维。还有一位后来的名人在此受教，他就是理学的先驱之一张载，那位曾在陕西受他教诲的年轻人。

在邓州的三年多是范仲淹在一个地方为政时间最长的时光。皇祐元年（1049），范仲淹继续迈向他人生中的下一个驿站——杭州。

杭州是个适宜生活的好地方。这里有四季美景，"乱花渐欲迷人眼，浅草才能没马蹄"。这里有老朋友，曾与蔡襄等人同任谏官的孙甫此时任两浙转运使，治所就在杭州。他们二人常常在公事之余一同对酒唱酬、出游揽胜，不过在公事上则是一丝不苟。论官品，范仲淹远在孙甫之上；但论职责，孙甫又负责对范仲淹的监察。二人如有不同意见，孙甫从不退让。他说："虽然范公是受人尊敬的国家大臣，但如果我有所顾忌，就不能秉公行事了。"

范仲淹永远不会享福。这位饱经风霜、此时年已六十岁的老人，在杭州又创造了一个超越时代的救灾经验。

他到杭州就任不久，两浙一带闹饥荒。范仲淹在采用常规措施向百姓发放粮食的同时，采取了两个非常规的措施。

两浙之民喜欢赛船竞渡，于是范仲淹鼓励有钱人家主办竞渡游戏，自己则带领杭州官员天天到西湖观看、游玩，引得杭州百姓空城出游。

两浙一带佛教兴盛、寺庙众多。唐人曾有诗描写道："千里莺啼绿映红，水村山郭酒旗风。南朝四百八十寺，多少楼台烟雨中。"范仲淹告诉寺庙的住持们："饥荒时期人工便宜，如今正是寺庙兴建、修缮的好时候。"于是各寺庙都大兴土木。

孙甫对范仲淹日日出游、官府和民间大兴土木的情况十分不满，于

庙堂之忧

是上书朝廷，弹劾范仲淹救灾不力、耽于游玩，而杭州官府和民间又大肆建设、伤耗民力。朝廷发文让范仲淹解释，范仲淹告诉朝廷：饥荒时节，让有钱人家多消费、多营造，能够给贫困之民提供就业的机会。如今杭州每天有数万贫民因此有工可务，这是最好的救灾方式。

当灾害到来、百姓穷困时，鼓励有钱人家大兴土木、促进他们加大消费，以此让受灾百姓有事干、有收入，而有钱人家也可在此时降低成本，这无疑是一种先进的救灾理念。这一年，两浙一带只有杭州最安定，没有出现百姓因灾背井离乡的情况。

杭州经验还不是范仲淹最后的创举。在杭州任职一年多后，朝廷又将范仲淹改任青州知州。在青州这个他人生的最后一个驿站，范仲淹延续着他的爱民情怀。

青州的百姓交纳粮赋，按规定应当交到五百里外河北路的博州。背着粮食走这么远的距离，对家家户户都是一个沉重的负担。范仲淹到青州后想了一个办法。他让官府通知百姓，将粮赋按照青州本地的粮价折成钱交纳给官府，然后派一名官员带几个吏员携带这些钱去博州，就地购买粮食上交府库。博州的粮价低于青州，因此交完青州的粮赋后还有余钱，范仲淹又将余钱按比例归还给百姓。

每一次被贬，都不能改变他对国家的忠诚；在每一地为官，都始终把百姓民生放在心上，以自己的卓越才干为民造福。我们在范仲淹身上看不到这样一种现象：得意时高调宣扬人生在世当如何为国尽忠，失意时则悲戚幽怨地牢骚满腹。无论是范仲淹的所有朝廷奏议还是诗词文章，无论是时人众多的记载还是民间的传闻，我们看到的是一种始终不变、宠辱难移的爱国爱民的思想境界。

第五章 所不朽者万世心

一个偶然的机会，范仲淹将这一伟大思想境界化作不朽的文章《岳阳楼记》。

3

现在让我们来说说《岳阳楼记》。它诞生于邓州。

如果不是因为滕宗谅的请求，范仲淹或许不会专门写一篇文章去宣扬他一生践行的思想。《岳阳楼记》这篇文章以记文的形式完整地阐述了他所坚持的思想道德和人生哲学。不过我们有理由相信，他只是想借这篇文章向他志同道合的挚友们阐述一种完美的人格。他已经用自己的一生来实践这种人格，如今他以此来激励挚友们克服在仕途上难免遇到的艰难困苦，鼓励他们超越思想上的局限和障碍，以继续承担强国富民、安邦定国的重任。当然我们这些后人都知道，这篇文章的实际意义和作用已大大超出了他当时的用意。

范仲淹为什么会有这样的想法，要借一篇文章激励一批人？

这与滕宗谅的境遇有关，滕宗谅的境遇让范仲淹有所担心。

因为王拱辰不遗余力的打击，滕宗谅于庆历四年春被贬至下等州岳州任知州。同时也因为范仲淹的力争，仁宗没有免去滕宗谅天章阁待制的馆职，他仍然是两制以上官员。

宋人后来这样评价滕宗谅：为人尚气、倜傥，好施予，喜建学，清廉无余财。滕宗谅的尚气、倜傥其实是过于豪放以至于锋芒太盛。被贬岳州让他十分灰心。他的作为都是为了国家，没有谋求自己的私利，为

庙堂之忧

什么会受到如此不公的对待呢？是不是只求无过、不求有功，安安稳稳地过日子，坐视国家和社会的积弊越来越重，这样反而还能够得到赞誉？庆历新政的失败，一批国家栋梁遭受排挤、飘零各地，或许更加重了他的灰心。

当然，滕宗谅不是那种灰心到放弃自己做人基本原则的人。他在岳州彰显了他的施政能力。司马光评价他在岳州期间"治为天下第一"，即他的政绩在同时期是全国最好的。他的政绩中最突出的是三件事：扩建学校、修筑防洪长堤和重修岳阳楼。

岳阳楼的前身据说是三国时期东吴大将鲁肃所建的阅军楼，鲁肃修建此楼的目的是训练和检阅东吴水军。阅军楼建成之前，中国历史上一段波澜壮阔的史诗刚刚在此地及方圆数百里的地域内谱写完毕，那就是著名的赤壁之战。在赤壁之战中，曹操以绝对优势的兵力对阵刘备和孙权的联军，却被孙权的大将周瑜用一把大火烧得丢盔卸甲，由此奠定了曹魏、孙吴和蜀汉三国鼎立的基础。岳阳在当时称作巴丘，是曹操水军前往赤壁的必经之地。曹操被周瑜打败后，他的水军也是退到此处后将全部战船就地烧毁。赤壁之战刚刚结束，东吴的孙权就将防备曹操水军的防线由东向西沿长江前移至此，并命令鲁肃镇守。巴丘在两晋时更名巴陵，这座楼也因此被人们称作巴陵城楼。似乎是到了唐代，此楼才有岳阳楼之名。

如果只是一个军事设施，岳阳楼不会像后来那样名重天下，名重天下必定与文人墨客有关。

文人们都爱登楼。高楼之上，那万般春情、浓浓熏风、千里清秋、皑皑白雪，无限风光尽在眼底。但是揽胜不是登楼的最大魅力。人在楼下，身在景中，自有一番情致，不是非登楼不可的。登楼之美不在于景物，而在于心绪。

登楼可抒怀。面对阴晴变幻的长空、永不疲倦的白云、树长叶落的青山、涛起潮去的江海，再联想到国家的前途和自己的命运，文人们的情感便不可遏制，必然要迸发出来。

王之涣登上鹳雀楼时，展现的是他的豪放大气和人生哲理："欲穷千里目，更上一层楼。"王勃登上滕王阁时，以冷静的眼光看待世间沉浮。"闲云潭影日悠悠，物换星移几度秋。阁中帝子今何在？槛外长江空自流！"李白登楼，高唱"长风万里送秋雁，对此可以酣高楼"，最终却唱得"抽刀断水水更流，举杯浇愁愁更愁"。辛弃疾登楼，"把吴钩看了，栏干拍遍，无人会、登临意"。他太寂寞了，没有人能体会出他登楼兴叹之意。他本可以成为著名的政治家、军事家以帮助南宋朝廷挽狂澜于既倒，最终却只能成为著名的词家和对南宋命运的预言家。

登楼也伤情。

晏殊说："昨夜西风凋碧树，独上高楼，望尽天涯路。"李清照思念远人，直到"雁字回时，月满西楼"，仍然还是"花自飘零水自流"。亡国之君南唐后主李煜告诉自己"独自莫凭栏"，因为"小楼昨夜又东风，故国不堪回首月明中"。高楼让人在梦中念情："梨花满院飘香雪，高楼夜静风筝咽。斜月照帘帷，忆君和梦稀。"高楼让人心生惆怅："萋萋芳草忆王孙，柳外楼高空断魂，杜宇声声不忍闻。"

总而言之，文人们登楼所抒发的感情往往都是真情，并且都是情感的极致。

岳阳楼就是这么一个让人抒怀伤情之所。

庙堂之忧

岳阳楼的真正出名始于唐朝中叶的玄宗时期。张说是唐玄宗的宰相，因为官场争斗而被贬到岳州任太守。落寞的他重修了岳阳楼，并常与文人骚客登楼赋诗，岳阳楼因此名声大噪。登临此楼最有名的一个诗人就是诗仙李白。"楼观岳阳尽，川迥洞庭开。雁引愁心去，山衔好月来。云间连下榻，天上接行杯。醉后凉风起，吹人舞袖回。"李白是怀着十分舒畅的心情登临岳阳楼的。他刚刚被皇帝赦免，从前往流放地夜郎的途中回到中原，岳阳楼那种"雁引愁心去，山衔好月来"的迷人景致是他欢快心境的反映。

滕宗谅此时的境遇恰与李白相反，因此心情也相反。岳阳楼重修工程竣工后，僚属向他请示落成的日子，他却说："落甚成？只待痛饮一场，凭栏大恸十数声而已！"

滕宗谅的这种心态一定是体现在了他与范仲淹的书信往来和诗词赠答中，虽然没有有关的文字留传下来。不是大喜就是大悲，得意时大喜失意后大悲，这不是范仲淹所赞同的，而是他所担心的。

四进四退的经历加上年老多病，范仲淹对于自己能够继续为国家重担大任已经没有太多的信心，但是他对自己的这一批德才兼备的挚友们抱有很大的期望，期望他们将来能够继续为国家发挥才能。他知道，仁宗不会将有品德、有能力的人永远打倒、永不叙用，除非被打倒之人罪大恶极。

因此，范仲淹时时在与他们的书信往来和诗词唱酬中给予他们精神上的鼓励。他刚到邓州不久，就致信韩琦一再叮嘱："公与彦国青春壮志，因此应当精意远略，以待将来再为国家大用，请自重自重！"彦国就是富弼。而早在巡抚河东时，他就特意将一首写给庞籍的唱答诗寄给远在岳州的滕宗谅。"宦情须淡薄,诗意定连绵。""只应天下乐,无出日高眠。"似乎他已经在有意提醒滕宗谅要有淡定、宽阔的胸怀。

重修的岳阳楼大约落成于庆历五年的仲夏末,而《岳阳楼记》成稿于第二年即庆历六年的九月十五日。岳阳楼落成不久,滕宗谅就专门派人携带他的书信向当时还在邠州的范仲淹求文:"地需有山水才可称为胜地,山水需有楼观才能知名,楼观需有文字传扬才能长久,文字需有雄才大略之人撰写才可称巨著。"滕宗谅在信中还附上了一幅《洞庭晚秋图》以及前代名家有关洞庭湖和岳阳楼的诗文,供范仲淹撰写记文时参考。从滕宗谅求文到范仲淹成稿,其间过了一年多,这在古时是很正常的事,后来苏轼为范仲淹文集所作的序文从受托到成稿就过了十三年。影响成稿时间的因素有很多,或是公务繁忙,或是行踪不定,或是深思熟虑,或是待机而发。

各种前因后果,促成了《岳阳楼记》这篇流传千古的文章的诞生。有人说范仲淹就是凭着《洞庭晚秋图》和前代诗文构思了《岳阳楼记》,也有人说范仲淹是领略过洞庭湖的浩渺壮阔的,因为他幼年时曾随着做官的继父在洞庭湖边生活过。其实这些说法和争论本身就是一种花絮,它们无碍于《岳阳楼记》的光芒。

《岳阳楼记》最光辉的是它所表达的思想。不过,这篇文章本身从文学的角度来看也是十分优美,它在文学上的品位绝不亚于它在思想上的光辉。

比如说,文章中使用的优美的四言骈体语句,将自然景象和人们心中的感受描写得非常准确、细腻,其中的绝大多数语句可以像成语一般

庙堂之忧

供我们在今天的文章中直接使用,用以丰富我们的写作语言、提高我们的文章品位。

文章本来是为岳阳楼作记,但却通篇不说楼。为什么?因为人已经在楼上,没有必要再说楼了,要说的是人在楼上的眼界和胸怀。立意高远,是这篇文章的一个不凡之处,当然这只是其一。

在简单交代了撰写此篇记文的缘由之后,范仲淹很简略地描述了在岳阳楼上看到的洞庭风光。"浩浩汤汤,横无际涯;朝晖夕阴,气象万千。"洞庭湖有千般风物、万般风采,为什么只有这四句话?因为"前人之述备矣",前人描述得太多了。其实,是因为意不在此,范仲淹之意不在于景而在于情。

所有的风景都是因为人而产生的,没有人就没有风景。因情生景,触景更生情。因此,不同的人眼里有不同的风景。

登上岳阳楼的人有两类,他们能看到的风景有两种。那么都是哪两类人、哪两种景呢?

一类是被贬谪的失意之人。贬谪之人,他们的心中必然"淫雨霏霏,连月不开"。因此,他们的眼中景象也是阴风怒号、浊浪排空、薄暮冥冥、虎啸猿啼。何以如此凄惨?因为他们身处去国怀乡的境地,心存忧谗畏讥的惶恐。

另一类人是春风得意之人。他们的洞庭湖"春和景明,波澜不惊",因此他们看到的是沙鸥翔集、锦鳞游泳、岸芷汀兰、郁郁青青。面对此景,他们是什么样的心情?心旷神怡,宠辱偕忘,把酒临风,喜气洋洋。

范仲淹不认同这两种心态。他告诉我们,人还有第三种。

那是什么样的人?

第五章 所不朽者万世心

不因得意而欢喜，不因失意而悲戚。身为高官、春风得意之时要为百姓民生忧心，身处底层、默默无闻时要为国家安宁忧心。

这是一种什么境界？

范仲淹用一句话做出归结：先天下之忧而忧，后天下之乐而乐。

这是一句感天动地的话，是几千年中华文明发展到范仲淹那个时代的一个新的总结和升华。这种思想不仅仅是政治上的概念，它还是涵盖整个国家和社会发展方方面面的概念。它是当政者的治国之道，也是社会精英阶层的为人之道。

一个国家、一个民族是要有精神脊梁的。中国人的精神脊梁，就是在坚定地信奉、恪守和在开拓创新的基础上传承自己民族优秀传统文化的士大夫，即今人所称的知识分子。他们通过参与国家政治，将包含优秀传统文化在内的知识和真理应用于、渗透在社会的各个层面、各个领域，让民众感受国家和社会的和谐、安宁和进步，使整个国家和社会都能够以健康的方式向前发展，使一代一代的民众感受到做人的尊严和快乐，这就是中国政治的最高境界。

国家和民族的精神脊梁为什么是知识分子？因为知识分子不是天生的，他们一开始属于其他各个阶层，由于接受了知识、系统地学会了做人的道理而超越了身处的各个阶层而成为知识分子。他们作为一个精英群体，没有过多的世俗利益追求——当然作为个体而言，每个知识分子都有衣食住行的需求，由此也会有追名逐利之心，但是他们应当会自觉地将追名逐利之心服从于对国家利益的追求。知识分子这个群体最大的追求就是"道"，即道德、道理，我们也可以把它称作真理。其他各个阶层都有与生俱来的私利，只有从社会各个阶层中脱颖而出的知识分子在

庙堂之忧

成为知识分子之后把追求真理作为自己的最大利益，因此只有这群人才能成为我们的精神脊梁。他们一旦参与了国家的政治，就成为影响国家现在和未来的精英。

我们的精英该怎样对待我们的传统文化和思想？

首先，精英们信奉的应当是先进的文化和思想，这样才能带着历史的传承、肩负历史的责任，带领民众去推动国家的发展进步。

其次，在中国，最先进的文化和思想当然是经过几千年千锤百炼、推陈出新、去伪存真的传统文化和思想。

再次，最重要的是，文化传统的传承，是国家、民族和社会保持稳定和安定的重要基础。文化上的改弦更张，是全民族的灾难。无论是我们的衣食住行还是我们的喜怒哀乐，无论是清醒时还是在梦中，传统的东西无时无刻不在影响着我们。一个国家、一个民族几千年来信奉的文化和思想，岂能是说变就变、说不要就不要的？

最后，传承传统当然不等于故步自封。非传统的东西，外来的东西，只要是科学的，都值得我们借鉴。但是借鉴不等于盲目照搬，借鉴来的东西最终要成为我们的传统。传统，传统，不是只有旧的才是传统，吸收合理的、科学的新的东西，也是在为今后留下传统。

如果我们的精英不去信奉和恪守我们的优秀传统文化，那会怎样？

他们将很轻易地陷入各种利益之争中，最终失去自己的先进性，丧失带领整个国家向前发展的能力。有的精英永远是精英，有的从一开始就不是精英，有的开始时是精英但后来堕落、蜕变了。如何判断他们？就看他们是否具有历史责任感，是否信奉和恪守优秀的传统文化。如果是，那么他们就还是精英，仍然还有资格带领我们的国家和民族去创造更加辉煌的未来。如果不是，那么他们就已经不是精英，就丧失了带领国家和民族的资格。

有一个道理需要清醒地看到。精英们需要坚守的是通过自己的努力就触手可及的先进文化和理念，但不是一种虚无缥缈、遥不可及的信仰甚至宗教。只要你全身心地去追求，你就可以到达这个先进的甚至伟大的境界，这就是精英们应当坚守的思想。"先天下之忧而忧，后天下之乐而乐"的思想，以及范仲淹之前或者之后的先贤们所倡导的思想，都是真正的精英思想。

我们的国家和民族应当倡导什么样的精英思想，是不言而喻的。我们几千年的好东西，在我们祖先的时候就为我们的国家和民族创造了辉煌的物质文明和精神文明，我们应当继续把它当作主流思想传承下去，否则整个国家和民族将失去方向，失去脊梁。当然，它有不足、有糟粕，如果不扬弃其中的不足和糟粕，我们的国家和民族会失去不断发展壮大的动力，渐贫渐弱。这些都不是空谈，是历史、是经验、是现实、是未来。

一个时代，如果它不时地产生类似于《岳阳楼记》这样用生命、用理想、用实践、用生活、用追求、用奉献写就的精英思想，并在当时就能引起整个社会的自觉的共鸣——这种共鸣不需要强求、不需要做作，那么这个时代就是一个昂扬向上的进步的时代。否则，这个时代就是死气沉沉、人人精神迷惘心灵空虚的时代，其背后的实质是以知识分子为主体的精英阶层失去了引领社会道德风尚的能力，代之而起的是低俗文化成为社会时尚的引领者。

一旦让低俗文化成为社会时尚的引领者，必将形成一种恶性循环：

庙堂之忧

它越引领社会，社会就越低俗；社会越低俗，低俗文化的倡导者就越能够牢牢地掌握社会道德风尚的话语权，一些人就更易成为低俗文化的追随者。而本应成为社会道德风尚引领者的国家精英们则会成为这种低俗时尚的奴隶、附庸，甚至为自己能够成为奴隶和附庸、能够有机会附和一句两句低俗的时尚话语而沾沾自喜。今人所谓的媚俗，指的就是这种现象。

媚俗，是谁在媚俗？是那些可悲的精英阶层。"媚俗"一词是为丧失了引领能力的他们而专设的，而非为普通百姓。

"先天下之忧而忧，后天下之乐而乐"无疑具有超越时代的先进性。不过，它是高尚的道德思想，是一种精神境界的极致，因此不能指望人人都能做到。崇尚它，并不是说人人都要做得到。崇尚它，也并不意味着让百姓大众都去过苦行僧式的生活。

人活着的意义是什么？是过上好日子。确保百姓大众都能永远过着好日子，这是国家存在的意义。为了这个意义，国家的精英们才需要有"先天下之忧而忧，后天下之乐而乐"的精神，全社会才需要让国家精英们去追求这种精神。

现在来看看《岳阳楼记》的全文。

> 庆历四年春，滕子京谪守巴陵郡。越明年，政通人和，百废具兴。乃重修岳阳楼，增其旧制，刻唐贤今人诗赋于其上；属予作文以记之。
>
> 予观夫巴陵胜状，在洞庭一湖。衔远山，吞长江，浩浩汤汤，横无际涯；朝晖夕阴，气象万千。此则岳阳楼之大观也，前人之述备矣。然则北通巫峡，南极潇湘，迁客骚人，多会于此，览物之情，

第五章 所不朽者万世心

得无异乎?

若夫淫雨霏霏,连月不开;阴风怒号,浊浪排空;日星隐曜,山岳潜形;商旅不行,樯倾楫摧;薄暮冥冥,虎啸猿啼。登斯楼也,则有去国怀乡,忧谗畏讥,满目萧然,感极而悲者矣。

至若春和景明,波澜不惊,上下天光,一碧万顷;沙鸥翔集,锦鳞游泳;岸芷汀兰,郁郁青青。而或长烟一空,皓月千里,浮光跃金,静影沉璧,渔歌互答,此乐何极!登斯楼也,则有心旷神怡,宠辱偕忘,把酒临风,其喜洋洋者矣。

嗟夫!予尝求古仁人之心,或异二者之为,何哉?不以物喜,不以己悲;居庙堂之高则忧其民,处江湖之远则忧其君。是进亦忧,退亦忧。然则何时而乐耶?其必曰"先天下之忧而忧,后天下之乐而乐"乎!噫!微斯人,吾谁与归?

时六年九月十五日。

这篇文章所倡导的精神可以作为一个时代的风向标,以精英阶层是否崇尚它、是否崇尚它背后的几千年文化,来检验一个时代是昂扬向上还是迷惘空虚。昂扬向上的时代应当是这样的:全社会都认为它高尚,全社会都期望精英阶层以它为思想,全社会都赞颂那些努力去实践它的精英人士。

但是,如果连士大夫这个精英阶层的主要群体都去追逐极端的私利,放弃了任何人都可以放弃而只有他们不能放弃的高尚道德,那么国家会怎么样?

庙堂之忧

4

  三百多年的大宋，鼎盛于仁宗时期。其中最辉煌的北宋，衰微于徽宗之手。有人说，仁宗朝的鼎盛是因为仁宗的宽仁。也有人说，徽宗朝的衰微是因为徽宗的放荡。但是，以仁宗、徽宗的一己之力，就能让国家鼎盛或者衰微吗？

  北宋九个皇帝中，仁宗和徽宗有很多相似之处。他们在位时间都很长，都有贪图享乐之心，甚至都是颇有艺术天赋的皇帝——仁宗可称为音乐家，而徽宗则是名垂古代艺术史的书法家和画家。

  仁宗在即位之初和亲政之初并没有什么太大的作为。纵观他在位的四十二年，仁宗几乎就没有过励精图治的决心，除了短命的庆历新政。庆历新政的失败，反过来又更加印证了仁宗缺乏治国激情的事实。

  而徽宗即位后，尤其是太后退隐、自己亲政后的一年内，给人留下了开明的印象，甚至在亲政的第一年即建中靖国元年（1101）一度开创了有所作为的"建中之政"。

  但是，仁宗最终成为后人津津乐道的以宽仁厚道著称的明君，而徽宗则成为中国历史上十分著名的昏君。

  这究竟是什么原因？

  要系统地回答这个问题，可能需要一本或数本专著。但如果用一言以蔽之，那就是：二人所处的环境不同。

  什么环境不同？

第五章 所不朽者万世心

是人的环境不同。再说明白些，就是他们的臣下不同。

仁宗和徽宗，一个成为明君、一个成为昏君，很大程度上不是因为他们自己，而是因为对他们能够产生重大影响的臣子，虽然他们自身的先天秉性也是其中的重要因素。

我们来分别看看仁宗和徽宗的一些事例。

仁宗即位后的前九年，身边有一位严厉的太后，使得他行为谨慎。刘太后去世后，仁宗没有了约束，一头扎进爱河，并轻易做出废黜皇后之举。但是，他的第一次率性享乐就遭到了范仲淹、孔道辅等几乎所有台谏官员的强烈抨击和反对，他们让仁宗在心理上承认了自己在道义上的失败，因此才有仁宗后来对范仲淹、孔道辅等人的重新起用甚至重用。

庆历年间，仁宗又一次陷入爱河。这次被他宠爱的张氏，死前身份是贵妃，死后被封为皇后，由此可见仁宗对她的感情。仁宗甚至一度有废曹后、立张氏之心，但大臣打消了他的念头。时任宰相的梁适说："动辄休妻，这是寻常百姓家都不忍心的事，何况是皇家？"

张氏父亲早逝，有一个伯父张尧佐。仁宗爱乌及屋，对张尧佐十分关照，多次破格提升他。于是，台谏官员们围绕着反对过分尊崇张氏、反对对张尧佐的不公正提升，与仁宗开展了长达数年的抗争。最激烈的一次是对张尧佐的"四使"任命。皇祐二年（1050）年底，仁宗曾在一日之内任命张尧佐为宣徽使、节度使、景灵宫使，几天后又加任他为群牧制置使。节度使是武官的最高阶，这还罢了。宣徽使地位在枢密副使之下但待遇与其相当，景灵宫使、群牧制置使一般也都是由两府大臣兼任。这一时期的台谏官中又出现了一批正直敢言、名垂后世的人，如包拯、吴奎、唐介。他们或是上书直言，或是当面与仁宗理论，最终迫使

庙堂之忧

仁宗取消了对张尧佐的多数任命。几百年来在民间流传的包公与庞太师的斗争，说的就是包拯多次反对张尧佐特权的行为。当然，张尧佐没有民间文学渲染的庞太师那样阴险、狠毒，他只是贪恋权势而已。

对仁宗生活上的约束并不是臣僚们对他约束的全部，更多的约束是在政治上、国事上。仁宗在位的四十多年里，他因为臣僚们的不同意见而不得不更改决定的事例数不胜数，这些决定涉及政治、经济、军事、官员任命等各个重要方面，无须一一赘述。

仁宗这一世，生活在无数双挑剔的眼睛里，伴随着无数个随时可能跳出来与他唱反调的臣下。正是这个原因，没有什么突出才能的仁宗能够成为大宋最仁慈、最开明的皇帝，开创了大宋最值得称道的盛世。

再说说徽宗。

徽宗即位之前，朝廷经过了多轮的朋党之争。徽宗即位后，为化解朋党之争做出了相当大的努力。

仁宗视如祸害的朋党之争并没有在他的有生之年出现。以范仲淹为领袖的士林精英没有形成一党，他们更没有打击、排斥不赞同新政的官员，虽然他们后来确实遭受到一批保守官员和心术不正官员的排挤和陷害，但一方有党形不成真正的朋党之争。

真正的朋党之争始于神宗时期，争的是王安石变法。仁宗去世后英宗即位，英宗在位四年后去世，神宗即位。神宗是宋朝十八帝中最有朝气的皇帝，可惜他没有范仲淹那一批人。

王安石推行变法改革时，庆历新政已经过去了二十六年。范仲淹、杜衍等人早已作古，进入暮年的韩琦、富弼、欧阳修等人主张保持社会稳定，不赞成王安石的变法措施。如果说赞成改革就是改革派，反对改革就是保守派，那么王安石自然就是改革派，韩琦、富弼、欧阳修等人都从当年庆历年间的改革中坚变成了如今的保守者。何以出现这种情况？这是一个十分复杂的问题，后人有相当多的论述，有互相印证的，也有互相矛盾的，仁者见仁、智者见智，我们不必在此探究谁对谁错，如果要探究也很难取得唯一的正确结论。

需要看待的一个现象是：改革派中除了宰相王安石和支持改革的神宗皇帝，几乎没有一个道德品质值得称道的人；而反对改革的人士，几乎都是当时的道德先锋。即便是道德品质确实高尚的王安石，他在推行改革时，为了清除改革的障碍，也不时排挤反对派。当然，王安石毕竟不是小人，他没有采用阴险的手段对反对派进行打击陷害，他对反对派的排挤有时还不如反对派的自我流放。他主持变法期间，反对派采取的是不合作态度，他们拒绝在重要岗位上任职甚至拒绝在朝中任职，他们是主动的自我流放。司马光何以有十九年的时间撰写史学巨著《资治通鉴》？是因为他坚决、坚决、更坚决地拒绝了神宗对他的多次重要任命。

王安石后来离开了主持改革的位置，变法由神宗亲自推进。神宗去世后，未满十岁的哲宗继位，神宗之母、太皇太后高氏共同听政。高太皇太后是传统观念的支持者，她将此时的士林领袖司马光请回朝廷，任命为宰相。她做出这个决定时，举国上下都为司马光的回归而欢欣鼓舞，很有些当年范仲淹主持新政前的那种民意所归。不过，当年人们期盼的是奋发图强，如今人们希望的是朝政稳定。

朝政并没有因为司马光的回归而稳定。相反，更激烈的朋党之争从此开始。

司马光不仅十分极端地废黜全部变法措施，还在太皇太后的支持下

庙堂之忧

大力贬黜了几乎所有的新党人士。

几年后,太皇太后去世,哲宗亲政。哲宗一反太皇太后的政策倾向,他支持新法,于是新党人士又全部回归。结果,重新当权的新党一派又将被划为旧党的更多人士罢黜贬谪。

一派上台,就对另一派实施了更加激烈的政治报复乃至迫害。如果要问宋朝与唐朝最相像的是什么,那就是这种激烈的朋党之争。这是仁宗终其一生甚至不惜牺牲庆历新政去防止的,但它还是出现了。

徽宗就是在朋党之争愈演愈烈的情况下继位的。

此时,新党也罢,旧党也罢,很难完全以是否支持改革来划分他们的立场和人格。新党人士道德品质上的缺失,注定了他们之间钩心斗角的激烈程度丝毫不亚于他们对旧党的打击和陷害;旧党官员也并非对改革一概拒绝,他们之间对于改革的看法有相当大的差异,如两任宰相范纯仁和士林领袖之一的苏轼就不赞同全盘否定改革,虽然他们都曾被新党人士排挤,苏轼甚至差一点死于新党人士制造的"乌台诗案"。

徽宗刚即位不久,就对仍在贬谪地的这一时期最后的道德领袖范纯仁表示敬意,并派太医前去为范纯仁治病。他对身边大臣说道:"范纯仁,朕能见他一面就心满意足了!"徽宗还派中使告诉范纯仁,要重新起用他。可惜,颇有范仲淹遗风的范纯仁不久就与长期被贬谪的苏轼在同一年病逝。

范纯仁和苏轼在此时去世是大宋的重大损失。他们二人性格刚正,没有新党人士那种普遍的反复无常、见利忘义,又不像司马光等人那样偏激极端、泥古不化。高太皇太后听政时期,司马光尽废新法,范纯仁与苏轼因为反对这种极端做法而被旧党边缘化,范纯仁还多次反对对新党人士的过分打击；哲宗亲政后新党当政，范纯仁和苏轼又被当作旧党领袖而流放到偏远之地，但他们对于新党之人仍然抱有宽容之心。他们本来是最有可能调和新旧两党、化解双方恩怨的人物。

在这种十分困难的情况下，徽宗仍然有些作为之心。他在亲政后的建中靖国元年起用了一批旧党人士，以图化解新旧两党的纷争；他还起用了一批品德较好的官员担任台谏官，并下诏征求直言，公开承诺："其言可用，朕则有赏；言而失中，朕不加罪。"一个看似欣欣向荣的局面出现了，这一年也因为值得称道而被后人称为"建中之政"。

但是大宋已经没有了品行端正而又胸怀大局的人物，徽宗没有办法阻止朝政的混乱。旧党仍旧要求辨邪正，新党也在对内倾轧和排挤旧党的两线作战。

最终，蔡京隆重登场。

蔡京是王安石变法的一个得力干将，他在哲宗时期锻炼出了一个新旧两党人士都没有的本领，那就是左右逢源。司马光当权时，他在五天内废除自己曾经大力推行的差役法这一改革措施，为此赢得了司马光的欣赏并成为废除新法的榜样。哲宗亲政后，改革派的宰相章惇为如何对待被旧党废除的差役法犹豫不决时，蔡京说："差役法本来就很好，直接恢复就行了。"于是他重新成为新党干将。

或许徽宗认为，蔡京的左右逢源能够帮助自己摆脱新旧两党的纷扰。崇宁元年（1102）三月，徽宗召蔡京进京，任命他为翰林学士承旨，这是资格最老的翰林学士担任的职务，相当于翰林院长官。此前蔡京被自己的新党同僚排挤后，正在杭州担任一个没有任何责任的闲职。三个月后，蔡京升任副宰相。又过了一个月，他升任右相。再过了七个月的次

庙堂之忧

年二月，他升任左相，左相相当于仁宗时期的首相。

蔡京归根结底是一个典型的新党人物。他上任后，即将旧党官员赶尽杀绝——当然不是除去他们的生命，而是终结他们的政治生命。他不仅将旧党官员全部流放，甚至规定这些官员的后代也不能在京城当官任职。如果仅仅是迫害旧党，那么蔡京还算不上典型的新党人物。他将自己在新党中的老对手也都列入打击对象，一个一个排挤出京。

在除尽对手、大权在握之后，蔡京使出了危害最大的一个手段，那就是鼓励和纵容徽宗享乐。一开始，徽宗还有些顾忌，但是蔡京对徽宗说："陛下当享天下之奉。"天下的成果都应当被皇帝享用。于是徽宗放开胆子享用了，而蔡京带动一大批官员也享用了。北宋就此病入膏肓。

当年仁宗去世后，英宗即位。仁宗没有儿子，英宗是他的侄儿。英宗即位后，与仁宗的皇后曹氏关系不睦，曹太后甚至向枢密使富弼等几名执政大臣哭诉"无夫妇人无所告诉"，意即自仁宗去世后与英宗话不投机。于是富弼与英宗有了一次激烈的对话。

富弼道："仁宗之所以愿意立陛下为嗣，都是太后的功劳！"然后他用手中笏板指向英宗所坐的御椅："陛下如果不是因为素有孝顺之名，如今岂能坐在这御椅之上！"

面对富弼的严厉教训，英宗连连欠身说："不敢！"

这是相权制约皇权的一个极端的例子。

在皇帝权威与以相权为主的士大夫参政之权相对平衡、相对稳定的大宋，士大夫比其他朝代更为自觉也更为理性地尊重皇权，而皇权本身也极少被滥用。皇帝与宰执大臣之间，皇帝、宰执大臣与台谏官员之间，台谏官员、其他监察系统官员与各级官员之间，各级官员与皇帝和宰执大臣之间,都有权力进行相互的制衡。皇权作为这些权力的制高点,虽然可以凌驾于臣下的权力之上,但是它仍然受到太祖立下的诸多规矩的制约。皇帝可以一意孤行,但他很可能因此失去道德基础,失去了道德基础就失去了保持皇权的合法性,失去了合法性他就可能下台。

皇帝会被赶下台吗?会的。

南宋孝宗淳熙十六年(1189),宋孝宗在当了二十七年皇帝后心灰意冷,决定让位给儿子赵惇。赵惇即位为光宗,孝宗自己当了太上皇。

光宗是个昏庸之人,慑服于凶悍的皇后,不仅在政事上无所作为,而且对孝宗不孝。孝宗病重时,光宗不去看望;孝宗病逝后,他甚至不去主持丧事。

几乎所有官员都对光宗强烈不满。自宰相以下,一大批朝廷官员提出辞呈,"举朝求去",但光宗一概不予接受,却仍然我行我素。京城百姓对他的行为从窃窃私语发展到公开议论、谴责。

忍无可忍的大臣们最后采取了行动。他们向太后提出了废黜光宗的建议,并在太后的支持下取得了成功。光宗被尊为太上皇,他的儿子即位为皇帝。当然,这个结局还是体现出大宋社会特有的宽容和开明。

以大臣们为主要力量的作为可以让一个不称职的皇帝下台,这是大宋另一个极端的事例。在这一事件中,太后的作用不可或缺,但是如果没有大臣们的力量,包括太后在内的任何人都难以做成这件事。

由光宗下台和富弼教训英宗的事例,再来探究仁宗朝的盛世和徽宗朝的衰败背后的原因,那就可以得出一个结论:大宋之兴盛缘于士大夫,大宋之衰败也缘于士大夫。

在中国,知识分子出身的官员阶层是决定国家兴衰的最重要因素。

庙堂之忧

他们的品质决定了他们的作为,而他们的作为则在多数时候决定了国家、民族的命运。

范仲淹的伟大之处在于,他既有为国家和民族先忧后乐的博大胸怀,又有坚持真理、永不退缩的独立人格。他一生的经历充分说明了这一点。中国人,只要还有骨气、还有思想、还有国家和民族的意识,都会尊崇范仲淹弘扬的这种精神。

不过,大宋只有一个范仲淹。他能让韩琦、富弼、欧阳修、蔡襄这些宋朝最有独立人格、最有思想、最有活力的国家栋梁自觉地以他为中心,自觉地形成强国富民的共识,自觉地去思考、提出并推进有利于国家的政策措施。他们不见得事事都与范仲淹意见相同——相反,有时他们的意见比范仲淹更有见地;他们更不会事事唯范仲淹之马首是瞻——他们往往因为一些国事而互相激烈争论。然而这一切不影响他们对范仲淹的崇敬,不影响范仲淹精神领袖的地位。

但是大宋不能只依靠一个范仲淹。范仲淹终究要死的。他死后怎么办?显然,韩琦、富弼、欧阳修他们这些人对此没有思考,其他人就更不要指望了。

于是,范仲淹死后,他倡导的砥砺风节、勇于任事、自强不息的精神,在韩琦、富弼、欧阳修他们这一代只能是维持而已,而到了下一代则又回到目光短浅甚至利令智昏的状态。当韩琦、富弼、欧阳修等人还在位时,他们还能凭着自身的优良品德和治国才能让国家保持一个还算良好的发展惯性,使得仁宗晚年到神宗初年的十几年间社会稳定、百姓安居。这是他们的贡献。但是要说到像庆历新政那样有意识地让大宋改变因循守旧的陋习,让国家走上一条国更强、民更富的全新道路,并将范仲淹所倡导的精神继续传承下去，他们没有做到。失去了一个精神领袖，他们之间的关系也渐行渐远，不再是庆历年间的那种无私、无间的和谐。

成也士大夫，败也士大夫。成或败，都是因为一种精神的作用。有了这种精神，士大夫才有骨气，国家因此才昌盛。反之则是相反的结局。

所以，不能寄希望于一个两个圣贤的存在。圣贤不可能永存，永存的是他们的精神。而让他们的精神永存，需要每一代人的传承。

如何传承他们的精神？

应当把这些精神立为我们的国家精神。如果国家是一个身体，那么这些精神就是这个身体中流淌的血液。如果把这种精神的血液换掉，我们的身体就会死去。

应当在启蒙知识中将这些精神作为主要的意识形态教育我们的后代，这是文化传承不可或缺的形式。哪个时代没有这种形式，它就客观上在割断我们的精神传承。教育，不仅仅是知识教育，还包括做人的教育。

应当将这些精神作为社会大众的行为准则，尤其是官员的行为准则。没有了这些精神，某些官员的争名逐利、尔虞我诈会误导整个社会，以他们的唯上论、唯唯诺诺、庸庸碌碌而让整个社会失去思想，以他们的墨守成规、不思进取而让整个社会失去前进的活力。

应当在人们的生活中保持其中还有生命力的传统形式并加以发扬光大。号称文明传承几千年的民族，眼看着已经失去了自己的服饰、礼仪，传统的建筑形式、生活习性等离我们也越来越远。我们还在坐等什么？

必须坚持这些，我们的国家在历史的长河中才有可能尽量避免向社

庙堂之忧

会动荡、信仰迷失、道德沦丧的方向滑行，才能形成强大的凝聚力，团结一心、自强不息，才能够避免政治上和精神上被别人同化、异化，才能让我们的文化思想在世界上重新闪耀。

不可否认，传统的思想文化中有许多糟粕。如果只会鹦鹉学舌而不知在扬弃的基础上继承，那是无能；如果把扬弃糟粕变成抛弃精华，那是无知。不论是无能还是无知，都会连累、糟蹋我们的优秀传统精神。

我们应当扬弃这些精神中不适应时代的内容。至于如何扬弃，这需要能力，需要统筹考虑，但这不是原则问题。原则问题是：我们几千年的优秀文化传统到底还要不要，或者说是真要还是假要。

道德、精神、传统等这些高尚的东西其实存在于人们的日常生活中，不应当将它们神化。神化了就会远离普通百姓，神化了就让人反感。

因此，让我们从范仲淹最后几年在亲情、友情方面的一些生活经历，来品味一下其中蕴含的道德、精神和传统。

邓州的三年是范仲淹生活上最轻松的三年，但同时也是他感伤最多的三年。在这期间，他失去了两位挚友，长子范纯祐又病废在家。

滕宗谅于庆历七年初从岳州调任苏州。从小郡岳州到上郡苏州，体现了滕宗谅在岳州的政绩受到肯定。但是滕宗谅到苏州三个月后即病逝。

范仲淹与滕宗谅交谊最深，不仅因为是同年进士，更因为志同道合、风雨同舟。当年在泰州兴筑捍海堰，他们二人面对滔天的海浪，无怨无悔、毫不退缩，这似乎是他们此生经历的预演。范仲淹为滕宗谅写了沉痛的祭文，并为他撰写了墓志铭。

第五章 所不朽者万世心

尹洙与滕宗谅一样，都是有才气、有能力却又英年早逝。

尹洙也是庆历七年病逝的，病逝地就在邓州。他在病逝的前几天带着家人从贬谪地均州来到邓州，向范仲淹托付后事。

庆历四年的水洛城事件后，尹洙以直龙图阁的馆职调任潞州知州。一年后，在保守派全面排挤新政官员之时，曾在水洛城事件中被尹洙派遣的大将狄青逮捕下狱的董士廉进京鸣冤，告尹洙违法拘禁他。宰相贾昌朝等人暗中助力，企图借此排挤韩琦——水洛城事件的起因就是韩琦下令停止修筑水洛城。案件审理的结果是，尹洙按照军法下令拘禁董士廉一事并没有违法。

当权的保守派不甘心空手而归。他们没有就此结案，而是多方盘查，终于查出了尹洙的一件过错。

尹洙担任渭州知州时有一个部将名叫孙用，是个有能力的人。孙用到陕西任职时，在京城借了一笔钱作为路费，同时也以此置办一些必需品。到任后，孙用一直无钱偿还当初的贷款，因此面临被控告的风险。尹洙爱惜孙用之才，让他借了公使钱还债。

那个时候的御史台还没有摆脱为保守派充当工具的色彩，因此抓住这件事大做文章。庆历五年七月，尹洙被贬为崇信军节度副使。节度副使是名义上的高级武官职务，实际上是一个闲差。之后，尹洙又改任到均州监酒税。借用公使钱为孙用还债这件事，尹洙确实有错，但因此被贬去当一个小小的监酒官员，这个处罚太重了。尹洙被贬后，天下之人都认为是御史台有意重办他。

尹洙调任均州之前就已染病。到均州不久，范仲淹曾给他寄去几瓶从陕西邠州带来的老酒，同时一并寄去了他亲自给尹洙调配的药和药方。

庙堂之忧

但是三个多月后,尹洙的病情急转直下。

尹洙应当是预见到自己时日无多。他请求朝廷让他到邓州治病,随后带领家小赶赴邓州。从均州到邓州仅有几十里的路程。

见到范仲淹,尹洙没有太多的话。

范仲淹对他说道:"师鲁平生的品行作为,我会和韩公、欧阳公分别记述,定将传于后世!"

尹洙躺在病床上没有回答,只是以手加额,表示感谢。

他对家人说道:"我要走了,不能再管你们了。"

范仲淹道:"足下妻小,我和诸公会共同抚养,绝不让他们流离失所!"

尹洙点了点头:"渭州还有两个儿子。"

面对死亡,尹洙没有以往的慷慨激昂,也没有怨天尤人,他心中充满了平静。最后的诀别,就像他们以往心心相印的交往,没有太多的悲伤。

范仲淹这些人,无论生者逝者,无论是杜衍、富弼、韩琦、欧阳修、蔡襄这些过去或将来的国家重臣,还是滕宗谅、尹洙、石介、苏舜钦这些英年早逝的英才,都是命运多舛。他们屡受挫折,是因为他们义无反顾。

尹洙此前还有两次被贬的经历。当年范仲淹第三次被贬,尹洙大可不必挺身而出为范仲淹鸣不平,但他仍然挺身而出,仗义高呼、自取贬黜;任福败于好水川,尹洙在回泾原的路上得知消息,当即就近调遣庆州守军救援,事后被经略安抚使夏竦劾奏降职。

这种行事,只有一身正气、侠肝义胆之人才会做得出来,那些以私利作为价值取向和行为指南的人是不可能去做的。而尹洙他们这些人被指责、被贬谪，只是因为想得太多、做得太多。这似乎就像今人常说的，干得越多越容易犯错误，那些碌碌无为之人反而不易遭受指责。

尹洙死后，欧阳修为他撰写了墓志，韩琦为他撰写了墓表，范仲淹为他的文集作序。如此待遇，举世也不多见。范仲淹、韩琦、欧阳修以及狄青等人还各用自己的一部分俸禄抚养他的家小。

失去知友的伤痛需要时日来抚慰，而长子突如其来的疾病也让范仲淹忧心。

范纯祐是一个十分聪慧的孩子，从小就懂得替父亲分忧。当年范仲淹在苏州办学，聘请胡瑗执教。胡瑗那时尚未名重天下，但范仲淹慧眼识珠，认定他将是学贯古今的大儒。胡瑗虽然满腹学问，后来入国子监执教太学，但此时的他显然教学经验不足。来州学就学的孩子们都正值顽皮的年纪，常常打闹不已，也不知道尊师守纪，这让胡瑗十分烦恼。范仲淹视察学校时发现了这个问题，于是让当时年方十岁的范纯祐入学。范纯祐到了学校，谨约谦恭、循规蹈矩，那些顽童见到知州大人家的公子如此规矩，一个个也都跟着诚惶诚恐地尊重胡瑗、遵守学规了。

范仲淹四处为官，范纯祐是一直跟随父亲照顾起居，他因此放弃了科举考试。范仲淹经略陕西时，范纯祐平时与将士们同吃、同住、同行，让将士们感受到范仲淹的关怀；将士们有什么情绪，哪些人有什么才能，他都能了解到并及时向范仲淹报告。

在宋人的传说中，范纯祐是有些灵性的。据说他学道家之术，能出神，即灵魂出窍。他常常独自默默打坐。在邓州期间，在一次静坐时，

庙堂之忧

他的妹夫与他开玩笑，在门外用木杖猛击窗棂，使他"神惊不归"，自此得了心病，这心病就是今人所说的精神失常。

范仲淹有四个儿子。次子范纯仁后来官至宰相，三子范纯礼官至尚书右丞即副宰相，四子范纯粹官至龙图阁直学士，他们都是为人正直、为国忧心之人，而他们的兄长范纯祐最属英才，可惜英年病废。

范纯祐患病后，范纯仁从兄长手中接过了照顾父亲起居的责任，一直到范仲淹病逝。但是范仲淹的病逝并不是范纯仁责任的结束，他继续照顾兄长的起居，"待之如父"。为了能够就近照顾兄长，范纯仁多次拒绝了美差和提升。前宰相贾昌朝在北京大名府担任留守时推荐范纯仁做他的幕僚，宰相宋庠甚至举荐范纯仁担任馆职，范纯仁都推辞了。

范家亲情观念不仅存在于他们的家庭，还渗透于整个家族之中。因为这份浓浓的亲情，范仲淹又开创了中国历史上的另一个范例，那就是义庄，一种带有慈善性质的宗族互助机构。

义庄是指宗族中所置备的用于赡养、救济同族之人的田庄。"义庄"一词，应当始于范仲淹的义举。即使此前或许有过这个词，但它最终的完整含义毫无疑问是由范仲淹所赋予的。

皇祐元年，范仲淹从邓州移知杭州。他赴任时途经苏州老家，在此做了短暂逗留。

范氏在苏州已经繁衍五世，人丁众多。范仲淹是范氏一族的骄傲，不仅因为他仕宦显赫，更因为他的德行为世人所崇敬。族人之中，老者衰微、幼者嗷嗷，富者待教、贫者望哺。圣人有言："养耆老以致孝，恤孤独以逮不足。"于是，范仲淹将三十多年来从自己职俸中积攒下来的和皇帝赏赐的三千匹布全部都分给了族人,但是范仲淹觉得还可以再做些什么。"祖宗积德百余年,才使我有如今成就。而一族之人都是祖宗子孙,我岂可独享富贵?"出于这个朴素的思想,范仲淹做出了建立义庄的决定。于是范氏义庄诞生了。

范氏义庄由三部分构成。一是田产,称作义田;二是房产,称作义宅;三是私塾学校,称作义学。义田是义庄的主体,义田收入全部用于宗族内的周济赡养;义宅用于贫困的族人聚居以免他们流离失所;义学自然就是供宗族子弟就学的。

范仲淹先出资购买了一千多亩田产作为义田,又购、建了义宅,义学也在他的关心下得以建立。范仲淹鼓励宗族有能力者都为义庄的发展做贡献,但事实上,义庄几百年来的维持、恢复和发展主要是靠范仲淹和他的子孙后代的捐助,义庄的管理也主要依靠他这一支的范氏后人。

范氏义庄为族人提供了基本的生活保障,如口粮、衣服、住房以及发生重大事情时如婚丧嫁娶的必要开支,并对就学、科举考试等进取上进的行为给予保障和鼓励。为了明确义庄的目的、规范义庄的管理,范仲淹亲自拟定了十三条"义庄规矩",规定各房五岁以下男女,每人每天给白米一升;冬衣每人一匹,五到十岁减半。族人嫁娶、丧葬,则按不同情况发给现钱等。范仲淹去世后,范纯仁、范纯礼兄弟又先后将义庄规矩做了进一步的修订完善,使得义庄的运作更加规范。

义庄的田产规模,起初是范仲淹购买捐助的一千多亩,到八百年后最鼎盛时期的清朝达到五千多亩。义庄资助的宗族人口,在南宋时达到四百多口,到了后来自然远远多于此数了。义庄不仅资助范氏宗亲,也资助非范氏百姓。"乡里和外姻亲戚,如遇贫窘、急难,或遇饥荒不能度日，可用义田收获的粮食周济。"这是范仲淹在他最初的义庄规矩中就有规定的。

范氏义庄具有先进的慈善理念。义庄由族人管理，但是管理人员不受宗族规矩约束，不受族内人员哪怕是德高望重的耆老的干涉；同时，族人有权告发义庄管理人员的不公正行为，由族人共同做出评判；以田产为运作资本，用产出的粮食等收益作为资助的资源，以免竭泽而渔、耗尽田产；为防止义庄与族人产生利益冲突或利益不公，不允许族人租种义庄的田地，义庄也不购买族人自有的田产；对受益人即族人进行监督，违犯义庄规矩者将受到不同程度的处罚，包括罚金、取消获得救济资格，严重者还将送官府治罪等。

范氏义庄延续了大约九百年，这真的是一个让中国人自豪的奇迹。这个奇迹是范仲淹精神引领的结果，其实质则是中国优秀的以人为本传统理念引领的结果。

范仲淹创立义庄，体现的是标准的中国士大夫的传统思想和理念。士大夫的最高境界就是"修身、齐家、治国、平天下"，其中修身、齐家是治国、平天下的基础。自身不修、一家不齐，何以治国、平天下？古人曾说过："忠臣必孝子。"这些思想都是一脉相承、互为本源的。即便不从这种高度看待，范氏义庄的作用不仅是保护族人的利益，客观上也有利于减轻国家负担、有利于社会稳定。

5

　　修、齐、治、平，再加上格物、致知、诚意、正心，就是几千年来中华民族精神圭臬之一的《大学》中所指出的"道"了。道，就是精神，就是读书人尤其是做了官的读书人需要尊奉的信仰和真理。当然，这个道所包含的内涵不仅有为国家、为百姓的大公的层面，也包含着重亲情、重友情的小我的层面。无疑，范仲淹是全身心去实践了。但是就如我们已经知道的，圣贤不可能永存，能够永存的是他们的精神。

　　那么他们的精神怎么存续下去？是靠后代的传承。那么后代怎么传承？

　　后代的传承不外乎两个主要渠道，一在外一在内。在外，是学业上的传承；在内，是家族的传承。其中，家族的传承是根本。岂不闻"一家不齐何以齐天下"？因此精神的传承，首先在于一家。只要自己有后代，就要将自己所崇奉和实践的道或精神传给自己的后人，不使自己的后代迷失了这个道、这个精神。这种一以贯之的传承，也如一缕不绝的清风，代代相传，成为一个家族的秉性，古人将其称作家风。

　　范仲淹的家风，不妨从一个略有反面意味的故事说起。他的次子范纯仁当上宰相后，有一次请一位好友赴家宴。好友宴罢归家，对人叹息道："范相公家风变了！"别人问他怎么变了，他答："相公请我吃饭，菜肴除了腌豆，还加了两小撮肉。"

　　节俭是感受最直接的家风。范仲淹曾对几个儿子说过："我时常担

庙堂之忧

忧你们将来会不知节俭、贪享富贵。"范仲淹的节俭，由著名的"断齑划粥"的故事中可见一斑。还有一则故事，也与范纯仁有关。范纯仁结婚，新妇是真宗朝名相王旦的侄孙女、名臣王质的女儿，家里陪嫁时带了一床丝织的罗帐。范仲淹对范纯仁说道："我们范家素来清俭，你岂能乱我家法？如果真敢拿来，我就要当庭烧毁！"无独有偶。多年后，范纯仁之孙范直方任平恩县主簿，向叔祖范纯礼辞行。范纯礼问他："你去赴任，带几担行李？"范直方答："十担。"当时范直方新婚，因此行李较多。范纯礼教训他："我当年当知州时，行李才三担，离任时还是三担。你刚入仕就十担行李，当官久了又会有多少行李？"范直方唯唯领教。

再回过头来看范纯仁的家宴。只是另给客人多加了两小撮肉，这家风可知并没有变。

当然，节俭只是良好家风之一。良好的家风，内涵很丰富，远不只是节俭。

还是范纯仁，看看范氏家风在他身上是如何承传的。

历仕仁宗、英宗、神宗三朝之后，范纯仁在哲宗朝两度担任宰相。在一次朝议中，副相苏辙以汉昭帝变更汉武帝的一些规矩为例，阐述改革先辈确定的制度是有先例的观点。哲宗认为苏辙暗讽先帝神宗为汉武帝，勃然变色，怒斥苏辙。苏辙惶恐，到殿外待罪，在场的宰执大臣无人敢言。范纯仁平时与苏辙政见不同，常有争执，此时却挺身而出对哲宗道："陛下刚刚亲政，不应当把大臣像奴仆一样来训斥。"并指出，苏辙以汉武帝做比喻，言中没有恶意。

哲宗新政之前，是英宗的皇后、如今的高太皇太后垂帘听政。哲宗与太皇太后政见不同，二人之间多有嫌隙。太皇太后临终前，担心身后声名、事业受到贬损，于是嘱托范纯仁："你父范仲淹是忠臣，在仁宗朝刘太后当政时劝太后尽为母之道，刘太后去世后又劝仁宗尽为子之道。希望你能够像你父亲一样！"太皇太后去世后，果然有人在哲宗面前有意贬损她，而范纯仁果然也如自己的父亲那样，劝解哲宗要像仁宗一样大度和明辨。

范纯仁去世后，长子范正平担任开封府尉，遇上一事。向太后的亲戚霸占民田，为自家修坟、建庙，时任户部尚书的蔡京为夤缘巴结后戚，出面奏请朝廷批准。范正平发现此事后，为民主持公道，阻止了后戚的霸占，也带累蔡京受到处分。数年后，蔡京得势担任宰相，诬称范正平伪造父亲范纯仁遗言，对他进行残酷迫害。范正平被平反后，当地知州赞许他不畏强暴的品格，要在范正平所居住的街坊立一个"忠直坊"的牌匾，被范正平拒绝了。他说："十室之邑，必有忠信，不只是我们家。朝廷对我的祖、父有'世济忠直'的评价，但是这四个字对我们范家后代只可用作自励。"

"世济忠直"一说是有来由的。范纯仁去世后，徽宗皇帝亲自为他的墓碑题写了碑额"世济忠直之碑"。家传忠直之风，这不是最值得骄傲的家风吗？

忠直，是范氏家风的另一个侧面，其内涵则是对国家的忠诚。人生在世，不可能只言国而不言家、只言忠而不言情。情之所在，也有清风。这又要从另外两个字说起。

范仲淹在邓州时，新科状元贾黯拜见求教。范仲淹只送他两个字："不欺。"贾黯后来对人说，这两字一生受用不尽。再到后来，范纯仁在教导晚辈时也说道："我平生所学，唯忠恕二字，一生用之不尽。"

庙堂之忧

种世衡沉沦下僚、怀才不遇时，范仲淹发现、使用他，提拔了他，虽然是为国家着想，种世衡对于范仲淹则始终怀有知遇之恩，范、种两家因此成为世交。种世衡去世后，种家还恳请范仲淹为他撰写了墓志铭。但是到了下一代，出了问题。范纯仁任环庆路经略安抚使时，种世衡之子种诂在环州担任主将。不知何故，种诂抓了一个本地部落首领，要把他当作盗贼发配。首领到庆州申冤，范纯仁勘问后发现确有冤情，于是将首领释放。但是种诂衔恨，借朝廷新党排挤旧党之机诬告范纯仁。虽然最终查明诬告之情，种诂受到降职处分，范纯仁也仍然被贬官。范纯仁后来回到朝廷任枢密副使，认为种诂有将才，不宜埋没，又荐举他复职为将。若干年后，种诂侄子、名将种师道在陕西为帅，常常叹息叔父种诂诬告之错。终于有一个机会，种师道见到了范纯仁之孙范直方。种师道提起了范直方曾祖父、祖父两代对种家的恩义，范直方表示并不知道这些往事。种师道愕然道："你是范氏子孙，怎么会不知道这些事？"范直方答："先祖做这些事，一定是出于公心而不是个人私恩，因此不会告诉家人的。"种师道钦叹不已："真是范氏家风！"

从"不欺"到"忠恕"再到"忠直"，始终不变的是坦荡、朴实、诚恳和忠诚。不论于公还是于私，不论是对国家、君主还是对亲人、朋友、同僚，抑或是对素不相识的其他人，都坚守着一个至高追求，都把握着一个不可逾越的底线。如果用更开阔的视野看待范家之风，还能看到坚定的信念、百折不回的毅力、春风拂面的热诚等。这就是不变的家风，是活着的家风——因为它能够不断地向后代延续，能延续的就是有生命的。为什么能延续？因为，不断地有人传、教，也不断地有人承、续。

良好的家风是对人类善良本性的坚守。人之初，性本善，但这只是对于大众总体而言。至于个体，总有本性难以称善之人。即便是本性善良的多数人，本性善也并不意味着自然而然地永远善良。善良是需要引导、教育、约束乃至于禁制的。让本性放任自流，终究不可能归于善良，先天的本性，需要后天的教导。

小偷的儿子不见得就是小偷，但是以小偷的方式教导出来的儿子，基本上会是小偷。君子之家也是同理。孟子说："君子之泽，五世而斩。"君子的恩德，传不过五代。为什么？因为君子的家风断了。若是家风不断，君子之泽可百世不斩。范氏义庄传承近千年，不正是延绵不断的君子之泽吗？

万家成国。家如此，国亦如此。我们能够传承的国家之风又是什么？

6

不知道有没有人提醒仁宗不要让盛世之名迷蒙了双眼？

庆历七年十一月二十八日，河北贝州一个名叫王则的下级军官起兵反宋。

这一天是冬至，仁宗正率领百官在南郊举行三年一次的祭天大礼。王则宣布起兵的那一刻，仁宗或许正在静心虔诚地拜祭着天地之神。

如果没有王则的事，此时可算是一个十分安宁的时期。上个月，一位据称对西汉文学家扬雄的哲学著作《太玄经》深有研究的官员用《太玄经》的原理为仁宗卜了一卦。他欣喜地告诉仁宗："卜卦之象说，如今的国家局面是因君子进而小人退！"这是真正的太平之象啊！仁宗十分高

庙堂之忧

兴，特意将这名官员的馆职从集贤殿修撰提升为天章阁待制，让他跻身于两制以上高官之列。

破坏安宁的王则在起兵之前是一个不名一文的小军官。他是流民的后代。什么是流民？就是失去土地后背井离乡的农民。为什么会失去土地？主要原因有两个：一是不堪沉重的税赋而弃家流亡，二是土地被豪强兼并。多数流民离开家乡后到其他地方以租种他人田地为生，成为佃户。这种人在大宋太多了，最多时占到全国人口的将近一半，因此官方就给了他们一种新的身份，就是客户。

王则后来应招从军，当了一个最普通的士兵，又一步一步升为一个低级军官。与一般士兵和低级军官相比，王则有一个本事，就是会编造一套理论，把自己打造成一个半神半佛的形象。于是他周围聚集了一班人，并把他捧为教主。邪教教主一般都有一些危害社会的目的：或是骗财骗色，或是夺取政权。当然这两种目的兼而有之的邪教也是有的，王则属于后者。

王则囚禁了贝州知州，杀了几个企图领兵镇压他的上级军官，然后占据了贝州。跟从王则造反的都是平时尊崇他的士兵和一些流民。

或许是以为其他地方会按照王则等主谋人员计划的方案一并起兵，王则据守在贝州，没有向其他地方转移。他自立为东平郡王，并任命了宰相和枢密使等官员，完全是建立政权的架势。但是他在其他地方的信徒并没有对他形成支持，他们或是不敢轻举妄动，或是在举事之前被官府及时发现和剿灭。比如有一股王则的信徒在齐州准备起兵屠城，被青州知州富弼得知。富弼果断地指派仁宗派来的有其他使命在身的中使赶赴齐州，调遣兵马剿灭了这一伙人。仁宗没有追究富弼擅自调遣皇帝使臣的罪，反而嘉奖了他。

小小的贝州城在坚守了六十五天后被攻陷。参与攻城的有多员名将，如范仲淹曾经向朝廷推荐的与狄青、种世衡齐名的王信以及与府州折家将张岊同样勇猛的王凯。而统率平叛事务的则是参知政事文彦博和半年后升任参知政事的明镐。相比之下，王则在贝州的兵力有多少？死硬的信徒似乎只有几百人。

贝州城久攻不下时，仁宗心中十分郁闷。"大臣中没有一个人能为国家解决问题，只会天天上殿议论不已，可是这又有何用？"其实贝州久攻不下在一定程度上与朝廷的内耗有关。在文彦博统率平叛事务之前，是由明镐统率。枢密使夏竦与明镐不和，明镐从平叛前线报到朝廷的请示多被夏竦阻挠。夏竦是这一年三月重新回到朝廷的，这似乎是"君子进而小人退"局面的一个组成部分。

王则叛乱着实让仁宗忧心不已。但是紧接着发生的另一件事就不是让仁宗忧心了，而是让他恐怖。

庆历八年闰正月二十二日夜，大内的四名宫廷卫士突然叛乱。他们翻屋越墙杀入内宫，几乎要伤害到仁宗。当时仁宗在皇后宫中留宿，他听到殿外人声纷乱，想出去看看，幸亏皇后曹氏将他死死抱住不放。皇后随即命宦官、宫女紧闭大门抵御乱兵，并派一名宫女趁乱混出宫去搬取救兵。由于皇后指挥若定，叛乱者没能攻进殿内，最终被赶来的禁军剿灭。

这四名卫士为什么要叛乱，并且居然只是以四人之力叛乱，其中的缘由成为历史之谜。其中三名叛乱者在格斗中被杀死，另一人逃出内宫后藏匿在皇宫的宫城北楼，几天后被抓获，但又被当场处死，因此没有

庙堂之忧

留下任何口供。

不排除这四人的叛乱与王则兵变有关。贝州是闰正月初一日被攻破的,王则被生擒后押入京城。这次宫廷卫士之乱的五天后即二十七日,王则被凌迟处死,即一刀一刀地剐肉而死。因此,这四名卫士或许是为营救王则而谋乱。王则有那么大的本领让皇帝亲信的宫廷卫士为他拼命吗?或许有的。王则在贝州起兵时,不仅河北、山东的一些州县有人响应,远在河南的一些地方也有人蠢蠢欲动。精神的力量是无穷的,无论正邪都是如此。

王则之乱最终被平定了,但与此同时另一次反叛已经在酝酿之中。酝酿得越久,爆发得越凶猛。

还是庆历八年。西南边陲广源州的蛮人首领侬智高建立了南天国政权。

广源州位于邕州的西南方三百多里处。邕州是大宋镇守西南边陲的重镇,也是广南西路转运司所在地,因此可以看作是广西路的治所。广源州是大宋的羁縻州。所谓羁縻州,就是为四方蛮夷专门设置的行政区划,简言之就是为少数民族设立的自治区。羁縻州的知州多由当地部落首领世袭。

广源州自古以来与它南边广大的交趾之地都属于中国。大宋建立前后一段时间,交趾的驻守官员趁中原陷于五代十国的乱局而自立为王,之后又几经替代,如今由李氏掌权。大宋先封李氏为交趾郡王,后升为南平王;李氏对大宋则以藩属国自居,年年向大宋贡奉不断。

交趾自立为国后,觊觎广源州的黄金矿产资源,于是逐步侵蚀广源

第五章 所不朽者万世心

州，将其纳入自己的势力范围。因此广源州虽然号称是邕州管辖的羁縻州，"其实服役于交趾"。大宋没有跟交趾计较此事，或许是因为大宋不愿在面对北方强敌时再在南方增加一个敌人，当然也许还有大宋君臣一贯思维的原因。大宋是最仁义的一个朝代，它的仁义甚至施加于异族他国。只要能相安无事，让他一分又何妨。就在刚过去不久的庆历八年四月，大宋就施予了西夏一个大大的仁义：朝廷拒绝了一些人提出的乘人之危的主张，没有在元昊死去、内乱丛生的时候攻击它，而是敕封刚出生不久的元昊之子谅祚为夏国主。

侬姓是广源一带蛮族的大姓，侬智高的父亲曾经长期统治广源及其周边地区。但因为不愿臣服于交趾，其父被交趾军队打败后俘虏，并被处死。侬智高长大成人后，在广源一带发展势力，建立了自己的政权，但不久又被交趾击败，侬智高与他的父亲一样也当了交趾的俘虏。不过这回他没有被处死。南平王李德政想收买人心，于是将侬智高放回，并任命他为广源州知州。

侬智高并不领交趾的情。经过一段时期的经营，他以广源为中心再一次建立了自己的南天国，并正式拒绝了交趾的管辖，与交趾决裂。这一年便是庆历八年。

让我们看一看侬智高为大宋酝酿的危机有多大。

本来侬智高不一定会成为大宋的心腹之害。侬智高虽然偶有入寇广西沿边一些地区之举，但他的仇敌是交趾而不是大宋。进入大宋是为了扩张点地盘，见势不妙他就收手。

侬智高与交趾打了两年。交趾先是派了一个太尉领兵进攻侬智高，但被侬智高打得一败涂地。过了一阵，交趾再次派兵讨伐，这回侬智高吃了败仗，不得不率部退守深山，待交趾退兵后才出来重振旗鼓。这时已经到了仁宗皇祐二年。

就在侬智高被交趾两次进兵打败不久，广南西路转运使萧固派遣邕州的一名指挥使去往广源一带打探侬智高的情况。指挥使是低级军官，统率五百名士兵。这位指挥使以为南蛮好欺负，便擅自进攻侬智高，却被侬智高击败并当了俘虏。侬智高没有杀他，反倒对他十分尊重，还与他探讨与大宋的关系问题。指挥使逃过一死，也就放胆给侬智高出主意。他建议侬智高归附大宋以抗拒交趾，毕竟与大宋对抗如同以卵击石。侬智高十分赞同他的意见。于是，侬智高将指挥使放归大宋，并委托他带上表章、礼物呈给大宋，请求归附。

景祐、宝元年间的现象又回来了，大宋又陷入了浑浑噩噩之中。朝廷拒绝了侬智高的请求。

广西转运使萧固向朝廷指出："侬智高如果不加以安抚，必然会成为南方的祸患。其实朝廷只需赐他一个官名就可安抚住他，还可让他为我大宋抵挡交趾的骚扰。"

萧固继而说了一句十分有见地的话："如今的大宋，不允许南方再出大事！"

朝廷让萧固做出保证，保证交趾今后不会因为侬智高归附而要挟大宋以及侬智高今后不会反宋。这是一个荒唐的想法，萧固怎么可能保证这些事呢？

萧固后来没有当上什么更大的官，最显赫的职务也就是集贤殿修撰这个馆职。但是他的见识胜过这个时期大宋的宰执大臣们。侬智高反宋后，萧固受到贬官的处分。处分他的理由是他不能及时发现侬智高的反叛意图。是非都颠倒了!

侬智高十分执着,在三年间至少四次向大宋提出归附的请求,但是每次请求都被拒绝了。所谓归附,就是给他一个独立的地位,并接受他每年进贡的礼物。朝廷说:"要进贡,必须将物品交予交趾一起进贡。"侬智高进贡的驯象、黄金等物品都被朝廷拒之门外。不能正式归附,能否给一个身份呢?侬智高请大宋封他一个田州刺史的虚衔,大宋拒绝了;他接着求一个更低一级的虚衔团练使,又被拒绝了;第三次,他就求一套官服,仍被拒绝了;最后,他不求官了,只求每三年南郊大礼时朝廷接受他进贡的一千两黄金,并设立一个边民贸易的榷市,朝廷还是拒绝了。

"我已得罪交趾,而大宋又不接纳我。既然没有立足之地,那就反了吧!"皇祐四年四月,侬智高反宋。一个月后,侬智高攻克邕州。

在宋军屡遭败绩后,仁宗决定派遣担任枢密副使不久的狄青出征广西。狄青从陕西调遣了一支以陕西土兵为主的部队和几名长期随他征战的陕西将领,在邕州城外一战击溃侬智高。此战就是著名的归仁铺之战。这时已经是皇祐五年(1053)一月。

在被狄青击败之前的八个多月里,没有什么军事素养的侬智高带领他的部众连续攻克了大宋十几个州城。有几名知州靠为数不多的厢兵进行了顽强的抵抗,并在城破后殉国。但是弃城而逃的知州更多。

十年前在西夏重兵围攻下的陕西,还没有一座城池失守过,更没有出现身为一地军政长官的知州弃城而逃的情况,但是这些都在皇祐年间"君子进而小人退"的盛世出现了。此外,两名曾经的陕西名将先后战死,一名是与种世衡一起修筑细腰城的蒋偕,另一名是曾被范仲淹夸为

庙堂之忧

"颇有勇武"的张忠。还有一名旧日的陕西名将陈曙被狄青按军法处斩，他在狄青到达广西之前违反狄青派人传达的不得出战的军令，擅自出战却又失利而归。最后，在归仁铺之战中，狄青的先锋也战死疆场。

也许对自己的盛世感觉产生了一些怀疑，也许是对几年来朝政"奇谲空言者多、悠久实效者少"局面的不满，仁宗于庆历八年三月又来了一次天章阁问策。

还是在召集近臣、宗室瞻仰了祖宗遗像之后，还是亲自写手诏给宰辅大臣们，要求他们一一列出国家当务之急。一切都在重复庆历三年九月的那次振奋人心的盛举。

但是，时已过境已迁，物虽是人俱非。这些主政大臣和近臣没有一个能够提出真知灼见。有那么一个两个人提出了看似有些精彩的意见，却是依样画葫芦，照搬了庆历新政的理论和措施，他们明知自己不会太在意这些理论和措施背后的重要意义。

仁宗应当是认真的，这些官员也不是走过场。但是这次的天章阁问策没有被后人记住，甚至在当时就很快被忘却了。

一个国家的发展常常以循环往复的形式前进，这个时候就看它是螺旋式的原地踏步，还是螺旋式上升，或者是螺旋式下降。仁宗时期的大宋，除了庆历四年至五年间有一个与之前、之后不相关连的螺旋式上升，在庆历三年前转了一个圈，在庆历四年后又转了一个圈，但这两个圈似乎走的是同一条轨迹，完成了一次貌似螺旋式上升的原地踏步。对于历史而言，它没有太大的进步意义。当然，如果今人能够为那个时代总结出一些经验或教训，或许能够为它增添一些跨越时代的进步意义。

我们能总结些什么呢？或许可以这么说：

危机往往出现在人们认为不会出现危机的时候，因此应当居安思危。

精神信念的遗失往往肇始于人们认为精神信念最坚定的时候。

精英阶层的自私自利是国家安全的巨大威胁，不能让他们毫无顾忌地使用国家权力。

还有，精英阶层的自我觉醒十分重要。自我觉醒远远强于其他力量强迫的觉醒，其他力量强迫之后还不能觉醒那就更糟了。

当然，不同的人会有不同的感悟，但是有感悟就好，最怕麻木不仁。大宋需要更多的感悟，大宋也有太多的东西值得我们感悟。

7

范仲淹走了。他于仁宗皇祐四年仲夏病逝于徐州。

六十一年前，范仲淹的父亲也是病逝于此地，那年范仲淹才两岁。他的母亲没有依靠，不得已带着他改嫁朱氏，他是从两岁起就开始了他漂泊不定的人生的。

徐州本来不是范仲淹这一生的目的地。在青州半年多，范仲淹的健康每况愈下，他因此申请到颍州养老。颍州是大宋功成名就的官员们首选的几个退养地之一，那里的西湖与杭州西湖齐名，可见范仲淹这一次真的是想休息了。可是走到徐州他就病倒了，一病不起。

他的最后一刻仍然留给了仁宗、留给了国家。"希望陛下上承天心，下顺民意。""管理百姓要在未乱之时，包容百姓当用中正之道。"这是他在《遗表》中对仁宗的最后嘱咐。按照规矩，《遗表》可以为自己的子孙

庙堂之忧

求恩泽，即为子孙求官、求职、求科举名分等，但范仲淹没有任何请求。

他去世的时候，"四方闻者皆为叹息"。

朱熹作为南宋对后世影响最大的思想家，对范仲淹做了这样一个评价："有史以来天地间第一流人物。"后人与此类似的评价比比皆是。

范仲淹只会出现在中国，因为中国以儒家思想为核心的传统文化，那种以民心为君主之心、以民意为国家之意的理念，能够造就这种舍己为公的人物。相比之下，有些民族的文化倡导的是无限夸大的个人利益，这违背了人类社会中群体的和谐是个体的保障这一规律，在人类和自然面前，它必然表现出贪婪、侵略、掠夺、无休止的欲望等特征，无论是这些民族中的个人还是整个民族都有这种特征。一旦这种文化长期主宰人类社会，最终将是人与自然共同毁灭的结局。而中华文化具有更加符合人类社会发展规律、符合人与自然和谐规律的优势，我们应当有这个自信。

当然，自信不能盲目。贪婪成性的民族文化能够一时让一个国家快速发展，然后以进一步的贪婪去侵略、掠夺人类社会和自然世界，以求最终主宰它们。在这种情况下，我们也只能用最能发展自己的手段超越它们。只有超越了它们，中华文化的那种人与人、人与自然和谐的优势才会真正发挥出来。但是无论如何，我们都需要让我们的传统文化发扬光大。

一个人生前让人敬佩，死后让人痛惜，永远让人景仰，这是他自己的骄傲，是那个时代的骄傲。一个时代，如果能够出现一个两个范仲淹式的人物，那么这个时代就是令人向往的时代。

中国还会有范仲淹吗？

会的，因为范仲淹的精神还在。